寻找教育家成长智慧书系——

盛新凤：
生态文明烛照下的和美教学

SHENG XIN FENG
SHENGTAI WENMING ZHUZHAOXIA DE HEMEIJIAOXUE

盛新凤 著

中国当代著名教学流派

首都师范大学出版社
CAPITAL NORMAL UNIVERSITY PRESS

图书在版编目（CIP）数据

盛新凤：生态文明烛照下的和美教学 / 盛新凤著.
—北京：首都师范大学出版社，2013.5
ISBN 978-7-5656-1515-3

Ⅰ.①盛… Ⅱ.①盛… Ⅲ.①小学语文课–课堂教学–教学研究 Ⅳ.①G623.202

中国版本图书馆CIP数据核字（2013）第103358号

盛新凤：生态文明烛照下的和美教学
盛新凤　著

责任编辑　韩振
首都师范大学出版社出版发行
地　址　北京西三环北路105号
邮　编　100048
电　话　68418523（总编室）　68982468（发行部）
网　址　www.cnupn.com.cn
印　刷　北京墨阁印刷有限公司
经　销　全国新华书店发行
版　次　2013年6月第1版
印　次　2013年6月第1次印刷
开　本　710mm×1000mm　1/16
印　张　23.25
字　数　270千
定　价　45.00元

寻找教育家成长智慧书系

《中国当代著名教学流派》丛书编委会

卷中教改智慧
笔下育人情怀

「中国当代著名教学流派」出版

柳斌

与名师为友，走向优秀
（总序）

改革开放尤其是进入新世纪以来，我国教育事业取得了巨大的成绩。城乡免费义务教育全面实现，职业教育快速发展，高等教育进入大众化阶段，教育公平迈出了重大步伐，全民素质大大提高，从人口大国向人力资源大国的转变逐步实现。但我们必须清醒地认识到，我国教育还不能完全适应国家经济社会的发展，还不能完全满足人民群众接受良好教育的要求。2010年7月，党中央、国务院召开了新世纪以来第一次全国教育工作会议，颁发了《国家中长期教育改革和发展规划纲要（2010-2020）》（以下简称《规划纲要》），描绘了未来教育改革发展的宏伟蓝图，指明了今后教育事业科学发展的方向。《规划纲要》提出，到2020年，我国要基本实现教育现代化，基本形成学习型社会，进入人力资源强国行列。这是一项艰巨而光荣的任务。要完成这个任务，需要广大教育工作者辛勤劳动、开拓创新，尤其需要一线教师坚守教育理想，提高专业素养，创新教育教学模式。因此，当前教育改革发展的一项紧迫任务，就是要建设一支师德高尚、业务精湛、结构合理、充满活力的高素质、专业化教师队伍。

时代呼唤优秀教师。有一流的教师，才有一流的教育；有一流的教育，才有一流的国家。《规划纲要》明确指出，“有好的教师，才有好的教育”，“倡导教育家办学”，要“创造有利条件，鼓励教师和校长在实践中大胆探索，创新教育思想、教育模式和教育方法，形成教学特色和办学风格，造就一批教育家”。教育改革的一个重要任务，就是培养一大批拔尖创新人才，但正是在这个问题上，我们遇到了瓶颈。当然，杰出人才的培养受到诸多因素的制约，其中一个重要原因，可能就是教育家型的教师还比较少。名师出高徒。伟大的事业呼唤伟大的人才，英才的涌现呼唤一流的教师。出名师、育英才、成伟业，是时代赋予我们的神圣使命。

那么，怎样才能培养出优秀的教师？一个重要途径就是让广大教师们向杰出的前辈、同行学习。只有向最优秀的榜样学习，并在学习的基础上不断创新，一名教师才可能走向优秀。改革开放以来，随着教育改革的不断深入，教育战线涌现出了一批杰出教师。他们痴情教育事业，默默耕耘，刻苦钻研，勇于创新，不断进取，不断超越，形成了各具特色的教育思想和教学风格。正是他们的成功实践，创造了具有中国风格的教育经验，丰富了具有中国特色的教育理论宝库。他们的经验，对广大普通教师的成长具有良好的启示作用和重要的借鉴意义。总结、宣传和学习他们的经验，是打造一支优秀教师队伍的有效途径。中国教育学会、中国教育报刊社和中国教师发展基金会联合组织编写的这套“中国当代著名教学流派”丛书，总结了我国中小学界一批杰出教师的先进经验，尤其是提供了名师教育思想的精华、成功的教学案例以及他们走向优秀的心路历程，这必将对我国中小学教师队伍建设起到积极的推动作用。一个教师如果愿意潜下心来，钻进这套丛书，与名师为友，与高尚的心灵对话，进而反思自己的教育教学生活，那么他在教育教学上必将悟出些育人之道，并且走得比别人更远，超越前人。

古人云：“国将兴，必贵师重傅。”兴国必先强教，强教必先重师。教育大计，教师为本。加强教师队伍建设包括培养一大批优秀教师，是教育事业最重要的基础工作。组织编写“中国当代著名教学流派”丛书这样的工作，就是为了寻找教育家成长的智慧，为丰富中国教育理论，形成具有中国特色、中国气派和中国风格教育理论体系摇旗呐喊，是一件非常有意义的工作。希望这套丛书走进更多的学校，走近更多的教师，为新一代优秀教师的涌现播撒希望。

"和美"：在皈依课堂生态中发挥正能量

——周一贯先生评点盛新凤老师执教的《三个忠告》

（代序）

2012年7月，党和国家领导人胡锦涛同志明确指出："推进生态文明建设，是涉及生产方式和生活方式根本性变革的战略任务，必须把生态文明建设的理念、原则、目标等深刻融入和全面贯穿到我国经济、政治、文化、社会建设的各方面和全过程。"

确实，从"课改"到"改课"，生态文明建设也都是一个绕不开的话题。语文课堂的生态文明，要求对当下严重存在的学生主体地位缺失、教师讲述分析过度、学习实践活动不足和学生生命活力消解等沉疴顽疾进行全面彻底的矫治。

课堂生态文明的构建，其核心是对自然与人的尊重，实现人与人、人与自然之间的和谐相处。课堂的自然性，在于它是一个为学生的学习而营造的特定空间。学生无疑是课堂的主人，教师只是作为一个组织者和引导者为学生的学习发展服务。为此，学生主体与课堂，学生主体与教师的和谐相处，便成为课堂生态文明的重要内容，而"和美教学"正是对这种理想境界的不懈追求。

著名特级教师盛新凤提出的"和美教学"理念，从本质上来说是对课堂教学生态的皈依和呵护。她所追求的"主客相生""显隐结合""言意相谐""雅俗共赏""点面圆合"等等，无不以一种统一、平衡的哲学观来重构课堂的和谐生态，"美"即在"和"的"适中""适度""适宜"之中，在语文教学"教与学、师与生、讲与练、读与写、言与意、导与行"的联结、平衡、协调之中。对语文课堂"和美"境界的追求，不仅是对立统一的哲学思考，还应当有对重构课堂生态文明的思考。她的《三个忠告》一文的教学，最值得称道之处，也就是"和美"在皈依生态中发挥的"正能量"。

一、知识点隐身于生态的和美导学之中

语文是有知识体系的，这谁都不会否定，这就决定了在语文教学的过程中必然会有许多知识点的落实问题。然而语文教学又是一种培养学生语言文字运用能力的综合性实践性的教学，从根本上有别于其他课程由知识点组合而成的教材形态。这就要求语文知识点的落实必须和美地隐身于导学的全程之中。盛新凤《三个忠告》的教学，其知识点的落实，就有着别具一格的“和美”身姿，颇有“随风潜入夜，润物细无声”的格调。如她在教学的开端是从自然地聊预习入手的，而且不露痕迹地渗透了“忠告”的一词多义（做名词与做形容词的区别），在随意的抽读检查中，又顺水行舟地使学生学习了“卵”“巢”等生字。从“揩汗歇息”这个不常见的词语中，巧妙地抓住了“歇”与“休、息”的细微区别。特别是对“啊”在不同语境中的不同读音，又在读通课文的检查中自然地“落地生根”……盛新凤的这种善于让知识点“软着陆”的技巧，显然源于她对语文课堂教学圆通之“和”与融合之“美”的“道”。这种知识点的落实，其特点就是不突兀、不割裂，在语文课堂生态的整体环境中自然地“落地生根”，从而有力地体现了她那“和美”理念的正能量。

二、能力点渗透于生态的和美解读之中

语文学习说到底是一种学习运用语言文字的过程，而这种运用能力的载体则是学生的听说读写活动。她的《三个忠告》一课，最突出的一点，便是对听说读写的解读和应用，甚至提升到由课文的“三个忠告”引出了怎样学语文的“一个忠告”，就是要多听、多说、多读、多写，才能学好语文。在这个过程中，笔者以为特别值得我们关注的是盛新凤老师的课堂能够把学生听说读写能力的训练自然地融合为引导学生自主解读，这是很值得肯定的。语文课文该由谁来解读？《课标》说得很明确：应当由学生自主解读，应当尊重学生的独特感悟和体验，教师只做必要的组织引领，“不应以教师分析代替学生的阅读实践”，不应以模式化的解读代替学生的体验和思考。然而，现实的课堂上，我们已习惯于由教师在预设时把自己的主观解读，设计成一步步讲问的固定套路，展示给学生，而很少给学生机会让他们在自我的阅读实践中来自主解读课文，获得解读能力。在《三个忠告》的教学过程中，盛老师展开了“化教为学”，让学生紧扣“听”“说”“读”“写”的语文活动，引导学生实现自主解读。听：国王有没有听懂三个忠告？说：八哥的说话艺术妙在哪？读：有感情地读好八哥与国王的对话（思想交锋，以头头是道的辩解，让国王羞愧得说不出话来）。写：写一写国王羞愧时会想些什么？显然，教师引导学生从这样四个方面走进课文中感悟，再走出课文来交流，便是一个十分有效的解读过程。

三、探索点融合于生态的和美争辩之中

《语文课程标准》的实施，十分重要的一点是学生学习方式的改变，即由以往的教师给予、灌输的被动接受的学习方式，转变为学生自主、合作、探究的主动的学习方式。而探究点的落实，一般总是会在教材的重点、难点、疑点的纠结点上。于是，争辩便自然地成了课堂探究的一种重要形式。在《三个忠告》的教学过程中，学生对八哥有不同评价，如有说它是狡猾、撒谎、油嘴滑舌的，也有说它勇敢、机敏、睿智的，盛老师借此在班上开展了辩论。一百个学生就有一百个不同的八哥形象，这很正常。教师就抓住发展求异思维这点，让学生把自己的理由说得头头是道，从而激发了学生敢于坚持独立思考，善于说理论辩的生命活力。争辩的过程就成了一个最有效的阅读、倾听、思考、分析和表达的实践过程。争辩使认识分歧逐步趋向统一或大体一致，不仅明晰了是非，而且提升了学生的认识，而且使他们获得了和美的体验。

四、拓展点圆通于生态的和美运用之中

在语文教学过程中，课文只是一个“用件”。当然，“课本课本，一课之本”，课堂教学以教材为基点，这个“用件”当然十分重要。但另一方面，我们又不能死抱课本不放，拘泥于从课本到课本的说教。这就要求必须让教材为“教学”所用，既紧扣教材，又能适度超越教材，以拓展点去开阔学生的视界，丰富他们的想象。如在《三个忠告》中，教师抓住文末的一句话“国王听了，羞愧得说不出话来”，让学生思考后并写下一段话，描述当时国王羞愧的心理活动，这就引导学生必须用想象去解答这些疑问：国王怎样羞愧？他当时会想些什么？做些什么？说些什么？国王为什么羞愧？他哪些地方错了？这说明了什么？……由此可见，拓展点并非是空穴来风，而是教材的内涵张力，是合乎情理的延伸和丰富，与生本课堂的和美生态相圆通，而成为其中有机的组成部分。

和美教学是对语文课堂生态文明境界的崇高追求，“和美”永远在路上，在不断的行进之中。应当说，这就是“和美教学”强大生命力所在。

周一贯

目 录

第一编　感恩和美思想的生态启迪

和美语文的研究历时10多年，我的研究得到了许多师长的关注和引领，他们一起为我提供养分，给我启迪与鼓励，为我营造了一个和美的教学研究生态环境。怀着感恩之心，我记录下这些宝贵的文字，连同他们对和美语文的深刻思考和独特诠释。

追寻语文教学的和美之境

——盛新凤访谈录

我国基础教育课程改革启动至今已十多年了，有喜有忧，苦乐相伴。令人高兴的是，伴随着"课改"的进程，涌现一大批优秀的中、青年语文教师，出现了许多有影响的教学风格，给语文教学带来了空前的繁荣。在众多的教学风格中，盛新凤老师的"和美语文"，虽然出现较晚，但却引起了小学语文界的格外关注。2011年11月29日，在山东日照成功举办了"和美语文"专题研讨会。会后，本刊编辑部主任王冬精先生对盛新凤老师进行了一次访谈。

王冬精： 盛老师，您的"和美语文"教学研究历时10余年，在小语界产生了广泛的影响，能不能谈一谈您提出这一教学主张的一些想法？

盛新凤： 好的。我认为任何教学主张的提出，都有它的背景，和美语文也不例外。前几年，我发现小学语文教学及研究一直被一种二元对立的极化思维操纵着，非左即右，非此即彼，一直在做一种钟摆运动。如主体与客体关系的处理、显性与内隐学习方式的选择、人文与工具性质的把握等等，都在忽左忽右中摇摆不定。极化现象的产生使我们的语文教学研究迂回徘徊，停滞不前。也是造成语文教学效率不高的直接原

《小学教学》封面

《语文教学通讯》封面

因。这种两极对立表现在小学语文阅读教学中尤为突出。近几年我读了一些书，如孔子的中庸教育哲学、一分为三的哲学观、古代建筑学、中医理论以及圆美理论等，接受了一些传统文化的熏陶，回过头来再去思考语文教学问题，发现只有用一种“和”的思维去思考问题，才能改变语文教学的现状。事物因“和”而美，语文教学也是因“和”而美。克服极化现象，构建“两极融通之和”的小学语文绿色生态课堂境界应是我们的终极追求。

其实和美语文的研究经历了从“诗意语文”—“两极之美”—“和美语文”三段历程。2000年开始，我们启动了“追寻小学语文诗意课堂境界”的研究，在课堂教学中改变传统的课堂教学模式，努力追求融“音乐美、绘画美、建筑美”于一体的诗意课堂教学境界，经过长达四年的研究，研究成果写成专著《构建诗意的语文课堂》，于2004年由上海文汇出版社正式出版。诗意语文的研究在本地区引起较大反响，小学语文教师中几乎人手一册。但是，在研究过程中，我们发现对语文教学的认识不够全面，语文教学不光要追求“阳春白雪”的诗意之美，还要有“下里巴人”的实用之美，即要有“两极之美”。有了这样的认识，我们又启动了新的研究“追寻语文课堂的两极之美”。经过1年多的研究，发展了诗意语文课堂教学模式，对课堂教学境界追求又向前迈了一步。2006年，在对语文教学进行深度思考后，发现语文教学的最高境界应是两极融通后的和美之境。2006年参加浙江省首届高访学者培训班，和美语文第一次以课题形式进行申报。2007年，和美语文申报浙江省规划课题进行第二轮研究。可以说，这一系列的研究经历，推进了我的思考，记录了我对小学语文教学思考的轨迹。

王冬精：我完全同意您的观点，回顾近百年的小学语文教学改革史，我们确实因为极化思维的作怪而走了许多弯路、甚至回头路。我认为和美语文研究的现实意义是很大的。那您能简单介绍一下“和美语文”的基本教学主张吗？

盛新凤：“和”这个字有着很丰富的文化内涵，包括儒家的“中和”，道家的“妙和”与释家的“圆和”。2008 年北京奥运会开幕式第一个节目就是“和”。“和”最早出于春秋史伯的“和同论”，提出“夫和则生物，同则不继”，正是所谓的“和而不同”。要把不同的事物加以综合，形成“和”之态，就要把极化的事物进行融合、融通。所以，“和美语文”以“融通”为关键词构建自己的理念体系。“和美语文”的融通之一——雅俗共赏的优课观。阅读教学“雅而不俗和者寡，俗而不雅则无精神滋养。”太“阳春白雪”，会造成“曲高和寡”，太“下里巴人”，则会流于枯燥机械，缺乏美感和情趣。雅俗共赏的阅读教学，正是追求两极融通的“和美”境界，达到“共赏”的目的（适合各个层次教师的教和各个层次学生的学。既有美感、可鉴赏性，又有实用性、适切性）。“和美语文”的融通之二——显隐结合的学习观。内隐学习符合语文学习的规律，因为语文具有极强的模糊性和不确定性。但语文教学的现状是忽视了学生的内隐学习，所以在教学过程中，要揭开内隐学习的神秘面纱，充分发挥内隐学习的巨大威力，还应把内隐与外显两种学习方式紧密结合，相互转化，相互促进，共同作用于学生的语文学习。“和美语文”的融通之三——主客相生的师生观。教师和学生在课堂上的主体角色不断变换、冲突，直至胶合，使课堂生成一种“有冲突之和美”。“和美语文”的融通之四——言意相谐的性质观。“言”和“意”是个相互转化的过程，由言到意的转化策略有：据言悟意、由言带意、创言补意。由意到言的转化策略有：由意带言、循意识言、会意生言，最后达到言意共振。

王冬精：任何一种教学理念和主张，都要有实践性和操作性，具体的课堂教学实践，和美语文都有哪些行之有效的操作程序和策略？

盛新凤：和美语文在实践探究过程中，建构了一套较为系统的操作程序。如教学设计，主张遵循“寻点—拉线—丰枝—画圆”的教学程序进行设计，即先找到一个教学“支点”；再拉出一条教学主线，线要注意“延伸性、流畅性”；还要在“主线”的牵引下，上挂下联，通过对“主体语言”的聚焦和“发酵”，加上文本中“背景语言”的渲染烘托，使课堂的主线变得丰厚饱满；最后“画圆”，画“同心圆、开放圆”，使课呈现圆融之美。在具体操作过程中，采用“内外融通、读写融通、讲练融通”的教学策略，找到最佳融通点，把课内和课外，阅读和写作，讲授与训练巧妙融通起来，使两极要素不断转换、相互交织、相互促进。

王冬精：盛老师，您提炼的这个设计流程我看可以用“点线圆和”来概括！但我还有一个问题：选入小学语文教材的课文文体不同，你们又是怎样根据课文特点寻找不同的融通点的呢？

盛新凤：文体不同，教学各异，关键是要找准不同的融通点。如导读写人文章，如何透过人物外貌探究人物内心，使人物形象在读者视野中“表里融通”，是阅读的关键。我们可以从描写人物外表的语言切入，在逐层朗读、感悟中不断在学生头脑中“塑像”，塑有形的外在形象之像和无形的内在精神之像。叙事类文章，往往情、理蕴涵在事中，文章通过对事的描绘，说理表情，读者通过对事的解读，悟理悟情。此类文章的教学抓手在哪？最佳融通点是“事理融通”，应紧紧抓住事件中耐人寻味的“细节”细读品味。“一切景语皆情语”，写景文章，景物之美，必融合了作者情感之美，在教学过程中，“和美语文”主张把感受景物之美与体会作者情感融通起来，找到最佳融通点——情景融通。导读状物类文章，透过文本语言文字，既要感受物之“形”，又要感受物之“神”，把两者巧妙融合在一起，做到“形神融通”。要读中悟形，形中悟神。民间故事的特点是用虚构的情节表达人民真实的情感，教学的抓手是抓住融通点—— 虚实融通。诗词类文章，体会诗（词）的意境是教学的重点和难点，此类文章的教学，要在诗（词）境与文章外显的语境之间找到巧妙的融通点。使诗（词）境与语境融通。

这几年，我带着我的研究团队，对不同文体的课文教学进行分类研究，总结了一些规律性的东西。我自己也对每类文体的课文都开发了一节公开课，如《番茄太阳》《燕子专列》《青海高原一株柳》《趵突泉》《文成公主入藏》《如梦令》《三个忠告》《最想做的事》《半截蜡烛》等，这些课例在全国各地公开示范教学，反响比较大，应该说是能很好地诠释和美语文的内涵的。

王冬精：您能否简单介绍一下“和美语文”取得的研究成果？

盛新凤：和美语文的研究在国内属首创，可以说，这几年和美语文的研究一直受到很多师长、同行及各级各类杂志的关心、指导和扶持，贵刊就曾经刊发过好几篇我的研究论文与案例，我深表谢意！同时也取得了一定的成绩：2011年获得了由浙江省人民政府颁发的浙江省第四届基础教育成果奖二等奖，浙江省2008年度优秀教科研成果二等奖。成果文章2010年在《浙江教育科学》杂志连载一年。研究成果写成了四本教学专著：《构建诗意的语文课堂》《两极之美》《盛新凤讲语文》《语文课堂：教学走向和美》。其中《盛新凤讲语文》一书获浙江省首届优秀教研成果一等奖，全国小学语文教学研究会成立30周年论文、专著评比一等奖。《语文课堂：教学走向和美》一书获浙江省第二届优秀教研成果一等奖，并受到了全国小语会副会长吴立岗教授及很多专家的高度评价。近50篇跟本课题相关的论文、案例发表。全国几家权威小学语文教学杂志都对本课题的研究成果做过专题报道。近几年我在全国20多个省市自治区做“和美语文”专题讲座，上示范课。2010年4月，我应马来西亚华教总会邀请赴马讲学，和美语文已经走出了国门。

王冬精：盛老师，这次在山东日照举办的“和美语文专题研讨会”很成功，是对您的“和美语文”研究进行了一个小结。您能向大家介绍一下大会的概况吗？

盛新凤：好的。2011年11月29日，在山东日照举行了“和美语文”专题研讨会。会上，我做了专场报告和教学展示，我工作室的六名学员也用自己的课例对和美语文做了诠释。德高望重的高林生先生亲临现场做了生动的评课、讲座。全国著名特级教师张祖庆、李卫东老师做了精彩的展示，济南师范的林志芳老师做学术主持，几个好朋友与我一起奏响了一曲和美的乐章。“君子和而不同，小人同而不和。”我们向大家展示的就是我们的“和而不同”，这也是“和美语文”的内涵之一。特别令我感动的是我们小语界的泰斗——华中师大杨再隋教授因病不能到会，写来了3000多字的长信，向大会表示祝贺，高度评价了和美语文的研究成果。他在信中说："扎根于优秀传统文化的土壤，沐浴着新时代的阳光雨露，'和美语文'应运而生，绝非偶然。浙江湖州有着深厚的文化底蕴，湖光山色给这原本秀丽的江南城市平添了恬静、闲适、淡定的雅趣。这样的自然环境和人文氛围中，铸就了盛新凤温婉而又执著的性格。在近二十年的教学、教研实践中，盛新凤老师细心揣摩，反复琢磨，博采众长，厚积薄发。'和美语文'终于破茧而出，并以其清新、恬淡、优雅的教学风格，获得了小语界的认同和肯定……"他还语重心长地嘱咐我们青年教师"'和美语文'不是凝固的、一成不变的，始终是流动的，变化的，甚至是飞舞的，曼妙的，这就给老师们留下了创新变通的空间，在共性中显示出自己的教学个性。'赤橙黄绿青蓝紫，各持彩练当空舞。'"

这些前辈的爱护与鼓励，给了我们无穷的力量。我相信，我们的研究会一直走在路上。在未来的几年中，我们想在作文教学、口语交际教学、课外阅读教学等领域都进行和美语文教学的细化研究，和美语文的理想境界是四个字"美、韵、感、品"，即课堂"美不胜收、韵味无穷、有感而发、品位高雅"。可以说，和美语文是一种值得我终身为之追寻的理想的教育教学境界，是无止境的。智利著名诗人聂鲁达在获得诺贝尔文学奖的受奖演说中说道："只要我们怀着火热的耐心，到黎明之前，我们定能进入那座壮丽的城池……"我想，只要我们怀着火热的耐心，不断地研究探寻，也一定能够进入魅力无穷的语文教学的和美之境。

致盛新凤"和美语文"专题研讨会的一封信

盛新凤老师并转与会的全体老师们：

首先，祝贺研讨会胜利召开，并向参会的高林生老师、李卫东老师、张祖庆老师致意，大家辛苦了！

我国基础教育课程改革启动至今已十多年了，有喜有忧，苦乐相伴。令人高兴的是，伴随着"课改"的进程，涌现一大批优秀的中、青年语文教师，出现了许多有影响的教学风格，给语文教学带来了空前的繁荣。在众多的教学风格中，盛新凤老师的“和美语文”，虽然出现较晚，但却引起了小学语文界的格外关注。

扎根于优秀传统文化的土壤，沐浴着新时代的阳光雨露，“和美语文”应运而生，绝非偶然。浙江湖州有着深厚的文化底蕴，湖光山色给予这原本秀丽的江南城市平添了恬静、闲适、淡定的雅趣。这样的自然环境和人文氛围，铸就了盛新凤温婉而又执著的性格。在近二十年的教学、教研实践中，盛新凤老师细心揣摩，反复琢磨，博采众长，厚积薄发。“和美语文”终于破茧而出，并以其清新、恬淡、优雅的教学风格，获得了小语界的认同和肯定。

如前所述，一种教学风格的出现，绝不是偶然的现象。风格既是时代的一面镜子，也是教师心灵的映照，是教师自身的文化素养、人格素养、专业素养、心理素养、审美素养的综合体现。风格即人，文如其人，课亦如人。

作为我国语文教学改革的历史见证人之一，我从上世纪六十年代初就接触中、小学语文教学。大学毕业后到中小学教过语文，参与过多种教改试验，也参与过多次“教学大纲”的审查修订，包括参加今年春天对“课程标准”的审议，参与过十多年全国小学语文教材的审查，也主编过经审查通过的中小学语文教材。目睹了我国语文教学漫长而艰辛的历程。语文啊，语文！历史长河中漂流着的语文，沧桑巨变中烙印在人们记忆中的语文！多少有识有才之士为之呕心沥血而无怨无悔，多少优秀教师为之付出了青春年华而鞠躬尽瘁，死而后已。然而，语文教学不是在真空中，在语文之外还有许多制约语文的因素。任何人都多少懂得一点语文，任何人都可能给语文教学挑刺。教育上的每一个成功，不一定让语文沾光，但教育上的每一次失败都可使语文担责。语文教学背负的东西太沉重了，语文教师的压力也太大了。多少年来，在中小学各个学科中，语文教学争议最多，非议也最多，加之我们在思想上没有树立科学发展观，缺乏辩证法，看问题，非此即彼，各执一端。文道之争，争了几十年，还是众说纷纭，难以形成共识。在上世纪六十年代，哲学上“一分为二”的观点，风靡一时，这是斗争和对抗的需要。原中共中央党校校长杨献珍提出了“合二而一”的观点，认为对立的双方在一定条件下也可以统一，也可以融合，立即遭到了大批判。周谷城先生独出心裁地提出了“无差别境界论”，认为各科矛盾处理得当，在某种条件下，可能呈现出“无差别境界”。这就是和谐社会的蓝图，大同世界的理想。由于不合时宜，自然也遭到了批判。其实，语文界的许多有识之士已经看到了语文教学中的两极矛盾。例如文与道、主体与主导、讲与练、理解与运用、读与写、语文与生活、课内与课外等等，在一定的条件下都是可以融通的。不是强调“文”就一定牺牲“道”，或强调“道”就一定牺牲“文”，强调“学生主体”，就一定要削弱“教师主导”，强调学生“多练”，就一定会忽视教师“精讲”等等。由于种种原因，这些问题，有的解决得比较好，有的至今仍困扰着我们。此次新颁《语文课程标准》特别注重学生的“整体把握”和“综合运用”，强调“综合”“联系”“整合”“统筹”，试图引导老师们解决好语文教学中的诸多矛盾，处理好语文教学中的各种关系和联系。

作为一名年轻教师，盛新凤老师不可能亲历语文教学改革的艰难历程，但以她特有的悟性和灵性，她在教学实践中似乎感悟到了什么，又在传统文化中似乎又发现了什么，真是“心有灵犀一点通”。她首创的“和美语文”和我国半个多世纪的语文教育息息相通，和许多语文界的有识之士不谋而合。一个善于思考、勇于进取的教师，只要他具有教师的良知和对事业的执著追求，必然会成为一位教育改革的先行者。盛新凤老师是我们学习的榜样。

对于“和美语文”，可以从不同角度来解读。什么叫“和”，在我国传统文化中，“和”是一个内涵丰富的概念。“和”即“适中”“适度”“适宜”，是对立双方的联结、平衡、协调、均等。《国家中长期教育改革和发展规划纲要（2010–2020）》提出“要给每个学生提供适合的教育”，所谓“适合”也是对“和”的一种表达，是“和”的一种形态。语文教学中的“和”，是各种矛盾的对立统一，是各种关系和联系的联结和交融。“和”是一种生命状态，自然得体、优雅适中的“和美教学”是一种教学新境界。当然，“和”不是一成不变的，它始终处于变化和发展之中。可以说，“和”是变化中的统一，“不和”是统一中的变化。正是这种“和”与“不和”的交替冲突，促进了学生认知、情感、人格的发展，推动了教学过程。“和美语文”中的“美”，是因“和”而“美”，有“圆美之美”“圆融之美”“圆转之美”，有

"平和之美""亲和之美""中和之美""融和之美"，还有"文雅之美""淡雅之美""闲雅之美""典雅之美"。语文教学在语文基本技能训练落实的基础上，当然要讲究美，力求做到语言美、意境美、意蕴美、情致美。但是"美"从何而来？"和美语文"主张在"融通"上下功夫。无论是"两极融通"或"多极融通"，都要给"融通"创造相宜的氛围，提供"融通"的契机，使师生双方都能充分发挥主动积极的作用。

进一步说，盛新凤老师主张的"和"，是指不同事物之间的相互协调，相互配合，使原本对立的事物达到统一与和谐。"和"是一个过程，是不断交融通达的过程，"和"也是一种状态，是一个充满生命力的运动状态，始终处于互动与互构之中。《相似论》学者张光鉴先生说："万事万物没有同就不能继承，没有变异就不能发展，这是宇宙万物铁定的自然规律。"互动即两极之间的相互作用，相互影响，相互吸引，使教学中主体的自动变为群体的互动；互构即两个对立事物之间的相互呼应，相互补充，相互建构，它揭示事物之间内在的关系和联系。

如何将"和美语文"变成语文教学的常态，实现盛新凤老师所企求的"主客相生""显隐结合""言意相谐""点线圆合""雅俗共赏"，把语文课堂变成和谐、融通、审美的课堂？需要在"转化"上下功夫。按照辩证法的观点，矛盾的双方是可以转化的。每次转化都会促成语文的"和美"。语文界著名学者周一贯先生在今年《语文教学通讯》七、八期上发表的《过度讲析：语文教学应治之本》一文中，对盛新凤老师的语文教学给予了很高的评价，给我以很大的启发。周先生提出"化教为学""化讲为练""化析为读""化解为议"，这里的"化"就是转化，就是融通。其目的是把语文课堂还给学生，把融通、转化的主动权还给学生，把学习语文的乐趣还给学生，这不仅是一个教学策略，也是教育思想的变革。周先生以盛新凤老师执教《半截蜡烛》一课为例，认为该课以学生的"练"为主，辅之以教师的"导"，体现了"化讲为练"这样一种课堂模式的转型。教师在学生读通课文（剧本）的基础上，逐步形成了一个让学生"自求得之"的练习设计。即按剧本的体裁特点，让学生先来"导演说戏"，学生当"导演"解读课文；再让学生"演员演戏"，讨论人物的行为和思想感情，并上讲台演读；接着再由学生“编剧续戏”，让大家思考：德国鬼子走了以后，心有余悸的一家人会说些什么？激起了学生还想过一把剧作家的瘾，请大家任选一个角色续写台词，在括号内写上“舞台说明”（人物的神态动作等）；最后，又在交流中展开了“观众评戏”。周先生认为“这样的化讲为练，始终置学生于主动投入、积极参与的状态，既避免了教师的单向过度讲析，又调动了学生的练习实践活动，使阅读训练落到了实处”。

如前所述，“和美”是一种教学现象，一种教学状态。然而这种状态——融通、和谐、圆融、优雅等都是在一定时空中表现出来的，是相对意义上的。事物是发展变化的，教学过程在发展变化，教学情境在发展变化，学生的心理、教师的心态也在发展变化。产生了已知和未知、认知和情感、具象和抽象、预设和生成等矛盾。此时，旧的平衡被打破，融通、和谐的状态被消解，事物又处于不融通、不和谐的状态，从而又开始了新一轮的化解、转化，使之逐渐融和的过程，这就是“和美语文”的辩证法。

如盛老师所言：“教学中还应努力追求冲突之美，不平衡之美。”当课堂上师生之间、生生之间、师生和文本之间发生认知、感情的冲突时，学生认知上的起起伏伏，情感上的跌跌宕宕，使教学产生奇崛突兀之美，这往往是教学中的“亮点”，也可能是最宝贵的生成性课程资源。

由于“和美语文”不是凝固的、一成不变的，始终是流动的、变化的，甚至是飞舞的、曼妙的，这就给老师们留下了创新变通的空间，使他们能够在共性中显示出自己的教学个性。“赤橙黄绿青蓝紫，各持彩练当空舞。”每位教师都要像盛新凤老师一样，在教学中敢于突破，敢于创新，敢于另辟蹊径。百花齐放，争奇斗艳，取长补短，博采众长，努力形成自己的教学个性。与会的李卫东老师、张祖庆老师，都是独具教学风格的老师。高朋满座，群英荟萃，大家和和美美，相互扶持，共同参与“和美语文”的实践探索，使会议充满了“和美”的气氛，本身就是对“和美语文”的最好诠释。

老师们，由于我入冬以来身体不适，医生嘱我不宜出行，以致失去了一次学习的机会，特向盛新凤老师和全体老师表示深深的歉意。写此信意在以文代言，以表达我对“和美语文”的真诚喜爱和倾心赞扬。祝会议圆满成功，祝老师们身心愉快！

华中师范大学　杨再隋

2011年11月22日

《语文课堂：教学走向和美》序一

语文本来是美的：美的词藻、美的音韵、美的意境、美的意蕴。语文教学也应是美的：美的朗读、美的语言、美的情感。好的语文课如画、如诗、如歌，给人以审美享受。

盛新凤的语文教学婉约雅致，清新秀丽。在课堂上，或重锤轻敲，举重若轻；或因势利导，顺水推舟；或穿针引线，左右逢源；或巧点妙拨，游刃有余；或巧布疑阵，柳暗花明……儿童则在平等的对话中，放言高论，自由发挥，喜怒哀乐，流露无遗。儿童的“自由”是想象、思维和言语的“自由”，是无拘无束的生命潜能的释放，是自由自在的内在情感的宣泄，是无所顾忌的言语的交流。

美学家的关于“美在自由”的重要命题在这里得到了完满的诠释。教师以轻松愉快的方式把美的对象显示给受教育者，使学生在接受教育时，完全出于自觉，出于对美的渴求和向往。儿童专注于美的观照之中，精神上处于一种自由状态。在这种氛围之中，学生心情舒畅，情绪昂扬，任想象驰骋，任思路开展，任感情激荡。黑格尔说：“审美带有令人解放的性质。”席勒认为美的欣赏是一种“自由的欣赏”。她说：“在审美王国中，人卸下一切关系的枷锁，并使她摆脱不论是身体的强制或是道德的强制。”“通过自由给予自由，这就是审美王国的基本法律。”

除了“美在自由”的命题外，美学家们还提出了“美在和谐”的重要命题。前苏联美学家尼·阿·德米特里耶娃指出：“美的一般定义是事物之间的相互关系——正确的、恰当的、协调的、多样统一的关系。”美的本质正是在感性和理性的统一下，运用形象的可感性达到情感的感染性，以开拓和发展人的综合协调性。所谓“综合协调性”，即客观事物之间、主客观之间、协调的、和谐的、变化统一的特性。美学家关于“美在自由”和“美在和谐”的命题，其实是相互关联的。自由是“和谐”中的变化，“和谐”是“自由”中的统一。

盛新凤倡导的“和美语文”，实际上是强调语文教学各个组成部分的综合协调，以及各种关系和联系的相互转化和相互融通，以此达到“雅”的境界。“雅”是我国传统美学对美的一种表达，盛新凤在语文教学中提倡“语言文雅”“情意古雅”“方式淡雅”“结构闲雅”，都是种种美的表现。不仅是外在形式的“雅”，更是内在质地的“雅”，是一种人文情怀，也是一种文化品位；是一种人格修养，也是一种人生境界。语文教学倘能如此，则是语文教学艺术和语文教学品格的统一。

去年，我看过盛新凤教学《去年的树》（人教版三年级）。课文通过一个美丽的童话故事，抒发了一种淡淡的忧伤。体现了具有人文底蕴的悲悯情怀，寄托了人们对生存环境的关切，当生态平衡暂时被破坏后的无奈以及对光明的企盼。老师以学生自己板书课题开始，表明了要把学习的主动权交给学生。学生初读课文，整体感知，和文本进行原生态对话。接着，从重点词句入手，研读课文，进行倾心对话。继而教师引领学生展开丰富的想象。在字里行间，在语言文字背后去寻找恰当的“画外音”“潜台词”，对文本进行“补充对话”。最后教师启发学生以文本为依托，以生活经验为凭借，去拓展延伸，进行“多元对话”。

有的学生说，故事表现了世界上独一无二的友情；有的学生说，小鸟呀，你真是一诺千金；有的学生说，伐木人呀，大树是一个生命，你怎么忍心把它砍倒；有的学生说，大树呀，你虽然不幸牺牲了，但你变成了有用的火柴，给人类留下了光明，也留下了希望；还有的学生说，作者呀，你为什么把文章写出这样悲伤的结局？

看来，学生对于文本的个性化解读，在这里充分体现出来了。作者究竟是倡导环保，还是颂扬诚信，是赞美奉献，还是歌颂友情，暂都不必下结论，还是让学生自己去判断吧！本课教学充分体现了新的对话理念。以读贯穿始终，引导学生由唤起形象到激发情感，再到引发“共鸣”，学生“移情”而化为小鸟。教学进入了一种新的境界。

我想，这节课为什么会取得成功，全在于盛新凤的心和文本相通，情和文本相融。她的“课感”是她的主观感受，她的“课情”是她的独特体验，她的“课韵”是她的主观品味。她不是在“做课”，是“课”表现了她的“人性”，展现她的“悟性”，彰显她的“灵性”，这就是个性化的教学。德国大诗人、大作家歌德说过："不是我做诗，是诗在我心中歌唱。"在盛新凤的课中，教学的节律是她自己的脉搏的跳动，是她自己情感的起伏，教学的情致醇化而升华为教学中的和谐，这是心灵和世界浑然合一的情感。因教学是动的，人心也是动的，教学正是这动与动接触会合时的交响。文本变了，教学也随之而变，以变应变，在变中求新、求活，正是盛新凤语文教学的特色。

盛新凤教学《青海高原一株柳》（苏教版六年级），又是另外一种风格。在婉约中透出豪放，在雅致中表现阳刚。师生通过反复研读文本，最后把文本读成了一个词——"撑立"。于是以"撑立"为交点，撑起全文这个"地球"，以"撑立"为线索，让散落的语言珍珠串联，以"撑立"为轴心，使全文的语言情感有了向心力。"撑立"具有丰富的内涵，承载了多重的功能。立意在"撑立"中互转，精神和情感在"撑立"中共生；柳树的形、神在"撑立"中融合。最后由"撑立"到"伫立"的转换中，重塑了柳树的形象，升华了柳树的精神，其实"撑立"的首先是盛新凤自己的情感，自己的精神，自己的人格。课如其人，意在于此。

王羲之在《兰亭序》中说："仰观宇宙之大，俯察品类之盛，所以游目骋怀，极视听之娱，信可乐也。"的确，不仅是大宇宙，细小的事物也不可忽视。语文教材，体裁多样，风格各异，盛新凤都尝试过；宏观的教育理论和微观的教学细节，盛新凤都琢磨过。在尝试后及时反思，在实践中细心归纳，反复实践，反复思考，心有所悟，"和美语文"，就应运而生了，我常想，盛新凤的语文教学不仅是美丽之花，而且是智慧之树，始终在生成、生长、发展、创新。老师们创造了美丽的教育生活，同时也在教育生活中感受了审美愉悦。语文教学创造了美，同时老师们也在教学中美化了自己，提升了自己。

全国语文教师继续教育研究会副理事长
华中师大教授　杨再隋
2008年4月于华中师大

《语文课堂：教学走向和美》序二

2009己丑之年，时值中华人民共和国60华诞。见证共和国的辉煌，我们也不免会同时重温中国小学语文教学改革的那些激情难忘的岁月。但似乎也有一些遗憾，很多时候的改革总在“对立斗争”的氛围里，跌跌撞撞地艰难前行。解放初期的“文道之争”，在批判了“重文轻道”之后，又陷入了“重道轻文”的困境，似乎很难达到“文道结合”的和谐境界。在上世纪50年代“大跃进”“政治挂帅”等思想影响下，又把语文课上成了政治课。直到1963年新“教学大纲”的出台，才强调了工具性与思想性必须统一。以后又出现了语文“双基”训练和情感陶冶的对立，而在纠正了僵化的机械训练之后，又跳到了另一个极端：必要的训练的否定。走进新课程，我们高扬了“人文大旗”，却又导致了“以人文代语文”的新问题……虽说历史常会有惊人的相似之处，但不是简单的重复，认识上的每一次轮回，总会在一个新的层面上，但毕竟折腾得太多了些。看来中国语文教育多么需要“中和”之道。

在小学语文界，我的这个语文观，并不缺少知音。盛新凤老师就是其中一位。我们本来素昧平生，正是她的“和美语文”让我与她有了交往的机会。而且一直见证着她的成长历程。这之前，她已经出版了三本关于“和美语文”的专著，现在案头的一大叠文稿是她即将面世的第四部新作。

我深知在当下容易三心二意的境况里，做一心一意的语文老师，真的很不容易。但是盛新凤却一直锲而不舍地追逐着她的人生价值，为“和美语文”而殚精竭虑，“衣带渐宽终不悔”。

首先，“和美语文”是她的语文教学思想的一种追求境界。正如她在书中所言：“和美语文扎根于中国传统文化的土壤，在中国传统文化的根上成长起来的。”确实，“和美语文”的理念是中国的思想文化在语文教学中的投射。“和”是什么？窃以为应是儒家的“中和”，道家的“妙和”与释家的“圆和”。“中和”强调的是人与社会的和谐，讲求消除心与物的对立，达到心物合一、知行合一。“妙和”是空灵之道，“妙”是一种化境，讲求的是“境由心悟”。“圆和”强调生命的圆满、圆融，追求慈悲为怀，生命与宇宙的圆融一体。“和”的境界便是“美”，在儒家是仁爱之美，在道家是空灵之美，在释家则是慈悲之美。“和美”语文追求从另一方面看也体现了中国人所具有的中庸平和、辨证宽容、幽默圆融的思维方式。于是，语文作为人类思维外衣的工具特征和其广阔的文化血脉背景，便与“和美”有着“灵”与“肉”的关系。在这本书里，我们时时处处都不难发现这种宏阔、深邃的中国思想文化的光辉照耀。盛新凤老师把自己的语文教学理念建立在“教学走向和美”之中，无疑是智慧的选择。

第二，“和美语文”也是她正在形成并日渐走向成熟的课堂教学风格。听盛新凤的课，你会感受到“和美”的扑面而来。“课如其人”在这里能得到有力的佐证。据此，我们可以认为盛新凤的课堂教学风格与她的教学理念是完全一致的，而这种“一致”的背后，正是她为人处世的品性。本来“风格就是人”（布封语），以后，马克思在《普鲁士最近的书报检查会》中又提到“我只有构成我的精神个体性的形戎，风格就是人”，由此理解“风格”乃风度品格之谓是恰当的。也就是语文教师在教学的实践和研究中，从整体上透发出来的思想美、艺术美高度统一的一种境界美，是既具独特性又有相对稳定性，凝聚而成的个体艺术特色。盛新凤淳厚平和、秀外慧中而又不失勤勉自强、圆融通达的个性品格，不也正是她追求“和”与“美”的心灵写照。在本书中大量的案例、课例，都来自她自己的课堂，读着这些现场叙事，我们不难感受到教学思想之品格，与课格、人格的和谐统一。

第三，“和美语文”更是她二十几年在语文教学实践、研究中留下的足迹。她是语文教学的行者，足迹便是“行者无疆”最可宝贵的实证和成果。书中大量课例、案例，多维度、全方位地诠释了“和美语文”的丰富内涵和感人魅力。更为可贵的是她的“教学走向和美”并不是只有事实的陈述和故事的铺排，本书的不同之处正在于并不缺乏理性的梳拢和论说的雄辩。即使是叙事写作，也不缺少理性的意义。有思想的打磨和哲理的开掘，才可以产生指导实践的价值。因为实践不能指导实践，那是经验主义；只有理论才能指导实践。行为不能指导实践，那是简单的粘贴；只有思想才能指导行为。所以，那些上升到理性的认识，方能在新的环境里，新的条件下，不断释放出新的能量。理论与实践的圆融，也正是本书的另一大特点。

出版的四本专著

炎夏即将逝去，金风送爽的秋日脚步渐近。我忽然联想到此时所有结满籽粒和果实的植物都把丰足的头垂向大地。这既是任何成熟者必具的谦逊之质，也是对孕育了自己的大地母亲的一种无语的敬奉和感激。《语文课堂：教学走向和美》也正是盛新凤老师献给中国小学语文教学的一份可贵的礼物。“和美”既有着植根于中国文化的深邃哲理，同时又鲜活在我们为人处事的日常生活之中，是人人能理解、个个都明白的道理。说简单了，提倡和美融通，就是不要搞极端，寻找大家都能接受的那种“合适”和“恰当”，只有这样的圆融通达，我们的语文课堂才能沟通所有的学生，为所有儿童乐于接受，也才是对所有孩子的真正关爱。小学语文教学必须从“对立”的斗争哲学中走出来，缓解极端情绪，矫正极端意识，反对极端思潮，预防极端行为，多讲辨证，多思统一。这应当成为小学语文界的共识。

以享受的心情，在笔端玩味有重量、有温度的文字，是一种曼妙的境界。此时此刻，窗外是今年8号台风带来的雨夜，雨点叮叮咚咚地弹奏，室内“容膝斋”的灯光却与往日一样温柔，书案上一杯刚沏的绿茶在飘逸的雾气里氤氲出阵阵幽香……该是为这篇序画句号的时候了，我便按习惯最后梳理了一下思绪：语文教学是养心的艺术，以“和”相约，以“美”润泽，以“爱”期盼，以“圆”守候，以出世的眼光看语文，以入世的态度教语文，也许，这就是盛新凤的语文课堂：“教学走向和美”之真谛所在。

周一贯

2009年8月8日于容膝斋

“和美教育”的哲学思考

——在全国首届和美教育联谊会暨高峰论坛上的发言（摘要）

山东师范大学　潘庆玉

一、什么是和美教育

盛新凤老师提出的和美教育理念不是简单的教学经验的总结，而是基于自身教学反思的理论升华。她的课，让我们看到的不只是技巧，更是智慧和情怀。从她的课中，我们能感受到她身上蕴含着的浓厚的文化底蕴和锐意进取的创新精神。对于“和美教育”，我是门外汉。今天对于我来说，是一个绝好的学习机会。那么，和美教育是指什么样的教育呢？借用盛老师的说法，“和美教育”就是努力在教育中求“和”生“美”。“和”指的是对立物的协调统一和融会贯通，以此可以化解“极化矛盾”，在极化反应中生成新质。“和美教育”围绕“融通”这个核心理念，采用一系列教学策略，试图在教学的宏观、中观、微观各层面寻求两极元素的融合。和美教育主张关注教学细节展开过程中诸多两极元素的融通，如“教与学”“讲与练”“读与写”“入与出”等等，在融通中求“和”生“美”，在融通中生成理想课境。我很赞同盛老师的上述观点。尤其是她能从事物的对立统一、发展变化的角度来理解“和美”概念，不把它看做静止的、绝对的、完成的东西，而是看做动态的、发展的、正在生成的生命体。这一点很重要。在教育中存在着各种对立的因素和力量，如何把它们之间的矛盾和冲突转化为一种推动教育发展的综合力量，是对教育者智慧的考验。和美教育的优势就在于对这种矛盾、分歧、对立因素所蕴含的教育价值的发掘和运用。在我看

和美教育高峰论坛开幕式

来，和美教育的理念，既符合辩证法，也符合实践理性。

二、什么是哲学思考

今天我和大家探讨的是“‘和美教育’的哲学思考”。说实在的，这是一个漫无边际的话题。我今天所说的，只是自己在阅读了“和美教育”的有关材料之后的一些感想，既不成熟、也不系统，希望大家谅解。在讲和美教育之前，我们先说一说什么是哲学思考。契诃夫的《万尼亚舅舅》里面有一个讲艺术的教授，他讲了一辈子艺术，年龄在六七十岁以上了，结果到了晚年非常的沮丧：我讲了一辈子的艺术，但是不知道艺术是什么。哲学也是这样，我们整天谈论哲学，可到底什么才算哲学，谁也说不清楚。不信，就看看大哲学家的观点。冯友兰先生曾经说过：哲学是什么？哲学是“说出一个道理来的道理”。说出来一个道理，这个道理是这么一个道理，但我有一套说法，有一套逻辑的论证，证明这个道理是正确的，这就是哲学。可是，冯友兰先生的朋友金岳霖先生却说：你（冯友兰）说的不对，哲学是什么？“说出一个道理来的成见”。每一个哲学家，都有一个成见，有一个偏见，他是用其他的道理来证明这个偏见是正确的。每一个哲学家，都是一种片面的深刻，都是成见、偏见，他是以偏概全，把一个片面的东西说成是全体。哲学是道理还是偏见？我说不好，道理和偏见没有绝对界限，要看我们怎样把握好一个度。所以，今天我讲的“和美教育的哲学思考”，绝大多数是我对“和美教育”的偏见。如果大家能从这些偏见里读出一些道理来，我就很欣慰了。

三、和美教育的哲学范畴

一是知识世界与生活世界；二是科学精神与人文关怀；三是把握世界与实现自我；四是认知发展与人格陶冶。核心观点：知识不仅是一种科学与人文的概念与命题体系，更是人类探索精神的象征。知识深深地植根在人性的最深处。和美的教学就是通过富有想象力的方法来激活知识中所蕴含的伟大的人性力量，把学生卷入到文化与思想的洪流中。从富有想象力教育的角度来看，知识世界不是封闭的符号世界，而是人类理智探索的传奇故事；学生不是谨小慎微地踯躅在知识圣殿中的参观者，而是穿梭在知识丛林中的探险家；教师不是真理的发布者和传道者，而是带领学生步入神奇而美妙的精神世界的思想先驱和向导。

从“和”走向“美”

——在盛新凤和美语文专题研讨会上的发言（摘要）

全国著名特级教师　苏教版教材主编　高林生

语文是个多灾多难的学科，是只火中凤凰；语文也是一个魅力无穷的学科。

“和美语文”，名起得好。“和”是中华文化的灵魂。为什么这么说呢？2008年，北京奥运会晚会开场一个字——“和”，这一个字就是几千年中华文化的提炼与浓缩。

“和”作为传统文化的精华，乃是古代中国社会的共识，“和实生物”则是其理论的总结。“和实生物”的内涵主要有三：一是本体上的“不同而和”；二是组合方式上的“和而不同”；三是在功能上的“和故能生”。

这个发现了不得，盛新凤老师给语文起了个天大的名字，不能再大了。如果非要再大一点，那只能是“阴阳”，就得叫“阴阳语文”。基于"和实生物"内涵的认识，盛新凤老师说的"和"，我理解至少有三重含义：

第一，"和"是一个整体，若干种不同且具有一定差异的事物是构成"和"的要素。

第二，一定的秩序和结构是构成"和"的方式。

第三，组成"和"的各个不同事物相互调节、相互补充、相互容受。

和美语文专题研讨

儒家有句话："和而不同"，因为不同才要"和"。过去很长一段时间，我们没有把事物的复杂性考虑清楚。钱学森提出一个观点——"系统控制论"，即若干个子系统组合的这么一个概念。用"和"的理念来看待我们的语文教学，可以给我们如下的启示：

启示一：语文教学是一个整体，它是由若干要素组成的（如识字教学、写字教学、阅读教学、习作教学、口语交际、综合学习），而每一个要素又是一个相对独立的系统。比如阅读教学，就是由教学目标、教学内容、教学流程、教学结果等更小的系统组成的；如再往下分，小的系统还可以分成若干更小的项目，如教学目标系统等。知识不整合进入系统，永远形不成能力，就变成了散兵游勇。

启示二：语文教学应该是一个以有序的方式构成的系统。比如识字和阅读就有一个前后序列的安排问题，比如对读书能力的训练也有一个循序渐进的问题，再比如对篇章的理解同样有一个序列的问题。所以，古人说的“温故而知新”，关键是要打好基础，以促进新知的获得。科学从现象到本质，从无序到有序。和美语文其核心内容是科学的有序的。

启示三：语文教学应该是一个不同内容相互调节、相互补充、相互容受有机整体。我们应该破除“二元化”思潮的干扰，使语文教学步入相互包容、补充、容受、得体的美好殿堂。对阅读教学的理解而言，阅读课既要关注对课文篇章的整体把握，也要关注对课文细节的品味。

总之，“和美语文”不是一种简单的教学流派，其“和”是一种思维方式，其“美”是通过这种思维方式所要达到的境界，即课堂要具有“圆润美”“有度美”和“节奏美”。

师长来信摘要

（一）著名语文教育专家成尚荣先生来信摘要

“和美语文的提出是偶然的，亦是应景的，这与您对中国传统文化精髓的学习和把握是分不开的。可以说，和美语文是在中国传统文化的土壤上，在中国传统文化的根上生长出来的，具有中华民族的品格、风格和特色。在‘全球化’的今天，我们尤其需要这种本土特色的东西。”

“和美语文的理念很好，可以说，是在寻找语文教学新的视角和新的路径，正如您尖锐指出的，和美语文是为了克服小学语文教学中的极化现象。不仅具有很强的针对性，而且具有鲜明的导向性。‘两极融通之和’应是事物的本质属性和特征，所以，和美语文又是力图解决语文教学长期存在的问题，回归语文及其教育的本质。”

“和美语文努力把握语文性和儿童性这很重要，旨在突出语文教育的特性和儿童学习语文的特点，使语文真正成为语文，成为儿童自己的语文。也许，‘两极融通之和’最为儿童所认同和接受。在研究实践探索的基础上，您又提出了和美语文的两种范式：‘亦雅亦俗’式、‘雅而俗’式。这也是很好很有价值的概括与提炼，会对老师们起很大的借鉴和学习作用，因为范式是具有普遍价值的。”

“盛老师，希望您坚持试验。”

“总之，这是一项极有意义的试验和研究，希望坚持，在整体建构和实践层面同时展开，一步一个脚印，不断调整，不断突破。我们期待着。”

（二）全国小语会副理事长、上海师范大学吴立岗教授来信摘要

“这么多年来，你立足实践，边读边思边研，提出和美语文的教学主张，很有价值，研究得很深入。《语文课堂：教学走向和美》一书，案例生动鲜活，书中理论和实践完美结合，阐述很有深度和厚度，又有温度。”

“应该说，《语文课堂：教学走向和美》是一部具有中国特色的语文哲学著作，飘逸着太湖水的幽香！‘和美教学’是充分吸取中国古代哲学和美学之精华，在太湖之滨茁壮成长起来的一株奇葩，它学理透彻，案例生动，易于借鉴，回味无穷……”

雏凤新声

——与青年教师共读《构建诗意的语文课堂》

全国著名特级教师 浙江杭州市教研室 沈大安

浙江大地，含英咀华。一大批优秀青年语文教师扎根在这块浸润着丰厚文化营养的沃土上，绽开出了艳丽的花朵。盛新凤老师无疑是他们中间非常杰出的一位。盛新凤老师生长在杭嘉湖平原的太湖之滨。那里是水乡泽国，河道纵横，也许是得水之灵秀，女子也多为小家碧玉。初次听盛新凤老师的课，觉得她的课温柔细腻，这种感觉便特别深。但不

过数年，从《打碗碗花》到《古诗二首》，她的课越来越大气，及至在台州听她执教《秦始皇兵马俑》，惊喜地发现已成大家闺秀之风范。现在，当一本她的新作《构建诗意的语文课堂》摆在我面前时，我更不能不刮目相看。这本书既有理论的深度——融古今中外学者的观点而自铸新词，又有实践的厚度——十几年的尝试、探索与积蓄喷薄而出。盛新凤老师已是一位卓有建树的语文教育研究者。

读盛新凤老师的这本专著，我思考得更多的是青年教师的成长：一棵小苗怎样才能长成参天大树？青年教师各有自己的天赋与个性，也各有自己生活的环境和氛围，成长的道路不可能完全相同，但盛新凤老师的成长之路给了我们许多启示。她执教的湖州师范附小，是一所有着深厚历史底蕴和良好教研氛围的名校。她得以脱颖而出，除了当地教育部门和学校领导的关心、师长和同事的帮助以外，最重要的因素当然是自己的努力。在我看来，勤于学习、勇于实践、善于思考和乐于动笔，是她成功的根本原因。

今日社会是一个学习型社会，终身教育已经成为人生的必修课。站在基础教育课程改革的起跑线上，我们发现自己是多么的浅薄和无知！有那么多新理论、新观念紧迫地需要我们去学习。如果我们仅仅满足于从师范学校带出来的一点知识，充其量只能做一个教书匠而已。读这本《构建诗意的语文课堂》，我们会看到盛新凤老师那种锐意进取、兼收并蓄的学习作风。她在教育学、心理学、文学上有深厚的积淀，对美学、哲学、历史也广泛涉猎，偶所心得，便发出会心的微笑。从孔子、柏拉图到皮亚杰、赞科夫，她的书中融会了现代、后现代教育思想和中国传统文化的智慧。正如她自己所说："'有容乃大'，但愿我们的语文教学在有了容纳百川的气度后，真正能孕育出有着大性格、大胸怀、大视野、大手笔的新型人才，为我们基础教育的整体改革添上浓重的一笔。"19世纪德国诗人荷尔德林写下了"人诗意地栖居在大地上"的名句，经过德国当代哲学家海德格尔的阐发，成为一面高扬着人文精神的旗帜。中国又被称为"诗的国度"（可惜这种文化特征正在消亡），《构建诗意的语文课堂》的立意就是现代西方哲理和中国传统文化的交融，为建立有中国特色的语文教学提出了独到的构想。而本书从立意到阐述，无不浸透了盛新凤老师多年读书学习的心血。

读书固然重要，但古人认为："尽信书，不如无书。"陆游在给他侄子的《冬夜读书示子聿》中说："纸上得来终觉浅，绝知此事要躬行。"他们的意思都是强调实践重要，提倡学以致用。对于教师来说，教学是最重要的实践活动。有的青年教师可能会问：我们天天在上课，为什么没有盛新凤老师那么多的收获和积累？我想，问题是把上课仅仅当做职业去完成，还是把上课当做一种事业来创造。盛新凤老师把它当成后者，于是一节节课就成了她生命历程中一页页灿烂辉煌的记录。在本书中，我们可以看到盛新凤老师数十个教案、教学设计和课堂实录，其中有不少是省、市乃至全国的观摩课，凸现了她那种永不满足、不断追求自我超越的精神境界。近年来，以基础教育课程改革为契机，以《语文课程标准》理念为指导，盛新凤老师攀上了一个个新的高峰。她执教的《秦始皇兵马俑》《去年的树》等，课堂上师生互动，与文本对话，诗意流淌，闪耀着人文精神的光辉。盛新凤老师说："我一直在憧憬这样一种诗化的语文境界：师生或吟或诵，或争或辩；或浅吟低唱，如痴如醉；或慷慨激昂，面红耳赤，尽性、尽情，痛快淋漓，这样的语文课，可谓'过瘾'也！"实践无止境。我们期待盛新凤老师新的突破，也期待着更多的青年语文教师像盛新凤老师那样，以自己创造性的实践丰富我国小学语文教学的库藏。有些青年教师读了不少书，也有较多的教学实践，但总觉得自己进步不快。原因在哪儿呢？我想我们可以从盛新凤老师的这本书中找到答案。盛老师认为："理论是融会贯通的，学习不能盲目地做量上的积累，而是不断梳理、归类、建构新的图式的过程。思考比阅读更重要。"（《感悟四十三》）法国科学家帕斯卡有一句名言："人是一株会思想的芦苇。"在理论和教学实践中间，你自己的思想便是一座桥梁：它一端通往实践，以先进的理念指导自己的教学；一端通往理论，从自己的教学实践中提炼出理论——来自实践的鲜活的理论。透过这本书，我觉得盛新凤老师最可贵的是把现代教育思想跟教学中的现实问题结合起来，有自己的思考。这里有不少思考的成果是我在别人的著作中没有见过的，这就产生了这本书独有的阅读价值。比如她把阅读一篇课文的过程归结为"心仪—神交—反观"，把中国传统文艺理论运用到语文教学中，形成自己独到的见解。再如她对语文教学应当注重情感教育的见解也极具个性：

语文教师应是"性情中人"，应是"多情善感"的人。善于"抒情""煽情"的语文老师，会使他的语文课堂魅力无穷，充满磁性与感动，由此会使语文教师本身光彩照人、鲜亮无比。（当然，我主张语文教师的情感释放应是有节制的、把握好火候与分寸的，充满了古典美的特质的那种，而不是在课堂上张牙舞爪，疯疯癫癫。因为古典一点的情感是最美的情感。）

当前的教学研究园地里，论文和著作汗牛充栋，可惜的是，原创的、有自己独特思想的比较少。我们希望少一点已有定论的观点的演绎，多一点作者自己的思想——哪怕不成熟，哪怕有偏颇，但毕竟是自己的东西。

最后想说的是，语文教师要乐于动笔（包括电脑这枝“笔”）。巴金老人论写作之道，有一句话说得好极了：“只有写才会写。”真理竟表达得如此平易、简洁、明了！盛新凤老师不仅善于思考，还乐于表达。依我看来，盛新凤老师属于内秀的那一种人，并不喜欢多说话，但下起笔来却如行云流水，收入书中的数十篇思想敏锐、文字优美的随感便是证明。试看这一段：

温柔细腻的女教师可以把课上得如李清照的词般婉约动人；粗犷、洒脱的男教师可以把课上得长江、黄河般豪放大气。你可以选择娟秀、清新、自然、深厚、旷达等任何一种境界；你也可以追求行云流水、气吞万里、慷慨激昂、收放自如、丝丝入扣、意蕴深厚等任何一种完美。

对语文教师来说，写作既是做好工作、提升水平的需要，又是怡悦心情、让真情流淌的有效方式。我们可以学学盛新凤老师，常思亦常写。

读《构建诗意的语文课堂》，耳边常常回响着李商隐的诗句：

桐花万里丹山路，
雏凤清于老凤声。

愿盛新凤老师以及一切有志于语文教学的青年教师常吐新声！

2004年春节前夕

第二编 构建和美语文的生态课堂

“生态学”最早由德国生物学家海克尔命名，生态学理论对教育系统具有较强的适应性。生态学和教育学的相互渗透，产生了“教育生态学”，运用到语文学科，就产生了“语文教学生态论”。语文教学在100多年的发展历史中，积累了宝贵的经验，也留下了沉疴顽疾：少、慢、差、费。“和美语文”的前期研究一直站在哲学视角，努力对当前语文教学的极化矛盾进行纠偏，追求两极融通后的“和”之课堂境界。但当从“生态论”的视角去思考研究“和美语文”时，我们发现语文教学，只有努力追求课堂教学生态，营造生态的语文教学物质环境和精神环境，选择生态的语文学习内容和方法，找准学生在语文课堂上的“生态位”，引导学生在语文课堂上的个体生态行为，使教学达到“和润、和融、和济、和谐、和悦、和舒、和而不同”的和美之境，才能维持语文教学整个生态系统的生态平衡，才能重构语文课堂的生态文明。

第一讲 和畅圆润的和润之美

和美语文的研究已10余年，取得了一定的成绩。但这一阶段的研究，我们着眼的是和美语文的“哲学观”。2012年7月，党和国家领导人胡锦涛同志明确指出：“推进生态文明建设，是涉及生产方式和生活方式根本性变革的战略任务，必须把生态文明建设的理念、原则、目标等深刻融入和全面贯穿到我国经济、政治、文化、社会建设的各方面和全过程。”那么和美语文的研究如何与时俱进，从“生态观”的视角去重构课堂，追寻语文教学的新境界呢？经过一段时间的思考和实践后，我们以为，语文教学要追求课堂的生态文明，必须转变教学方式，以“和”为核心，着力追求课堂的“和润、和融、和济、和谐、和悦、和舒、和而不同”之美。下面，我们将分几个部分逐个与老师们交流。今天我们第一讲的内容是：和畅圆润的和润之美。

所谓和润，指的是和畅圆润。首先要“畅”，而后是“圆”，只有这样才能达到“润泽”的目的，只有流畅，只有圆润，才会达到“和”之境。说到“圆润”，我们会想到一种图形——圆。中国人最喜欢的图形就是“圆”，翻阅一下我们的建筑史，会发现我国古代最优秀的建筑设计作品都是圆结构的，如北京天坛的皇穹宇与祈年殿等等。因为圆有很美好的喻义——昭示着圆满、圆融、团圆，可以说，圆是一切美好生活的象征，是中国人的一种审美理想。

艺术的宗旨是“求美”，犹如宗教的“求善”与科学的“求真”。语文教学是个系统的生态系统，课堂本身就是一个独立的微观生态系统，所以课堂教学艺术也要“求美”，这个美既要有美的外形，又要有美的内核。在课堂上老师也要学会画圆，既要画外圆，还要画内圆，也就是要关照课堂“内结构”与“外结构”的完整。

课堂上要画“外圆”，即教学设计要努力呈现出一个圆形的结构。画圆有一定的路径与规律：找到一个支点，拉出一条线，画成一个圆。找点需要老师有一双慧眼：选择一个张力十足的语言点切入，拉出一条教学主线，画成几个同心圆。

为什么要画几个同心圆呢？因为课堂需要“景深”感，如果只有一个“圆”，那太单调了，如一位老师在教《清平乐·村居》一课时，确定了圆心“醉”，围绕“醉”字提出了四个话题供学生交流讨论：白发翁媪为什么而醉？两位老人会用好听的吴侬软语说些什么？陶醉的仅仅是老人吗？词人就这样醉了吗？第一个问题是帮助学生理解表面的词的意思：老人的陶醉是看到大儿、中儿、小儿的乖巧，生活的惬意舒适；第二个问题是引导学生发挥想象，揣摩词意，进一步体会老人陶醉的缘由；第三个问题是把学生思绪与情感的触角伸向了词人，链接了词人当时的处境与心境，体会词人的醉之因；第四个问题的追问附之于词人在同一时期的另一首词中的“神州毕竟，几番离合，看试手，补天裂”，进一步探究词人内心“醉”的无奈与痛楚。这样整堂课就围绕圆心“醉”画了四个同心圆。这四个圆是立体的，逐渐放大、环环相套的。这样的圆是外圆，是有形的，是我们看得见摸得着的。又如笔者所教《卢沟桥的狮子》一课，把马可·波罗的话“世界上最好的，独一无二的桥”定为整堂课的圆心，以此为点画了几个同心圆：和平年代狮子的无忧无虑；战争年代狮子的痛苦伤心。每个版块内容学完后，在点上回环一次，预示一个圆的完成。

画的外圆既应是同心圆，又应是开放圆。系统论中有句话：“系统如果封闭，那就等于死亡。”所以，结课时应留些余韵、余味。如《卢沟桥的狮子》一课，最后学完课文，让学生自由组成合作小组去查找相关信息，这是给了学生一个新的支点，引导他们自己再到课外去拉线、画圆。

课堂上的“内圆”是看不见的、无形的，需要我们去感受和体会，表现在对三维目标的统整，对文本整体美感的维护。三维目标的整合需要我们关照整体，特别关照除“知识能力”外的另两个维度——“情感态度价值观”与“过程方法”。这是内隐学习的范畴，是长期以来被我们忽视和淡化的。三维目标只有有机统一，才能聚合教育元素，提高教学向心力，共同发生作用和威力，真正提升学生的整体语文素养。

课堂上画“内圆”还表现在关照文本的整体美感，一个文本是个完整的系统，是有灵魂在统摄的。文本的每个语词都有种向心力，向着文本的整体。文本阅读，只有在整体感受时，才能捕捉到他完整的美，所以文本的整体美是不能被轻易打破的。我们的教学，就要维护、保护这种整体美，把完整的文本的整体美感传递给学生，或者说让学生完整感受这种整体美。不能随意把静躺在文本中的词语、句子抽取出来，使之变成零碎的布片。如果我们的教学破坏了整体美，把文本变成破碎的语言碎片，那么，不管教学艺术如何高超，都是不完美的。文不美了，阅读不美了，课也就不美了。如《青海高原一株柳》一文，文本指向柳树的形象和精神，聚合在一个词“撑立”中，不管是对柳树的外形描写还是精神描写，都指向“撑立”之美，那巍巍然撑立的雄姿，那百折不挠与风霜雨雪作斗争的精神与勇气，就是一种撑立。教学本课，必须紧紧围绕统摄全文的这个词“撑立”展开教学，使整堂课气脉贯通，一气呵成，呈现圆润之美。

古人追求“文质彬彬”之美，“文”指的是外在形式之美，“质”指的是内在本质之美。表现在文学作品中，文指的是文辞，它外表的形式；质则是它的本质和内容。只有文质兼美，才是真正的和美。教学中所画“外圆”与“内圆”，既关照了“文”之美，更关照了“质”之美。“文质彬彬”的语文境界，应是最佳的和美之境。

教学现场

与语言共舞　让精神欢歌

——《卢沟桥的狮子》课堂实录

一、交流歇后语，导入新课

师：有这样一个歇后语：卢沟桥的狮子——

生：数不清！

师：这句歇后语说卢沟桥的狮子怎么样？

生：多。

师：对，很多很多。（板书：多）就是这座狮子多得数不清的桥曾被意大利著名的旅行家马可·波罗称为“世界上最好的独一无二的桥”。（出示幻灯片）咱们一起把这句话读一读吧。

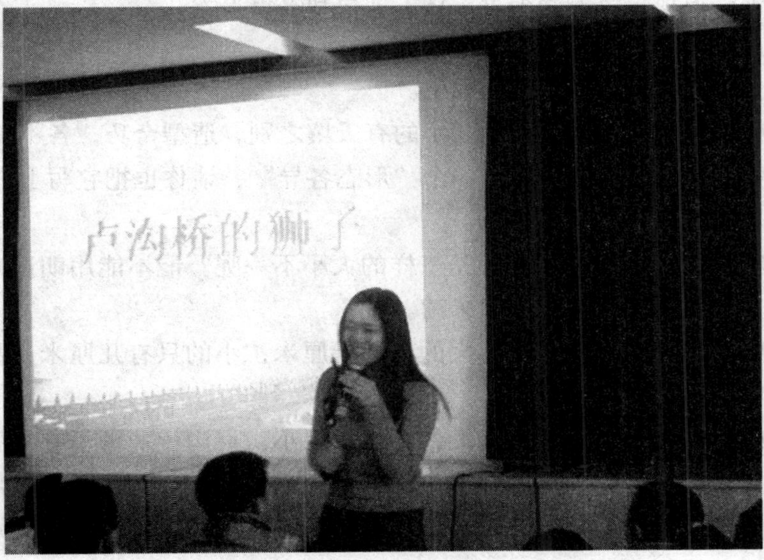

在浙江平湖执教《卢沟桥的狮子》

生（齐）：“世界上最好的独一无二的桥。”

师：你能读懂这句话的意思吗？

生1：我知道了，世界上虽然有许多的桥，但是卢沟桥是最好的桥，很漂亮，很有价值，是世界上独一无二的桥。马可·波罗是世界上著名的旅行家，他说出这样的话，也是我们的骄傲。

师：这是我们中国人的骄傲！

生2：说这座桥是独一无二的桥，是因为这座桥很有新意。

师：这就是说没有其他的桥可以和这座桥相比，再把这句话读一读。

生（齐）：“世界上最好的独一无二的桥。”

二、品读课文、启发想象，体会和平年代里狮子的无忧无虑

（一）尽情品读课文

师：同学们，就在这座世界上最好的独一无二的桥上面，有许许多多的狮子，卢沟桥的狮子仅仅是多吗？这节课咱们就重点读读课文的第二自然段。请尽情地读读第二自然段，想想卢沟桥的狮子还有什么特点？

生：卢沟桥的狮子还有大小不一、形态各异的特点。

师：请你把“大小不一”这个词写到黑板上去。

（生写）

生：卢沟桥的狮子栩栩如生。

生：卢沟桥的狮子大的和小的有天壤之别，造型奇巧，各不一样。

师：你刚才说了，还有一个“形态各异”，请你也把它写上去。

（生写）

师：卢沟桥的狮子到底是怎样的大小不一呢？能不能用朗读来告诉大家。找到课文，咱们一起来读。

生：“它们有大有小，大的有几十厘米，小的只有几厘米，甚至连鼻子、眼睛都看不清”。

师：噢，原来大的这么大，小的这么小，卢沟桥的狮子有意思吧！更有意思的是它们的形态也不一样，请同学们读下边的课文。你最喜欢的句子可以多读几遍。

师：咱们展示一下，把你最喜欢的那尊狮子的语句有声有色地读给大家听。

生："有的小狮子藏在大狮子的身后，好像在做有趣的游戏"。

师：他说有的小狮子藏在大狮子的身后，你们说它们在做什么游戏呢？

生：捉迷藏。

师：捉迷藏的游戏有趣吗？你们看，（映图）这只小狮子藏在大狮子的身后，它们好像在说什么呀？你们好像听到它们在说什么了？

生：它们好像在说，你找不着我的，找不着我的。

师：愿意分享它们的快乐吗？一起读读这句话。

（生齐读。）

师：真有趣，读成两声部了，再读一遍吧。

……

师：还有别的语句，谁读？

生："有的小狮子偎依在母狮子的怀里，好像正在熟睡"。

师：小狮子在熟睡，你可别吵醒它了！

师：多么香甜哪！大家一起来！

（生齐读）

师：还有别的语句，读吧！

生："还有的小狮子大概太淘气了，被大狮子用爪子按在地上"。

师：老师给你提个建议，你能不能按得再重一点，不然淘气的小狮子还会再逃走的，再读一次吧。

（生笑读）

师：还有谁喜欢读这一句？

师：按（重读）在地上，一起读。

（生齐读）

师：还有谁要读别的语句？

生："有的蹲坐在石柱上，好像朝着远方长吼"。

师：长吼，那么威武，那么有力，你们说它们会怎么长吼？在位置上试试。

（学生学狮子吼。）

师：这么威武，这么有力，这句话应该怎么读？大伙读，气势大，一起读！

……

（二）创设意境，激发想象

师：读着读着，我们仿佛觉得这些狮子仿佛是有人性的，充满了浓浓的人情味儿。在和平的年代里，这些狮子正在尽情地嬉戏，享受着天伦之乐呢！大伙儿连起来，把整段话读一读。

师：同学们，可爱的狮子，古老的石桥，在美丽的月色下如诗如画，想不想去欣赏一下？

（看录像配乐朗诵，介绍卢沟桥原来是繁华的商埠，现在有卢沟晓月胜景等。）

师：美吗？这么美的景就在咱们北京哪！在这么美妙、祥和的意境当中，还有些狮子在干什么呢？你能不能帮作者再想下去？

（配乐映示形态各异的狮子图片，边看边交流。）

生1：有的小狮子拥在一起，玩耍打闹。

生2：有的小狮子抬头望着天，好像在数天上的白云。

生3：有的大狮子张牙舞爪，很威武的样子。

生4：有的小狮子趴在大狮子的耳朵上，好像正在说悄悄话。

生5：有的大狮子在舔小狮子的身体，好像正在给小狮子洗澡。

生6：有的小狮子躲在大狮子的怀里，好像看到了什么让他害怕的东西。

……

师：这么多可爱的狮子，在和平、祥和的气氛当中，它们为卢沟桥的美丽，添上了浓墨重彩的一笔。每一尊狮子都是栩栩如生，都是精美的艺术品，怪不得马可·波罗要由衷地赞叹，这是世界上最好的独一无二的桥。（映示）再读一次，把“最好”的意思读出来。

（生读）

师：把“独一无二”的意思再强调一下，读。

……

三、了解历史、渲染气氛，想象战争年代里狮子的饱经沧桑

（一）交流信息，了解历史

师：就是这座世界上最好的独一无二的桥，却记载着一段令人难以忘记的历史。1937年7月7日，日寇的铁蹄破坏了这美好的意境，人民的鲜血染红了这洁白的桥栏。一起读一读文章的最后一段。

师：关于这段难忘的历史，老师课前请同学们查阅了有关的图片、文字资料，把带来的资料交流交流，可以离开自己的位置。

（组织学生相互交流。）

师：通过交流资料，你知道什么叫做“挑衅”了吗？

生：“挑衅”就是故意挑起事端，引起冲突。

师：当时，日寇是怎样挑起战争的？

生：日寇借士兵失踪……

师：盛老师也找到了一段录像资料，看看好吗？

（放录像《七七事变》。）

师：当时，中国士兵同仇敌忾，很多士兵嫌跑步速度慢，直接从城墙上跳下，杀入敌阵，喊杀声在几里外都听得到。

（二）联系情境，改写课文

师：那一阵阵密集的枪炮声把我们的思绪带到了67年前那个血雨腥风的岁月，让我们再睁大眼睛看看这些在枪林弹雨中的卢沟桥的狮子。还是这些狮子，但再看到这些狮子，你的情感、你的想象就会发生变化。

（映示前面自由想象时的那些形态各异的狮子图片，配上了枪炮声，在枪炮声中启发、思考、交流。）

师：这些在枪林弹雨中的狮子，它们还会幸福吗？还有快乐吗？这些失去了幸福和快乐的狮子，此刻它们又在做什么呢？联系当时的情景，在作业纸上改写或者补写课文最后一段，可以写一句，写得快的同学可以写两句。

生1：有的小狮子偎依在母亲的怀里，好像害怕日军的枪炮。

生2：有的低着头，好像在为牺牲的战士们流泪。

师：奖励你光荣地站着。

生3：有的蹲坐在石柱上，好像正在朝着敌军怒吼。

生4：有的狮子瞪圆双眼，好像在仇视日本侵略者。

师：也奖励你光荣地站着。

生5：有的小狮子偎依在母狮子的怀里，好像在躲避敌人的枪雨。

（示意学生站着。）

生6：有的小狮子蹲坐在石柱上，好像在守卫着我们的祖国。

生7：有的狮子蹲坐在石柱上，好像在指责这些破坏和平的人；有的低着头，好像在为炮火中受伤的人们而伤心。（示意站着。）

生8：有的狮子全家坐在一起，好像在清点日军的罪行，有的狮子蹲坐在石柱上，好像在怒视着日本侵略者。

生9：有的狮子很威武，好像要把日本军团全部给消灭了。

生10：有的狮子庄严地站着，好像在防止日本侵略者来侵略自己的家。

生11：有的大狮子把小狮子按在地上，好像害怕日寇把自己的幼子抢走。（示意站着。）

……

师：请你们几位站着的同学，带着你们的作业纸，到前面来。让我们怀着激愤的气愤的悲愤的心情来读我们改写过的这段课文，就读你们写的句子，盛老师给你们读总起句。

（师引读后，学生依次读自己写的句子，读完后，关闭枪炮声和图片。）

师：同学们，这些饱经沧桑的卢沟桥的狮子，它们亲眼看到了日寇的凶狠残暴，亲耳听到了这震惊全世界的抗日战争的第一枪，它们可是最好的见证啊！让我们再来读读马可波罗说的这句话。（映示。）

师：学到这儿，你对这句话有什么新的感受和体会吗？

生：这座石桥曾经经历过战争，依然保存到现在，可见这桥十分的坚固，而且记载着中国的历史。

四、总结全文，升华延伸

师：卢沟桥是劳动人民智慧的结晶，更是英雄气概的结晶。

生1：我们中国人应该记住这座世界上最好的独一无二的桥。

生2：卢沟桥的狮子是“七七事变”的唯一见证人。

生3：这座桥还记载着中国人民的耻辱，在卢沟桥前面的一些城墙上，仍然保存着日本侵略者留下的一些弹孔和枪孔。

师：这座桥让我们感受到了中国人民的智慧是独一无二的，中国人民的英雄气概更是独一无二的，再读马可·波罗的这句话！

师：为了纪念这些在“七七事变”中牺牲的英雄们，在卢沟桥旁建起了一座抗日英雄纪念馆。在纪念馆的门前就有一尊狮子，它向全世界宣告，中国这头睡狮已经觉醒了，她像雄狮屹立在世界的东方。读完了这篇课文，我也情不自禁地写下了几句话，（映示）请读读我写的这几句话。

生：卢沟桥是一页永远展开的历史，一页凝重的历史，一页光荣的历史，一页让中国人民扬眉吐气的历史！

师：然而，历史终究是历史，67年过去了，如今国富民强的祖国给卢沟桥的历史翻开了崭新的一页；如今桥两边，桥两畔，披了800多年风尘的狮子，又在尽情地嬉戏，享受着卢沟桥的这份宁静与祥和呢！你们愿意去分享一下它们的快乐吗？我们再来读读这段话。

（配乐。）

生：它们的形状各不相同……

五、合作探究、延伸课外

师：同学们，对于卢沟桥，对于这些狮子，你还想知道什么？

生1：我想知道卢沟桥是谁建造的。

生2：我想知道卢沟桥的狮子一共有多少种形状。

生3：我想知道卢沟桥有多长有多宽。

生4：我想知道卢沟桥的狮子保存得这样好，和气候有什么关系。

师：课后，大家可以组成各种合作小组，对它地理位置感兴趣的，就组成地理位置组，还可以组成建筑构造组、景物特点组、历史资料组、游人评论组……课下去网上查询资料……

教后反思

一、在语言中建构精神

语言是精神建构的土壤，只有将精神的建构扎根在丰厚的语言土壤，才能使精神在学生生命中生根、发芽，否则，精神便成了符号，成了空洞的说教。在语文教学中，引导学生在语言的感悟、理解、应用中，捕捉、汲取前人留下的丰富的精神养分，滋养自己的心灵，提升自己的精神境界，拓展他们生命的宽度，锻造他们生命的厚度，发掘他们生命的深度，从而使他们建构起丰富的精神世界。《卢沟桥的狮子》整堂课都在努力以课文为载体，唤起学生的情感体验。通过反复研读课文第 2 、 4 自然段，激发学生丰富的情感：对雕刻了这么多栩栩如生的狮子的古代劳动人民智慧的赞叹之情；对在“七七事变”中奋起反抗的中国人民英雄气概的赞叹之情；还有对侵略者无比的愤恨之情。“世界上最好的独一无二的桥”，这句马可·波罗的名言，既是整堂课的“中轴线”，也是学生语言和精神的交汇点。课堂上，师生一起创造课程资源，如对“卢沟晓月”、古桥建筑、“七七事变”等背景资料的介绍、交流等，为整堂课的学习提供了一个丰厚的文化背景，学生在课堂上理解、感受语言文字魅力的同时，享受着丰富的文化大餐，经历着难忘的精神之旅，幸福地栖居在诗意的课堂上。

二、在精神的建构中发展语言

如果把语言比作土壤的话，那么精神则是滋生于语言土壤中的树苗。土壤越肥沃，树苗越能茁壮成长；同时，枝繁叶茂的大树能使脚下的土地充满勃勃生机。语言作为一种符号，却承载了太多的情和义，语言的流畅表达需要情感的催发。所谓“情动而辞发”。当学生的身心被情感浸润时，课堂便会焕发出如痴如醉的人化情境，此时，师生对话的语言便不再是干巴巴的符号，而是心灵的倾诉、生命的宣泄，此时，我们还需为学生的词不达意而苦恼吗？我们还需为学生的语言苍白而焦虑吗？本课在引导学生想象说话时，我们为学生提供了两个截然不同的意境：卢沟桥在和平年代的美丽、祥和以及在战争年代的痛苦、沧桑。在多媒体的导引下，学生入情入境，语言表达流畅、丰富、合情合理。有了一定精神支撑的语言是有骨有架、有血有肉的语言。可以说，是精神催生了语言，净化了语言，提炼了语言，语言和精神同构共生。

名家点评

聚焦三维　走向和美

全国著名特级教师　江苏省常熟市实验小学校长　薄俊生

一、立足三维教材，厚实课堂

通常意义上的教材就是课本，就是要学的课文，本节课就是《卢沟桥的狮子》的第2、4自然段。除了用好课本教材，盛老师还引导学生在课前自主收集有关“七七事变”的图片和文字资料，同时自己也准备了五项资料：马可·波罗的话、卢沟晓月胜景的配乐朗诵、“七七事变”的录像、纪念馆的狮子和教者四句读后感。课文、学生自备资料、师备资料，组成了丰富的课程资源，充实了课堂，拓展了学生生命的宽度，锻造了学生生命的厚度，发掘了学生生命的深度，学生在课堂上享受到了丰富的文化大餐，经历了难忘的精神之旅。

二、实施三维对话，互动生成

教者与文本的对话，不仅仅体现在课前，体现在教学设计上，还体现在课堂上，如点拨学生品读课文语句时，教者对个别词句的强调、范读，如最后教者展示的四句读后感等，课堂上老师准备的资料也可看做是老师与文本对话的代言者。课堂师生的对话不是为了师生对话，而是为了启发、引导学生与文本对话，三次品悟马可·波罗的话如此，品读课文语言如此，引导学生想象如此，品学补充资料如此，作业布置也是如此。也正是因为正确地处理好了文本、学生、老师三者对话的关系，三者之间的互动才更有效益。课堂上，学生与文本、老师与学生之间的互动，体现的不是预设的结果，而总是在不断地生成，不断地升华，这才会让我们有精彩的感觉。这样的互动生成又能最大限度地激发学生学习的内在动机，培育我们所期望的情感。

三、开拓三维空间，引导感悟

教学中，老师引导学生穿行于现实课堂、历史、想象三维空间之中。在现实课堂，学生要欣赏卢沟桥狮子的美丽，审视评价卢沟桥的沧桑历史和变迁，品悟马可·波罗话的内涵……在配乐朗诵、录像、教师的语言引领下，学生还要不时回到历史中，亲眼、亲耳、亲身体验历史的真实，也正因为有了这种“真实”的历史体验，所以学生在回到课堂现实时，才会饱含深情地用自己的想象去描述卢沟桥的狮子。进入想象时，学生在虚拟的情境中，感悟着狮子的美和古代劳动人民的智慧，感悟着卢沟桥所承载的历史价值，感悟着和平的重要……三维空间的设置使学生对课文的感悟更加深刻了。

四、追求三维审美，创设意境

课堂上，老师运用多种手段，营造了富有诗意的课堂。卢沟桥的狮子、卢沟晓月胜景、“七七事变”等就像一幅幅画真实地展现在我们的眼前——绘画美；乐曲声、枪炮声、读书声……整堂课就像一首优美的乐曲，时而轻快，时而舒缓，时而激昂，时而低沉，而在这乐曲声中，自始至终流淌着的是学生真挚的情感——音乐美；教学过程的设计以马可·波罗的话为中轴线，为圆心，它是学生解读文本、表情达意的精神交汇点，是教师指导、学生学习的支撑点，整个课堂教学结构具有系统性、完整性、延伸性、开放性——建筑美。在追求创建课堂绘画美、音乐美、建筑美的过程中，老师创设了一个个极富课堂感染力的课堂意境，如和平时代卢沟桥的美丽祥和、战争时代卢沟桥的痛苦沧桑……这些意境对学生感悟语言、表达情感起到了很好的引领作用，使学生入情入景，使学生的语言表达丰富、流畅、合情合理。

五、瞄准三维目标，提高素养

教学中，老师引导学生在品学语言中建构精神，以课文语言为载体，唤起学生的情感体验，通过反复研读课文第2、4自然段，激发起了学生丰富的情感，有对古代劳动人民智慧的赞叹之情，有对中国人民英雄气概的赞叹之情，有对侵略者的无比愤恨之情；老师还引导学生在精神的建构中发展语言，以情感精神去催化学生的语言表达，使学生的语言表达成为心灵的倾诉、生命的宣泄，老师不再为学生的词不达意而苦恼，不再为学生的语言苍白而焦虑。课堂上，学生不仅学到关于卢沟桥、关于卢沟桥的狮子、关于“七七事变”的知识，还学会了运用课文语言，培养了想象力，增强了朗读能力……更重要的是学生经历着学习的过程，尝试着收集资料、交流资料、感情朗读、改写课文、拓展想象的方法，尤为重要的是学生在自己的学习中有了赞美之情、痛恨之情。新课程强调的三维目标在这节课中得到了充分的落实，工具性、人文性有机地得到了整合，学生各个方面的素养得到了锻炼和提高。

圆桌讨论

吴燕：盛老师说“在课堂上老师要学会画圆。画的外圆既应是同心圆，又应是开放圆。”那大家是怎么理解“外圆”中的“开放圆”的呢？

徐虹：我先来说说吧！盛老师在这一讲中已举例说明《卢沟桥的狮子》一课学完后，让学生自由组成合作小组去查找相关信息，这就是画了一个“开放圆”。其实，在课堂教学过程中，我觉得这样的“开放圆”不止一个，如在“交流信息，了解历史”这一环节中，当学生学到文章最后一段时，老师让学生交流课前搜集的相关图片和文字资料，以了解这段难忘的历史，这是教师引导学生从课外走向课内，我觉得这也是“开放圆”。所以，在我看来，开放圆既可以指从课内走向课外，也可以指从课外走向课内。

施国强：我觉得“交流信息，了解历史”这一环节不属于盛老师所说的“开放圆”的范畴。我理解的“开放圆”是指还是从这个圆心出发，拉出不同的线，需要学生自己到课外去完成的另一个同心圆。而“交流信息，了解历史”这个环节只属于“战争年代狮子的痛苦伤心”这个同心圆内的一部分。

董翱：这样看来，这个“开放圆”可能有两层含义：每一个同心圆自身是开放的，课内和课外可以相互补充；另一方面，围绕这个圆心又可以让学生拉线，画出更多的同心圆，从而使课留下余味。不管从哪一含义来说，“开放圆”都有助于学生从课内走向课外大课堂，体现“大语文观”。

吴燕：我也觉得可以这么理解。

孟丽：那你们觉得“内圆”是指什么？

施国强：盛老师讲的“内圆”是一种新的提法，以前从没有明确指出过，“内圆”是不是可以简单地理解为“内隐学习”。

徐虹：我觉得“内圆”是一种渗透性的东西，如文本的人文性、价值取向等。

董翱：我认为“内圆”不是指内隐学习，因为盛老师在这一讲中讲到“情感态度价值观与过程方法这是内隐学习的范畴，是长期以来被我们忽视和淡化的……”，从中可知，内隐学习指的是情感态度价值观和过程方法这些无法通过外显行为观察到的学习。而且盛老师明确提到“课堂上的内圆是看不见的、无形的……表现在对三维目标的统整，对文本整体美感的维护”。所以，我觉得“内圆”是指整个教学要做到“工具性与人文性的统一”，要注重“在整体语境中进行把握”。

吴燕：那么，《卢沟桥的狮子》这堂课的内圆表现在哪儿呢？

董翱：表现在很多地方，比如说，“联系情境改写课文”板块，盛老师让学生联系枪林弹雨的情景在作业纸上改写或补写课文最后一段。这个练习将文本极具特色的语言点的迁移运用与感受战争年代的狮子的伤心痛苦完美地结合起来，使三维目标统整起来共同发挥作用，从而有效地提升了学生的语文素养。

吴燕：那内圆和外圆有什么联系吗？

孟丽：内圆和外圆是相辅相成的，内圆约束着外圆，外圆演绎着内圆。打个比方，外圆就好比散文中的“形”，内圆就好比散文中的“神”，教师画圆时同样也要做到“形散而神不散”。

安晓伟：在我看来，内圆和外圆的走向是相反的，外圆指的是课堂架构形式，如盛老师所说：从一个点出发，拉出一条或者多条线，画成一个又一个相互渗透的同心圆；而内圆则侧重于课堂的精神层面，指的是每一堂课所有的教学行为最终都会指向同一个圆心，这个圆心在文本解读上可能是文本的价值取向，在教学目标上可能是学生能力的发展目标，在人文熏陶上可能是师生共同的精神成长……有了这个“内圆”，所有的教学行为都找到了归宿，所有的教学环节被统整在了一个有机的系统中，息息相关，血脉相连，整堂课就成了一个有生命力的圆。

第二讲 走向实践的和济之美

这一讲，我们的主题是：追求教学的“和济”之美。语文教学作为一个完整的生态系统，环境是重要的一环。我们的教学目的，就是要引导学生努力适应环境，利用环境，开发环境这种隐形课程。认知的过程就是有机体与环境相互作用的过程。语文教学一直来有一种“花盆效应”（即忽视了学生在语言环境中的实践和运用）。花盆中的植物因为缺乏在自然环境中的“历练”，所以对生态因子的适应阈值下降，生态幅变窄，生态价下降，一旦离开人的精心照料，就经不起风吹雨打。语文教学要克服“花盆效应”，发挥“济世”之用，即教学要为学生的未来生活服务，这是语文教学的基础目标、实用目标。上世纪初，老一辈语文教育专家叶圣陶等提出“生活语文观”，实际上就是为应用、为实用的教育观的具体、形象的表述。把语文看做生活的需要，即表白内心、与他人相沟通的需要，看做是教师为了养成学生终身受用的一种生活能力的需要，看做训练学生学会真诚倾吐内心积蓄的需要。为功名、为文章、为实用，是叶圣陶先生这位语文界先驱者对语文教育事业做出的贡献。试想，如果我们连最起码的听说读写能力都没有形成，那么何来语文素养的整体提升？一个连生活技能都没有掌握的人，怎么叫他诗意、幸福地生活？语文是一门工具，是每个人要应对这个世界，和这个世界流畅自如交往的钥匙，唯有掌握了这个钥匙，人们才能打开和这个世界交往的通道，才可以融入社会，被社会所包容和接纳。一个人，只有学会了和这个世界的交往，他才能获得心灵的生存权。为什么有的人，虽聪明过人，却不能在社会顺利立足？因为他没有学会如何和人交流、交际。要知道，学会言说、学会交流、学会应答、学会倾听，这一切，都是和社会、和世界交往的工具，而这一切，又都是需要技巧，需要能力的，这种能力的强弱有无，取决于语文素养。所以从这个意义上说，我们的语文教学，首先要追求实用，要让学生养成济世之能。这种理念在课标修订稿中得到了验证。比如，《2011年版小学语文课程标准》关于课程性质的表述，做了一些修改：“语文课程是一门学习语言文字运用的综合性、实践性课程。”这个修改进一步明确了语文课程的核心任务，强调课程的目标和内容须聚焦于“语言文字运用”，突出“实践性”“综合性”的特点。同时，“运用”作为一个高频词在《2011年版小学语文课程标准》中反复出现。语文教学要加强“运用”训练，强化实践，必须充分发挥语文教学的“济世”功能，追求语文教学的“和济”之美。

确实，“运用”乃语文学习之根本。语文课程要让学生通过语文实践学会“运用”或者说驾驭语言文字这种工具。

记得儿子小时候学游泳，我经常陪他去，对游泳教练的教学方法也算领悟了。教练很“狡猾”，因为当看到我们家长在的时候教些动作和技巧，家长一走，随即把孩子扔进水里。当时觉得这样的做法未免残酷，但仔细想想，不得不承认教练的教学方法是正确的，事实证明，在教练几次“强行迫泳”下，儿子很快学会了游泳。道理很简单：只有在游的过程中才能学会游泳。

再回想自己学驾的经历，也是如此，开车必须是在练习行驶的时候，在不断磕磕碰碰、不断出错纠错的过程中，慢慢领悟要领，不知不觉地学会。

这一切，揭示的是同一个道理：学语文，必须充分挖掘语文因素，加强语言运用训练。

但当我们仔细辨别后，发现课标中用的是“运用”，而不是“应用”。那么“运用”与“应用”到底有什么区别呢?

“应用”用作动词时，其含义为“使用”，如“应用新技术”“这种方法，应用得最普遍”等等。而“运用”，《现代汉语词典》解释为“根据事物的特性加以利用”；《词源》解释为“灵活变通以用之”；而《辞海》则释为“灵活使用”。如成语有“运用自如”，《宋史·岳飞传》有“阵而后战，兵法之常，运用之妙，存乎一心”之说。

两个词语含义细微的差别不容忽视。《课标》选“运用”舍“应用”不是偶然，有其深刻的用意。

“运用”是全方位的，它着眼于学生的整体语文素养。运用有多种目标，不仅解决生活问题，还有审美范畴。运用和应用既有相通之处，又有不同之处。运用包含应用，应用是为实用使用的方法。运用既是实用的，又是虚拟的；既是物质的，又是精神的。运用既有功利价值，又有审美价值；既指用语言文字解决交际问题，又指抒发感受；既包括课堂上的运用，又包括生活中的运用。

语文课程是一门具有多方面内容和多种目标的综合性课程，语文课要加强语言运用训练，但这样的训练不是纯技术的、单一枯燥的机械运用训练，而应该是根据学生语文学习规律、文本特点精心设计的一种灵活的、艺术的、多维的、巧妙的、丰富的、多功能的语用训练。

但是关键还是操作。在教学过程中，我们如何去放大语言的“运用”功能，去强化语言的实践、运用呢？首先我们的语文教学要和生活接轨，语言只有放在真实的生活场景中去运用，才是最有效的。如我们现在强调的“生活化识字”，链接生活需要、创设生活场景进行作文等做法，都是在生活中强化语言运用。如有一个学校的一个班级，跟一个边远地区的希望小学中的一个班级建立了一对一互助伙伴关系，班级里的每个学生都有一个贫困的小伙伴，老师要求双方每周一信，互相汇报自己的学习生活，勉励伙伴。孩子们因为有了具体的倾诉对象，觉得这样的写作训练是真实的，真情的，是有价值的。在不断的真实语用训练后，孩子们的写作水平得到很大提高。

这是课外的语用训练，我们的语文教学，是以阅读为主体的，用阅读来牵动写作的，我们的大部分课时，都是花在阅读教学上。那么课堂上，特别是在阅读教学过程中，我们该如何来加强语用训练，使我们的教学呈现“和济”之美呢？

在教学中，我们要尽可能为学生创设语言运用的机会，使语用训练承载多种功能。实用的语言运用训练要经历一个从积累到模仿再到创用的过程。这是语言学习的一般规律，所以，要加强对规律性语言的积累，只有对规律性的语言积累达到了一定的量，才能做到化用乃至创用。用的过程也可分解成两步——仿用、创用。语言只有在不断用的过程中才能深化、活化、内化。

在进行语用训练过程中，还要注重语用训练的情境性和现时性。因为语言学习在建模过程中，只有在最短的时间里进行迁移运用，才能有效内化，变成自己的语言。所以语用训练过程最好是在当下语言情境中进行，在当下的语境中进行迁移运用，因为熟悉的语境，可使学生在语用过程中产生亲切感，降低语言迁移运用训练的难度。

如《跨越百年的美丽》一课，笔者在教学过程中，选取了两块内容：三个情境下居里夫人的形象描写、文章的议论文字。这两个板块的内容分散在两个课时中落实完成。如“形象描写”一块内容，从“画像上的居里夫人”到“报告会上的居里夫人”到“实验室中的居里夫人”，让学生经历说说、读读、写写三种不同的语言实践活动。第二课时聚焦“议论”文字展开教学，从爱因斯坦的议论到作者的议论，最后迁移到读者“我”的议论，也是从读到写，通过研读、抒写“议论”文字，居里夫人的美丽形象实现了从“形”到“神”的转化，形神融合。最后，扎根在学生心田的是从外形到精神人格都“美丽”的丰满厚重的居里夫人形象。两个板块的教学内容，都力图使“读写融合”，实现由读到写的迁移。第一课时的“人物形象描写”一块内容，从对“画像上的居里夫人”的尝试说，到“报告会上的居里夫人”的品味读，到“实验室中的居里夫人”的迁移写，由读到写，使学生对人物形象描写这个知识点进行了深入的学习、探究，并尝试实践运用。第二板块的“议论”文字的学习，也是经历三个层次，从爱因斯坦的话引入，链接作者三段议论文字，在品读作者议论文字时，感悟作者议论的方法：作者是采用了对比、排比、引用等方法，表达看法，发表议论。最后拓展几个原文中的小细节，让学生尝试发表自己的议论，表达自己读文、读人后的整体感受，又是一次语言运用实践。可以说，学生的议论，是交融了自己读文、读人的双重感受。教学至此，在引导学生进行充分的实践活动过程中，学生心目中的“文”与“人”已融为一体，教学呈现一种“和济”之美。

这里特别要强调的是，我们传统的语文阅读教学，“君子动口不动手”的现象非常严重，只动口不动手，训练的内容比较单一，而且训练的面比较狭窄，往往造成课堂上只是几个优等生和老师交流对话的场面，所以应强化笔练。加强笔练，就可以扩大训练面，使人人参与训练，而且是深度的训练。

教学现场

建构“运用型”的语文课堂

——《跨越百年的美丽》教学实录

第一课时

一、说“画像中的居里夫人”

师（从预热环节说“美丽”引入，出示居里夫人画像）：这是谁？对她，你有哪些了解？

生1：我知道她是第一个在两个科学领域两次获得诺贝尔奖的著名科学家。

生2：她是一位著名的法国裔科学家，还是第一位获得诺贝尔奖的女性。

师：这两个信息很重要！你知道她的原籍在哪里吗？

生：波兰。

师：非常好！说明你课前查阅过她的资料了。谁还有补充？

生：她的全名是玛丽·斯克沃多夫斯卡。

师：这是你查阅的，我得回去考证一下。刚才你们说了些关于居里夫人的信息。你们看到的居里夫人是一位非常著名的女性，因为她两次获得了诺贝尔奖。还有一个非常重要的信息，就是她发现并提炼了镭。这个发现直接导致了原子时代的到来。看着她的画像，你能不能也抓住她的长相、衣着、神情等等，来说一说居里夫人的形象？

生1：居里夫人有一头金黄的短发，还有一双别有深意的双眼。

生2：她有一头金色的头发，她的眉眼中透露着坚毅，她平凡的穿着使人感觉非常平易近人，很亲切。

师：这只是她的头像，我们看不清她的衣着。盛老师告诉你，她习

惯穿一袭黑色的长裙。我们刚才抓住了居里夫人的衣着、长相、神情等，描绘了画像上的居里夫人。（课件呈现：画像中的居里夫人）

【评析】从题眼切入，一读“美丽”，了解居里夫人的概况，初识其外形之美，为深入学习课文了解人物内心的“美丽”，做了必要的铺垫。

二、读“报告会上的居里夫人”

师：就是这么一位女性，在1898年的12月26日，登上了法国科学院的讲台，宣布了一项惊人的发现，那就是放射性元素镭。你们想不想去看看报告会中居里夫人的形象？（出示文段）请你看着这段课文，大声地读几遍，争取在最短的时间内把它读正确，读流利。

（生自由朗读，指名读，齐读最后一句话。）

师：文中说，“她的形象定格在历史上，定格在每一个人的心中。”你能不能用上文中的话来描绘一下报告会上的居里夫人的形象呢？

（生读课文中的相关语句。）

师：她的衣着是经常穿着一袭——（生接：黑色长裙），她的脸庞是——（生接：白净端庄），她的神情是——（生接：坚定而又略带淡泊的），她的眼睛是——（生接：微微内陷的）。还有吗？谁再用上文

在“千课万人”活动中执教《跨越百年的美丽》

中的话来描绘一下居里夫人在报告会上的形象。

生：她是一位年轻漂亮、神色庄重又略显疲倦的妇人。

（标红描写居里夫人形象的两句话，齐读。）

师：她的神色庄重又——（生接：略显疲倦），坚定又——（生接：略带淡泊）。读到这里你有什么问题吗？

生1：我觉得这里每一组的前后两个词语都是意思相反的。

生2：为什么要用两个意思相反的词来形容同一个人呢？

师：为什么神色庄重后面又要说她略显疲倦呢？那你觉得在当时的情况下，她的神色应该是什么样的？

生1：我觉得她应该是神色庄重而且十分坚定的。

师：文中的确写到了她神情坚定呀。你对她的哪一种神态觉得有点奇怪？

生2：我对她"略显疲倦"这一神态有些奇怪。

师：你觉得这一神态离美比较远是吗？为什么呢？

生3：我觉得她在法国科学院做报告，在那么多人面前应该是神色庄重而不应该是略显疲倦的。

生4：我觉得进入法国科学院是非常了不起的事，她的神情应该是饱满的、意气风发的，显得很高兴才对。

师：人逢喜事精神爽。她为什么这么疲倦呢？（板书：疲倦？）这是一个问题，还有问题吗？

生：她的神情为什么坚定又略带淡泊？

师：那你觉得当时她应该是什么样的神情？

生：我觉得她应该是很自信的神情。

师：就像刚才那位同学说的那样，是意气风发的，但是她又显得这样的淡泊（板书：淡泊？）这又是为什么呢？这两个词好像离美比较远，是不是？同学们，让我们带着这两个问题快速默读全文。读完之后，请你梳理一下信息，看看课文的哪一个段落可以让我们读懂她为什么这么疲倦，哪一个段落又能让我们读懂她的淡泊？

【评析】古人云："学贵有疑，小疑则小进，大疑则大进。"二读"美丽"，品析人物外形，引导学生从细节处叩问——为什么报告会上的居里夫人神色庄重而又略显疲倦？她的神情为什么坚定又略带淡泊？这样由疑生问，能快速激起学生的阅读期待。

师：你能从哪一个段落中找到第一个问题的答案？

生：第3段。

师：那就让我们锁定课文的第3段。这一段主要写了居里夫妇发现并提炼镭的过程，快速地读读这段课文，找一找有几个造成居里夫人疲倦的原因，完成批注作业。（出示课件）

（生默读后交流……）

师：我们先来看看老师写的这个例子。（出示老师的批注：工作量大。）先来读一读这第一句话。

（生齐读）

师：盛老师从这句话中读出了他们当时的工作量大。我读出来的这种感觉准备这样用朗读来表达，你听——（示范读：为了提炼纯净的镭，居里夫妇搞到一吨可能含镭的工业废渣。）你从哪个词中听出了他们的工作量大？

生：一吨。

师：这样读才让人感觉到工作量实在是太大了。来，你们也像盛老师那样读一读这句话。

（生齐读）

【评析】从疑出发，直奔重点段落，阅读方向明确，板块清晰。而在指导学生学习批注的过程中，适当运用教师的范例，对于初学者很有帮助！

师：下面的课文，你从哪句话中读到了什么？

生1：“他们在院子里支起了……送到化验室溶解、沉淀、分析”这句，我认为他们的工作十分繁琐。

师：不用说那么多话，你写的是什么就说什么。

生1：工作繁琐。

师：四个字，够简洁吧？有不同答案吗？

生2：工作复杂。

生3：工作程序多。

师：意思也差不多，可以的。还有吗？

生4：工作严谨。

师：这是你的感觉，和他们的都不一样，也可以的。请你读读这句话，把他们的工作严谨给读出来。

（生4读）

【评析】阅读是学生的个性化行为，批注则更应反映学生的个性化理解与表达，盛老师深谙此道，重在鼓励，只在简洁方面予以必要的引导。

师：“溶解、沉淀、分析”，你这么一拉长，速度一放慢，就让我感觉到了他们工作的严谨，非常好！盛老师填的呀，和刚才这些同学英雄所见略同，（出示批注）是“过程复杂”。一起读这个句子。

（生齐读）

师：你看，你们读的时候也是这样读的，“溶解、沉淀、分析”，过程复杂吗？态度严谨吗？这些答案都可以。你还从哪个句子中读出什么呢？继续说。

生1：“化验室只是一个废弃的破棚子，玛丽终日在烟熏火燎中搅拌着锅里的矿渣”，从这句中我读出她的工作环境差。

师：“工作环境差”，他用5个字来概括。还有不同的吗？

生2：我读出了她的工作是夜以继日的。

师：那你填的到底是什么？

生2：夜以继日。

师：“夜以继日”这个词写出了什么？（生接：工作时间长。）还有不同的填法吗？

生3：我读出了她的工作辛苦。

师：你从哪个词语中读出来的？

生3：“烟熏火燎”。

师：你们还读出了什么？

生4：环境恶劣。

生5：工作艰辛。

师：“工作艰辛”写得比较笼统。我写的也是环境恶劣。（出示批注）谁能把“环境的恶劣”通过朗读体现出来。

（生读）

师：要是让盛老师来读的话我准备这样读。（示范读，强调“废弃的破棚子”“烟熏火燎”）我们一起来读一读这个句子。

（生齐读）

【评析】不但注意引导学生“读出什么”，还要追问“从哪个词语中读出？”，足见检查批注的目标是指向于品味语言，领悟文本内涵，同时与指导朗读有机结合，将读文、思考、朗读、表达有机结合起来，体现了指导阅读的过程。

师：你还从哪个句子中读出了什么？

生：“经过三年又九个月，他们终于在成吨的矿渣中提炼出了0.1克镭。”在这句话旁边，我填写的是“工作时间长”。

师：她填的是五个字。还有不同填法吗？看来大家填写的都一样，我也和你们填的一样。（出示批注：充满危险、时间漫长。）谁能用朗读突出时间的漫长？

（生读）

师：在他朗读的时候，你们从哪个词中听出了时间的漫长？（生齐答：三年又九个月。）那是一千多个日日夜夜啊。还从哪个词中体会出了时间的漫长？（生齐答：终于。）真是好不容易啊。就这样读，我们一起读这个句子。

（生齐读）

师：还有上面这一句，盛老师填的是“充满危险”，你们还有不同的填法吗？

生：我填的是“伤痕累累”。

师：这四个字很形象。还有吗？

生：我填的是“工作危险度高”。

师：能用四个字表达的就不用五个字六个字，越简洁越概括越好，这里老师觉得用“充满危险”更简洁些。当然，你填写的也很不错，作为奖励，请你读一读这个句子。

（生读）

师：同学们，你们看，通过刚刚我们给这段话写批注的方式，我们找到了这么多造成居里夫人疲倦的原因，分别是——工作量大、过程复杂、环境恶劣、充满危险、时间漫长。最后，终于在成吨的矿渣中提炼出了0.1克镭。

【评析】这一环节的教学，以指导学生学习运用批注方法为主要方式，兼以指导朗读，深入探究造成居里夫人疲倦的原因，使学生透过语言文字的描写，认识居里夫人不畏艰难困苦致力于科学实验的崇高品质。这样，学生对于居里夫人“美丽”的认识又向前迈进了一大步，充分体现了在阅读实践中让学生学习阅读的教学宗旨。

（写“实验室中的居里夫人”。）

师：那是在怎样的环境中提炼出来的？这里有一个词我们刚刚读到了，叫“烟熏火燎”。一个词语中出现了四个火字。熏字下面的四点底，那也是火字旁的变形。看到这个词，你脑海当中出现了当时实验室中怎样的环境？谁能描绘一下。

生：我觉得实验室里烟雾弥漫，而且烟雾中还有点点星火。

生：全都是烟雾，还有点刺鼻的味道。

【评析】抓住“烟熏火燎”这个关键词语，让学生展开想象，为下面的小练笔做铺垫。这个点选得精当！

师：请同学们闭上眼睛，我们来想象这样的情景。（配乐）我们看到的实验室，是这样的环境：这是一个没人用的棚屋……就在这样的实验室里，我们看到了居里夫人的身影，我们把目光聚焦到她的身上，用手中的笔来给她拍一个特写镜头：只见她……同学们睁开眼睛。你能不能结合课文中的语言信息，抓住居里夫人当时的衣着、长相、神情，还有动作等等来写一写实验室中的居里夫人的形象呢？拿出作业纸，完成第一题。

【评析】教师通过动情的描述，把学生带入所创设的情境，让学生结合课文中的语言信息，发挥想象，写一写实验室中的居里夫人的形象。这是想象的过程，也是书面练笔的过程，又何尝不是深入理解文本、体会人物内心世界的过程呢！

（生动笔，师巡视，在一些学生的练笔上打上符号，然后让这些学生汇报所写的。）

生1：在实验室中，居里夫人还穿着那身黑色的长裙。棚屋里弥漫着烟雾，居里夫人不停地咳着，可是她还继续工作着。火烫伤了她的手，她感到十分疼痛，可是，她并没有放弃，她不断地坚持着，忍受着痛苦。

师：我从他的描写当中感受到了环境的恶劣。你看，居里夫人不断地咳着，说明当时充满了呛人的气味，环境多么恶劣呀！

生2：只见她依旧身着一袭黑色长裙，站在桌边，从满桌的试管、量杯中取出一些，用她那深邃的眼光仔细地观察着试管中的液体。

师：他的动作描写让我感受到了居里夫人工作的复杂，以及她工作态度的一丝不苟。

生3：居里夫人站在一口大锅边上，不停地冶炼工业矿渣，她不停地用手捂住自己的鼻子和嘴巴，点点星火飞溅到她那黑色长裙上，烧出一个个小洞。

师：我特别欣赏你写的“飞溅”这个词儿，还有一个句子“用手捂住自己的鼻子和嘴巴”，这句话也让我们感受到了当时实验室里环境的恶劣和实验过程的危险。话虽不多，却写得不错。同学们，刚刚我们写了实验室中居里夫人的形象，透过居里夫人疲倦的神情，你们感受到她的美了吗？你感受到的是她的一份什么美？

生1：她坚持不懈。

师：你感受到了她执著的精神美。

生2：她对工作的认真态度。

师：你感受到了她科学严谨、一丝不苟的精神美。

【评析】精妙的点评，画龙点睛；恰当的点拨，入木三分！透过居里夫人疲倦的神情，学生深深感受到她那执著的精神美，科学严谨、一丝不苟的精神美，这是情感上的收获，更是认识上的升华！

师：同学们，刚才这节课，我们通过说说、读读、写写的方式，聚焦了居里夫人的三个特写镜头——画像上的居里夫人，报告会上的居里夫人，还有实验室中的居里夫人。不管是画像上的居里夫人，报告会上的居里夫人，还是实验室中的居里夫人，我们都觉得她是美的，这是一份跨越百年的美丽。第一节课咱们先上到这里。

第二课时

一、抓淡泊，读出人格之美

师：同学们，上节课我们通过说说、读读、写写，脑海中留下了居里夫人的三个特写镜头，感受到了居里夫人的美丽。这节课，让我们继续走近这位伟大的女性。我们小声地读读第五段，你从哪件事例中读出了居里夫人的淡泊，用概括的语言写在边上，然后进行交流。

生1：“她本来可以躺在任何一项大奖或任何一个荣誉上尽情地享

受，但是她视名利如粪土，她将奖金捐赠给科研事业和战争中的法国，而将那些奖章送给六岁的小女儿当玩具。”

师：我想知道的是你在边上写了什么批注？

生1：就是居里夫人她对大奖和名誉一点都不在乎。

师：那你从刚才这几句话中读到了几个事例？

生1：一个是她将奖金捐赠给科研事业和战争中的法国。

师：谁来帮她概括一下？

生2：我觉得第一个就是“捐赠奖金”。

师：四个字，非常清楚。还有吗？

生3：我觉得是她把奖章作玩具。

师：“奖章当玩具”，非常简洁。主要是这两个事例让我们感受到居里夫人的淡泊。同学们，你们平时拿到了三好学生的奖状或其他奖状的时候，你们一般会怎么做？

生4：我会很爱惜地把它珍藏起来。

师：我小时候甚至会把它贴在墙上，这是人之常情啊。可是居里夫人却能做到把这些奖章给女儿当玩具，真是极度地淡泊名利。所以，在报告会上，透过她略带淡泊的神情，你们觉得她美吗？（美！）那是一种什么美？你来概括一下。

生5：是一种淡泊名利的品质美。

师：品质美！我再给你换一个词儿，那是一种人格美。

【评析】从了解居里夫人的精神美到了解她的人格美，这在认识上又是一个飞跃。对于小学生而言，这无疑是难点所在。盛老师继续让学生运用上节课所学的批注法进行学习，在学生自悟的基础上，引导学生设身处地，感同身受，在对比中认识居里夫人对待名利的态度，进而认识她淡泊名利的品质美。

二、爱因斯坦的评价

师：面对如此淡泊名利的居里夫人，她的好友——同样是科学巨人的爱因斯坦说了这么一段话来评价她，我们一起来读一读：“在所有的世界著名人物中，玛丽·居里是唯一没有被盛名宠坏的人。”

师：你理解这句话的含义吗？

生1：玛丽·居里没有被利益或名誉给宠坏，而是继续努力，继续探索研究，发现更多对我们有用的东西。

师：还有别的说法吗？

生2：有些科学家因为盛名而变得很骄傲，但是居里夫人并没有这样，她淡泊名利，非常谦虚，和那些人不一样。

师：所以是“唯一一个没有被盛名宠坏的人”，看来你们是读懂这句话了。我们再来齐读这句话。

（生齐读）

【评析】放手让学生自读自悟，可以让学生体验到自主发现的乐趣，感受到豁然开朗的畅快。

三、作者的评价

师：爱因斯坦就是这样来发表他的看法的。像这种阐述自己的观点，直接发表自己看法的语言就叫“议论”（板书）。课文中还有许多议论的文字。请浏览全文，看看作者是怎样来发表他的观点，表明他的看法的，并把它们画出来。

【评析】在叙述事件的过程中插入议论这是本文一大特点。教者紧紧抓住这一特点，先告诉学生什么叫“议论”，再让学生找出文中类似的句子，进行研读，领会作者的这一表达方式。这体现了既关注内容也关注形式。

生1：“她从一个漂亮的小姑娘，一个端庄坚毅的女学者，变成科学教科书里的新名词‘放射线’，变成物理学的一个新的计量单位‘居里’，变成一条条科学定律，她变成了科学史上一块永远的里程碑”。

生2：“皮埃尔不幸早逝，社会对女性的歧视更加重了她在生活和思想上的负担，但她什么也不管，只是默默地工作”。

师：这段话更多的是记叙。

生3：“就像是在海滩上捡到一个贝壳，别人也许仅仅是把玩一下而已，可居里夫人却要研究一下这贝壳是怎样生、怎样长、怎样冲到海滩上来的。别人摸瓜她寻藤，别人摘叶她问根”。

生4：“玛丽的性格里天生有一种更可贵的东西，她坚定、刚毅、顽强，有远大、执著的追求”。

师：同学们，刚才你们找到的这些语段，就是直接表达了作者的观点、看法。请看大屏幕（出示语段）。

就像是在海滩上捡到一个贝壳，别人也许仅仅是把玩一下而已，可居里夫人却要研究一下这贝壳是怎样生、怎样长、怎样冲到海滩上来的。别人摸瓜她寻藤，别人摘叶她问根。

师：在这里，作者采用了和别人做比较的方法，高度评价了居里夫人的独特品质。居里夫人这样的做法用一个词来概括，叫什么？

生1：刨根问底。

师：还有别的词吗？

生2：打破沙锅问到底。

师：还有吗？还有寻根究底。

【评析】抓住议论的句子，深入剖析具体的表达方法——和别人做比较。同时调动学生的词语储备，概括居里夫人的做法，这样做一是让学生形象地理解文本内容；二是进一步丰富学生的词汇，使“词在儿童的意识里活起来”；三是培养学生的语言文字运用能力。

师：作者是这样来发表议论的。我们再来看这段话（出示语段）。一起读这段话。

玛丽的性格里天生有一种更可贵的东西，她坚定、刚毅、顽强，有远大、执著的追求。这种可贵的性格和高远的追求，使玛丽·居里几乎在完成这项伟大自然发现的同时，也完成了对人生意义的发现。

师：在这里，作者说玛丽·居里完成了两大发现，哪两大发现？

生：第一大发现是玛丽发现了镭。

师：对，这是自然发现。

生：我觉得第二大发现是人生意义的发现，也就是说她发现了科学的意义不在于名利、荣誉，而在于更好地为人类做贡献。

师：真好！玛丽·居里能完成这两大发现，都是因为她的性格——（生接读）坚定、刚毅、顽强，有远大、执著的追求。你看，前因后果交代得多清楚啊，他是这样来发表他的议论的。我们再来看第三段。一起读。

【评析】品析议论，由果溯因，深刻认识玛丽·居里的性格。

她从一个漂亮的小姑娘，一个端庄坚毅的女学者，变成科学教科书里的新名词“放射线”，变成物理学的一个新的计量单位“居里”，变成一条条科学定律，她变成了科学史上一块永远的里程碑。

师：在这里，作者用了几个“变成”？

生：四个。

师：这四个“变成”后面的语句能交换顺序吗？能不能让第一个“变成”后面就紧接“永远的里程碑”？为什么不能？

生：因为它们的意思是层层递进的。只能先有前者才能有后者。

师：还有补充说明吗？你们看，从“放射线”到新的计量单位“居里”，到科学定律，到里程碑，说明居里夫人对人类的贡献是越来——（生接）越大，所以，人们对她的评价也是越来——（生接）越高。一连串的“变成”组成了一组气势磅礴的排比句，这是作者，也是全人类赋予居里夫人的崇高评价。我们再来读读这段话。

（生齐读）

【评析】抓住这四个“变成”，探究后面的语句能否变换顺序，引导学生理解句子之间的递进关系，进而再认识排比句式，这就将对内容的理解与对表达形式的体会有机融合起来。

师：这些发表作者议论的文字，是这样的耐人寻味，我们把它牢牢地记在心里。现在请你挑选其中的一段，快速地背下来。背出了一段你就自个儿站起来，“目中无人”地背一下然后就坐下。我看看谁站起来得快，谁站起来得多，说明你背得快、背得多。开始背吧。

（生背）

【评析】当场背诵，让学生增加积累，值得提倡！

师：这篇课文有“形”的描绘，有“事”的记叙，还有“理”的阐述。作者记叙了居里夫人一生的事迹之后，被居里夫人的这种精神力量和人格魅力深深地感染了，所以他要情不自禁地站出来，发表他的议论。当他记叙了居里夫人据两位科学家发现了X光之后提出了新的看法，作者发表了这样的议论，读——

就像是在海滩上捡……别人摸瓜她寻藤，别人摘叶她问根。

师：当记叙了居里夫人花了三年又九个月的时间发现了镭之后，作者又发表了这样的议论，读——

玛丽的性格里天生有一种更可贵的东西……也完成了人生意义的发现。

师：当记叙了居里夫人为了科学事业奉献了美貌和健康之后，他又发表了这样的议论，读——

她从一个漂亮的小姑娘……变成了科学史上一块永远的里程碑。

师：最后，作者觉得他自己评价的力度还不够大，所以他还引用爱因斯坦的话来高度评价居里夫人的淡泊名利，读——

在所有的世界著名人物中，玛丽·居里是唯一没有被盛名宠坏的人。

【评析】简明扼要的小结让学生对本文的特点有了更为深刻的印象。再用引读法，让学生回读课文议论的内容，对怎样状况下发表议论加深了印象。

四、我的评价

师：在原文当中，作者还记叙了玛丽·居里在巴黎求学时的一些感人的小细节。（出示第一处细节语段）。

为了不受漂亮的干扰，她故意把一头金发剪得很短很短。

师：在原文当中还记叙了这样的细节（出示语段），谁来读一读？

她长得美，男学生们为了能多看她一眼，常常挤在教室外的走廊里。但她对这种追捧不屑一顾。她每天到校最早，坐在教室前排，给那些追寻的目光一个无情的后脑勺。

师：原文还有这样一处细节（出示语段），谁来读一读？

她本来是住在姐姐家中，但为了安静，就一人租了间小阁楼，一天只吃一顿饭，日夜苦读。晚上冷得睡不着，就拉把椅子压在身上，以取得一点感觉上的温暖。

师：读了这些细节之后，也有人发表了这样的议论，他们说，居里夫人对自己太残忍了，居里夫人这样的人生选择也太不值得了。同学们，读了课文，读了这么多的细节，也读了作者的议论，爱因斯坦的评价，（出示画像，播放背景音乐）现在，当我们再看到这幅画像时，看到居里夫人因长期从事艰辛的实验研究而不再年轻美丽的容颜时，我想，作为我们，肯定也有很多话想说，关于到底什么是真正的美，到底什么是人生的意义，你们肯定有自己的看法，是吗？请大家拿出作业纸，请看第三题，让我们也拿起自己的笔，写几句议论的话，发表我们的看法。

（生动笔）

【评析】按照常理，课教到上一环节，已达到了目标，似乎可以收尾了。可是教者并没有打住，而是安排了“抓细节，写议论”这一环节。这一设计别出心裁，独辟蹊径，意义深远！

生1：面对巨大的荣誉，别人也许会尽情地享受，但居里夫人却视名利如粪土，视荣誉如玩具，她对待科学是坚持、认真的，而自己的健康、自己的容颜，她却不屑一顾。

师：我特别欣赏你这两句话——“视名利如粪土，视荣誉如玩具”。对仗的两句话，后面这句是对前面那句的语言创造，多好啊。看得出，你是被居里夫人的精神所折服了。

生2：居里夫人终日在烟熏火燎中工作，她不仅是现在如此，在此之前也是这样。她用自己的一生换来了科学史上新的话题，给科学翻开了新的篇章。

师：好，最后一句话，她表明了自己的观点，前面是记叙了一些事情。

生3：居里夫人这样做，我认为这根本就不值得。世界上所有的女性都十分爱美，她是为了不受漂亮的干扰，把她长长的、金黄色的头发剪得很短。

师：你们听到了吗？她说她是不值得的，世界上所有的女性都是爱美的，她觉得爱美是没有错的，所以，她这样把自己的头发剪短是不值得的。这是一个独特的声音，我们尊重你的看法，尊重你的观点。

生4：居里夫人她不在乎自己的外表有多么美，她只知道如何让人类感受到美，她活着的意义不在于给自己多大的享受，而在于给人类更大的享受。所以，她是无私的，她既是科学史上的里程碑，也是人类史上的一块永远的里程碑。

师：也许这个观点是针对你的观点的一些反驳吧，你们课下可以交流一下。我觉得你这段话，更可取的是语言是对仗的，虽然没有像我们刚才读到的那样用排比，但是，两句一对仗，两句一对仗，听起来特别有力度。

生5：什么才是真正的美，有的人认为是外表光鲜美丽，而在居里夫人的眼中则是一种品质、性格、严谨、一丝不苟的美，正是她的这种品质换来了科学上的巨大成就。

师：也许你的观点也是针对他的观点的一个反驳。

生7：什么是真正的美，难道仅仅是外表光鲜亮丽吗？不，居里夫人用她的一生诠释了这个道理。这种美是坚毅，是刚强，是一种无限度的追求。淡泊名利，这是美；坚持不懈，这更是美。这种美，是永恒的，是千古文人崇尚的。

师：没有掌声啊？他写得这么有气势！你充满了力量，其实你的话诠释了这个课题，跨越百年的美丽。他觉得只有这样的美才是永恒的，才会跨越百年千年的。

生8：对于人生的意义，居里夫人给了我们最好的答案，放弃了自己美丽的容貌，放弃了自己巨大的荣誉，全心投入到科学实验，投入到为人类做贡献中去了。她的这种美是极其可贵的，这种美将流芳百世。

师：最后两句话写得特别美。

生9：真正的美不在外表，而是人格、精神上的美。居里夫人为了科学事业，不顾工作量的大，不顾过程的复杂，不顾环境的恶劣，不顾工作的危险，不顾时间的漫长，一心一意投入到她的事业上。这种美，才是真正的美。

师：（掌声）这掌声是对于你能巧妙地运用上一节课学的内容的由衷赞叹。

【评析】怎么看待漂亮，这是一个富含哲理的问题。学生的观点虽说不那么深刻，或许有一些还是幼稚的，但这并不重要。重要的是学生敞开了胸怀，说出了自己的内心话！重要的是学生练习了针对事实发表自己的议论的能力！重要的是升华了学生对居里夫人"美丽"的认识！重要的是有效地提升了学生的语言文字表达能力！

师：刚才大部分同学的观点跟作者的观点是一致的。你看，作者在原文中发表了这么一段议论（出示语段）。

玛丽·居里夫人让全世界的女子都知道，除了容貌之外，女人还有更值钱、更重要的东西——只有发现创造之花才有永开不败的美丽。

【评析】这一语段，是全文的点睛之笔。教者匠心独运，在此时引入课堂，不但有助于提升学生对于"漂亮"的认识，而且有助于加深对课文主题的认识，妙！

五、回环前文，形神融合

师：所以，当我们看到这位如此美丽的女性，如此充满智慧的女性，站到法国科学院讲台上的时候，怎能不令全场震惊啊！让我们再回到法国科学院报告会的会场，再去欣赏一下居里夫人在报告会上的美丽风采。读一读这些描写她形象的语句。

一百年前的1898年12月26日，法国科学院人声鼎沸……定格在每个人的心中。

师：让我们把这份美丽永久地定格在心中，因为这是一份跨越百年的美丽。我们相信，它不光会跨越百年，甚至会跨越千年、万年，直到永远，因为这是一份永恒的美丽。

【评析】紧扣美丽，回环前文，用深情的语言总结全课，在高潮处戛然而止，使人回味无穷。

教后反思

在中外历史上，我最佩服两个女性——李清照和居里夫人。作为一位伟人，居里夫人犹如一本厚重的书，值得我们细细品味。语文课的功能绝对不止于识字学词，积累运用语言，还有精神的陶冶、文化的熏陶。居里夫人是人类优秀文化的缔造者，同时她的品质，她的精神与人格力量，本身就是一种优秀文化。所以，教学生读这样的文，必须要经历两个维度的阅读：读“文”亦读“人”，而且还要使“读文”的过程与“读人”交融。课文学完后，要把人物的形象、精神与课文的语言文字一起留驻学生的心中，这也是“和美语文”教学追求的一种“融通”境界。

一、选择合宜的教学内容

“文”是走向“人”的通道，要在学生心中留驻“人”，必须借助“文”这个载体，“披文以见形”。《跨越百年的美丽》一文，是报告文学作家梁衡的作品，选入教材时做了大量的删改。教材文本既有形的描绘、事的记叙，还有理的阐释，针对文本特点，如何选取最合宜的教学内容，使教学内容能承载起“塑形”的功能？经过反复比较权衡，笔者选取了两块内容：三个情境下居里夫人的形象描写、文章的议论文字。这两个板块的内容在两个课时中落实完成。这样的安排与设计，使教学内容相对集中，板块清晰明了。每个板块内容分层次展开，层层递进，螺旋上升。如“形象描写”，从“画像上的居里夫人”到“报告会上的居里夫人”再到“实验室中的居里夫人”，采用说说、读读、写写三种不同的教学策略逐层展开，从对文本形象描写的阅读到实验室中形象的迁移仿写，教学内容与方法都层层递进，在对人物形象描写这个语文知识点的训练与落实过程中，人物的“形”从模糊到清晰，从单一到丰厚，最后完整地定格在学生的脑海中。第二课时聚焦“议论”文字展开教学，从爱因斯坦的议论到作者的议论，最后迁移到读者“我”的议论，也是从读到写，教学内容集中、明确，整堂课气脉贯通，一气呵成。通过研读、抒写“议论”文字，居里夫人的美丽形象实现了从“形”到“神”的转化，形神融合。最后，扎根在学生心田的是从外形到精神人格都“美丽”的丰满厚重的居里夫人形象。

二、选择恰切的教学策略

要使教学过程变成“读文亦读人”的过程，必须选择有效的教学策略。在教学过程中，笔者努力整合教学环节，依据语文课的特点，使方方面面的要素融通组合，努力实现教学最优化，主要采用了“学导融合”“读写融合”的教学策略。

语文课要实现革命性的变革，必须大力解放孩子的学习力，给孩子们留下足够的学与练的空间，让每个学生都有机会参与学习。本课第一课时的设计，两次动笔练习，第一次练习大胆创新，设计了一个批注作业，让学生先自己读文，尝试做批注练习，然后以练习为依托，展开教师的引导，实现师生间高效、针对性很强的交流与对话，学生自己根据个体能力，概括了几个“导致居里夫人那么疲倦的原因”，这样的练，是基于对学生语言概括能力的培养，后面的“用朗读把你概括出来的感受传递出来”，是一个有效的“引导”过程。这个环节的设计，改变了以往费时费力的“点状”细碎交流，既让每个学生经历了阅读练习，又优化了环节设计，使教学板块简洁大气，清晰高效。这样的训练，可以说是“以练导学”“学导融合”。教学通过“练”这个载体，达到了“导学”的目的。一道练习题代替了繁琐的讲解，推进了教学流程，发挥了“化讲为练”“以练导学、以练促学”的功效。

其次，两个板块的教学内容，都力图使“读写融合”，实现由读到写的迁移。2011版课程标准在“课程性质”部分做了这样的表述：“语文课程是一门学习语言文字运用的综合性、实践性课程。”说明语文课程是一门学习语言文字运用的课程，所以我们的教学内容和方法的选择，也要突显语言运用。所以，在本课设计中，第一课时的“人物形象描写”这一板块内容，从对“画像上的居里夫人”的尝试说，到“报告会上的居里夫人”的品味读，到“实验室中的居里夫人”的迁移写，由读到写，使学生对人物形象描写这个知识点进行了深入的学习、探究，并尝试实践运用。第二板块的“议论”文字的学习，也是经历了三个层次，从爱因斯坦的话引入，链接作者三段议论文字，在品读作者议论文字时，感悟作者议论的方法：作者是采用了对比、排比、引用等方法，表达看法，发表议论。最后拓展几个原文中的小细节，让学生尝试发表自己的议论，表达自己读文、读人后的整体感受，又是一次语言运用实践。可以说，学生的议论，是交融了自己读文、读人的双重感受。教学至此，在语用的过程中，学生心目中的“文”与“人”已融为一体。

名家点评

让“美丽”镌刻在孩子们的心中

全国著名特级教师　福建省罗源县教师进修学校　陈宝铝

一、紧扣“美丽”，板块推进

这两节课紧扣文章题眼，聚焦“美丽”，由表及里，由浅入深，层层推进，突出主题，总体思路十分清晰，堪称板块教学的典范。第一课时由“画像上的居里夫人”“报告会上的居里夫人”“实验室中的居里夫人”三个板块组成。教者抓住这三个镜头，三读“美丽”，引导学生品析、感悟、批注、朗读，从欣赏居里夫人的外表美到由衷赞叹居里夫人的精神美，经历了由语言文字到思想内容再到语言文字的螺旋上升过程。第二课时，从“抓淡泊，读出人格之美”，到体会“爱因斯坦的评价”“作者的评价”，再到尝试写出“我的评价”，最后“回环前文，形神融合”。五个板块紧密相连，侧重于在语言表达形式上进行探究，让学生从读到写，既理解了课文内容，在情感上得到熏陶，又在语言文字的运用能力方面得到培养。从总体上看，遵循了从整体到部分再到整体的阅读教学规律；从过程看，先从正面描写的事例入手，再深究侧面描写的“议论”。这样，居里夫人留给学生的形象就是立体的，全面的，鲜活的。

二、以生为本，注重方法

课堂教学不仅仅是一种讲解，更多的是学生的一种体验、探究和感悟。盛老师始终坚持以生为本，以学定教。在读“报告会上的居里夫人”这一板块时，盛老师放手让学生自己读文，自己发现问题，然后带着疑问再去读文。阅读指向明确，学生兴趣高，效果也就比较好。指导学生以批注的方式学习正面描写居里夫人的事例，是本课的亮点之一。盛老师以自己的批注为例，引导学生展开分析，感受批注的由来，在方法上有所感悟，再让学生在实践中应用，以掌握方法。这样的方法指导注重实践，扎实有效。盛老师的评价也充分体现了以生为本的宗旨，重在点拨、激励。比如，在交流“批注内容”时，她十分尊重学生的个性化理解与表达，只要大意吻合课文内涵，就只在简洁方面加以引导。在学生汇报自己所写的“议论”时，盛老师或热情激励，或指点迷津，或导之以法，让学生产生茅塞顿开之感觉，获得战胜困难、取得成功的愉悦，从而不断增强学习语文的信心与兴趣。

三、突出运用，发展能力

2011年版语文课标把“语言文字运用能力”的培养列为语文教学的核心任务。盛老师在《跨越百年的美丽》的教学中，始终注意突出运用，发展学生的语文能力，培养学生的语文素养。比如，让学生学做批注，让学生当场背诵自己感兴趣的“议论”，更体现在引导学生认识、体会课文的表达形式上。宗白华曾说过：“内容人人看得见，涵义只有有心人得之，形式对于大多数人是个秘密。”语文教学既要关注文本的内容，也要关注文本形式，更要注意内容的理解与形式的学习的有机融合。《跨越百年的美丽》在表达形式方面最大的特色是：既有“形”的描绘，又有“事”的记叙，还有“理”的阐述。盛老师准确捕捉这一特点，在弄清“形”与“事”的基础上，引导学生聚焦于“理”的阐述。

先以具体句例告诉学生什么叫“议论”，再让学生找出文中类似的句子，进行品析、感悟，然后抓住课文的一些细节描写，进行模仿练笔，尝试写议论，让学生畅所欲言。既锻炼了学生语言文字的运用能力，又升华了他们对居里夫人崇高精神、高尚人格的认识，也就使得居里夫人“跨越百年的美丽”深深地镌刻在孩子们的心中。

教学现场

在言语的村落里游历

《草虫的村落》第二课时课堂实录

一、复习导入

师：这节课，咱们继续学习《草虫的村落》。那咱们先拿出纸来听写几个词语：俏丽、驻足痴望、花色斑斓、攀谈。

师：写完的同学跟盛老师目光交流一下，我就知道你已经写完了。咱们看着屏幕读一读，顺便校对一下。准备，齐。

（生读词语）

师：这几个词语都出现在课文第五段当中，看了这几个词，你能回忆起那段课文描绘了怎样的画面吗？谁来说一说？

生：开始写一些漂亮的小圆虫，然后写一只大蜥蜴引起了几只小黑甲虫的注意，它们像好朋友一样。

师：是的。俏丽的小圆虫引得粗壮的黑甲虫驻足痴望，远方来客大蜥蜴跟这些小甲虫攀谈得很投机，这是一幅多么和谐美妙的画面啊！看到这样的画面，作者曾经热切地招呼我们——（投影出示：看啊！）

生：看啊！

在全国小学语文生态课堂专题研讨中执教《草虫的村落》

师：再读。

生：看啊！

师：两个字组成了一个感叹句，再读一次：看啊！

师：同学们还记得那场草虫音乐会吗？它非常独特：演奏大厅居然在两棵——（生答）大树下面，这些小甲虫演奏的乐器是它们身上的——（生答）翅膀。是啊，它们演奏音乐时的态度是那样的全神贯注，看到这样的画面，作者曾经热切地赞叹，咱们再读读这个感叹句。（投影出示感叹句）

此时，我觉得它们的音乐优于人间的一切音乐，这是只有虫子们才能演奏出来的！

师：这是作者在赞叹，咱们再读一次，也像作者一样去赞叹。

二、感受标点传递的情感

（一）读悟感叹号，感受兴奋之情

师：好，今天咱们继续跟随作者到草虫的村落里去游历。这节课同学们要学习一种新的读书方法。咱们要特别关注带这些特殊标点符号——感叹号，问号，还有省略号（板书：！？……）的句子，品读出这些句子里边所蕴含的语言和情感信息。咱们先来看看游侠归来时候的场面，那是课文的哪几段？（生答：三、四。）对，三、四段，请大家快速默读这两段课文，关注带感叹号的句子，最后用笔画下来行不行？好，自己先读。

（生默读。）

师：有几个同学用目光跟盛老师交流告诉我他已经读完了。你找到了哪些带感叹号的句子？

生：在第三段“我想它一定是游侠吧！”

师：哦，这里有一个大大的感叹号，是个感叹句，是吗？这个句子咱们都找到了没有？那咱们一起来读一读。

生（齐）：“我想它一定是游侠吧！”

师：“游侠”你理解吗？说说看，什么是游侠？

生1：英勇的人。

生2：游历四方的大侠。

师：这种人你在哪里看到过？

生2：动画片里。

师：可能是在武侠片里看到过，专门行侠仗义、爱打抱不平的，我们称为侠，经常云游四方的大侠我们就称他是游侠。这个词分开来体会会更有味道，这样吧，我们通过读书去读懂这个词，咱们再读读课文三、四段，你从哪些语句当中读懂了他真的是一个大侠，而且是一个云游四方的大侠？一边读，一边把重要的语句画下来。

师：谁想来说一说你从哪些语句当中读出了他真的是一个大侠？

生1：“你看它虽然迷了路，仍傲然地前进着。它不断地左冲右撞，终于走出一条路。”

师：从这个句子你怎么感觉他是一个大侠？

生1：因为他迷了路还坚定地继续前进。

师：一副无所畏惧的样子是不是？那你能不能把它这种无所畏惧的大侠的风范通过朗读传递出来？

（生1读）

师：有点侠的味道了，但是还不够，谁再来读一读？

（生2读）

师：嗯，他的神情动作非常像大侠是不是？你看他左冲右撞，傲然地前进着，咱们一起来读，读出这种侠的味道来。

（生齐读）

师：好，这个左冲右撞我觉得还不够一些，咱们再来读一读。

（生齐读）

师：好！哪个男孩子再来读一读？

（生1读）

师：这个“左冲右撞”让我们仿佛看到了这个大侠无所畏惧前行的样子，同学们还从哪些语句当中读懂了他真的是一个游侠？

生2：“我看见在许多同类虫子中间，一只娇小的从洞里跑出来迎接远归者。”

师：为什么读这里你感觉出了他是一个游侠呢？

生2：远归者。

师：哦，他是一个远归者。同学们，这只娇小的小甲虫也许是它的——

生3：妹妹。

师：也许是它的——

生4：妻子。

师：是啊，它们意味深长地对视良久，你觉得他们想说什么？

生5：那只娇小的黑甲虫可能会说：“兄弟，你终于回来了，我还以为你遇到了什么不测。”

师：你把它想象成它的姐姐了，是吧！如果是它的妻子那你想它会说些什么？

生5：你去哪儿了，我好想你啊！

师：是啊，游侠云游的路线有多长，亲人的思念和牵挂就有多长。这无言的情感传递都在这意味深长的对视当中了，此时无声胜有声，谁来读好这个句子？

（生1读）

师：意味深长地对视良久，这样读，你来。

（生2读）

师：咱们一起来读读这个耐人寻味的句子。

（生齐读）

师：你还从哪里读懂了这是一位游侠？

生3：“空间在我眼前扩大了，细密的草茎组成了茂盛的森林。一只小虫，一只生着坚硬黑甲的小虫，迷失在这座森林里。”

师：你觉得它为什么像大侠？

生3：他生着坚硬的黑甲。

师：哦，它的装束像大侠，还有没有？

生3："那只英勇的黑甲虫，走进了村子。"我从"英勇"看出了它是游侠。

师：一种勇往直前的英雄气概，这只黑甲虫走到村子里之后，你看，它走着走着，一路上，碰到了许多同伴，它们互相打着招呼，你想，它们会怎么互相打招呼？盛老师来做这个甲虫村子里的村民，你们来做这个游侠"保罗"好不好？我来和你们打招呼："保罗，你回来啦？"

生：是的。

师：保罗，你饭吃过了没有？

生：吃过了。

师：今天天气不错呀！

生：是不错，要不要出去散步？

师：刚回来就要出去散步了。哎呀，保罗，你变黑变瘦了。

生：（生笑）我觉得我变胖了。

师：哎呀，我们觉得你黑了瘦了。保罗，你这回回来不会再走了吧？

生：是，我不走了。

师：哦，你想在家里休息一段时间了。你们看，这游侠一回来呀，就被这浓浓的乡情包围住了。大伙很久都没有看到他，看到他就格外的亲切。它们就这样热情地互相打招呼，课文中有个词叫——

生：寒暄。

师：是的，叫寒暄。同学们把手拿起来跟盛老师一起来写"寒暄"的"暄"字。这个"暄"字是什么偏旁？（生答：日字旁）日字旁右边是一个宣传的"宣"，它表示什么意思，有没有查过字典？

生：见面时说些天气冷暖的话。

师：是的，"暄"字就表示暖的意思，见面的时候说些天气冷暖的话，即问候的话就叫做——

生：寒暄。

师：从这"寒暄"当中我们也读懂了这是长年云游在外的大侠。读到这儿，你肯定这是大侠了吗？（生答：肯定）那你就肯定地读读这个句子，一起来。

生（齐）：“我想它一定是游侠吧！”

师：如果你看到草虫村落当中特立独行的大侠归来，你的心情是什么样的？

生1：很高兴。

师：那你高兴地读一读。

生1：“我想它一定是游侠吧！”

师：你的心情什么样？

生2：兴奋。

师：那你兴奋地读一读。

生2：“我想它一定是游侠吧！”

师：那我们一起来读一读。

生（齐）：“我想它一定是游侠吧！”

师：草虫村落当中游侠归来的场面太有意思了，咱们连起来读读整段话，来感受一下游侠归来时那种有趣的场面。盛老师来读表示作者感受的句子，咱们合作读。（投影出示三、四段。）

（师生合作读第三、四段。）

（二）读悟问号，感受惊叹之情

师：游侠归来的场面有趣吗？（生答：有趣）接下来让我们再去欣赏一下这些小甲虫劳动的情景好不好？那是课文的哪几段？（生答：七、八段）请同学们快速默读这两段课文，这次请你特别关注带问号和省略号的句子，请你边读边把它们画下来。

（生默读）

师：你找到哪些带问号和省略号的句子了？请你来读一读。

生：“他们一队队不知道从什么地方来，一定是很远很远的地方吧？”

师：一个问号。

生：“是什么力量使他们这么勤勉地奔忙呢？”

师：两个问号。

生：“我完全迷惑了，在小虫子的脑海中，究竟蕴藏着多少智慧？”

师：三个问号。

生："我看见测气候者忙于观察气象，工程师忙于建筑设计……"

师：一个省略号，还有吗？

生："我还看见了许多许多……"

师：这样吧，我们先来看一看这些带问号的句子。（投影出示带问号的3个句子）一起读一读。

（生齐读）

师：不知道同学们有没有关注其中的两个词，一个是——（生答）勤勉，还有一个是——（生答）智慧。咱们能不能从课文当中去读懂小虫子的勤勉和智慧？再回读七、八段，看看你从哪些地方读懂了它们的勤勉和智慧。

生1："现在他们归来了，每一个都用前肢推着大过身体两三倍的食物，行色匆匆地赶着路。"

师：说说你的读书感受。

生1：说明黑甲虫村民们很勤劳。

师：你从哪些词语当中感受到的？

生1：行色匆匆。

师：说明他们非常忙碌，脚步匆忙。谁也从这个句子当中读懂了它们的勤勉？

生2：从"每一个都用前肢推着大过身体两三倍的食物"看出它们勤勉，因为黑甲虫体积较小，推动大过身体两三倍的食物一定很重，很劳累。

师：在它们看来，食物就像一座山一样压在这纤弱的身躯上，要承载这样的重负，可见小虫子太努力了。小虫子的勤勉令我们惊叹，谁来朗读小虫子的勤勉？

生3："是什么力量使他们这么勤勉地奔忙呢？"

师：你觉得这是什么力量？

生3：饥饿，要生活下去的力量。

生4：坚强。

生5：毅力。

生6：养儿育女。

师：那让我们一起来读出小虫子的勤勉和力量。那你还从哪里读出了它们的智慧？

生7：从各种不同的工作都有专门的虫子担任，说明虫子们分工明确。

师：是的，它们各司其职，忙而不乱。那你们觉得除了课文当中提到的测气象者、建筑工程师，还有谁在忙于从事什么工作呢？

生1：我还看见小甲虫们正在草丛里收集食物。

师：那是普通的劳动者在收集食物。

生2：我看见工人在忙于建造洞穴。

生3：还有医生在给其他甲虫治病。

生4：还有些大的甲壳虫在观察有没有敌人来。

师：哦，可能是侦察兵。你看这么多工作都有专门的虫子担任，可见小甲虫内部分工明确。小小的脑瓜里面竟然蕴藏着这样大的智慧，你佩服吗？谁通过朗读来表达你的这种佩服的心情？

生："我完全迷惑了，在小虫子的脑海中，究竟蕴藏着多少智慧？"

师：你觉得蕴藏多少智慧？

生：很多很多。因为它们分工明确，和人类一样。

师：无穷的智慧，咱们一起来读。

生（齐）："我完全迷惑了，在小虫子的脑海中，究竟蕴藏着多少智慧？"

师：其实这三个问句都抒发了作者对小虫子的这种赞叹之情，那作者干脆用感叹句好了，为什么作者用问句来表达呢？我们再去品一品这三个句子，除赞叹之情之外，还品出了什么？

生：我读出了作者喜爱小虫子，佩服小虫子。

师：究竟是多少智慧？除了赞叹、佩服之外我们还感觉到他有点想不明白，百思不得其解。所以这个问号表达的是作者既惊又叹的心情。咱们再来读读这三个问句，一边读，一边品味。

（生齐读三个问句。）

师：百思不得其解，让我们连起来看看小虫子劳动的画面。盛老师再跟小朋友合作来读这部分课文，你们就读这些耐人寻味的问句，盛老师来读这些描述的句子。

（师生合作读课文七、八段。）

（三）读悟省略号，感受丰富意韵

师：草虫的村落里面小虫子们的生活有趣吗？（生答：有趣）想不想跟随作者到草虫的村落里去游历一番？好，请同学们闭上眼睛。让我们想象：我们的身子在缩小，再缩小……我们也变成了一只可爱的小甲虫，追随着甲虫们的脚步，穿过细密的草茎组成的茂盛的森林，到了这神奇的草虫的世界。听！（多媒体播放应景音乐）草虫们在寒暄，在攀谈，在演奏。看！那儿有俏丽的小圆虫，有粗壮的黑甲虫，还有远方来客大蜥蜴呢！虫子们正在热火朝天地生活着、工作着，我们看见了许多许多……

师：我们都看见什么了？把眼睛睁开，赶紧拿起笔把我们看见的情景写下来。

（生写，教师巡视。）

师：咱们都看到什么了，写完的孩子赶紧跟老师打个招呼告诉大伙你都看到了什么？

生1：我看见了那只小圆虫很漂亮，逗得许多虫子对它驻足痴望。

师："驻足痴望"这个词儿你用得真好！

生2：我看见了蚂蚱嬉戏着，一会儿草虫里传出稀稀落落的声音，一会儿又没有了。

生3：我看见了一群小黑甲虫正围着远方来客蜥蜴玩耍。

生4：我看见甲虫游侠准备上路，开始新的旅程。

生5：我看见一只小黑甲虫正推着一个巨大的饼干屑。

师：急匆匆地往洞里走，是吧？

生6：我看见了蛐蛐和别的昆虫在合作演奏歌曲，还看到了强壮无比的黑甲虫在摔跤。

师：它们的娱乐生活可够丰富的。

生7：我看见甲虫演奏家正伴随着小溪发出的咚咚声在拉小提琴。

师：你真会想象，还伴随着小溪发出咚咚声演奏，那演奏的声音就像灵泉一般流出来，是吗？

生8：小虫儿们三三两两地聚在一起跳着舞蹈。

生9：小甲虫坐在教室里认真上课，从窗外听到书声琅琅。

师：和我们一样，你觉得甲虫世界的灵性和智慧也是教育的结果，是吧？

生10：一只强壮的黑甲虫正在刨土，忙着造新的洞穴。

师：对，建造洞穴对它们来说是天大的工程。同学们，看来甲虫世界当中它们的劳动生活、娱乐生活，哪怕是日常的家庭生活都是那样的丰富多彩，难怪作者要说——

生（齐）："我发现了草虫中小虫子的快乐天地。我多么得意啊！"

师：再读一遍。

师：他说多么得意呀，这个草虫村落中的快乐天地在作者的描述当中我们也仿佛看到了是吗？我们看到这个快乐的天地当中——

（投影出示词儿：俏丽、驻足痴望、寒暄、攀谈、对视良久、全神贯注、行色匆匆、勤勉。）

师：粗壮的黑甲虫会对俏丽的小圆虫——（生答）驻足痴望，它们互相之间会热切地——（生答）寒暄，友好地——（生答）攀谈，看到久别重逢的亲人会意味深长地——（生答）对视良久，演奏音乐是那样的——（生答）全神贯注，它们行色匆匆，勤勉地劳作，看到这一切，作者把他的兴奋、惊喜、赞叹之情用这么多的感叹句直接地抒发出来，咱们再来读读这些感叹句。（投影出示感叹句。）

生（齐）："我想它一定是游侠吧！"

师：看啊！

"此时我觉得他们的音乐优于人间的一切音乐，这是只有虫子们才能演奏出来的！"

"我发现了草虫中小虫子的快乐天地。我多么得意啊！"

师：也只有这些感叹句才能让作者的这种赞叹、惊喜、兴奋之情直接喷发出来。

师：今天，你也发现了，你得意吗？让我们也把自己的得意之情真切地流露出来吧！再读最后一句。

三、用标点表达自己的读书感受

（一）用感叹号表达惊叹

你们得意的难道仅仅是发现了草虫中小虫子们的快乐天地吗？你还发现这快乐天地中蕴藏着什么？

生1：蕴藏着小虫子们的智慧。

师：能用感叹句吗？

生2：草虫村落中蕴藏着小虫子们许多的智慧！

生3：草虫的村落中蕴藏着无限的生机！

生4：草虫的村落里蕴藏着无限的大自然的奥秘！

生5：草中的村落中蕴藏着多少虫子们勤勉的汗水！

生6：草虫的村落中蕴藏着小虫子的热情！

（二）用问号表达疑问

师：同学们，你们刚才围绕“蕴藏”说了那么多感叹句，这是我们自己读课文的感受，真好！同学们，课文学完了，对草虫的村落你还想知道什么，还有什么问题？

生1：它们居住的地方是什么样的环境？

生2：村落里到底有多少村民？

生3：它们到底吃什么？

（三）用省略号延伸探究

师：盛老师也有问题，到底为什么作者笔下的草虫的村落会这样的和谐美好？为什么作者能发现这神奇的草虫的村落？这些问题咱们课后再去思考。同学们今天真能干，你们不仅读出了作者的感受、疑问、未尽之言，更重要的是你们读出了自己的感受、疑问。盛老师更希望你们把这么多的感叹号、问号变成一连串的省略号，因为对草虫世界的探索是无止境的。回去以后，希望你们能写出一篇属于自己的草虫村落的文章来。最后，盛老师愿意牵着你们的手到草虫的村落里散散步。

教后反思

《草虫的村落》是人教版实验教材六年级上册的课文。课文向我们描绘了一幅和谐美好的虫界生活画卷。草虫的世界里有什么？亲情、友情、乡情，草虫的世界是个和谐的世界，虫子们快乐地生活、劳动、娱乐，虫子们用自己的勤勉、友善和对生活的热爱，创造着美好的生活。美来自哪里？来自和谐，来自充实，来自有序。草虫世界是人类社会的折射，草虫世界的美好是虫子们的创造，给人类社会很多启示。文章的人文内涵非常丰厚，语言表达也极具特色：出现了许多带感叹号、问号、省略号的句子，分别表达了作者在草虫村落中游历时那种惊喜、兴奋，百思不得其解，言犹未尽的情感变化。如何把文章的人文内涵的挖掘和语言特色的体会巧妙地融合起来，把作者情与读者情巧妙地融合起来，是本课教学时要着力解决的难点问题。

本课设计分两个层次：第一层次，从三个标点切入，读懂作者。先从感叹句切入，通过重点品读“游侠归来”，体会作者的兴奋之情。“我想它一定是游侠吧！”直接写出了作者看到游侠归来时的惊喜和兴奋，在学生找句读句，初步感受到了感叹句传递的情感后，紧扣“游侠”一词，让学生在语段中找它是“游侠”的依据，在引导学生品词析句的同时，训练学生的演绎思维能力、逻辑推理能力，学生通过找、品、说、议、想象等活动，充分感受了游侠归来时的有趣情景，再回读感叹句“我想它一定是游侠吧！”，此时，作者的情感已悄悄转化成读者的情感，学生读出的是自己的惊喜、兴奋。然后在学草虫们“勤勉劳动”这部分课文时，从三个问句切入：①它们一队队不知道从什么地方来，一定是很远很远的地方吧？②是什么力量使它们这么勤勉地奔忙呢？③我完全迷惑了，在小虫子的脑海中，究竟蕴藏着多少智慧？引导学生读出问句背后作者的惊奇和百思不得其解。最后抓两处省略号：①看见测气候者忙于观察气象，工程师忙于建筑设计……②我还看见了许多许多……通过想象补白，读懂作者的言犹未尽和省略号的表达效果。第二层次：用三个标点表达自己的读书感受。抓住“蕴藏”造句，用感叹号表达自己的惊叹之情；用问号提出自己读书后的疑问：对草虫的世界，你还想知道什么？最后，老师用省略号结课：“同学们真了不起，你们读出了自己的叹号、问号，但老师更希望你们能把这一连串的叹号和问号化作省略号，因为对草虫世界的探究是无止境的，回去后，希望你们通过仔细观察，写出一篇属于自己的草虫村落的文章。”两个层次的教学，把语言的吸收与表达巧妙融通；把文章的文意美与语言美和谐整合；使文境与课境无痕融合。一标一点总关情，小标点承载的是大语文的信息，标点为轴，情感为径，共奏和美的乐章。

本课的成功之处，还在于找到了“文境、课境、学境”的融通点。课文以唯美的笔触，描绘了一幅生机盎然、和谐美好的草虫村落图。文章语言美、情感美，意境更美。这么美的文境，如何转化成同样美的“课境”，为学生营造起一个美的“学境”？在课的进行过程中，老师用纯美活泼的背景音乐《森林的歌声》《追梦人的音乐》创设了跟文境相谐的课境，通过音乐、导语渲染等手段，催生学生的想象，把学生导入课境进行学习交流，与同伴、教师、文本展开深层次的对话，如此，“课境、文境、学境”在同一点上振动，课堂便形成了和谐、美妙的和谐课境。其次是点与面的融通，三种特殊标点的句子是本课选择的主流教学内容，是“点”，但光有点还不够，还应有“面”上的铺展，在点的带动下，学生的阅读由“点”及“面”，逐渐铺展，形成对文本的整体感受。由“主体”语言带动“背景”语言，既避免了抽干了血肉的“枝干教学”，又避免了“眉毛胡子一把抓”的“草原式”教学。哪儿都是绿的，哪儿的草都鲜美。

名家点评

学生自主解读课文要“导”之有“法”

全国著名教育专家　浙江绍兴县教师进修学校　周一贯

伏尔泰曾把想象分为消极的想象和积极的想象。如果说消极的想象是指单纯保存某一具体事物印象的话，那么积极的想象便是指可以上天入地，探索奥秘，化兽为人，构想出那一幅幅瑰丽奇特的神怪相杂的艺术画面。本课正是这样，作者以独特的想象，追随着一只爬行的小虫，在草虫的村落进行了一次十分奇异的游历，从中反映了作者对大自然、对小生物的喜爱之情。

对于这样的课文，在以“和美”之道重构课堂生态文明的语境里，该如何呈现？盛新凤老师的这份实录，给了我们很好的启示。

《国家中长期教育改革和发展规划纲要》明确提出“尊重教育规律和学生身心发展规律，为每个学生提供适合的教育”。“适合每个学生的教育”之所以成为当下教改的基本命题，就是因为现在的教育有很多方面并不适合学生。如语文课堂上教师的过度讲析、单边解读，就排斥了学生的自主学习实践，造成教学“高耗低效”的积疾难以摆脱，严重破坏了课堂的生态平衡。

以和美教学追寻语文课堂的生态文明，无疑有很多视点，值得我们去深刻思索，但笔者以为核心问题之一，应当是如何培养学生自主解读课文的能力，一改由教师解读给学生听的传统，以切实提升学生的整体语文素养。

笔者不厌其烦地剥离出这一点，正是因为盛新凤在导读本课时，给了我们一次深刻的启示：自主解读的关键在于引导学生因文制宜地去主动获取自主解读的“抓手”。当学生有了这个“抓手”，他们也就有了自主解读课文的方法启示。

《草虫的村落》第二课时的目标定位是在学生读通课文的基础上，引导他们以自主解读的方式来深读课文。那么盛老师又是怎样在组织学生自主解读这个难点上突破的呢？她没有以自己的解读用所谓“讲问”的套路来给予，而是巧妙地启发学生从课文中找到自主解读的抓手，这抓手竟是很普通的三处标点——感叹号、问号、省略号。

一、在“游侠归来”的三、四段课文中读懂唯一的感叹号

所谓“游侠”，指的不过是迷路的一只生着硬甲的“小虫”，但作者的想象却不一般：“我想它一定是游侠吧！”这也是两段中唯一的一个感叹号，教师让学生对这个感叹号进行想象，带动了对三、四两段课文的自主解读，读懂了什么叫“游侠”？为什么这甲虫是游侠？（依据一：“它不断地左冲右撞，终于走出了一条路”；依据二：“互相打着招呼”“寒暄”；依据三：“一只娇小 的小甲虫从洞里跑出来迎接远归者，他们意味深长地对视良久，然后一起欢跃地走回洞穴里去”。）在学生此起彼落的解读交流中，我们不难看到孩子们想象的瑰丽，这同时也极大地推进着教师安排穿插的诵读品味活动。

二、在写甲虫劳动生活的七、八两段课文中读解三个问号

在学生自主解读了“游侠归来”的两段之后，教学便自然地进入了写甲虫劳动生活的场面（七、八段），盛老师要大家以带问号的问句为抓手自主解读。学生找出了这部分中的三个问号：“它们一队队不知道从什么地方来，一定是很远很远的地方吧？”“是什么力量使它们这么勤勉地奔忙呢？”“我完全迷惑了，在小虫子的脑海中，究竟蕴藏着多少智慧？”于是以问号为抓手，以带问号的问句为启导，以想象为媒

介，学生的解读同样进行得多姿多彩，有声有色。

三、在课文最后的三小节中，读写一个省略号

课文最后三小节有这样一句话："我还看见了许多许多……"这是极具诱惑力的一处省略。是啊，"我"在这个草虫的村落中还会看到什么呢？以致"悠悠忽忽"地漫游了一个下午，"直到夕阳西下"。儿童是最富于想象、乐于想象、善于想象的，于是，盛新凤老师适时地在这里安排了一个拓展式读写训练："想一想，你还悠悠忽忽地看见了什么？"这不仅是对课文的深度解读，同时也是因势利导对学生想象力的一次训练，对写作能力的一番打磨。

《草虫的村落》第二课时的教学实践，可以印证"儿童是天生的学习者"。其实人类之所以能高居"万物之灵"的宝座，就在于每个生命个体都具有爱学习的潜质，因为只有学习，生命体才能得以生存和发展。这是天由之，天使之，天助之，天成之。这也正是和美课堂应有的生态观。从本质上讲，学生的学不好乃至"厌学"，不是学生自己造成的，而是不正确的教育造成的。这正如一位教育家所言："接受不正确的教育比不接受教育距离智慧更远。"给语文教育以"和美"，给语文课堂以"和美"，就要放手让学生自己学，包括解读课文。教师只是在一旁以"导"相助，一心呵护的是课堂那一片田园式的天地。

圆桌讨论

董翱：这一讲中，盛老师提到语文课要加强语用训练，尤其是课内的语用训练，但是很多老师对于语用训练的理解可能存在着误区，盛老师的两个课例可以在一定程度上帮助我们深入理解语用训练的含义。比如《跨越百年的美丽》第一课时实录中的写话训练，并不是与文境、课境相脱离的，而是结合课文的情境和课堂的现实，捕捉到了"烟熏火燎"这个富有张力的训练点，引导学生移情体验"实验室"这个当下情境，并迁移运用前面积累到的衣着、长相、神情、动作等的描写，这样的训练就不再是"纯技术的，单一枯燥的"，而是融工具性与人文性于一体的，投射学生自己情感态度价值观的，是艺术的、巧妙的、丰富

的、多功能的语用训练。

安晓伟：其实，语用训练不仅仅是语言文字的运用训练。例如《草虫的村落》这一课例，盛老师就巧妙地抓住标点这种无声的语言，从感叹号入手，使学生体会草虫的村落和谐美妙的画面带给作者的兴奋之情，紧接着又围绕省略号和问号，和作者一起感受甲虫世界的丰富与奇妙，惊叹小甲虫的勤勉和智慧。在这一系列感悟积累之后，迁移运用表达写话就水到渠成了。

徐虹：是啊，后来的课堂也证明了“实用的语言运用训练要经历一个从积累到模仿再到创用的过程”。正因为前面品读中感受到了标点的表情达意的规律性，所以才有了后面学生精彩的活用、化用乃至创用。

吴燕：我认为语用训练不是简单地让学生习得言语表达能力，受到情感的熏陶就够了，它承载着更多的功效。比如盛老师执教的《跨越百年的美丽》一课中，非常重视批注指导，这既培养了学生的概括能力，收集、整合信息的能力和理解能力，又使学生掌握了批注方法，更重要的是培养了学生一种良好的读书习惯。

徐虹：2011年版课标中就强调要引导学生养成语文学习习惯，如边读边想的习惯、不动笔墨不读书的习惯等。盛老师让学生“做批注”这一环节的设计不仅着眼于学生习惯的养成，从长远意义上来说，还为学生今后的终身学习打下了基础。

施国强：我也认为这个板块的设计很有亮点。我们平时只注重批注的结果，但盛老师更注重指导做批注的方法。盛老师将写批注的过程展开得很充分，先让学生自己读书，自读自悟，在了解学生起点的基础上，盛老师通过示范教会学生方法，再让学生在原有批注的基础上进行修改，并进行个性化的交流，以体现学生的主体性，使语文教学真正为学生的未来生活服务。

孟丽：盛老师在这一讲中说到，“在教学中，我们要尽可能为学生创设语言运用的机会”。《跨越百年的美丽》课例中议论文字的学习，就很巧妙地创设了一个语言运用的机会。盛老师让学生在品读作者议论文字的基础上，针对几个原文中的小细节，尝试发表自己的议论，表达自己读文、读人后的整体感受。前面“品读作者的议论”是为后面“发表自己的议论”做铺垫，而后者又是在前者的基础上进行再创造。在关注语言习得的同时关注语言的表达，如此从读入手，以读促写，一脉相通，学生才能更有效地内化。

施国强：我也觉得这样做既是对课文议论性文字的重构，也使学生在这一过程中习得议论的表达方式。如果说运用语言文字是一种显性学习，那么方法的掌握就是一种隐性学习。只有将这两者结合起来，学习的难度才会降低，学生学习的长效机制才能得以建立。

孟丽：看来，指向“运用”、追求“实用”的语文教学才是高效的，我们可以把“语言”作为课堂教学的重点内容和教学主线。在情境、语境、心境这“三境”的引领下强化“语言习得”，包括语言知识的学习，语言能力的培养，语言文化的渗透。这样的课堂不仅有浓浓的语文味，而且有语言重点训练项目。在理解语言内容的基础上进行语言现象的积累、语言表达的学习、语言迁移的训练。这就是在充分发挥语文教学的“济世”功能，追求语文教学的“和济”之美。

第三讲　行云流水的和舒之美

这讲的主题是追求“行云流水的和舒之美”。“舒”，指的是舒服、舒坦。让人感觉心里高兴。让人舒服的教学就是生态的教学，让人舒服的课堂就是生态的课堂。我们的课堂教学怎样才能让人感觉心里舒坦、舒服、舒适呢？老舍在看了大兴安岭的岭后，觉得那岭高点的、矮点的、长点的、短点的，谁也不孤峰突起、盛气凌人，所以是那样的“亲切、舒服”。这种舒服的感觉要怎样获得？我们的教学怎样操作才能不“孤峰突起”，避免给人造成不舒服的感觉？我觉得在教学操作过程中，要牢记几个关键词：自然、渗透、潜移默化。

首先说说朗读教学的“自然”。课标修订稿中是这样阐述的：“各个学段的阅读教学都要重视朗读和默读。各学段关于朗读的目标中都要求‘有感情地朗读’，这是指，要让学生在朗读中通过品味语言，体会作者及其作品中的情感态度，学习用恰当的语气语调朗读，表现自己对作者及其作品情感态度的理解。朗读要提倡自然，要摒弃矫情做作的腔调。”应加强对阅读方法的指导，让学生逐步学会精读、略读和浏览。有些诗文应要求学生诵读，以利于丰富积累、增强体验和对语感的培养。

朗读教学是阅读教学的重要组成部分，朗读在阅读中起着不可替代的功能。朗读有助于理解课文，朗读具有强烈的感染力，朗读融内化与表达为一体。朗读有助于记忆，朗读能有效地培养学生的语感，朗读可以发展想象力。朗读不仅是阅读理解的反馈，更是促进阅读理解的手段和方法。叶圣陶先生对朗读的功用做过这样的描述：“我们默读时，仅仅调动了心和眼，而朗读时则心、眼、口、耳全部调动起来了，对于文章的思想内容，艺术特色就会有成倍的收获。”

“朗读的时候，对于所得的不仅理智地了解，而且亲切地体会，不知不觉之间，内容化而为读者自己的东西了，这是最可贵的一种境界。学习语文学科，须达到这种境界，才会终身受用不尽。”

徐世荣先生也对朗读教学的意义做过阐述，他说：“讲解是分析，朗读是综合；讲解是钻进文本中，朗读是跃出纸外；讲解是推平、摆开，朗读是融贯、显现；讲解是死的、如同进行解剖；朗读是活的，如同赋给作品生命；讲解只能使人知道，朗读更能使人感受。因此，从某种意义上讲，朗读比讲解更重要。”

“有了语音，书面语言才有了活力，有了跳跃着的生命。”

所以有人说：“朗读法是教语文的根本之法。”

正因为朗读教学的特殊功能，《义务教育语文课程标准（修订稿）》继续在每个学段目标中提出了“正确、流利、有感情地朗读课文”的要求，而且在“实施建议”部分对阅读教学的“具体建议”中，补充、修改了对朗读教学的要求，使朗读教学的功用、目标和操作策略更为明确。

在《义务教育语文课程标准（修订稿）》第24页，关于阅读教学的修改建议中，增加了这么一段话：“各学段关于朗读的目标中都要求‘有感情地朗读’，这是指，要让学生在朗读中通过品味语言，体会作者及其作品中的情感态度，学习用恰当的语气语调朗读，表现自己对作者及其作品情感态度的理解。朗读要提倡自然，要摒弃矫情做作的腔调。”

这段话表达了几层意思：“有感情地朗读”贯穿于各个学段；朗读的功能是通过朗读品味语言，体会作者在其作品中表达的情感态度；朗读操作的要求是：“学习用恰当的语气语调朗读，表现自己对作者及其作品情感态度的理解。朗读要提倡自然，要摒弃矫情做作的腔调。”

在阅读评价中，对朗读的评价也做了改动，把“也应注意考察对内容的理解与把握”改为“‘有感情地朗读’要以对内容的理解与把握为基础，要防止矫情做作。”

这样的改动，进一步凸显了朗读教学的重要性，使朗读教学的要求更加明确、具体。更重要的是，这是对当前朗读教学中存在误区的一种纠偏。

纵观现在的朗读教学，存在很多误区：一是缺少应有的重视；二是朗读一味提“有感情地朗读”，要求模糊，没有体现文体特点和文本个性，感情不自然，情感传递不准确，表达不到位。特别是第二条，尤其严重。现在语文课堂上不乏书声朗朗，但仔细听学生朗读，就会发现学生朗读时“朗读腔”“表演腔”太浓，或矫情做作、装腔作势；或语气夸张，对作品情感理解不到位甚至错位；或统一语调，缺乏个性。故而，朗读教学效率不高，指导不利，效果不理想，走入明显误区，迫切需要矫正与引导。所以，课标修订时及时提出“朗读要提倡自然，要摒弃矫情做作的腔调”，进行有效引领与纠偏，犹如雪中送炭，非常必要和及时。

提倡“自然朗读”，是说朗读要像说话一样自然，但朗读不等于说话，一切都是由感情决定的，以情带声。要用恰当的语气表达思想感情的语调、语势，音随意转，气随情动，因情用气，以情带声。朗读者得心应口，听者才能心从耳顺。

特别要根据文本个性进行相应处理。如果把课文分成抒情性文本和非抒情性文本的话，那么抒情性文本主要通过朗读去“打动”“感染”

听众，而非抒情性文本只要“告诉”就行。

如二年级下册《恐龙的灭绝》，是一篇科普性的说明文，介绍了几种关于恐龙灭绝的猜测。这类文章如何训练有感情地朗读？我想只要自然、清晰地介绍、告诉，把重点知识通过重音、语速、语气的变化，自然流畅地传递出来就行，而不是有意附加额外的情感。但一次在听一位老师执教时，在指导本文语段“随着动物的减少，食肉的恐龙找不到足够的食物，也渐渐地灭绝了”的朗读时，着重指导学生读出伤心的语气，学生在老师的引导下，读这句话时，蹙眉挤腮，有的甚至发出唏嘘之声，极力表达对恐龙灭绝的伤心惋惜之情。这种对文本情感错解后的拿腔拿调的感情朗读，不仅没有促进对文本的理解，反而造成了对文本的误解，是不“自然”的。

但如指导学生读抒情性文本《草原》一文，则要引导学生投注情感，激起学生对草原美景的喜爱、向往之情，再把这种情感通过朗读传递出来，用“音化”的“景”和“情”去打动、感染听众，这样的朗读是“自然”的，因为是符合文本特性的。

有一些特殊文体的文本，在用朗读传情表意时，可能要稍微夸张些，但也应以“自然”为原则，这个“自然”是以对文本精准的感悟和理解为基础的。如六年级上册《这片土地是神圣的》，是一篇演讲稿，读的时候应充满激情，用朗读去打动、感染听众，有一种劝诫、号召的意味，这是另一种意义上的“自然”。

有的文本，故事性很强，用对话塑造了不同的人物形象，这样的文本，在读人物对话时，就要比较夸张地演读，极力模拟人物在特定环境中的情状。如《半截蜡烛》一文，用对话塑造了杰奎林、杰克等一个个栩栩如生的人物形象，读的时候就要置身文境，把自己当做里面的人物形象，读出人物的性格特点。如杰奎琳的天真、聪明、可爱，杰克的小男子汉气概，母亲的慈爱、镇定和勇敢。这也是一种“自然”。

总之，“自然的朗读”应以不同文本的文体、特性为基础，先要把握好课文的总的感情基调，即课文总的感情色彩和分量，然后把“停顿、重音、语气、语调”四大朗读支柱落到实处，这样朗读就能做到像叶老和《语文课程标准（修订稿）》中说的那样“感情自然”了，课堂也会呈现出应有的和舒之美。

课堂的“和舒”之美还表现在教学手段、方法的无痕与内隐。“在阅读教学中，为了帮助理解课文，可以引导学生随文学习必要的语文知识，但不能脱离语文运用的实际去进行‘系统’的讲授和操练，更不应要求学生死记硬背概念、定义。”“培养学生高尚的道德情操和健康的审美情趣，形成正确的价值观和积极的人生态度，是与帮助他们掌握学习方法、提高语文能力的过程融为一体的，不应该当做外在的附加任务。应该根据语文学科的特点，注重熏陶感染，潜移默化，把这些内容渗透于日常的教学过程之中。”这两段话中，“随文学习语文知识”、正确的价值观和积极的人生态度的“渗透”与“熏陶感染”，都在引导我们的教学要营造一种“随风潜入夜、润物细无声”的“和舒”之美。

如苏教版语文第12册《青海高原一株柳》的教学，有很多语文写作知识、生活常识，如对比的写法、高原环境的恶劣程度等，都是在教学过程中无痕渗透的，不是刻意的给予，所以“润物细无声”。又如人文的熏陶，也是和语言的学习、感受柳树的形象融合在一起的。这篇课文是茅盾文学奖获得者陈忠实的一篇散文。我是怀着崇敬的心情走进文本，走近这株柳树的。这是一篇含金量很高的文章：语言华丽、内涵丰富、写法独特，像一块丰厚醇美的“大蛋糕”。

通过反复研读文本，最后把文本读成了一个词——“撑立”。于是，“撑立”便成了整堂课的一面“旗帜”：以“撑立”为支点，撬起了全文这个“宇宙”；以“撑立”为线索，让散落的语言“珍珠”得以串联；以“撑立”为轴心，使全文的语言与情感有了向心力。

为了给“撑立”找到一个丰厚的教学语境，让它在教学语境的烘托下“血肉丰满”，我把“多少、又、一次又一次，一回又一回”等重点词句，都调用到“撑立”身边，成为支持它的“背景语言”，然后分三个层次体会柳树在遭受摧毁时的不屈和抗争：在恶劣的环境中撑立；在频繁的摧毁中苦苦撑立；面对命运的不公仍旧苦苦撑立。在三个层次的推进过程中，把对语言的理解、感悟、想象、对比、朗读融为一体，最后达成对柳树形象的再塑造。这个段落的教学，应该说是比较透彻的。学生在对语言文字的感受过程中完成了对精神和情感的锤炼和陶冶，将对语言的深度品评和情感的痛快洗礼融为一体，可谓言意互转，精神和语言同构共生。同时，“语、像、神”三位一体，共同生成：语成，则促像；像成，则悟神。从语切入，读出形象，读出精神。整堂课的朗读指导，富有艺术性却又不露痕迹，通过指名读、示范读、师生合作读、演读等多种手段，读中感悟，读中理解，以读代讲，以读促悟，以读生情，使朗读贯通教学始末，发挥最大功效。所以，整堂课，通过读懂一个词“撑立”，同时也读懂了一棵树，读懂了一种精神，达到了“言意共生”的目的。

这节课，通过一个张力十足的词——“撑立”，挖掘了它丰富的内涵，让它承载了丰富的功能：言意在“撑立”中互转，精神和情感在“撑立”中共生；柳树的形、神在“撑立”中合而为一、高度融合。最后，在由“撑立”到“伫立”的转换中，完成了对柳树形象的塑造和精神的升华。最后学完课文，学生头脑中留下了两个词“撑立”“伫立”，留下了一棵树，更留下了一种精神，但一切都是“随风潜入夜，润物细无声”。课堂呈现出一种“和舒”之美。

教学现场

一个词　一棵树　一种精神

——《青海高原一株柳》课堂实录

一、复习引入，营造氛围

师：同学们，今天我们学习的课文是——大家一起把沈龙同学写的题目读一读吧！

生：青海高原一株柳。

师：我们大家是安吉人，安吉是竹子的故乡，大家看得最多的是竹子吧？但是我想你们对柳树肯定也不陌生。因为垂柳依依是我们江南随处可见的风景，是吗？可是很奇怪，今天咱们要去看的这株柳树却生长在青海高原上。通过上一节课的学习，我们知道青海高原的环境非常苍茫、荒凉，那儿有着——（课件出示词组）我们一起读一读这些词组吧。

生读：“广袤无垠、青草覆盖的原野”“寸草不生，青石嶙峋的山峰”“深邃的蓝天，凝滞的云团，异常苍茫”。

执教《青海高原一株柳》

师：嗯，读得很有感觉。读这些词语的时候，同学们要一边读一边想象那里的环境，这样就能读出意境。再读一次好吗？

（生再读）

师：这株柳树就生长在这样的青海高原上。想不想去欣赏一下这株神奇的柳树啊？

生：想。

【评析】词语学习可以有多种方法，这儿把描写青海高原环境的一些词语集中出示，既检查了学生对生字的自学情况，又营造了一种苍茫、荒凉的环境氛围，为下面感受柳树的形象奠定基础，可谓一举两得。

二、聚焦重点　深入悟读

（一）聚焦神奇，读出形象

师：好。（出示段落：“这株柳树大约有两合抱粗，浓密的树叶覆盖出百十余平方米的树阴。树干和树枝呈现出生铁铁锭的色泽，粗实而坚硬。叶子如此之绿，绿得苍郁，绿得深沉，自然使人感到高寒和缺水对生命颜色的独特锻铸。它巍巍然撑立在高原之上，给人以生命伟力的强大感召。”）这是一棵树，不过它是躲在语言文字的后面，咱们通过朗读，读着读着，这棵树就会从语言文字的后面显现出来。你信不信？好，咱们先自个儿读读。

（生自由读）

师：好，挑一句你最拿手的展示一下，好吗？

生读：“树干和树枝呈现出生铁铁锭的色泽，粗实而坚硬。叶子如此之绿，绿得苍郁，绿得深沉，自然使人感到高寒和缺水对生命颜色的独特锻铸。”

师：其实她已经给我们读了两句话了是不是？特别是读到第一句树干和树枝的时候，你脑海里有没有出现它的树干和树枝啊？那你觉得这株柳树的树干和树枝跟咱们平时看到的有什么不同吗？

生：我们平时看到的柳树的树干和树枝都是细细长长的，而这棵柳树的树干和树枝却是很粗，很坚硬。

师：粗而且硬，我们平时看到的柳树的树枝和树干有这么硬吗？有一个词叫“柔柳”，而这柳树怎么会有这么粗实和坚硬的树干和树枝呢？太神奇了，这是一奇（写第1个问号）。谁也来读读这句话？

（生读句）

师：硬到什么样的地步？

生：硬到用刀都刻不动的地步。

师：你从哪儿体会到的？

生：呈现出生铁铁锭的色泽。

师：是啊，这个“铁锭”，同学们看到过没有？在哪儿看到过啊？

生：在家里锅子是铁做的。

师：我说，你看到过铁，不一定看到过铁锭，它是炼铁厂生产出来的一大块用铁做的锭子，很硬，色泽都发黑发暗。这株柳树就是有这么粗实而坚硬的树干和树枝。咱们一起来读读这句话。

（生齐读）

师：这么一读啊，树干和树枝咱们就印象深刻了。谁再接着读？

生读：“叶子如此之绿，绿得苍郁，绿得深沉，自然使人感到高寒和缺水对生命颜色的独特锻铸。”

师：你这样读是想告诉大家，它的叶子是——

生：非常苍郁，非常深沉的。

师：看到过柳树这样绿的叶子吗？

生：没有看到过。

师：那你看到的柳树的叶子是——

生：它是嫩绿的，像草一样的颜色。

师：哦。你看到的柳树的叶子是——

生（齐）：嫩绿的

是——翠绿的，

是——草绿的，

是——鲜绿的。

师：是嫩绿的、翠绿的、草绿的、鲜绿的。哪里是绿成这样的，柳树的叶子也很神奇，这是二奇（板书第2个问号）。咱们一起来读读这句。

（生读描写叶子的句子。）

师：好，你还想读哪句呀？

生读：“它巍巍然撑立在高原之上，给人以生命伟力的强大感召。”

师：他这样一读我们仿佛看到了这株柳树的轮廓了是吧？给你怎么样的感觉？

生：给我的感觉是十分高大的，十分的壮。

师：粗壮高大，你从哪个词语中听出来的？

生：“巍巍然撑立”。

师：巍巍然地撑立，高大粗壮的柳树仿佛出现在咱们眼前了是吧？还有哪句话也让你感觉到了这棵柳树是这样的高大粗壮？

生：“这株柳树大约有两合抱粗，浓密的树叶覆盖出百十余平方米的树阴。”从这句话中可以看出树的高大粗壮。

师：你们听她这样读的时候，你们觉得哪个词让你感觉到这柳树特别的粗壮高大？

生：从“两合抱粗”“百十余平方米的树阴”可以看出这棵柳树是十分高大的。

师：“两合抱粗”，来，你们两个人合作演示一下两合抱粗到底有多粗。

（生演示）

师：这么粗壮的柳树你们看到过吗？

生：没有。

师：这是三奇。（板书第3个问号。）

师：而且，你们看，它的树阴有百十余平方米，咱们上课的教室大概是四十多平方米，也就是说相当于两三个教室，那么大的一片树阴，可见树冠的庞大。谁来读读这句话，读出它的高大粗壮来？

（生1读）

师：呀，我觉得还不够大啊。

（生2读）

师：两合抱粗还有百十余平方米的树阴啊。这么一读，这株柳树仿佛就出现在咱们眼前了是吧？咱们连起来读读这段话，一边读，一边想象它高大粗壮的样子。

（生齐读这段话）

师：柳树是这样的高大而粗壮，所以在这里说它是巍巍然撑立在高原之上。（板书：撑立）

【评析】我们并没有去过青海高原，更没有见过这棵巍巍然撑立在高原之上的柳树，但是我们可以通过语言文字感受这棵不同凡响的柳树，这就是文学语言的魅力。教师帮助学生感受柳树的形象采用了灵活的方法：有词句的推敲，如从“坚硬”想到硬到用刀都刻不动的地步；有学生的演示，如“两合抱粗”；有跟已有经验的联系和对比，如把“苍郁深沉”的绿跟平时常见的“翠绿、鲜绿”对比，把“百十余平方米的树阴”跟四五十平方米的教室比较；最后整个语段的朗读，整体感受这棵柳树的神奇。在感受柳树独特形象的时候，学生心中也会产生疑问，教师适时地提出了3个问题，引发后续的学习。

（二）聚焦“撑立”，读出精神

师：你们看这个撑立的“撑”，提手旁加个掌，手掌用力就是撑。那么同学们，难道这个撑立仅仅是写出了这株柳树高大粗壮的样子吗？你们在摇头。别急，咱们来读书。这回请你快速地读读描写作者猜测柳树生长情况的6、7两个自然段，读了之后啊，我相信你对这个词蕴含的意思会有更深的理解了。开始读，快速读。

（生读课文6、7自然段。）

师：读下来之后你感觉到这株柳树它要在这高原上生存下来容易吗？

生：不容易。

师：你从哪些语句当中感受到了它的不容易？你赶紧看看，把它们画下来。

（生画句子）

生（读）：“自古以来，人们也许年复一年看到过，一茬一茬的柳树苗子在春天冒出又在夏天旱死，也许熬过了持久的干旱，却躲不过更为严酷的寒冷。绝不宽容任何一条绿色的生命活到一岁。”

师：说说你的感受好不好？

生：这些树木不容易在这种地方生存，因为这不但寒冷，而且干旱。

师：你们查过资料了，知道高原上的干旱和寒冷有多严重吗？干旱的时候连续两个季节都不下一滴雨，冷的时候是零下几十度，在这样的环境当中，你们看，一茬的柳树苗子全毁了，只有这一株柳树生存下来。容易吗？

生：不容易。

师：太不容易了，好，还有吗？

1. 聚焦重点语段，体会撑立的不易。

生：“长到这样粗的一株柳树，经历过多少虐杀生灵的高原风雪，冻死过多少次又复苏过来；经历过多少场铺天盖地的雷轰电击，被劈断了枝干又重新抽出了新条。它无疑经受过一次又一次摧毁，却能够一回又一回起死回生。”从这一句可以看出这株柳树有着顽强的生命力。特别是从“雷轰电击”和“铺天盖地”这两个词语可以看出。

2. 体会柳树在恶劣环境中撑立的不易。

师：刚才你们在圈画的时候，盛老师走了一圈，发现好多同学都画出了这段，看来读了这段话你们特别有感受是不是？刚才他是从“虐杀生灵的高原风雪”和“铺天盖地的雷轰电击”看出环境特别的恶劣。这个“虐”字，同学们拿出手跟老师写，特别容易写错。上边是虎字头，下边是横，然后是竖折横。虐是残酷的虐待，屠杀生灵的高原风雪和铺天盖地的雷轰电击。没有体验肯定想象不出有多可怕。你们听（出示课件）这就是虐杀生灵的高原风雪和铺天盖地的雷轰电击，它们像无情的杀手在摧毁这株柳树，你能想象柳树在遭受摧毁时无助可怜的样子吗？你仿佛看到它——

生1：我仿佛看到它东摇西摆的，柳枝被吹掉了。

生2：我仿佛看到这几株柳树慢慢地被连根拔起，枝头都断光了。

生3：我仿佛看到这几株柳树枝干被很厚的雪压断了。

师：是啊，柳树就在遭受着这样的摧毁，我们有了体验之后再来读读这二个词组。（点击变红："虐杀生灵的高原风雪""铺天盖地的雷轰电击"）

（生读词组）

师：这么一读仿佛让我们看到了柳树在遭受摧毁时的情景。

（生读词组）

师：尽管高原上的风雪雷电是这样的凶狠残暴，柳树没有害怕，而是——（点击变红："冻死过多少次又复苏过来，被劈断了枝干又重新抽出了新条。"）谁来一个人读读这两个半句。你读。

（生读）

师：我听出来了他在咬着牙坚持。谁再读？

（生读）

师：他在拼命地熬啊，挺啊，坚持啊。谁再读？

（生读）

师：它这是在跟死神较劲呢，是吧？大家一起来读读这两个半句。读。

（生齐读）

3. 体会柳树在频遭摧毁时撑立的不易。

师：它就是这样撑过来的。同学们，柳树经受摧毁仅仅是难得一次吗？

生：不是。

师：你从哪儿看出来的？

生："经受过一次又一次"和"却能够一回又一回"这两个词说明它经受的摧毁不止一次。

师：是啊，一次又一次，一回又一回。还有，你说。

生：还有从"冻死过多少次"这个词可以看出来。

师：你们看这里用了几个"多少"？（点击变红）谁能读好几个带"多少"的短句。

（生1读）

师：是啊，读"多少"时，这个"多"字音调可以上扬一点，你再来读。

（生2读）

师：这几个“多少”写出了柳树遭受的摧毁是多么的频繁。但柳树畏怯了吗？

生：没有。

师：没有畏怯，而是冻死过多少次——

生（读）：“又复苏过来。”

师：冻死过多少次——

生（读）：“又复苏过来。”

师：冻死过多少次——

生（读）：“又复苏过来。”

师：这个“又”你强调得真好，冻死过多少次——

生（读）：“又复苏过来。”

师：被劈断了枝干——

生（读）：“又重新抽出了新条。”

师：被劈断了枝干——

生（读）：“又重新抽出了新条。”

师：它无疑经受过一次又一次摧毁，却能够——

生（读）：“一回又一回起死回生。”

师：可见，它这种一定要撑下去的决心是多么的大呀。

师：同学们，我们甚至可以想象到很多时候，也许当它被折磨得死去活来觉得自己快撑不下去的时候，他会怎么鼓励自己的呢？

生1：我要坚强地活下来，一定能冲过许多的困难，最后长成一株茁壮的大柳树。

师：一定要坚强地活下去，它是这样地鼓励自己的。

生2：马上就好了！马上就好了！只要坚持一会儿就好了！

师：马上就过去的，马上就过去的，它就是这样给自己打气的。还有，你说。

生3：它肯定鼓励自己撑下去。因为风雨之后一定能看见彩虹。

师：说得太棒了，正是因为有了这样的信念，所以——让我们再合作来读这一段。

师：“经历过多少虐杀生灵的高原风雪，冻死过多少次——”

生（接读）：“又复苏过来。”

师：“经历过多少场铺天盖地的雷轰电击，被劈断了枝干——”

生（接读）：“又重新抽出了新条。”

师：“它无疑经受过一次又一次摧毁——”

生（接读）：“却能够一回又一回起死回生。”

师：这是一种怎样的撑立啊，同学们？你能用一个词来概括吗？

生1：顽强。

师：好，把这个词写在撑立的边上。

（生1：上台板书“顽强”。）

生2：坚持不懈地撑立。（板书）

生3：不畏艰难。（板书）

生4：坚强不屈。（板书）

生5：勇往直前。（板书）

生6：不屈不挠。（板书）

（体会柳树在忍受命运不公时苦苦撑立的不易。）

师：是啊，同学们。让我们不妨也像作者那样发挥我们的想象，我们想，当这株柳树在高原的雷电风雪当中苦苦撑立的时候，它的同类——那些平原柳树它们在干什么？

生1：可能人们在称赞它们，赞美它们。

师：在享受人们的赞美。

生2：它们还可能在享受着春风的吹拂和春雨的洗涤。

生3：它们还可能在享受着灿烂的阳光。

师：尽情地享受着灿烂的阳光，哪怕是夏日里的狂风暴雨也像给它们洗了一个凉水澡，同是一种柳树，生活的道路和命运——

生接：相差很远。

师：柳树抱怨了吗？读最后一段。

（生齐读最后一段。）

师：这里边最后一句话当中有两个数字不知道有没有引起你们的注意，一个是——

生：九十九。

师：一个是——

生：一。

师：从这两个数字中你读出了什么？

生1：说明它能活下来的几率是十分小的。

师：你从“一”当中读出了活下来的几率是十分小的，你读出了什么？

生2：我读出了它如果走错了一步就会面临死亡。

师：因为这个九十九让你感觉到了——

生2：危险很大。

师：你呢？

生3：读出了他的生命是凶多吉少的。

师：是啊，尽管危险和困难是那样多，那样大，但柳树害怕了吗？

生：没有。

师：尽管生存的希望是这样的渺小，但柳树放弃了吗？

生：没有。

师：所以这里这样写，读——

（生齐读最后一段）

师：（配乐——苍凉的马头琴音乐）这株柳树就这样（指黑板上板书）“孤独地、不畏艰难地、勇往直前地”撑立在（指课件中词）“广袤无垠、青草覆盖的原野”的青海高原上；它就这样（指学生板书）“顽强地、坚强不屈地、坚持不懈地”撑立在有着（指课件）“寸草不生、青石嶙峋的山峰”的青海高原上；它就这样（指学生板书）“不屈不挠地”撑立在有着（指课件）“深邃的蓝天、凝滞的云团、异常苍茫”的青海高原上，它就这样撑啊撑，撑出了高原上一道独立的、壮丽的风景，你们想不想再去欣赏这道独立的壮丽的风景啊？

生：想。

【评析】这是这节课中教师着力最多的部分——从柳树的形象层面进入柳树的精神层面。这部分聚焦在“撑立”这个词上，让学生沿着作者的思路，想象这棵柳树生长的情况。教师紧紧抓住“长到这样粗的一株柳树，经历过多少虐杀生灵的高原风雪……经历过多少场铺天盖地的雷轰电击……”这个核心语段，分三层推进：体会柳树在恶劣环境中撑立的不易；体会柳树在频遭摧残时撑立的不易；体会柳树在忍受命运不公时苦苦撑立的不易。这部分比较多的是让学生借助课文的语言，想象环境的恶劣，想象柳树的内心世界：尽管有“虐杀生灵的高原风雪”，有“铺天盖地的雷轰电击”，但它鼓励自己“撑”下去。正如有的学生感受到的那样，“风雨之后一定能看见彩虹”。教学至此，学生已经初步感受到了这棵柳树的精神，教师趁热打铁，让学生写在黑板上，并借助学生的感受，结合本节课开始时出现的关于环境的词语，对柳树的精神做了概括，让学生留下了比较深的印象。

（三）聚焦“伫立”，完善形象

师：来，咱们自己再读读这段话，看看能不能读出新的感受来。

（生再读描写柳树样子的那段话：“这株柳树大约有两合抱粗，浓密的树叶覆盖出百十余平方米的树阴。树干和树枝呈现出生铁铁锭的色泽，粗实而坚硬。叶子如此之绿，绿得苍郁，绿得深沉，自然使人感到高寒和缺水对生命颜色的独特锻铸。它巍巍然撑立在高原之上，给人以生命伟力的强大感召”。）

师：谁再选一句读读，我想听听有什么变化。

生（读）：“叶子如此之绿，绿得苍郁，绿得深沉，自然使人感到高寒和缺水对生命颜色的独特锻铸。”

师：这回你们知道它的叶子为什么绿得那么苍郁绿得那么深沉了吗?

生：这是因为青海高原如此恶劣的环境对它身体的摧残，但它却撑过来了。

师：是啊，是撑立使它绿得那么饱经沧桑。咱们一起读这句。（擦去板书中第1个问号。）

生（读）：“叶子如此之绿，绿得苍郁，绿得深沉，自然使人感到高寒和缺水对生命颜色的独特锻铸。”

师：你们读得也很深沉。谁再挑一句读。

生（读）：“树干和树枝呈现出生铁铁锭的色泽，粗实而坚硬。”

师：这回你们知道它的树干和树枝为什么粗实而坚硬了吗？说说你的体会。

生：因为它经历过许多高原的风雪和雷轰电击，所以它的树干和树枝粗实而坚硬。

师：是啊，是苦苦地撑立，锻铸了它的筋骨。一起读。（擦去板书中第2个问号。）

（生读）

师：让我们再来一起读读这里的第一句和最后一句吧。

（生读）

师：是撑立使它变得如此地高大粗壮，使它的生命变得如此的强盛。（擦去板书中第3个问号。）

师：此时此刻，我相信这株柳树肯定像一个顶天立地的巨人巍巍然撑立在我们每一个人的心中了是吧？就让我们怀着崇敬的心情去读一读这段话，如果咱们觉得坐着读不能完全表达我们的情感的话，盛老师提议咱们站着读好不好？全体起立。

（生伴着背景音乐读这一段）

师：难怪作者在开头的时候要这样说，读吧。

生（读）："这是一株神奇的柳树，神奇到令我望而生畏的柳树，它伫立在青海高原上。"

师：在这个地方，它说是"伫立"在青海高原上。你理解这个词吗？

生：长久地站在这里。

师：那你觉得这个地方用上"伫立"有什么特殊的含义吗？

生：我觉得是对这神奇的柳树生长时间长的一个描写。

师：时间很长了，撑立了很久了。

生：伫立的意思是很长久地站立，就是说它生命十分顽强，不屈服高原上种种恶劣的环境条件。

师：是的，这株柳树它已经在高原上撑立了很久很久了，如今它已经是根深叶茂了。我们相信，它还会继续天长日久地撑立下去，所以在这时他用的是"伫立"。下边一横稳稳地站立。（板书擦去"撑"改为"伫"。）

【评析】这一部分引导学生复读有关柳树形象的语段，照应开头。这时教师请学生再选读自己体会深刻的语句，学生由于理解了文句的内涵，朗读也有明显的提高，体现了教学的"增量"。再读有关柳树形象的语段，也一一解除学生心中的疑问。

此时已经水到渠成，教师引导学生把对柳树的认识从"撑立"提升到"伫立"。海德格尔认为，"语言是存在的家园"。作者在这里用"伫立"而不用"撑立"，正是为了表现柳树顽强不屈的精神。教师在这里虽有词义的比较，但重在借助关键词语提升学生对课文人文内涵的认识。

三、多元读题 回环全文

师：让我们怀着敬畏的心情再来欣赏这株柳树。读课题。谁一个人来读。

生1读：“青海高原一株柳。”（重读“青海高原”）

师：我觉得你在强调“青海高原”，能说说理由吗？

生1：因为青海高原的气候是十分恶劣的，而这株柳树是能在这么恶劣的环境下生长起来，说明它是十分顽强的。

师：是啊，这是伫立在青海高原上的柳树，太神奇了。还有不同的读法吗？

生2读：“青海高原一株柳。”（重读“一株”）

师：为什么要强调“一株”？

生2：因为这柳树只有一株，而且是那么的高大挺拔，不仅写出了高大，而且写出了它的那种精神。

师：是的，我懂你的意思了，你的意思是说它是唯一伫立在高原上的一棵柳树，简直是一个奇迹啊。还有不同的读法吗？

生3读：“青海高原一株柳。”（重读“柳”）

师：我觉得你在强调——

生3：“柳”，我觉得柳树生长在江南，而这株柳树生长在青海高原上十分不容易。

师：是啊，伫立在青海高原上的竟然是一株柳树，这简直是一个不可思议的奇迹。你们说，是谁创造了这个不可思议的奇迹？

生：是它自己。

师：是的，就是它这种（指学生板书读）“顽强、坚持不懈、不畏艰难、坚强不屈、勇往直前、不屈不挠”的精神，使它创造了这个不可思议的奇迹。

师：今天这节课同学们真了不起，你们通过重点读懂两个词，一个是“撑立”，一个是“伫立”，其实你们已经读懂了一棵树，读懂了一种精神，当然也读懂了作者遣词造句的良苦用心。课文就学到这儿。最后盛老师希望这株柳树的形象、精神能够永久地伫立在我们每一个人的心中。

【评析】这是本课中的一处神来之笔。多元读题实质是对课文多侧面的理解：有对柳树生长环境艰险的强调，有对一棵柳树遗世独立的赞美，有对柳树高尚品格的欣赏，也是对全文极好的回顾与总结。

教后反思

我是怀着崇敬的心情走进文本，走近这株柳树的。这是一篇含金量很高的文章——语言华丽、内涵丰富、写法独特，像一块丰厚醇美的“大蛋糕”。

通过反复研读文本，最后把文本读成了一个词——“撑立”。于是，“撑立”便成了整堂课的一面“旗帜”：以“撑立”为支点，撬起了全文这个“宇宙”；以“撑立”为线索，让散落的语言“珍珠”得以串联；以“撑立”为轴心，使全文的语言与情感有了向心力。

为了给“撑立”找到一个丰厚的教学语境，让它在教学语境的烘托下“血肉丰满”，我把“多少、一次又一次、一回又一回”等重点词句，都调用到“撑立”身边，成为丰厚它的“背景语言”，然后分三个层次体会柳树在遭受摧毁时的不屈和抗争：在恶劣的环境中撑立；在频繁的摧毁中苦苦撑立；面对命运的不公仍旧苦苦撑立。在三个层次的推进过程中，把对语言的理解、感悟、想象、对比、朗读融为一体，最后达成对柳树形象的再塑造。这个段落的教学，应该说是比较透彻的。学生在语言文字的感受过程中完成了对精神和情感的锤炼和陶冶，将语言的深度品评和情感的痛快洗礼融为一体，可谓言意互转，精神和语言同构共生，同时，“语、像、神”三位一体，共同生成：语成，则促像；像成，则悟神。从语切入，读出形象，读出精神。所以，整堂课，通过读懂一个词“撑立”，同时也读懂了一棵树，读懂了一种精神，达到了“言意共生”的目的。

这节课，通过找到了一个张力十足的词——“撑立”，挖掘了它丰富的内涵，让它承载了丰富的功能：言意在“撑立”中互转，精神和情感在“撑立”中共生；柳树的形、神在“撑立”中合而为一、高度融合。最后，在由“撑立”到“伫立”的转换中，完成了对柳树形象的塑造，和对柳树精神的升华。

名家点评

用文学的眼光阅读文学作品

全国著名特级教师 浙江省杭州市教研室 沈大安

陈忠实是我国当代著名作家，他的《青海高原一株柳》是一篇雄健深厚内涵深刻的散文。文学作品的教学应当体现文学的特点，教师要引导学生用文学的眼光来阅读文学作品。盛老师的这一课正是在这方面给我们很多的启示。

文学是语言的艺术。学习文学作品应当从语言入手。盛老师的课紧紧抓住课文富有个性的语言，推敲词句，体会语言的内涵，做得相当透彻。比如先全力以赴体会“撑立”的含义，再从“撑立”提升到“伫立”，在对课文重点语段的反复诵读中感受作者遣词造句的贴切和传神，为感受作品的形象打下基础。

文学用形象感染人。这节课用很大的篇幅让学生通过语言感受柳树的形象，做得十分充分。学生通过对文字的诵读和想象，在心中建立起柳树高大挺拔的形象，进而想象这棵柳树是怎样战胜风雪严寒、电闪雷劈，想象柳树的内心世界，感受柳树的精神。课文的学习过程和作者的思路一致，便于学生更好地领悟作者写作的用意。

文学是生活经验的再现，文学和生活有着密切的联系。尽管青海高原上的这一株柳，教师和学生都没有见到，但我们借助作者的描绘，借助我们已有的生活经验是可以理解它的。教师正是抓住这种联系，或回忆，或对比，让学生有所感悟。根据学生的年龄心理特点，教师用质疑和解疑串起全课，使学生对柳树的形象有更深刻的理解。不过，这一课中的疑问主要由教师提出，如果能由学生提出，也许更能反映学生学习的真实状态，学生学习的积极性和主动性可以得到更好的发挥。

圆桌讨论

孟丽：盛老师提出的“和舒”主要是指“自然舒服”。比如：课堂上，教师的语言要亲切自然，学生才能有课堂参与的安全感；课堂板块的推进要自然舒服，学生的学习才能顺畅有效；另外，盛老师还特意强调了朗读的指导要“亲切舒服”，不同的文体应该有不同的朗读要求和方法。这给了我们语文课堂教学很大的启发。语文教学首先要有文体意识，不同的文体应该有不同的教学模式，更应该有不同的朗读要求和指导策略。试想，我们可能拿着一张说明书声情并茂、绘声绘色地朗读吗？这恐怕是相声中才有的桥段吧。要是教说明文的课堂上，老师和学生朗读时时而低沉，时而高亢，那一定会叫人起鸡皮疙瘩！那就不“和舒”了！

徐虹：对，你的话让我想到了现在的朗读教学存在很多误区，有些学生朗读时“朗读腔”“表演腔”太浓，或矫情做作、装腔作势；或语气夸张，对作品情感理解不到位甚至错位。盛老师《青海高原一株柳》的课例向我们诠释了2011年版课标中“‘有感情地朗读’要以对内容的理解与把握为基础，要防止矫情做作”。

比如：教学“叶子如此之绿，绿得苍郁，绿得深沉，自然使人感到高寒和缺水对生命颜色的独特锻铸”这句话，盛老师分以下几步进行朗读指导：第一步是从“聚焦神奇，读出形象”这一环节中引导学生从色彩“苍郁”一词入手，与学生生活实际中看到的柳树叶子的颜色进行了一个对比，感受“奇”，引起疑问；第二步是通过“聚焦‘撑立’，读出精神”的环节体会柳树在恶劣环境中撑立的不易，在频遭摧毁时撑立的不易，在忍受命运不公时苦苦撑立的不易；第三步在“聚焦‘伫立’，完善形象”环节中再次让学生读这句话，读出新的感受。于是学生就有了“因为青海高原如此恶劣的环境对它身体的摧残，但它却撑过来了”这样新的感受，从而理解了“苍郁”的真正含义。这不仅解决了学生心中的疑问，同时在无痕中进行了朗读指导，让学生在理解的基础上真正地、自然地、不矫情造作地进行了有感情的朗读。

董翱：是的，从盛老师的讲座中可以知道，自然的朗读因文本个性而不同。就抒情性文本来说，须先引导学生投注情感，然后运用恰当的停顿、重音、语气、语调读出情感来。但是，如果老师很生硬地去灌输给学生怎样停顿和重音，用什么语气和语调，课堂就不会再有“行云流水的和舒之美”了。要想达到课堂的“和舒之美”，就要努力让朗读指导达到无痕与内隐。

比如：《青海高原一株柳》“体会柳树在恶劣环境中撑立的不易”这个板块，盛老师没有突兀地教给学生“虐杀生灵的高原风雪”“铺天盖地的雷轰电击”这两个词组的朗读技巧，而是运用吻合课文情境的课件和想象，唤醒学生的情感，从而不露痕迹地引导学生用朗读将自己的情感自然地流露出来。通过前面的蓄势，柳树坚强不屈的体验就水到渠成了，学生心中的情感已是喷薄欲出，不读不快了。更加雁过无痕的是，“我听出来了，它在咬着牙坚持”“它在拼命地熬啊，挺啊，坚持啊”“它在跟死神较劲哪”这些教学语言，看似在评价学生的朗读，实则还起到不断渲染氛围、不断推进情感的作用，这样的朗读指导就是自然的，渗透的，潜移默化的。

施国强：你们谈到朗读的话题，我还想到了现在的有些朗读教学还存在着“统一语调，缺乏个性”的现象。朗读的本质是学生与文本产生情绪共鸣，是学习的基本形式。因此，从某种意义上看，不同个体对文本产生的情绪是有所差异的，同一个体在不同阶段的学习过程中对同样几个字的情感共鸣或许也是会有不同的。比如：《青海高原一株柳》的“多元读题，回环全文”的板块，学生读课题时就读出了个性，体现了学生的多元解读。

孟丽：盛老师《青海高原一株柳》的课堂教学让我们得到了心灵的

震撼，感受到了浓浓的语文味，能取得这样的效果，除了盛老师对教材的独特解读和教学内容的合宜选择，还有一个很重要的原因，就是自始至终的朗读指导。而且朗读指导的过程，就是不断营造课境的过程。

吴燕：我听了盛老师的讲座后，感觉课堂的“和舒”之美还表现在教学手段、方法的无痕与内隐。“在阅读教学中，为了帮助理解课文，可以引导学生随文学习必要的语文知识，但不能脱离语文运用的实际去进行‘系统’的讲授和操练，更不应要求学生死记硬背概念、定义。”

例如，如何让孩子领悟剧本“一波三折”的写法，是一般老师在教学中遇到的比较棘手的问题。而盛老师的《半截蜡烛》给我们做了很好的示范，“导演说戏”这个板块中，她先让学生完成情节图。（点燃——吹熄；又点燃——想端走；夺回——端上楼），然后根据情节图说说剧本的主要内容，最后让学生关注蜡烛的状态，学生直观地发现一波三折的写法。这样，既理清了文本脉络又训练了学生的概括能力，还教会了学生写作方法，可谓一举三得，让学生学得自然、流畅，课堂操作也行云流水，课堂也呈现了应有的和舒之美。我们的教学设计就应追求这种“和舒”境界，让学生在读读、说说、演演、写写等活动中自然地、无意地获得相关知识和能力，习得方法。

安晓伟： 我总是在思考一个问题：盛老师的课为什么总是给人赏心悦目的感觉，我觉得这一讲给我的启示就是“契合”。

教学目标的制定，教学内容的选择，教学方法的使用，不仅要与课程性质契合，与学生学习规律契合，更要与文本的个性和特点契合。为此，盛老师一直提倡在教学中要有体裁意识，在这一讲中，她提出了不同体裁应采用不同朗读要求的观点，并为此列举了科普性说明文、抒情性文本、特殊文体等三种文体的不同的朗读要求。我想正是因为文本个性在教学中的彰显，盛老师的课才会千课千面，而课课自然，课课呈现和舒之美。

第四讲　两极平衡的和谐之美

今天我们讲“和谐”。和谐这个词，可谓是家喻户晓，中央倡导建设和谐社会后，它似乎一下子深入人心，成了大家心中的社会理想。现在我们在各地的大街上，店名、广告牌，以“和谐”命名的数不胜数（当然很多是直接以“和美”命名的）。这是个好事情，说明这是个好词，为什么说它是个好词？因为它有着深厚的文化背景，植根于传统文化的土壤。怎样的状态才称得上和谐？适度、适中、平衡，不偏执，不极化，“配合得适当而匀称”（《现代汉语词典》）。有一本小说叫《高女人和她的矮丈夫》，这个名字一听给我们的冲击很大，为什么会很有冲击，因为这个题目的元素昭示着一种不平衡、不和谐。当然，这是不涉及内容层面的对文题的感受。在生活中，我们往往以“和谐”作为我们的审美标准，穿衣服对色彩的搭配，排队列对高矮的调整，做菜肴对荤素的调配等等，适度才让人舒服，和谐才能生美。我们经常会听到新闻报道社会上的一些不和谐的现象：很美的风景区，发现有人乱丢垃圾，破坏环境；高雅宁静的机场，突然冲进一群叽叽喳喳大声喧哗的乘客等等。这些强烈的对比冲击，就给人一种不和谐之感。

语文课堂教学有没有不和谐的现象？有！比如：有限的课时要完成冗长的课文教学；自然本真的人性却常被高调虚假的口号式教育冲击；阅历有限的孩童却常被迫接受与他们的年龄阶段不相符合的“高深”教育等。这些现象可被称为“过度教育”，过度教育容易造成主体完整性丧失，内在主体性抽空，独立品格萎缩，依赖品格形成，本源兴趣销蚀，质疑精神钝化，这些都是教育教学的不和谐，不和谐的教育不会生美，更不会生效。

针对当前语文教学现状的一些问题，我觉得要达成语文教学的相对平衡，呈现和谐之美，应努力实现如下转变：高文低教、长文短教、深文浅教。先来讲讲高文低教的问题。我们的教材中，不乏主题“很高”的文章，像这样的文章我们老师喜欢“提着调”教，如在课堂上，经常看到老师把跟“爱”这个主题有些许关联的文章最后浓缩成一个用各种色彩、各种形状写成的“爱”字板书。这种过分显性化呈现主题的教学的后果，是把这些主题教俗、教虚、教滥了。确实，我们教材中有不少篇目存在着一定程度的教条化倾向，如果我们的教学再沿袭道德说教的路子行走，那么语文课就很容易变成一种红色主题的高调宣教，课堂就会浮、会飘。如一个老师在教《阳光皮肤》一文时，在课前播放《我的中国心》，激起学生的爱国热情。其实这篇文章的作者是非洲人，要表达的主题是非洲人以他们的“阳光皮肤”为荣，文章中两个中国孩子讲到了我们国家的黄河、长江之美，以自己是炎黄子孙感到自豪，但这不是文章的主旨，他们也不是文章的主角，只是一个配角，所以，我们不要动不动就提着调教课文，动不动就让学生喊爱国的口号。特级教师陈金才上《一面五星红旗》，我就很欣赏，这篇课文讲了一个留学生骑车去旅行，在濒临绝境时仍旧不肯拿身边的玩具五星红旗换面包的故事。文章调很高，就是在宣扬爱国精神、民族精神，这样的文章，很容易“高教”，但陈老师的处理却与众不同，上完课文他问学生：“假如你就是那个留学生，那时你换不换？”学生都表示不换。老师追问：“为什么不换？”学生说：“因为国旗是我们国家的象征。我们要爱我们的祖国。”老师接着追问：“假如，我说假如我们换一种结局，他趔趔趄趄离开了面包店，又走进了山林中的小道，突然摔倒在地上，就什么也不知道了……猜猜，这种情况下会有怎样的结果。”学生说：“他可能会死。”陈老师说：“请大家思考一个严肃的问题：假如是你，在这种陷入绝境的时候，你必须要拿这面国旗换面包，如果不换，你就极有可能丢了性命。这时，你会选择怎么做，现在选择换的有哪些同学？”这个时候有六七位同学表示可以换。为什么呢？学生说：“我不能让祖国失去我这个有用的人才”“我们是祖国的花朵”“性命都丢了，还怎么爱国啊”……孩子们的回答博得了在场听课老师的阵阵掌声。最后陈老师总结说：“孩子们，不管是换还是不换，这都是人生价值的选择，不换的同学你们热爱祖国，换的同学你们珍爱生命。老师都佩服你们！”

以上两个教学案例，反应了两位老师不同的教学理念。选入北师大版六年级实验教材的《阳光皮肤》一文的作者是南非的多列尔·汤姆，文章通过一个国际班中不同国家的孩子对自己国家的介绍，表达了“我们是一个大家庭”的情感，但重点是通过南非孩子的介绍，抒发南非孩子以“阳光皮肤”为荣的民族自尊心和自豪感。文中虽也写到了两个中国孩子，但不是主角。作为中国教师，该如何带领中国孩子读这个文本？像案例1的教学，无视文本的主流价值取向，马上把中国孩子的介绍前置，并作为主要教学内容进行教学，喧宾夺主，起调很高。整堂课沉浸在“红色主题”的宣教氛围中。可以预见，这样的教学，学生获得的将是虚高的情感体验。

相反，案例2中陈金才老师对《一面五星红旗》的教学处理，是把革命性很强、道德感很浓的主题降下来了。一般老师在教这个文本时，都习惯顺着文本，对用生命去捍卫五星红旗尊严的主人公大加赞赏，并将其视为学习的榜样。但陈老师在课堂上却为学生创设了表达真实情感的机会，还特别肯定了学生对生命的至高无上的尊重态度，这是教育的高度与高贵，是真正人性化的教育、真实的教育。学生沐浴在这样的课堂，享受这样宽容的教育氛围，就会去除说真话不安全的心理障碍，教育的效果就会变得纯粹而真切。我们的教育目的，是启迪人的智慧而不是愚弄人的情感，高贵的情感是以尊重人性为基础的。所有尊重生命的选择都应该得到尊重和认可。

故而，主题比较高调的课文，在教学时应该“降”下来。我们要努力把人文主题降到人性可以企及的高度，降到童心可以接纳的程度。

再来说说“长文短教”的问题。中高年级的阅读教学，文本篇幅相对都比较长，就像一个茂密的语言大森林，要进入这个语言“森林”，必须有合适的路径。没有合适的路径，学生会在语林中“瞎撞”“乱转”，乃至“迷路”。所以，帮助学生在阅读的时候，找到“入口”是关键。这个“入口”也就是一堂课的支撑点，一个支架，也是“课眼”。找到了“点”，接下来就是“拉线”，“拉线”的过程就是选择教学内容的过程。教学内容选择的优劣是决定一堂课成败的关键，所以要围绕“主线”，从文本的语林中“披荆斩棘”开辟出一条道来，找到最有价值的教学内容进行突破。线要注意它的“延伸性、流畅性”，是“直线”，而不是“线段”。有了线，等于是把文本的语言进行了重新梳理，课的思路就清晰了。当然，我们的课堂不仅要追求“主干分明”，还要做到“枝叶茂盛”。在“点”和“线”的牵引下，还需“上挂下联，左右逢迎”，做到方方面面整合，前前后后贯通，把跟教学主线相关的文化、语言、知识等信息都整合进来，使课堂内知识点统整，使课内外信息融通，使课堂丰厚、充盈，以点带面连体，形成立体课堂结构。通过对“主体教学内容”的聚焦和“发酵”，加上文本中“背景语言”的烘托渲染，课堂的主线也因此变得丰厚、饱满了。

寻点、拉线、连成面，一堂课的“骨架”撑起来了，再以“血肉”充实之，这课就变成立体的了，就有了活力和气韵。这样的课堂，就实现了“长文短教”。如我在教学苏教版实验教材六年级《青海高原一株柳》一课时，找到了“撑立”这个词作为教学的支点，由此拉出一条

"体会柳树外形高大茂盛巍然撑立和精神不屈顽强撑立"的主线，再以文中背景语言充实丰满之，最后在"撑立"这个点上反复回环画一圈又一圈的"同心圆"。整堂课呈现的是一个"圆"的结构。寻点、拉线、丰枝、画圆的过程，是对教学内容的遴选过程，选择了有效的教学内容，实现长文短教，课堂就会朝向和美、高效的目标迈进。

最后说说"深文浅教"的问题。我们的教学成功的保证是要找到教学的起点。教学内容的确定、方式方法的选择要和学生的实际水平相匹配，教学的功效才能实现最大化。但实际的教学是怎样的呢？"深文深教"者有之，更有甚者，还会"浅文深教"。如人教版实验教材二年级《父亲和鸟》一课，记述了父亲熟悉鸟性、爱鸟、爱自然的情怀，一位老师在教学过程中，硬是把《珍珠鸟》一课"信赖，往往创造美好的境界"的主题强按在这个文本上塞给学生，使得学生的认知和教学有了很大的距离感。那么在教学过程中，该如何实现深文浅教呢？笔者以为，可采用"降、转"等策略，使之形象化、具体化、浅显化。

如有些课文，语言、主题过深，选入教材后也许学生只能读懂一部分内容，感悟一部分意味，这样的课文，也许需要我们在人生的很多阶段一读再读，反复重读，读出不同的意味。因此，我们在教学时就不要贪多求全，试图一次性输入，全盘给予，一定要适当降低难度，选择合适内容，回避语言的晦涩与难懂之处，留下一些东西让孩子们有重读的机会。如《自己的花是让别人看的》一课，最后一段"做了一个思乡的梦"一句，很难懂，凭学生现有的人生体验很难领悟到季老的连自己都很难说清的人生感悟，这时我们就该适当地"降"，使学生先有个模糊意会即可。当他们有了更多的人生体验和知识积累后，再重读时可以再悟。

又如当我们碰到一些文本的思想内涵和语言都比较深的课文时，我们可以采用一些具体形象的方法策略加以转换，让学生在过程中自然领悟。比如，一次笔者听一位老师给六年级的孩子上初一的课文《童趣》，一篇古文，篇幅也不短，而且立意也比较深——体会"物外之趣"，但学生居然能轻松地、兴味盎然地学下来。回顾她的教学过程，觉得成功的秘诀是采用了"转"的策略，把深奥的道理、语言用一种生动形象的教学方法进行演绎加以转化，从而降低了学习的难度。如让学生学"又留蚊于素帐中，徐喷以烟，使之冲烟而飞鸣""神定，捉蛤螟，鞭数十，驱之别院”几句时，老师创设情境，师生一起表演，在表演的过程中，学生轻易理解了文意，并在眼前再现了当时顽童观物时的有趣情境。最后学生自然感受到了这“物外之趣”确实胜过电脑游戏。又如江苏的特级教师薛法根在上《桃花心木》一课时，为了让学生感悟本文“借事喻理”的写作特色，故意让学生一遍又一遍地读老师归纳出来的文章的中心，然后问学生，如果所有的老师一遍又一遍地告诉你这个道理，你烦不烦？学生说“烦”，老师顺势告诉学生本文的写作特色，不是直接塞给你道理，而是通过一件事自然地渗透，这就叫做“借事喻理”，学生恍然大悟。我想，对这个写作特色，学生会印象深刻。试想，如果老师也直接把这个写作特色理性地塞给学生，是否会取得本课这样的效果呢？

教学现场

淡淡清词淡淡吟

《如梦令》课堂实录

一、话题引入，通读全词

师：咱们从一年级到五年级肯定是学了很多很多的古诗，对不对？谁是咱们班里面古诗念得最有味道的一个？推荐一下。

师：（对着大家指出的学生）这样吧，你带着大家来念几首古诗，好不好？

（学生领念《春晓》《望庐山瀑布》。）

师：同学们脑海中的古诗词还有很多吧，由于时间关系今天咱们不往下念了。这节课盛老师要和同学们一起来欣赏宋朝女词人李清照写的词。知道什么是词吗？

生：词语。

师：哦，他说词是词语。盛老师告诉你错了。古诗词都是古代的一种文体，看！（媒体出示《如梦令》词的内容）这就是咱们今天要学的词，词跟我们以前学过的诗有什么不一样？

生：古诗每句字数一样，词每行的字都是不一样的。

师：词的句子有长有短，所以又叫做长短句。

师：知道还有什么不一样吗？

师：词有词牌名，“如梦令”就是词牌名。请大家放开声音来读读这首词。争取在最短的时间里，把它读正确，读流利。这个要求不高吧，那你就放开声音自个儿读。

（生放开声音读）

师：声音停下来了，谁能单独放开声音读读这首词？谁第一个把手举起来我就叫谁。就请你，勇敢的女孩子。

（生读词。）

师：谢谢你，你是第一个勇敢地站起来读书的孩子，刚才她在读的过程当中基本上是通顺的、流利的，但这里面有一个字是多音字，“兴尽”，这个字读“xìng”，又读“xīng”，什么时候读“xìng”，什么时候读“xīng”，你们知道吗？什么时候读“xīng”？

生：兴奋。

师：还有“大兴安岭”。但是在“高兴”“兴致”中“兴”却读四声，所以在这个地方你说应该读第一声还是第四声？第四声，咱们一起把这句话读一读。

（生齐读这一句）

师：不错，咱们再读读这首词，这回第一个举手的是谁？又是一个勇敢的女孩子，我真喜欢你，读读。

（生读词）

师：声音清脆响亮，口齿清晰。读通并不难，但是，同学们，读词的时候如果你能稍加停顿，那就能读出节奏来，读出味道来了。比如，第一句咱们可以这样读“常记/溪亭/日暮”。来，在位置上练读一下。

（生读全词）

师：节奏感把握得挺好。咱们一起来读一读。

……

二、“胖”读全词，想象画面

师：同学们，读词时，读通、读顺还不算，还要读懂它。接下来，请大家在下边注释的帮助下把这首词的大概意思读明白了，请你轻轻地读，再用自己的话轻轻地说，看看能不能把话说顺了，说通了，说明白了。开始吧！

师：你自己能够读明白哪一句词的意思了？

生：“常记溪亭日暮。”李清照记得在溪边黄昏的时候看日落。

师：在那里看日落时的情景。是吗？不错的，她这么说，咱们能听懂她的意思吗？能听懂就可以了，来，往下说。你还能读懂哪一句？

生：“沉醉不知归路。”她看到日落，沉醉到不知回去的路了。

师：沉醉，能不能用自己的话来说一说。

生：深深地陶醉了。

师：不知道回家的路了，是吗？或者说是忘记回家了。

师：再往下说。

生：“误入藕花深处。”这句话我理解的是他开船的时候开到有荷花的地方。

师：对，划船的时候。那个时候船没有机器的，是划的。划到哪儿去了？

生：荷花深处去了。

师：是的，荷花深处去了。

师：接着说。

生1：我理解的是兴（xīng）尽晚回舟。

生2：兴（xìng）尽晚回舟。她高兴尽了，晚上只好坐舟回去了，结果到了荷花的深处。

师：他这么说咱们明白吗？他说“高兴尽了”，晚上只好坐船回去，什么叫“高兴尽了”，你能不能说明白点？

生2：就是她看日落已经看得差不多了，她的兴奋已经没有了。

师：兴奋没有了，有不同的意见吗？他说她不要看了，所以回了。

生3：我觉得是幸好有晚回来的船只。

师：还有不同的说法吗？你怎么理解？

生4：我觉得应该是朝霞没了，她看完了才回去的。

执教《如梦令》

生5：我是想她是到了傍晚才回去的。

师：她看着看着，陶醉在里边了。但是，天都黑下来了，这个时候又不得不回去，其实这个“兴尽”是兴未尽，但是因为晚了，所以不得不回去。

师：还有最后两句没人说，谁来说？

生：我解释的是惊起一滩鸥鹭。意思就是她在划船的时候不小心进入了荷花的地盘，然后荷花里边有许多的鸥鹭，被她船一开进来就全部飞走了，就是惊起一滩鸥鹭。

师：荷花深处，不是荷花的地盘。然后划船怎么会惊起一滩鸥鹭？争渡，争渡，谁读明白了？

师：怎么出去啊？怎么出去啊？在抢着划船这个时候把一滩鸥鹭给惊起来了。

师：同学们很能干，不知不觉地把这首词给读胖了。（板书：读胖）同学们，如果说把咱们刚才说的话写下来，你说长不长？

生：长。

师：可是这一首词才用了多少字就把这一次作者郊游的经历写清楚了，你数一数。

生：33个字。

师：是啊，33个字就把作者那次郊游的经历写清楚了。交代清楚了郊游的时间是——（生答）日落，就是我们说的黄昏、傍晚；地点是在——（生答）溪水边的亭子里，对，溪水边的亭子里。你看古诗词就是这样的凝练、含蓄。咱们读一读整首词，体会体会。

（生读全词）

师：光读懂还不够，还要把这一首词读活了。读得很美很美，古诗词有时候一个词语就是一幅画，咱们自己再来读读这首词，看看，你能从这首词中读出哪些画面？

（生小声读词）

画面1：溪亭日暮

师：咱们先来读读第一句和第二句，一起读。

（生读一、二句）

师："溪亭日暮"，让你想起怎样的画面来了？

生：我想起小溪边有座亭子，那位诗人就站在亭子里面看太阳的日落。

师：太阳的日落。这话怎么说，说清楚了。

生：也就是看黄昏时的景色。

师：对，什么景色？

生：美丽的景色。

师：太阳落下来的景色，日落美景。他刚才的画面当中有人、有亭子，那个亭子是几个角的？噢，是个六角亭，肯定是小巧别致的。你想得这么美，肯定能读好它。你来读一读。

生（读）："常记溪亭日暮，沉醉不知归路。"

师：你脑海中的画面当中还有什么？

生：我看到一个亭子，李清照把手放在背后，遥望着天空，天空披上了一层红红的晚霞，一条小径通向远方。

师：哦，你还看到了一条小径。落日余晖，晚霞笼罩天空的情景，你们看到过吗？怎么美？谁来描绘给大伙听听啊。

生：天边都是红颜色的，一轮火红火红的太阳挂在天上……（学生觉得词穷。）

师：这个时候才感觉到语言的苍白，是不是？来，你就读一读吧！

生（读）："常记溪亭日暮，沉醉不知归路。"

师：盛老师，帮助你一下，你们看啊（媒体播放黄昏情景，配乐），黄昏时候，太阳慢慢地从山的后边落下去了，晚霞染红了整个天空，远处的山，近处的水，还有小亭子，都笼罩在晚霞与余晖当中。水面上波光粼粼，使我们想起这样的诗句来“一道残阳铺水中，半江瑟瑟半江红”。这样的情景，多么富有诗情画意呀。让我们把这种美通过朗读传递出来吧。

生1（读）：“常记溪亭日暮，沉醉不知归路。”

师：沉醉不知归路。她是这样读的，你也来读一读吧。

生2（读）：“常记溪亭日暮，沉醉不知归路。”

师：（深情朗读）大伙一起来读读吧。

生（齐读）：“常记溪亭日暮，沉醉不知归路。”

师：盛老师仿佛看到那样的情景了，再来一次。

生（齐读）：“常记溪亭日暮，沉醉不知归路。”

师：在那样的地方，那样的时候，词人和她的朋友们会在溪边的亭子里干什么？大声地、大胆地说出来吧！

生1：一边喝酒一边作诗。

生2：一边吃菜一边看。

师：哦，是在郊宴。

生3：他们可能会下下棋。

师：对，诗人就是有这样的雅趣。你想她还会在干什么？

生4：我想他们还会在看景色。

师：看景、吟诗、作对，然后是聊天、下棋，眼睛里看的是美景，嘴里品的是美酒和佳肴，鼻子里还可能会闻到阵阵的——（生接）香味，是荷花的香味、酒香，那可真是全身心的享受啊！这叫酒不醉人——（生接）人自醉啊！咱们再读这两句，让我们也深深地陶醉一次。

（生读）

画面2：藕花深处

师：除了这个溪亭日暮让你想起了这么美丽的画面之外，还有哪个词也让你想起了美丽的画面了？再读一读，品一品。

生：“藕花深处。”我的理解是有好多好多的荷花，一大片。

师：满池都是。怎么美，你能说得美一点吗？

生：下面是绿绿的荷叶，上面一朵朵荷花含苞待放。

师：你想起怎样的句子来了？咱们学过荷花吧，把优美的句子吟诵一两句给大伙听听。

生1：这荷花有的才展开两三片花瓣，有的全部展开了。有的在微风中轻轻舞动着。

师：你们仿佛看到了那满池荷花的美景了是吧。

生2：接天莲叶无穷碧，映日荷花别样红。

生3：江南可采莲，莲叶何田田。鱼戏莲叶间。鱼戏莲叶东，鱼戏莲叶西，鱼戏莲叶南，鱼戏莲叶北。

生4：小荷才露尖尖角，早有蜻蜓立上头。

生5：荷花入暮犹愁热，低面深藏碧伞中。

师：这就是写黄昏时候荷花的情景的。这个时候啊，已经是黄昏了，一切都变得朦朦胧胧，“藕花深处”，那是一个清香四溢、色彩缤纷、幽静而神秘的世界。我想他们肯定是更加陶醉了。来，请读读第三、四句。

生（读）：“兴尽晚回舟，误入藕花深处。”

画面3：一滩鸥鹭

师：你还从哪些词语中联想起画面来了？自己读下去。

生：“一滩鸥鹭”。

师：“争渡，争渡， 惊起一滩鸥鹭。”你仿佛听到了什么？看到了什么？

生1：他们可能在说，让我先走，让我先走。

生2：怎么办呀，划不出去了。

生3：我听到了鸥鹭翅膀拍打的声音。

生4：我还听到了非常急的“哗哗”的划船的声音。

师：你从哪个词语中听到这样的声音的？

生4：争渡。

师：因为她们在抢着划船。真会读书。

生5：还听到溪水声。

师：溪水被船桨击起的声音。

生6：我还听到鸥鹭在叫。

师：鸥鹭叫声响不响？

生6：响。

师：你怎么知道有这么响啊？

生6：因为上面说惊起一滩鸥鹭，是“惊起”的，而不是凭空飞起来的。

师：是啊，它是一下子受惊了之后，突然“扑拉拉”飞上了天空。

生6：而且她是惊起“一滩”鸥鹭，一群鸥鹭全部被惊起，一起叫，所以很响。

师：你想啊，她们叫哇，笑哇，声音那么响，那么喧哗，这个时候把栖息着的鸥鹭一下子惊飞起来。“扑拉拉”一声，一群鸥鹭冲向夜空，那情景该多么壮观啊！这样的情景她平时能看到吗？那可真是大自然的奇观啊！谁来读一读这两句？

生（读）：“争渡，争渡，惊起一滩鸥鹭。”

师：这样划船能把鸥鹭惊起来吗？

生（读）：“争渡，争渡，惊起一滩鸥鹭。”

师：划得再有劲一些，你再来试试。

生（读）：“争渡，争渡，惊起一滩鸥鹭。”

师：你想此时此刻，词人的心情是多么的——（指名说）

生1：多么开心。

师：是啊，那是一种意外的开心，意外的收获。

生2：惊喜。

师：这个“惊”字，既是指鸥鹭给惊飞起来了，又向我们传递了词人惊喜的心情。写得多好啊。再来读一读。

（生读最后两句）

一幅流动的画

师：刚才我们边读边想象，读出了那么多美的画面，有“溪亭日暮”，有“藕花深处”，还有“一滩鸥鹭”。其实整首词就是一幅流动的画。你们看，因为是观赏“溪亭日暮”陶醉了，所以才会误入“藕花深处”，因为是误入“藕花深处”，所以才会惊起“一滩鸥鹭”。来，一起读整首词。一边读一边想象这幅活动的画。

（生读全词）

师：听你们读得有滋有味的，盛老师也情不自禁地想来读一读，可以吗？（师深情朗读）

师：来！咱们再来读一读，盛老师跟你们一起读。

（师生齐读）

三、瘦读全词，品味语言

师：同学们真能干。读着读着就把这首词读胖了，读美了。但这还不够，咱们还要把这首词读——（板书：瘦）。

师：你们能不能读着读着把这首词读成一个字？看看，这首词是围绕这里边的哪一个字来写的？小声地读一读，品一品。

生1：我觉得是一个字——“美”。

师：确实是美的，可惜这里边没有直接写“美”字。

生2：醉。

师：说说你的理由。

生2：因为只有美景才能让她沉醉，我认为是醉。

师：你从哪些地方读出醉来了？

生2：它有日暮，有藕花，还有一滩鸥鹭。让人沉醉在里面，所以我认为是醉。

师：那就请你把这个字写在黑板上。（生板书：醉）

生3：我觉得这个字应该是“梦”，“如梦令”的“梦”。

师：盛老师告诉你，“如梦令”是个词牌名，它分开来是没有特定的意思的。不过我想听听你说梦的理由。

生3：就是这首词作者写得像梦一样，很美。

师：你说的也挺有道理的。

生4：我觉得是“记”，因为整首词都是在写她记着的东西。

师：她回忆怎样的美景？

生4：她记得溪亭日暮，记得藕花深处，还记得一滩鸥鹭。

师：你们觉得这个“记”字有道理吗？（生答：有）请你去写在黑板上。（生板书：记）

生5：我认为应该是“暮”。

师：你说说你的理由。

生5：因为她看了日暮以后就非常沉醉。她不知道回家了，然后到了晚上才回家，但是因为留恋刚才日暮的情景，竟然把船划到了荷花的深处，然后才清醒过来。

师：她为什么要这么着急地划出来啊？

生5：因为她觉醒过来的时候已经入得很深了，所以这么着急。

师：白天的话用得着这么着急吗？（生答：不用）还是因为“暮”，对不对？请你写在黑板上。（生板书：暮）

生6：我认为是“兴”，因为她兴致很浓，看了溪亭日暮，很沉醉，忘记了回家的路，所以后来才误入了藕花深处，惊起了一滩欧鹭。

师：有道理。其实她是兴未尽，天晚了不得不回去，回去的时候有了意外的收获，其实一“兴”未平又起一“兴”。请你也写在黑板上。（生板书：兴）

师：同学们品出了那么多的字，你看，不管“暮”也好，“记”也好，“醉”也好，还有“兴”也好，老师认为都有道理，因为“暮”所以“兴”，因为“兴”所以“醉”，因为陶醉了，所以常常记得不能忘记啊（师连线）。李清照留下来的词并不多，但是“无一首不精，无一字不妙”，这里边的33个字都值得我们去细细地品味。

师：这次郊游的经历使李清照深深地陶醉了（圈“醉”字），她陶醉在美景中，还陶醉在哪呢？

生1：陶醉在鸥鹭飞起来的时候。

师：美景中。

生2：记忆里。

生3：还陶醉在日暮里。

生4：陶醉在荷花的清香中。

生5：陶醉在误入藕花深处的快乐中。

师：是的，词人深深地陶醉了，让我们也跟她一起深深地陶醉一次，读出浓浓的醉意来好吗？再读这首词。这回你能背下来的，咱们就背下来了。

（生读、背全词）

四、对照比读，延伸课外

师：请同学们再读一首词。

生：如梦令　宋　李清照

昨夜雨疏风骤，浓睡不消残酒。试问卷帘人，却道海棠依旧。知否？知否？应是绿肥红瘦。

师：盛老师把两首词放一块儿，你发现这两首词有什么相似的地方？

生1：字数一模一样，都是33个字。

生2：我发现它们同行的每个字都是对应的。

师：句式一样的，是吗？

生3：题目一样，作者也一样。

师：题目你还记得叫什么？就是咱们说的——（生齐说）“词牌名”。你还发现什么了？

生4：我发现格式都一样。

生5：最后一个韵母都是“U”。

生6：都写到了醉。

师：哪一句？

生6：“浓睡不消残酒”。

师：李清照的词中还有很多也写到喝酒了，有兴趣可找出来读一读。

师：同学们发现的就是《如梦令》这种词牌名的词的特点，即字数、句式和韵律。这首词咱们以后还有机会细细地品味。

师：古代的词谱成曲可进行演唱，你们想不想听一听《如梦令》这首词谱成曲子后，唱出来是什么感觉的？（放音乐）

师：有味道吗？它是用昆曲来演唱的。有兴趣可找一找别的谱成曲的词来听一听。

教后反思

一波三折教“清词”

沉醉在“婉约”里

——“此情无计可消除，才下眉头，却上心头”

曾几何时，我与词人李清照结下了不解之缘。是读本科时的那次论文选题吗？记得当时指导老师看到这个选题时眼睛一亮——《李清照词酒意象初探》，我不知道为什么要做这个选题，为什么要去关注这位旷古才女词中的酒？抑或是本能地觉得这样一位封建时代的才女，婉约柔美，充满了古典的气韵，那种“才下眉头，却上心头”的柔肠百结，她怎么非要用酒来表达呢？我对这种不合常理的事充满疑惑。抑或是词中实在是酒意阑珊，那种酒醉酒香酒意酒味，或浓或淡，多得都快溢出纸面了：“美酒”传递欢乐意趣；“愁酒”蕴藏落寞感伤；“闷酒”倾诉国恨家愁；“苦酒”流露凄苦情怀。读她的词，品她词中的酒，发现这个充满了传奇色彩的奇女子，在用酒传递她对生活、对人生的深沉、细腻的感受。透过这一个个鲜活的“酒意象”，我们读到了她曲折、传奇的人生，感受到了她婉约性格背后的豪放。

于是，在结束了学业后，淡淡清词裹着淡淡酒香一直萦绕在我的心间，挥之不去。“此情无计可消除，才下眉头，却上心头。”直至有一天，有人告诉我：你课如清词，人如清词，属婉约派。于是有师长提醒：何不上一首清词，用课来诠释一下婉约。于是便有了上清词的初衷。

迷失在“厚重”里

——“只恐双溪舴艋舟，载不动，许多愁”

当有了上清词的初衷后，便开始了选材。当然，那首“绿肥红瘦”的绝美小令便成了我的首选，可试教下来，觉得学生离它太远，绞尽脑汁，最后连越剧《红楼梦》中的“葬花”片断都用上了，但学生还是体会不到主人公爱花、惜花的闺阁情感。于是，第一次忍痛割爱，放弃“绿肥红瘦”，只能让孤独的清照独自去浅吟低唱、愁肠百结了。

意外中，发现浙江的《现代语文》教材里有这首清照前期作品《如梦令》，小语教材里居然有清照的作品！再次激起了我上清词的兴趣。于是，经过了一段时间的痛苦打磨后，便有了“义乌版”的李清照词。记得刚设计完教案，我的心是满的，因为自我感觉整个课的结构是圆融的、完满的。

美酒

美景

美丽的意外

美好的生活

醉

美酒——苦酒

（简单拓展《声声慢》）

以上的流程设计，分两部分：精读《如梦令》，感受美酒意象；略读《声声慢》，初步感受“苦酒”意象。试图通过对“美酒”“苦酒”意象的体会，使学生在读懂词人通过文字传递出来的欢乐和痛苦情感的同时，读懂文字背后的信息：清照早期生活的幸福美满和晚年生活的孤苦无依，从而渗透诗酒文化。在几十分钟的时间里，让学生品出词中课中的语言味、情感味、文化味，使课的情感、意韵“曲径通幽”，变化回旋，有厚度，有浓度。尽管，事先有专家向我提出，把《声声慢》引入小学课堂是否合适？但我思虑再三，还是不忍割舍，觉得没有了《声声慢》，就没有了“酒意象”，没有了对“酒意象”的品味，那就背离了我教清词的初衷，就没多大意思了。最后，为了避免争议，我把课型界定为“欣赏课”。尽管如此，课堂上学生与《声声慢》的情感距离还很明显，师生情感不能同步。（尽管没要求解读，只是粗粗感受词里传递的愁苦情怀。）为了追求课的厚重感，对课境的追求是“求全、求满、求浓”，上完后，细细反思，觉得是迷失在了自作多情的厚重里了。五年级的孩子，他们幼小的心灵，能承载这么多的苦和愁吗？正是：“只恐双溪舴艋舟，载不动，许多愁。”

豁然于简约中

——“知否，知否？应是绿肥红瘦”

在为时一周的时间里，我调整教案，一周后，在浙大华家池校区礼堂，又执教了此课，于是有了“浙大版”李清照词。与“义乌版”比较，“浙大版”的李清照词“削枝斩叶”，“删繁就简”，回归简约。

1. 变线型设计为板块设计

“义乌版”的清词，主抓一个“醉”字切入，用的是演绎法，从词中去逐层感受“美酒”“美景”“美丽的意外”带给词人的深深的醉意，属线型设计。“浙大版”的李清照词，主抓“读胖”“读瘦”两个板块，简化目标，简易内容，简化流程设计。在“读胖”一环节，让学生根据词语联想画面，“日暮溪亭”“藕花深处”“一滩鸥鹭”，在这些词语的引领下，学生的脑海中出现了一幅幅美丽的画面，那画面有声有色、有人有景、有静有动，充满了无穷的生机与魅力，每个孩子言说的是他自己心中的风景，那风景，已不纯粹是客观的、物化的，而是主观与客观融合的结果。这一板块设计，试图调动学生所有的器官来感受词——用耳朵听、用眼睛看、用嘴诵、用脑想象、用心灵感受，打开身体所有通道接收词的信息，进入词境，使学生学词的过程成为愉悦身心的过程。“唤醒身体的教育学意味”，强调身体性参与。这也是体验学习，这种体验使学习进入了生命领域。“读瘦”一环节，引导学生读出词眼，学生对词眼的理解也是各不相同：暮、兴、醉、惊、记。在找到词眼后，再让学生联系词的内容说出理由，在词的语言环境中，学生再一次细品这些词眼，感受到了这些字的与众不同。这是多元解读后的曼妙生成。最后，老师用逻辑的力量把它们联系在了一起：因为看日“暮”美景，所以“兴”尽忘归，沉“醉”其中；因为沉醉，所以“惊”起一滩鸥鹭。这美丽的意外永久地“记”在脑中，挥之不去，便把它写成文字记录了下来。“读胖”重在培养学生的想象力，是一种感性阅读；“读瘦”培养的是学生对语言的概括能力，属理性阅读。

2. 变拓“意”为拓“言”

“浙大版”改拓展《声声慢》为另一首《如梦令》，让学生感受《如梦令》这种词牌的语言特点，学生通过比照阅读，惊喜地发现《如梦令》这种词牌字数相同、句式一样、韵律相同的特点，而把对作者的身世介绍全部隐去。直入语言本体，变“拓意”为“拓言”，虽然课堂“情味”淡了，但“语味”浓了。

在今日的教坛，老师们的观课口味越来越重，就像今天有很多人爱吃“麻辣烫”一样。从“义乌版”到“浙大版”的调整，在对课“削枝斩叶”“删繁就简”的过程中，我对自己的课境追求也在悄然变化：淡淡清词淡淡吟，让我的课“绿叶”（实实在在，回归孩子的需要，回归语文的本体）再繁茂些，“红花”（架空的情感渲染）再稀少些。“绿”，虽然没有“红”的绚丽夺目，但它养眼，怡心，是生命的颜色。“绿肥红瘦”，何尝不是一种至高的语文境界呢！

名家点评

“争渡，争渡”“知否？知否？”

著名特级教师　广州市教育局教研室　许　汉

经典宋词，在小学语文教材中并不多见；而选学李清照词，更是少之又少。她的词风格独特，悲凄缠绵，她的“酒”，她的“愁”，以现代的理念、时代的情感去解读，实在难觅知音，对小学生来说更难以品味。得知盛新凤老师执教李清照词，对她的探索精神确实心存敬佩。

盛老师对李清照词情有独钟，她读本科时撰写的论文竟是《李清照酒意象初探》，难怪她对这难题竟然有勇气迎刃而上。她先后在浙江义乌和杭州两次执教《如梦令》，执教后的反思说明她经历了一个大彻大悟的过程。用《如梦令》的经典语句“争渡，争渡”“知否？知否？”来比喻也颇为贴切。前者是指在目前有些师对语文教改感到迷惘，“不知归路”，急于寻找出路的困境；后者是指教学的自我反思，在语文教学中也要悟出一点“绿肥红瘦”的道理。盛老师正是由此悟出“淡淡清词淡淡吟”，对当前语文教学要作“浓”与“淡”、“肥”与“瘦”的辩证关系的哲理思考。

一、选材独特，尝试走近李清照

词的教学，尤其是李清照词，最易引起争议的是对深浅难易、情感熏陶的把握。盛老师经过对李清照词的一番斟酌筛选，首选这首《如梦令》：

常记溪亭日暮，沉醉不知归路。兴尽晚回舟，误入藕花深处。争渡，争渡，惊起一滩鸥鹭。

老师的用意非常明确，小学生初学宋词，对词的要求首先是有趣易懂。这首词的意思浅白，贴近生活，学生易于理解；词的画面丰富多彩，有静有动，学生易于想象；词的语言精练优雅，学生易于鉴赏。这样选材就为教学设计定下基调：充分运用想象，感受如诗如画的美——美景，美酒，美丽的意外，美丽的生活。从教学实录看，教师确实教得生动活泼，深入浅出；学生学得兴致盎然，各有所得。

为加大经典诗词的阅读量，激发学生学习的兴趣，在学习原有教材基础上适当补充扩展是十分必要的。但这并不是盲目地以多取胜，而是把作品的代表性和学生的可读性融合在一起，精挑细选，优化组合。

盛老师在教材处理上，还带出另一首《如梦令》：

昨夜雨疏风骤，浓睡不消残酒。试问卷帘人，却道海棠依旧。知否？知否？应是绿肥红瘦。

教师把两首词对照教学，且看如下片断：

师：盛老师把两首词一块儿，你发现这两首词有什么相似的地方？

生1：字数一模一样，都是33个字。

生2：我发现它们同行的每个字都是对应的。

师：句式一样的，是吗？

生3：题目一样，作者也一样。

师：题目你还记得叫什么？就是咱们说的——（生齐说）“词牌名”，你还发现什么了？

生4：我发现格式都一样。

生5：最后一个韵母都是“U”。

生6：都写到了醉。

师：哪一句？

生6：“浓睡不消残酒”。

师：李清照的词中还有很多也写到喝酒了，有兴趣可找出来读一读。

师：同学们发现的就是《如梦令》这种词牌名的词的特点，即字数、句式和韵律。这首词咱们以后还有机会细细地品味。

师：古代的词谱成曲可进行演唱，你们想不想听一听《如梦令》这首词谱成曲子后，唱出来是什么感觉的？（放音乐）

一篇带多篇，几乎是教古诗词进行拓展延伸的共同做法。有的是同一主题，不同诗人的对比，如《送别组诗》；有的是同一诗人，不同风格的对比，如《认识李白》；有的是同一词牌，不同作者的对比，如不同作者的《长相思》。这样教材的优化组合就收到相互印证、相得益彰的效果。

盛老师选教同一词人、同一词牌的组合确有独特之处，通过运用比较教学法，使学生对词人、词牌加深了理解。特别是学生体会到两首词都写到了“醉”（“浓睡不消残酒”“沉醉不知归路”），对李清照词的风格有了些初步认识。当然，如果再比较两首词的不同之处：时间、地点、景物、人物的不同，语言精妙处的不同（“争渡，争渡”是心态、动态的描写，“知否？知否？”是人物语言的写照），学生会更进一步品出词的味道。

教材处理的另一特点是：主次分明，详略得当。前一首精读，细嚼慢咽；后一首略读，点到即止。这样安排教学容量恰到好处，学生亦易于消化理解。

二、读诗想画，从画面中理解诗意

诗中有画，画中有诗，这是赏析经典诗词的诀窍，也是教学经典诗词的妙法。启发学生充分展开想象，让学生在脑海中呈现诗中画面，从而理解诗意，感悟诗情，已成为诗词教学一个重要规律。

盛老师把读诗想画，运用得既充分，又独特。在教学设计中有一个“‘胖’读全词，想象画面”的板块，倾注浓笔艳抹，舍得花大力气。画面的想象先部分，后整体：分别想象“溪亭日暮”“藕花深处”“一滩鸥鹭”三个画面，再连贯、整体地想象为“一幅流动的画”。所谓“胖”读全词，就是把深厚、凝重的词意，通过想象成为生动、丰富的画面，化言为画、化虚为实。这也是教师把文本读“厚”化解为学生读“薄”，教学深入浅出的很好做法。

且看画面想象的教学片断：

画面1：“溪亭日暮”

师：咱们先来读读第一句和第二句……“溪亭日暮”，让你想起怎样的画面来了？

生：我想起小溪边有座亭子，诗人就站在亭子里面看日落。

……

生：我看到一个亭子，李清照把手放在背后，遥望着天空，天空披上了一层红红的晚霞，一条小径通向远方。

师：哦，你还看到了一条小径。落日余晖，晚霞笼罩天空的情景。你们到过吗？怎么美？谁来描绘给大伙听听啊。

生：天边都是红颜色的，一轮火红火红的太阳挂在天上……（学生觉得词穷。）

……

师：盛老师帮助你一下，你们看啊（媒体播放黄昏情景，配乐），“黄昏时候，太阳慢慢地从山的后边落下去了，晚霞染红了整个天空，远处的山，近处的水，还有小亭子，都笼罩在晚霞与余晖当中。水面上波光粼粼。使我们想起这样的诗句来“一道残阳铺水中，半江瑟瑟半江红”。这样的情景，多么富有诗情画意呀。让我们把这种美通过朗读传递出来。

这样读诗想画的特色是紧扣词中语言想象画面，在想象画面过程中理解语言。教师对画面的生动描述，深情的示范诵读更把学生带进画面，入境悟情。尤其是把诵读、说话训练融入画面想象之中，学生对画面的理解借助诵读、言语表达出来。

在想象画面的过程中，教师重视学生语言的积累和训练。如“藕花深处”的画面，教师是这样启发学生说的：

生：“藕花深处”。我的理解是有好多好多的荷花，一大片。

……

师：你想起怎样的句子来了？咱们学过荷花吧，把优美的句子吟诵一两句给大伙听听。

生1：这荷花有的才展开两三片花瓣，有的全部展开了，有的在微风中轻轻舞动着。

生2：接天莲叶无穷碧，映日荷花别样红。

生3：江南可采莲，莲叶何田田。鱼戏莲叶间。鱼戏莲叶东，鱼戏莲叶西，鱼戏莲叶南，鱼戏莲叶北。

生4：小荷才露尖尖角，早有蜻蜓立上头。

生5：荷花入暮犹愁热，低面深藏碧伞中。

师：这就是写黄昏时候荷花的情景的。这个时候啊，已经是黄昏了，一切都变得朦朦胧胧。“藕花深处”，那是一个清香四溢、色彩缤纷、幽静而神秘的世界。我想他们肯定是更加陶醉了。

这样画中有诗、诗中有画的描述，既丰富了画面的内容，也丰富了学生的语言，确实把词读“胖”了。在“一滩鸥鹭”的想象中，教师还引导学生不仅如临其景，还如闻其声，如见其人。例如有的学生说：“我听到了鸥鹭翅膀拍打的声音”，“争渡，争渡，可能他们在说，让我先走，让我先走”，“我听到非常急的哗哗的划船的声音”，“我还听到鸥鹭在叫”……

最后的想象又回复到整体，把单幅的图画想象成连环画。有时间、有地点、有叙事、有人物，有静态、有动态，教师做了这样的概括描述：“刚才我们边读边想象，读出了那么多美的画面，有‘溪亭日暮’，有‘藕花深处’，还有‘一滩鸥鹭’。其实整首词就是一幅流动的画。你们看，因为是观赏‘溪亭日暮’陶醉了，所以才会误入‘藕花深处’，因为是误入‘藕花深处’，所以才会惊起‘一滩鸥鹭’。来，一起读整首词。一边读一边想象这幅活动的画。”

这样，教学把词语——画面——诵读（说话）三者连成一线，融为一体，学生说景悟文，说景融情。学词的过程犹如人在画中游荡，人在诗中流淌，诗情画意，乐在其中。

三、品味词眼，感悟语言精妙

词，是要品的。李清照的词像清香的茶，醇浓的酒，更要细品慢尝，才能悟出其味道。囫囵吞枣，浅尝即止，无法体味词的精妙。如果教学只停留在对字词表层意思的讲解，也就显得苍白、肤浅。

盛老师教学设计另一个具有特色的板块就是“‘瘦’读全词，品味语言”。所谓“瘦”读，就是理清主线，突出重点，把整首词读成一个字。通过引导学生自己发现、品味词眼，体会语言运用的精练、巧妙，进一步感悟词的意境、情感。

且看如下片断：

师：你们能不能读着读着把这首词读成一个字？看看，这首词是围绕这里边的哪一个字来写的？小声地读一读，品一品。

生1：我觉得是一个字——“美”。

师：确实是美的，可惜这里边没有直接写“美”字。

生2：醉。

师：你说说你的理由。

生2：因为只有美景才能让她沉醉，我认为是醉。

师：你从哪些地方读出醉来了？

生2：它有日暮，有藕花，还有一滩鸥鹭。让人沉醉在里面，所以我认为是醉。

师：那就请你把这个字写在黑板上。（生板书：醉）

生3：我觉得这个字应该是“梦”，“如梦令”的“梦”。

师：盛老师告诉你，“如梦令”是个词牌名，它分开来是没有特定的意思的。不过我想听听你说梦的理由。

生3：就是这首词作者写得像梦一样，很美。

师：你说的也挺有道理的。

生4：我觉得是“记”，因为整首词都是在写她记着的东西。

师：她回忆怎样的美景？

生4：她记得溪亭日暮，记得藕花深处，还记得一滩鸥鹭。

师：你们觉得这个“记”字有道理吗？（生答：有）请你去写在黑板上。（生板书：记）

生5：我认为应该是“暮”。

师：你说说你的理由。

生5：因为她看了日暮以后就非常沉醉。她不知道回家了，然后到了晚上才回家，但是因为留恋刚才日暮的情景，竟然把船划到了荷花的深处，然后才清醒过来。

师：她为什么要这么着急地划出来啊？

生5：因为她觉醒过来的时候已经入得很深了，所以这么着急。

师：白天的话用得着这么着急吗？（生答：不用）还是因为“暮”，对不对？请你写在黑板上。（生板书：暮）

生6：我认为是“兴”，因为她兴致很浓，看了溪亭日暮，很沉醉，忘记了回家的路，所以后来才误入了藕花深处，惊起了一滩欧鹭。

师：有道理。其实她是兴未尽，天晚了不得不回去，回去的时候有了意外的收获，其实一“兴”未平又起一“兴”。请你也写在黑板上。（生板书：兴）

师：同学们品出了那么多的字，你看，不管“暮”也好，“记”也好，“醉”也好，还有“兴”也好，老师认为都有道理，因为“暮”所以“兴”，因为“兴”所以“醉”，因为陶醉了，所以常常记得不能忘记啊（师连线）。李清照留下来的词并不多，但是“无一首不精，无一字不妙”，这里边的33个字都值得我们去细细地品味。

师：这次郊游的经历使李清照深深地陶醉了（圈“醉”字），她陶醉在美景中，还陶醉在哪呢？

生1：陶醉在鸥鹭飞起来的时候。

师：美景中。

生2：记忆里。

生3：还陶醉在日暮里。

生4：陶醉在荷花的清香中。

生5：陶醉在误入藕花深处的快乐中。

师：是的，词人深深地陶醉了，让我们也跟她一起深深地陶醉一次，读出浓浓的醉意来好吗？再读这首词。这回你能背下来的，咱们就背下来了。

（生读、背全词）

这样引导学生品味词眼是独具匠心的。一个“醉”字看似平淡，却是画龙点睛，如教学粗粗略过，就难以领悟其生花妙笔。从教师的教学思路来看，把词读“胖”是整体感知画面的丰富多彩，重在培养学生的想象力；把词读“瘦”是突出主干，细品语言运用的精妙，重在培养学生对词语的鉴赏能力。整个过程体现了由整体到部分，再由部分到整体的思路，层次清晰，主次分明。

学会品词，重要的是其过程和方法。教师先让学生自己品读，发现哪个词最能概括表达词的意境，并联系词的内容说出自己的体会。学生不仅要感悟哪个词用得好，还要说明为什么好，具体表现在哪里。学生所列举的“醉”“暮”“兴”“记”等词语，体现了不同程度的个性化解读。教师并没有否定哪个词不妥，还让学生把这些词逐一在黑板上板书。板书已不仅是教师对文本解读的体现，还是学生学习心得的交流。在这基础上，教师再引导和欣赏的是“醉”字，并说明“醉”字和整首词意的关联。这样，学生的自主学习和教师的组织引导恰到好处。此外，在品读语言的过程中，始终伴随着诵读，边读边思，边读边悟，使学生诵读水平的提高建立在语言理解基础上。

诗词语言的品味，有的还着重其千古传诵的妙句，警世的佳句；有的着重其选材的独特，构思的巧妙；有的着重其表达的风格，语言的特色。这都要从教材和学生实际出发，有不同的品读要求，即使同一班的学生，也可有不同水平的解读。《如梦令》还可以让学生适当品味整首词明快的色彩、欢乐的格调，以及语言的精练。短短的33个字，却包括了景物、叙事、抒情的描写。这就有助于学生从感性上初步认识李清照词的清新自然，细致委婉，情景交融的风格。

从“争渡，争渡”到“知否？知否？”，也可以引发我们对教材解读、课堂教学现状的讨论。“争渡”，就要从语文教学无可适从的状态中闯出一条出路。误入的虽不是“藕花深处”，而是怕误入貌似繁花深处，在花团锦簇的课堂中迷途。要持一种冷静的心态，另辟蹊径，曲径通幽，回归自然。“知否”，就要提出更多问题，自我反思。课堂教学不必“海棠依旧”，应是“绿肥红瘦”，正如盛老师的体会：“绿叶”——回归语文的本体，再繁茂些；“红花”——架空的情感渲染，再稀少些。“绿肥红瘦”何尝不是一种至高的语文境界呢？

圆桌讨论

孟丽： 盛老师在这一讲中谈到“两极平衡的和谐之美”，认为适度、适中、平衡，不偏执，不极化即是和谐的状态。而要达成语文教学的相对平衡，呈现和谐之美，应努力实现如下转变：高文低教、长文短教、深文浅教。

吴燕： 我觉得盛老师执教的《如梦令》就是“深文浅教”最好的案例！

徐虹： 是啊！盛老师为达成语文教学的相对平衡，呈现和谐之美，在教学《如梦令》这首词时，努力实现深文浅教。于是，老师找准学生的起点，采用“降、转”的策略进行教学，使之形象化、具体化、浅显化。

安晓伟： 是的，这首词主旨的把握对于五年级的学生来说，是一个“深”的内容，作者想借这首词来表达什么呢？如果深挖背景意义，就会牵扯进李清照很多的人生感悟，但是盛老师并没有这样做，而是在形象生动的解读基础上，将“主旨”的感悟权交给了学生，让学生通过

"读瘦"这一环节，从自己的人生体验出发，阐释对主旨的理解，我觉得在这首词中的"降"就体现在没有过多地追问作者的表达诉求，而是从学生的实际出发，让他们以儿童的眼光去解读。

跟学员一起

孟丽：也就是说儿童要读出的不是李清照的《如梦令》，而是自己的《如梦令》。

施国强：嗯，的确，我们的教学首先要降到儿童视角。

董翱：那大家看看，《如梦令》的教学中哪些降了，哪些不能降，降与不降的依据又是什么？

安晓伟：教学目标"从作者的表达诉求到儿童的个性解读"，这既是"转"又是"降"，而之所以降、转，是因为与儿童生活经历不"契合"，导致儿童的理解水平达不到，所以在教学上必须降、转到儿童的认知方式可以接受可以理解的层面，这就是依据。

施国强：盛老师在教学这首词时，抓住了适合五年级学生学习的语文内容，比如词牌名的教学、读词的方法渗透、《如梦令》的特点等等，这些都是不能降的目标。

徐虹：盛老师教学时也在扎实地落实这些教学目标，"'胖'读全词，古文今译""美读全词，想象画面""瘦读全词，品味语言"这两个板块，都在渗透读词的方法——了解词意，体会意境，提炼词眼。

董翱：讲得有道理。降到童心不是随便迎合，为降而降不是和谐。语文教学的和谐和相对平衡，既要考虑文本特点和年段要求，又要考虑学生的身心特点和认知水平。

施国强：而且我觉得盛老师在教学"胖读全词，古文今译""美读全词，想象画面"两个板块时，还自然地运用了"转"的策略。比如说：第一步，读准，读出节奏，这是最初意义上整体感受词的韵味和内容；第二步，结合注释，用自己的话说说自己读懂的内容，这是借助注释以及在教师的帮助下大致梳理词的内容；第三步，从词中读出画面，这是一个将词继续读胖的过程，这一步中，学生已经在之前的基础上，可以顺利地运用白话文表现词的意境。这三步中，盛老师巧妙地让学生将文字转换成图像，又将图像转换成了学生自己的语言。

吴燕：我也觉得盛老师在教学“美读全词，想象画面”这个板块时，让学生分别想象“溪亭日暮”“藕花深处”“一滩鸥鹭”三个画面，再连贯、整体想象为“一幅流动的画”，是把深厚、凝重的词意转换成为了生动、丰富的画面，化言为画、化虚为实。虽然在这里花了很长的时间，但这种深入浅出的教学方法非常独特，也是符合儿童的认知水平的。

徐虹：对，正如盛老师在讲座中说的“我们教学成功的保证是要找到教学的起点。教学内容的确定、方式方法的选择要和学生的已知相匹配，教学的功效才能实现最大化”。比如“瘦读全词，品味语言”板块，让学生个性化解读就是“生本”课堂最好的体现，尊重学生，启迪学生的智慧，让学生表达真情实感。

安晓伟：教材是可以灵活处理的，可以根据教学的需要，将适合学生的内容“变胖”，也可将不适合的内容“变瘦”。这首词将“词语读成画面”，将“整首词”读成一个字，都是有用的语言训练。因此，教材应成为教师手中的一种教学资源，而非“圣经”。

董翱：细细想来，“高文低教”和“深文浅教”有着共同的支撑点，那就是学生。它基于小学生特有的童真，摒弃成人的眼光，鼓励孩子用自己的童心、童眼观察和感受世界，而这些恰恰是遵循学生认知发展水平和心理特征的表现。

第五讲　和乐喜悦的和悦之美

教育的终极目的是帮助人获得快乐和幸福，增强人获得快乐和幸福的能力，教育本身应该就是一个“寻乐”的过程。从这个意义上讲，教育首先应该是件快乐的事，学生的学习也应该是件快乐的事，唯有在课堂上充分解放孩子，让孩子释放情感，才能使孩子们体验到学习之乐，孩子们快乐了，课堂的生态之美才能充分显现。回顾我们百年的语文教学发展历史，我们的教育教学，受功利教育、应试教育的影响，一直以来都是“苦大于乐”的，我们一直主张甚至鼓励学生苦学、苦练，所以教学的模式、方法偏于机械、呆板，缺少活力与情趣。其实，学生的快乐我们是可以给予的，在教学中，我们只要稍微动一些脑筋，给教学加些“润滑剂”，添些情趣的因素，学生的积极性、学习效果就会完全不同。如我在教《半截蜡烛》一文时，根据文本的文体特点，设计了几个富有情趣的活动板块“导演说戏、演员演戏、编剧续戏、观众评戏”，把学生置身于一个趣味盎然的学习环境，学生在玩中展开语文实践活动，尽情享受“乐学”带来的和悦之感。

当然，学生的快乐我们在课堂上应该是看得见的。说到这里，我想起了几年前发生的一件事：一次青年教师课堂教学比武活动正如火如荼地举行，我是评委。舞台上，一个年轻的老师正在引领孩子们学《浅水洼里的小鱼》，一个一个的问题细碎而又没有思维含量，但孩子们却非常投入。当学到小男孩把水洼里的小鱼捡起来一条一条抛向大海后，老师拿出几条纸板剪成的小鱼，让孩子上台模拟放回大海。这样的设计，没有一点语文的元素，十足的作秀，毫无价值，我正在心里做强烈的谴责，然而感人的一幕发生了：

一个被幸运地叫上台“放鱼”的小男孩，虎头虎脑，明眸皓齿，激动得眼睛放光，他是像兔子一样“跳”到讲台前去的。放完鱼，他又无视台下上千位老师的关注，干脆伸出手指至头顶，俨然成了可爱的小白兔模样，肆无忌惮地跳着兔子步下了讲台，走到座位，还忘不了大声告白自己的心情：“感到真幸福！”“谢谢老师！”台下老师笑作一团。他却全然不觉。兔子步跳到最后一步才停下。

孩子的天真、可爱、纯真、投入，忘我的学习状态击中了我们每个成人最柔软的部分，我真想冲上去抱抱、亲亲这个可爱的孩子。此时，我已经全然忽略了老师的教学设计。能够把孩子们这么美好的情感调动出来，能够让我们的孩子在课堂上这样无所顾忌、尽情表现，能够让孩子在课堂上获得这样的快乐的教学就是最精彩的教学。也许它不尽完美，但这因孩子而生成的精彩瞬间却将永久地留在我的心间。我拿起笔，毫不犹豫地给她打了个高分……

后来，这个女教师的课得了一等奖。我知道不是我一个人的功劳。

我相信孩子打动了所有的人。也许，是这个孩子救了这堂课，我在想……

也许，你会觉得我的评判标准有点片面，但我觉得孩子的学习情绪真的很重要。我们老师如果能密切关注学生在课堂上的学习情绪，能善于激发、调动学生良好的学习情绪，这样的教学就是最人性化的教学，也是最成功的教学。

如果说外在的情趣化的教学设计给学生带来的是表面的和悦的话，那么刻意制造课堂冲突，激活学生思维，使学生在与伙伴、老师、文本的交流互动中产生冲突碰撞，则能使学生享受高峰体验，获得深度的“悦”。

在马来西亚华文教材五年级《三个忠告》的教学中，最后设计了一个“辩”的环节，激活了学生的思维：你能用一个词评价一下文中的八哥吗？学生有的说八哥“聪明、睿智、随机应变”，有的却认为八哥“狡猾、花言巧语、不诚实”，最后学生围绕八哥是不是“品德有问题的小人”展开了激烈的争论，学生在化用语言表达自己观点的过程中，享受到的是表达、倾诉的快乐，活用语言的快乐。观点的交锋与碰撞，语言的历练与自我完善，以及在表达观点的过程中的自我意识塑造，是一种迷人的享受，一种高峰体验所带来的内心之“悦”。这也是更高层次的“和悦”之美。

当然最高层次的快乐便是把学习当成一种生活乃至生命的需要，它所带来的是终极的快乐。潘新和教授认为：“实现语文本体论的转向，使语文教育从言语知识教育、能力教育转向生命、言语精神教育主导下的言语表现素养教育；把语文本体论的重心从言语客体——生活，转向言语主体——人；把言语主体的行为特征与终极目标，定位在指向人的言语上的自我实现，创造自我实现的言语人生上（而不是应付生活上）。”语文教学，如能真正实现让言语主体（学生）化用言语，自主读写，实现诗意的言语人生，才是语文教学的最高境界。唯有这样，才能使学生获得大快乐，而且这种大快乐会持续一生，成为颐养他幸福人生的丰厚养料。

教学现场

以听说读写建构有效课堂

《三个忠告》课堂实录

课前谈话安排听话练习，既巧妙导入新课学习，又培养学生听的能力。（略）

一、起——检查预习，找准起点

师：今天盛老师跟同学们一起读一篇编在外国教材中的寓言故事，题目就叫做——（学生齐答）《三个忠告》。“忠告”这个词在词典里有两种解释：一种解释是——（学生齐答）诚恳的劝告，还有一种解释是——（学生齐答）诚恳劝告的话。你们觉得在这个题目当中，该选择哪个解释？

生：诚恳劝告的话。

师：那如果课题改成《三次忠告》，应该选择哪个解释呢？

生：第一个，诚恳的劝告。

师：你看，中国的语言文字很有意思吧。同一个词语，在不同的语言环境当中，它的意思却是不一样的。

师：这是编在外国教材上的寓言故事，我相信同学们想迫不及待地读这个寓言故事了。

师：中国有句古话叫做“书读百遍，其义自见”，读书的时候，我们要给自己提一些由易到难的要求，先要把课文读正确，读流利，然后慢慢地走进故事里面去，把故事读懂。我想问一下，在上课之前你们都预习过课文吗？

（学生的回答各种各样。）

师：看来预习的情况不太一样，那这个故事我估计你们读正确读流利应该没问题吧？

生：没问题。

师：那我们来随便抽读几段。谁读一读这个寓言故事的第二段？

（生朗读第二段）

师：这段课文里面有几个生字？我不知道你们有没有掌握？请看这是什么字？（出示“卵”的象形字。）

生：“卵”。

师：知道是什么意思吗？

生：蛋。

师：对，简单地说，卵就是蛋，蛋往往会哺育出生命，这两个小黑点多像两个小生命呀！这是卵最早的字。

师：再请你猜一个字。

生（齐读）：巢。

师：你是怎么猜出来的？

生：字的下面有个“果”字，上面有三个“点”，像三个鸟宝宝，“果”字像一棵树。

师：对，鸟巢里伸出三个小鸟头，多形象！

师：谁读一下第一自然段。

（生读第一自然段）

师：这段话里有一个词叫“揩汗歇息”，我们平时把“揩汗歇息”叫什么？

在马来西亚执教《三个忠告》

生：擦汗休息。

师：对了，这个“歇”和“休”“息”都是“休息”的意思，但是这个“歇”字休息的时间要比“休”和“息”要短一些。

师：谁再读一下倒数第二段？

（生读）

师：这段话里有好几个地方出现了“啊”字。这些“啊”字跟在不同的字的后面，读音有变化。你看第一句“小人也搬不动啊（nga）”，第二句“是多么不明智啊（ra）”；“有用的啊（ya）”。引导学生读。

师：好。“啊”的变调的知识，以后还会继续学习。

【评析】从检查预习入手，找准学生的认知起点进行教学。在整体感知课文阶段抓取了几个有价值的点作为教学内容。

二、展——化教为学，言语实践

（一）说——说清情节因果联系

师：盛老师抽读了几个段落，就测出了你们的水平，你们的水平有这么高了，我的教学目标还要高一点，请你们挑战。你们已把课文读正确，读流利了，有没有读懂这个故事？好，我来测试一下。课文当中说的三个忠告，到底是指哪三个忠告？

（生齐读三个忠告）

师：起先国王有没有真正听懂八哥的三个忠告？

生：没有。

师：从哪看出来的？建议大家先别忙着举手，先默读课文，把描写国王行为的句子画出来，对照前面八哥说的三个忠告，联系起来想一想，再化成自己的话说一说。

生1：国王下令把八哥逮回来。从这里看出来，国王没听懂八哥的第三个忠告——不要设法取回失去的东西。

生2：我从国王见八哥说得头头是道，就让它把宝石拿下来，看出国王违反了八哥的第一个忠告——不要随便相信别人的话。

生3：我从国王发觉自己上当了，下令随从把八哥捉下来，体会到国王为过去的事情而后悔了，没有听清八哥第二个忠告。

师：说得非常清楚。看来这个故事的内容你们已经懂了。故事当中的国王，他听到了八哥说的话，但是，他有没有真正听懂这话里的意思呢？

生（齐）：没有。

师：说明这听话啊还挺有学问的呢！（板书：听）

【评析】利用故事内容本身的信息，自然地转入“听、说”训练，可谓巧妙至极。

（二）读——读懂八哥说话艺术

师：同学们，故事中的国王不会听，但是你们有没有发现，八哥特别会——说（板书：说）。接下来，请你们再读读课文，八哥说的话有好几处，一边读，一边把它括出来，然后挑选一二处你最有感受的说说你从哪里体会到八哥特别会说话。

师：好，你研究的哪段话？读给大家听听。

生1：“求陛下恕罪，小人的巢里有一颗鹅卵般大小的宝石，是祖上吩咐小人交给陛下的，小人在此已经恭候多时了”。我从“恭候多时”体会到八哥会说话。

师：它为什么要说恭候多时呢？

生1：说明八哥是毕恭毕敬，很有礼貌耐心地等待，国王会高兴。

生2：我从“是祖上吩咐小人交给陛下的”感觉到八哥会说话，他想告诉国王它家世世代代都在尊重国王。

生3：我从“鹅卵般大小的宝石”体会到八哥会说话。因为他是国王，很有钱，一丁点小的宝石他是不会在意的，如果是这么大的宝石，他肯定会动心了。

师：八哥说的每一句话都说到国王的心里去了，都是国王爱听的，它确实会说话！

师：现在我就是国王，你们是八哥，你已经跌进了我的怀里，小命在我手里了，你怎么对我说这番话？

（生带着表情朗读这段话）

师：（引导读出语感）你的宝石有多大？

生：有鹅卵石那么大。

师：我听起来像黄豆大。你能不能把这颗宝石说得再大一点？

（生再读，有语感了）

师：你们自称“小人”，我听起来你们都像国王，能不能把自己说得再小一点？

（生再读，把“小人”一词用虚声读了。）

师：我听出了谦卑。

师：你看，在这样的情况下，八哥还这么会说话，用课文当中的一个词来说，那叫说得——头头是道（板书）。

【评析】抓住“鹅卵般”“小人”指导朗读，体会八哥能应对不同说话对象的说话艺术，最后聚焦到“头头是道”一词，由此“启下”，带出下面的语段。

师：头头是道就是说得特别有条理，道理讲得特别清楚。让我们再找一找八哥说的话，你还从哪些地方感受到八哥说话头头是道。

生（读）：“陛下随便相信小人的话，又后悔放走了小人，现在还要把小人捉回去，是多么不明智啊，可见三个忠告对陛下是很有用的啊！”

生：道理说得很清楚。

师：你的意思是说，这段话当中说清楚了为什么三个忠告对陛下有用的道理，是吧？他的道理是什么？说说看。

生：随便相信别人的话，又后悔放走了小人，想把小人捉回去。

师：最后得出结论——

生：三个忠告对陛下是很有用的。

师：你们看，这里只有一句话，但已经指出了国王连续犯下的三个错误，第一个错误是——

生（齐答）：随便相信小人的话。

师：这说明他违背了哪一句忠告？

生（齐答）：不要随便相信别人的话。

师：它指出的第二个错误是什么？

生（齐答）：又后悔放走了小人。

师：违背了——

生（齐答）：不要为过去的事情而后悔。

师：第三个错误是什么？

生（齐答）：现在还要把小人捉回去。

师：违背了哪句忠告？

生（齐答）：不要设法取回失去的东西。

师：这一句话，他还用了两个连接词把它连接起来：一个是——（学生齐答）又，一个是——（学生齐答）还，听起来这话说得有条理吗？

生（齐答）：有。

师：理由充分吗？

生（齐答）：充分。

师：对，有条理，理由充分，这就叫做——（学生齐答）头头是道，那谁能头头是道地来说说八哥说的这话？

（生再读这句）

【评析】理清这句话内在的逻辑关系，品出八哥说话的条理清晰，逻辑严密，进一步验证了八哥说话“头头是道”。

师：你说得头头是道，但我觉得你说这话时还少了八哥说的那个味儿，那味儿在哪呢？我告诉你，这味儿就在这两个“啊”字上。盛老师把这两个带“啊”字的句子抽出来，你读一读，比一比，有这两个“啊”字和没这两个“啊”字有什么不一样？你们自己读。

生：我品出来了，有“啊”的比没“啊”的情况更好，因为有“啊”就比较委婉，听起来舒服。

师：我们俩合作一下，你来读没“啊”的，我读有“啊”的，让大家听一听，再比一比。

（师生对读）

师：八哥当时面对的是谁？

生（齐答）：国王。

师：它能直截了当地批评指责他吗？

生（齐答）：不能。

师：所以它要这么说。来，咱们再来读读八哥说的话，这回谁再来读读？

（生读）

师：尽管你读得很委婉，我还是听出了你对我的一点点嘲讽批评。谁再来读？

（生读）

师：你尽管说得那么委婉，我还是听出了你对国王的劝告。可见，理直不一定气壮啊？好，咱们一起来说说这话。

【评析】此处对“啊”字的品味，品出了八哥的说话技巧：委婉得体，揭示了“理直不一定要气壮”的说话艺术。

师：八哥真会说话，当它跌进国王的怀里，眼看就要成为国王盘中餐的时候，它不慌不忙，灵机一动向国王说出了这么一段话。再读。

生（齐读）：“求陛下恕罪，小人的巢里有一颗鹅卵般大小的宝石，是祖上吩咐小人交给陛下的，小人在此已经恭候多时了。”

师：国王不相信，八哥又抛出了三个忠告。

生（齐答）：第一，不要随便相信别人的话；第二，不要为过去的事情而后悔；第三，不要设法取回失去的东西。

师：后来，国王发现自己上当了，想要反悔，这个时候，八哥又头头是道地抛出这么一段话。

生（齐读）：“陛下随便相信小人的话，又后悔放了小人，现在还要把小人捉回去，是多么不明智啊，可见三个忠告对陛下是很有用的啊！”

师：“可见三个忠告对陛下是很有用的啊！”再来一下。

生（齐读）：“陛下随便相信小人的话，又后悔放了小人，现在还要把小人捉回去，是多么不明智啊，可见三个忠告对陛下是很有用的啊！”

【评析】把品析过的语段回环、连读，使学生对故事有个整体感知。

（三）写——写尽国王羞愧心理

师：你们看，八哥真会说，说得有理有据，说得委婉得体，所以，最后国王听了，羞愧得说不出话来，什么叫羞愧？

生：就是比较害羞的表情。不好意思，难为情。

师：国王羞愧得说不出话了，但是他的心里有很多很多话想说吧？你能代他写出来吗？

（生写后交流）

生1：国王可能会这样说：“别说你这只八哥，还挺会说话的呀，今天老子放过你，下次见到你一定把你杀掉。”

师（幽默地）：我怎么觉得不是羞愧，而是恼羞成怒！

生2：我猜国王想：“是啊，我不应该别人刚说了忠告立马就违反，这的确很不明智啊！”

师：看来这个国王醒悟了。

生3："哎，看来我的一世英名都毁在这只鸟身上了啊！"

生4："我将永远记住这三个忠告，做一位得体的君王。"

师：明智的国王，看来真的有点羞愧了。

生5：我怎么会上了八哥的当了呢？这八哥说的三个忠告的确很有用，下次我会注意了。

师：你准备改了吧？看来八哥的劝说是有用的。

生6：我怎么这么好谀，又爱财，让我错过了一顿美餐。

师：你说得第一个词是什么？

生6：好谀，意思就是喜欢听好听的话。

师：哦，好谀，他创造的，有水平的孩子。

生7：八哥还挺机灵的，我怎么会上了它的当呢？以后做事我可要三思而后行啊！

师：三思而后行，这是明智的国王。

师：你们根据课文当中的信息，写了国王此时想说的话，经过你们的写，故事当中的国王形象更加丰满了。（板书：写）

【评析】给课文补白，说写结合，使课堂动静相宜，又丰满了人物形象。

（四）辩——辩出多元八哥形象

师：这个故事你们觉得有意思吗？

生（齐答）：有。

师：不同的人去读它，会有不同的感受和想法，比如八哥这个形象，我相信每个人心目中都是不一样的，你能用一个词来评价一下八哥吗？要说明理由。

生1：我觉得八哥很狡猾，它一直在骗国王。

生2：我读出了一只睿智的八哥。

师：说说你的理由。

生2：通常其他人落在敌人手里的时候，他们都会惊慌失措，都不知道该干什么了，可是八哥很冷静，马上就知道该干什么了。

师：所以你觉得它睿智是吧？你也睿智，一般的人说人家聪明，顶多是智慧，他用了一个高级的词，叫睿智，只有睿智的人才会用睿智这个词。

生3：我觉得八哥很聪明，因为它用国王喜欢听的话来骗国王就获得生命。

生4：我觉得八哥能随机应变，根据情况随时调整自己的策略。

师：现在我发现你们有两派意见：一派给八哥唱赞歌，聪明、睿智、随机应变、勇敢等等；一派对八哥有看法，说它狡猾什么的。我觉得你们可以辩一辩，看看它的行为到底是狡猾的“小人”行为，还是聪明睿智，你可以发表自己的看法，也可以反驳别人的看法。

生1：我觉得八哥有点狡猾，因为骗人还是有点不好。

生2：要不是国王抓八哥，八哥干吗要骗国王。

生3：它这么做是为了保住它的生命，我认为并没有什么做错的。

生4：我认为八哥是保护自己，你想啊，当你落入了坏人的手里，难道你会心甘情愿让人宰割不成？

生5：我觉得八哥是故意栽在他的怀里，然后再说出这些谎言，最后说出忠告，提醒国王。

生6：我认为它的行为和狡猾还是有区别的，一般讲狡猾，都是想获得利益，而八哥只是想保护自己的生命。

师：我觉得这场辩论会辩下去是没有完的，暂告一个段落好吗？我只想问问大家，经过刚才的辩论，听了别人的观点后，谁改变了原来对八哥的看法？（几个学生举手）……啊，看来语言的力量还是挺大的，不仅能说服自己，有的人还能说服别人。同学们真能干，不仅读出了自己心目中的八哥形象，更加可贵的是，你们还能把自己的观点头头是道地表达出来，你们也很会听话说话，像八哥一样呢！

【评析】这是本课最精彩的环节：通过辩论，说出自己心目中的八哥形象。一百个学生，就有一百个不同的八哥形象。可贵的是，老师话锋一转，把辩论的目的定位在“头头是道地表达自己的观点，引导学生进行听说训练”上。言意融合得天衣无缝。

师：同学们，故事学到这儿，快学完了，最后盛老师还有一个问题，八哥说这三个忠告对国王是很有用的，我想问问你们，这三个忠告对我们是不是也有点用呢？

生1：八哥的第一个忠告，对我们很有用的。社会上有些坏人给小孩吃糖果带他去别处玩，然后就把他骗走，我们不能随便相信别人的话。

生2：我认为这三个忠告对我们很有用。因为如果有这三个忠告的话，这会让我们不会一生过得不安稳。

师：稍微说具体一点，什么样的情况下会不安稳？

生2：东西丢了又取不回来。

师：我懂你的意思，就是我们经常为过去的事情后悔，设法取回失去的东西，会让我们徒增很多烦恼，是这个意思吗？我同意你的看法，其实我们很多时候也或多或少或轻或重地犯下国王那样的错误，随便相信别人的话，有时候我们也经常为过去的事情而后悔，想要设法取回失去的东西，徒增烦恼。所以，这就是寓言故事的作用，读后我们每一个人都会受到深刻的启迪，所以寓言故事又叫做智慧之花，你们以后要多读寓言故事。

【评析】讨论三个忠告给我们现实生活的启示是遵循寓言这种文体的教学特点：读懂寓意。

（五）收——由“三”到“一”，言意互转

师：好了，故事学完了，同学们，今天我们从故事中的八哥和国王身上，感受到了说话和听话的重要性了。在课堂上，我们也充分地展示了自己的听说读写的能力。最后，盛老师要送给大家学语文的忠告（把板书中的“三”改成“一”），请你们看板书，猜一猜，我会送一个怎样的学语文的忠告？

生：要多说、多听、多写、多读。

师：多听、多说、多读、多写，就能学好语文。这是盛老师送给大家的一个忠告，也算是送给大家的一个礼物吧！

师：给大家留一个课外作业：把“三个忠告”的内容放在文章前面、后面，或是分散在故事当中，自己再去编一个故事，有兴趣吗？

生：有。

【评析】从三个忠告到一个忠告，实现了从“意”到“言”的转换，揭示了寓言教学的规律——言意融合。教学至此画了一个巧妙的“圆”。解构课文情节，课外编故事，能够训练学生“布局谋篇”的能力。

教后反思

《三个忠告》是选入马来西亚彩虹版五年级华文教材的一个寓言故事。故事不长，但耐人寻味。故事本身蕴含着丰富的思维含量、人文含量，很多不确定性形成了阅读张力。语言虽然朴素简洁，但对话部分彰显了口语交际艺术的魅力。这类文本相对比较理性，应属于“以俗见长”的课文。课文类型不同，教法也应各异。依据和美语文教学思想，“以雅见长”的文学类课文在教学时要追求“雅中求美”，但“以俗见长”的课文在教学时要追求“俗中生味”——语文味、儿童味。

一、听说读写是语文之本

根据文本特点，本课教学努力挖掘文本语文因素，从国王的“不会听”和八哥的“特能说”出发，拉出了一条“听说读写”的语文训练主线，课前导入的“听信息辨真伪”，课中的争辩、演读、补白等语文实践活动，把听说读写活动巧妙融于一体，最后在“三个忠告对我们是否也有用”的讨论中揭示寓意和寓言故事的特点。学生的语言和思维同步发展，达到对文本内涵的深刻认知。最后从“三个忠告”回归到“一个忠告”，一个学语文的忠告，揭示了语文阅读教学的本质：把课文当作用件，阅读就是利用文本进行听说读写的语文训练，在训练中提升语文技能和人文素养，即综合的语文素养。

二、尊重儿童是教学之本

儿童的世界是个独特的世界，儿童拥有自己独特的文化。我们的教学，只有依附儿童、尊重儿童，才能获得真正的成功。“读出自己心目中的八哥形象，并把观点头头是道地表达出来”一环，充分尊重学生的个性体验，保护学生的阅读尊严。“一千个读者就有一千只八哥形象”，学生心目中的八哥形象是丰富多元的，有聪明、智慧、机智、勇敢、能说会道等等赞誉，当然也有“狡猾、油嘴滑舌、小人”等毁誉之词，最后在观点的争辩中，教师艺术“收口”：同学们真能干，不仅读出了自己心目中的八哥形象，还能头头是道地表达出来，表明了教师的态度：尊重多元认识，只要能头头是道表达自己的观点，能说服自己就行，能说服对方就更高。阅读教学的语文性在此进一步得到彰显。这也是充分尊重了儿童心智成长的特点，因为成长是个自我完善、自我修复的过程，我们要给这种自我完善留足空间，让他们自己慢慢去完成对这个世界的认知，而不是把很多结论过早地、强势地硬塞给他们。

名家点评

从教课文到教语文

全国著名特级教师　江苏吴江舜湖实验学校　薛法根

尽管我们都知道课文内容不等于教学内容，但我们仍然会陷入“教课文”的误区，且常常不知不觉。亦如《三个忠告》的寓言故事，国王明明知道这“三个忠告”，却偏偏会情不自禁地违背“三个忠告”。由此可见，“知道”是一回事，而“做到”却是另一回事。千万不要以为“知道了”，就一定会“做到了”。

对此，盛新凤老师有清醒的认识：把《三个忠告》这篇课文当作一个“用件”，“利用文本进行听说读写的语文训练，并在训练中提升语文技能和人文素养”。王荣生教授在《语文科课程论基础》中，对教材中的课文按照其功能，列出了四种类型——定篇、例文、样本和用件，对“用件”是这样界定的：“在这种类型里，学生其实不是去学文，而主要是用这一篇文里的东西，或者借选文所讲的东西、或者由选文所讲的那东西触发，去从事一些与该选文或多或少有些相关的语文学习活动。”就这堂课的教学活动而言，的确如此：“检查预习，教学生字词；借助课文，教学生说清故事情节、体会八哥的说话艺术、写出国王的羞愧心理、辩论八哥的是非形象；点明寓意的现实意义，给学生一个学语文的忠告。”这些都是围绕课文的思想内容所展开的“听说读写”语文实践活动，而不纠缠于学生已经懂了的故事内容或寓意。因此，学生在课堂中获得的是实实在在的“听说读写”的语文能力。可以说，这样的语文课，教的是“语文”，而不是“课文”。因为这篇《三个忠告》的“课文”仅仅是“教语文”的一个凭借，一个“用件”而已。这样的教学是源于盛新凤老师对文本教学价值的认识和功能定位。

事实上，一篇课文往往具有多方面的教学价值，也自然具有多方面的教学功能，而最为重要的是“定位”。《三个忠告》这篇课文从思想内容上来看，五年级的小学生多读几遍已然能懂，没必要教；从语言文字的学习上来看，学生也能凭借文中的拼音或者凭借已有的语文经验自己读懂，不需要教。那么，在学生现有的基础上，这篇课文究竟还可以教些什么呢？教到什么程度呢？这的确是一个让人纠结的问题。盛新凤老师的过人之处就在于此，她选取了“写——写尽国王的羞愧心理”“辩——辩出多元八哥形象”这两个学生自己阅读所未曾涉及的话题，引导学生在“写”中深化对文本寓意的深刻认识，在“辩”中深化对文本言语的真切感受。这样的教学“定位”是在学生已有水平上的发展与提升，而不是学生已有水平的简单重复，看得到学生语文能力的进步，凸显出教学的发展性和有效性。

诚然，假如我们转换一下视角看这篇课文，从寓言故事的教学价值角度，而不是从听说读写的教学价值角度，那么或许会呈现不同的教学内容。其一是寓意的价值。当学生阅读完这个故事，自然知道“三个忠告”及其含义。但教学不是教会人相信，而是教会人思考：即使像国王这样的人，怎么还会“明知故犯”呢？这样的反躬自省，必然会促使学生将阅读的视角从关注国王转向关注自身，反思“我”或者“我们”是否会做同样的蠢事？这样一思考，学生的心智就开窍了，就有了真正意义上的成长。其二是言语的价值。寓言故事就是借助故事说道理的，一般读者不太关注故事本身的真假，而只会关注其中的道理。然语文教学是要教会学生“用故事讲道理”的言语本领，因而需要细细琢磨的恰恰是故事本身，关注故事的叙述方式，而最为关键的是隐藏于其中的言语“秘密”——前后呼应。前文讲国王听到了“三个忠告”，后文讲国王忘掉了“三个忠告”。后文国王的三个愚蠢行为恰恰是前文八哥的“三个忠告”，一正一反，对比如此鲜明，不禁让人哑然失笑。如果前后不呼应，就不会有这样强烈的“喜剧”效果。由此，会不会讲故事，就全然取决于这隐藏着的言语形式了。而这样的言语形式，不讲述不比较，我们是不会有真切的感悟的。

我看别人的课，常常想着自己的事：假如我来上，会怎么教？这样做的一个好处就是不时会有新鲜的想法，而坏处就是往往会错过别人课堂的精彩。好在这是一个教学实录，其中的精彩可以让我们时时回看，慢慢品味盛新凤老师教语文的滋味和境界。

圆桌讨论

董翱： 盛老师提出语文教学是一个“寻乐”的过程，教学应尽情享受“乐学”带来的和悦之感。但目前语文教学的现状是，低年级段的老师把语文课的目标想得太简单，教学内容只局限于字词的认知和句子的理解，把更多的精力放在刻意追求教学情趣设计上，课堂上缺少思维冲突，把语文简单化了；而中高年级段的课教师过分注重自己对文本的解读，无形之中拉开了与学生的距离，而把情趣丢失了。

安晓伟： 这样的课教师一厢情愿地认为对学生的语文素养的提升有一定帮助，但学生不喜欢这样的课，往往用沉默来应对。

孟丽： 我觉得低年级段教学应该在追求情趣设计的基础上，挖掘文本中的言语教学点、思维训练点；中高年级段的教学应更多地思考把教师的教转化为感性的、形象的、富有情趣化的语文学习活动。

吴燕： 我认为没这么复杂，教学就是让教师教得轻松，学生学得快

跟学员在一起

乐。例如盛老师执教的《半截蜡烛》：课堂上，她情真意切，有时如一位亲切的长者娓娓道来，有时如一个小孩与小伙伴们“混在一起”。她的话语有如一把钥匙为学生开启思维、智慧的大门。她的课堂让学生更多地体验到被人关注、被人呵护的温暖与幸福，更多地体验到自由、个性舒展的快乐和自豪，更多地感受到人性的光明与和煦，感受到仁慈、宽容与恻隐的力量。

徐虹：仅仅有快乐是不够的！过去我们人文性很强的课上，也不乏快乐的因素，但是一堂课下来，在言语收获上却少得可怜。语文课更应注重内涵的挖掘。

安晓伟：盛老师的《半截蜡烛》这节课的可贵之处在于，不仅快乐，而且有实实在在的收获——学生实践能力的提高。整堂课，通过说一说、演一演、写一写、评一评等环节，让学生身兼多职，一会儿是导演，一会儿是演员，一会儿又成为观众，听说读写的语文训练就蕴含其中。学生在快乐中进行言语实践，在言语实践中又获得了更深层次的快乐！

孟丽：我认为，在日常学习中，教师就应该给学生更多的学习空间，让他们在“自主、合作、探究”的开放式的教学模式中，获取更多的“悦读”快乐。

施国强：我的理解是语文教学要理趣结合，让学生在轻松快乐的氛围中学习语文。比如《三个忠告》课例中，在读懂“八哥的说话艺术”板块中，盛老师让学生明白了什么是“头头是道”，在“辩出多元八哥形象”这一板块中，又让学生通过实践学会了“头头是道”地表达。

董翱：且在这两个板块的教学中，盛老师不乏趣味的点拨和指导，极大地调动了学生学习的积极性。

徐虹：盛老师在《三个忠告》中设计的这个“辩”的环节，激活了学生的思维。其实，在《如梦令》一课教学中，“瘦读全词，品味语言”这个板块也有异曲同工之妙，让学生个性化解读“把这首词读成一个字”，学生在这一过程中，活用了本课中习得的语言，将对词的理解转化为自己的语言表达出来，学生在化用语言表达自己观点的过程中，享受到的是表达、倾诉的快乐，即活用语言的快乐。

孟丽：其实最难能可贵的是这个“辩”不是流于形式的，只取课堂的热闹气氛，而是立足于真实的问题，学生的认知需求，引发学生的思维冲突。在冲突中化用语言，历练语言，完善语言，完成自我意识的塑造。

徐虹：我想盛老师的“悦读”理念追求的正是这种课堂上的成长愉悦吧！

第六讲　调和融通的和融之美（上）

这一讲的主题是“调和融通的和融之美”。“和”最早出现于春秋史伯的“和同论”：“夫和实生物，同则不济。”意思是说和的结果是“生物”，生成新的物质。那么怎么才能生物呢？如果我们把事物的两极用“甲”和“乙”来表述的话，那么“和”不是我们简单认识中的（甲+乙）÷2；而是甲×乙。所以“和”是动态的，是一种充满生命力的运动形态。唯有如此，才能生成新的事物。说到这，我又想起了庞朴在《浅说一分为三》一书中，大胆地提出了一分为三的观点，他认为世界本来便是三分的，天地间事物总是一分为三的，这个“三”不是一个简单的数目，而是一个哲学范畴，也可写作“叁”，这个“叁”就是“二生三”，是个动态化的产物，有“使之三”之意，指的是对立双方的结合、交融或统一。“三”“中”“和”如果要从严格的概念界定的话，是不一样的，但我们可以从中抽取相同的要素给“和”定义：事物的两极发生化学反应所生成的动态的第三者。那么这个第三者应是什么？我想应该是学生的语文素养。在教学中，我们如何调和两极矛盾，使两极相互融通，从而提升学生的语文素养呢？这是和美语文的核心理念和终极追求。这个“融通”的思想在课标修订版中得到了验证，如课标修订版中反复出现了以下一些关键词：“整合、沟通、综合、结合”。如：“教师应努力改进课堂教学，整体考虑知识与能力、过程与方法、情感态度与价值观的综合，注重听说读写之间的有机联系，加强教学内容的整合，统筹安排教学活动，促进学生语文素养的整体提高。”

语文课程评价要体现语文课程目标的整体性和综合性，全面考察学生的语文素养。应注意识字与写字、阅读、写作、口语交际和综合性学习五个方面的有机联系，注意知识与能力、过程与方法、情感态度与价值观的交融、整合，避免只从知识、技能方面进行评价等等。

为什么要“两极融通”？因为语文教学研究存在太多极化现象，我们一直用一种极化思维在思考问题，并指导我们的教学改革。如我们长期以来所面对的“钟摆运动”式的语文教学变革，严重阻碍了教学研究向前推进。上世纪80年代后期强化语言文字训练，课堂极具“工具化”，新课标出来后又强化人文，课堂煽情把语文的实用功能都煽没了，现在又想着要纠偏，让语文走在回家的路上。如此钟摆运动，只能使语文教学改革处于徘徊不前的境地。为了改变传统的思维模式和语文教学改革路径，我们必须首先改变我们的思维模式，采用“一分为三”的思维模式，追求课堂的“和”效应。

语文教学是个生态系统，系统中的生态因子要相互关照、渗透、作用，维持系统内的“生态平衡”。那么针对当前教学中出现的极化现象，我们要努力追求这么几种两极融通后的“和美”境界：显隐结合的学习观、言意相谐的性质观、主客相生的师生观、雅俗共赏的优课观。微观的融通就更多了，如我们可以在这些点上建立融通，生成新质：言意互转、同构共生；虚实互补、融会贯通；一进一出、圆融和美；诗文互融、相得益彰；一扩一收、伸缩自如；一呼一吸、吐纳有序；文字画面、切换补充；内容形式、骨肉相连；作者读者、两情互激；不求甚解、咬文嚼字；教学合一、互促互融；导练融通、相互推进；读写结合、共同提升；等等。这一讲我们先讲四个大融通。

先说雅俗共赏的优课观。

语文，既要做“下里巴人”，又要成为“阳春白雪”。语文的字词句篇、语修逻文，是铸造语文大厦的根基，是一个人生命成长中与外界交流、沟通的物质材料。语文课承载着让学生掌握与世界交往的工具的重要使命，必须沉得下去，必须摒弃浮躁，必须辛勤踏实地耕耘。所以，语文，甘做“下里巴人”，这是语文朴实无华、充实饱满的美。

然而，语文，又是一门属于心灵、属于精神的学科。语文课在承载工具任务的同时，还要演绎风花雪月的美丽。语文课上，师生一起享受“风吹草低见牛羊”的诗意；享受“云淡风轻话沧桑”的风雅；享受世事变迁、人情冷暖、嬉笑怒骂的丰富情感；享受每一个花开的黎明，日落的黄昏……课堂上有慷慨激昂的情感洗礼，也有柔肠缱绻的细腻体验。语文老师用自己的诗情、才情，铸造一道道浪漫的语文风景线，所以，语文，又是阳春白雪。

这是我对雅俗共赏语文课堂的美丽憧憬。如果我们的语文课，既有可观性，又有实用性，那么我们教学就能呈现真正的和美。当然，我们的课文呈现是不一样的，有的课文"雅大于俗"，在教学过程中，我们就要雅中求美，追求"语言文雅、结构闲雅、方式淡雅、情意古雅"。而有的课文"俗大于雅"，我们就要"俗中生味"，生出语言味、儿童味。我们的教学，只有雅中有俗，俗中有雅，雅俗共赏，才能达到和美之境。

再说显隐结合的学习观。

Polanyi在1958年出版的《人的研究》一书中首次提出了缄默知识的概念，他将人类通过认识活动所获得的知识区分为内隐和外显两种形式，并提出了他最著名的认识论命题——"我们所认识的多于我们所能告诉的。"这就告诉我们，在可以意识到的、可以用言语表达的认知活动之外，还存在一个隐性的内隐认知领域。外显知识就如同浮出水面的"冰山尖端"，而缄默知识则是隐藏在水面以下的大部分，它们虽然比外显知识难以被发觉，但却是认识的重要源泉。而缄默知识不能以常规的形式加以传递，只能通过内隐学习来获得。1967年，美国心理学家A.S.Reber发表文章《人工语法的内隐学习》，最先提出内隐学习一词，将其定义为一种有别于外显学习的、无意识地获得刺激环境中的复杂知识的过程。

有人说：语文学习是"农业"，不是"工业"，靠的是"慢功"，靠的是"积累"；语文学习是"小火煨汤"，不是"大火炒菜"；语文学习是"小口抿茶"，不是"大碗喝酒"。语文学习是个"慢"的过程，所以光靠课堂上的速成是没有办法完成的。我曾做过一个调查，反思我们每个人语文素养形成的过程，是靠课堂上的语文学习？课外阅读？还是其他？结果选择课堂上的语文学习的仅占32%，68%的同学都选择了课外阅读和其他。我小时候家里穷，买不起课外书，所受的学校教育也是劣质的，我是在一所乡村完小上的小学，反思自己的语文素养形成过程，觉得是得益于听越剧。浙江是越剧的故乡，那时老老少少都能哼上几句越剧，小时候经常看越剧电影，对几个传统越剧大戏的情节了如指掌，如《红楼梦》《追鱼》《碧玉簪》等等，家里也有一本泛黄的《戏考》，里面的台词唱段我非常熟悉，那时觉得心里一直回旋着一股越剧的旋律，特别是《红楼梦》中林黛玉的“葬花”唱段，真是回肠荡气，“绕绿堤，拂柳丝，穿过花径；听何处，哀怨笛，风送声声；人说道，大观园，四季如春；我眼中，却只是，一座愁城”，这样的语言，配上越剧特有的韵律，把黛玉的哀怨、伤感、诗情传递得淋漓尽致。这种语言和情感的魅力，从小就这样不知不觉种植在了我的心里。这就是一个人的精神底子，它会滋养我们一生的。这是内隐学习。然而我们的语文教学，一直以来，只强调显性学习，忽略内隐学习，因为我们没有认识到，在语文素养形成的过程中，内隐学习发挥着巨大的功效。我们在教学中该如何挖掘内隐学习的要素，发挥内隐学习的功效呢？我们要树立“大语文教育观”，注重对隐性课程的开发和对课外资源的利用，为学生的语文学习建构一个“生态场”。课外阅读、人文渗透、方法习惯的养成教育等等，都属于内隐学习的范畴，关于课外阅读的重要性，相信老师们都认识深刻，关键要选择好书，把学生带进一个高雅的阅读场，使他们从小接触优质的读物，而不是劣质的东西。而且要把读有形之书和读无形之书结合起来。人文的渗透要和语言学习水乳交融在一起。在这里，我要重点说说方法和习惯的养成教育。我们传统的教学是忽视方法、习惯的教育的，因为我们比较功利，所以对知识教育非常重视。其实，教给学生方法，是教给了学生一生所需要的知识，方法是“潜力股”。所以，我们要教方法，教好方法，教有用的方法，并且要在课堂上把方法显性化。最近几年的课，我是非常重视在课堂上教方法的。如绘本阅读课《最想做的事》，我是教给学生方法——读懂“言外之意，弦外之音”，这是高年级绘本阅读的基本方法，学了之后学生可以在以后的绘本阅读中迁移运用。

接下来说“主客相生”的问题。新课程推行后，我们老师脑中一直有一种观念：教师是主导，学生才是学习的主人，所以，教学过程中我们老师被束缚了手脚：不敢多说一句，怕背上传统的罪名。其实，教师和学生都可以既是主体又是客体，课堂上的主客身份是可以相互置换的。如在教学预设过程中，老师是绝对的主体，学生是被设计的对象，老师们不要以为新课程推行了，我们的课就不用设计了，只要在课堂上等待这不可预约的生成之精彩就可以了。其实，没有好的预设是绝对上不出高效的课的。在课堂上，我们要充分关注学生的个体生态行为，老师要尽可能把自己的锋芒掩盖起来，把展示的舞台空出来留给学生，尽可能多地给学生提供展示的机会，让学生从原来传递知识课堂中充当“从动轮”角色，转变为知识建构课堂上的“驱动轮”。因为长期以来，我们主要采用线性接受式学习，线性机械式训练，学生思维活动的强度太小，致使学生思维闲置。当然，在教学推进过程中，师生间的主客身份还是会不断根据实际需要发生置换的，有时候，“学”攀“教”栏，越攀越高，我们要大胆表态，大方给予；但有时候，“教”借“学”势，越烧越旺，我们的教要跟着学走，要努力找准教学的起点，顺学而导，以学定教。教和学是两个相互联系、互相推进、共同促进的过程。教和学的关系处理好了，主和客的关系也就摆正了。“教”“学”关系的不断转换，牵动师生关系的转换，师与生各自在“主”“宾”角色中不断穿梭，课堂才能在这种冲突与转换中不断朝良性、佳境转化。

教学现场

与你一起，享受阅读的幸福

——《最想做的事》课堂实录　盛新凤执教

一、课前聊天：激发学生的兴趣

师：从刚才老师的介绍和你自己的观察中，你们已经了解了关于我的哪些信息？

……

师：说明用眼睛看、用耳朵听都是获取信息的重要渠道。另外，获取信息的方式还有问，你还想了解我什么，可以向我发问，但只能给你们三次发问的机会。

生1：（问了刚交流过的问题）老师你叫什么名字？

师：这个信息屏幕上有，你浪费了一个发问的机会了。

生2：老师你喜欢做什么。

师：你猜。

生2：我猜老师喜欢阅读。

师：为什么？

生2：因为语文老师应该喜欢读和写。

师：下面的老师听到了吗？这个道理我们的孩子都懂，这也是我们孩子对语文老师的要求。

师：跟老师一样喜欢阅读的孩子举手。

（生举手）

师：你们为什么喜欢阅读？

生3：因为书让我聪明。

师：这正应了一位名人说的话：理想的书籍是智慧的钥匙。

生4：因为书让我“下笔如有神”。

师：“书是人类进步的阶梯”，也是你作文进步的阶梯了。

生5：书给我打开了一个精彩的世界。

师：是啊，住宅里没有书，如同屋子没有窗户，书可以为我们打开我们的精神世界的窗户。

生6：有了书，生活很快乐，很健康。

师：“书是全世界的营养品”，经常把书当保健品的人，他的精神不老。

师：看来你们都是爱书的孩子，并且对读书的妙处都深有感触。今天，老师就跟大家一起来分享一本图画书——

二、赏读封面：猜测未知的精彩

师：今天盛老师和大家一起来分享一本图画书，名字叫做——

生（齐答）：“最想做的事”。

师：大声地再把这个题目读一读。

生（齐读）：“最想做的事”。

师：这是这本书的封面，在封面上你看到什么了？

生：我看到了一个人抱着一本书。

师：我们有没有发现，这个人的皮肤是——

生（齐答）：黑色的。

师：是的，他是一个黑人的孩子，他手里抱着几本书。在封面上还给我们提供了作者的信息，这本书的文字作者是美国的——

生（自由应答）：玛莉·布雷比。

师：图画作者是美国的——

生（自由应答）：克里斯·K·索恩皮。

师：翻译是——

生（自由应答）：梅子涵。

师：他是我国著名的儿童文学作家。

师：翻过封面，我们就可以看到扉页，翻过扉页，一幅巨大的跨页图出现在我们面前了，你看到什么了？

生：我看到了几座雪白的山，封面上的小男孩拿着一个铲子（师纠正：这是铁锹）。

师：你看到的这个雪白的山，你们知道是什么吗？

生：我猜这是雪。

师：不对，这不是雪。

生：我想这应该是盐。

师：对，是吃的盐，这是盐山。高大的盐山前，站着一个瘦弱的黑人孩子，他的手里有铁锹，面前还有一只高高的——（生）桶，对，木桶。这就知道了，这是一个在盐场做工的孩子。他每天的工作就是把面前的这只桶装满，不断地重复，他的哥哥、爸爸乃至祖祖辈辈似乎都是这样过的，可是，这个站在盐堆前的孩子，他却在想着盐以外的事。想着盐以外的什么事呢？

【评析】接过一本好书，摩挲着它的封面，凝视着封面上的文字与画面。然后翻过扉页，细看跨页上的画面，猜想着里面可能的故事，心里是浅浅的欢喜与期待。文学就是这样一种清净的欢喜，让拥有它的人变得富足。

课的开端就像我们平时的阅读一样自由、精彩。

三、共读故事：享受阅读的幸福

师：我们一起来听故事，这种故事最适合听了。盛老师要请一位同学，跟我一起轮流来讲这个故事。咱们推荐一位我们班里读书最棒的孩子。

（生一致推荐一名学生）

（教师与该生配乐接读全书，随着朗读，多媒体课件逐页显示全书。）

师（朗读）：“天没亮——星星还在闪烁——爸爸、哥哥约翰和我，离开我们的小木屋，急忙上路，走出小镇去做工。路的一边是卡纳瓦河，另一边是山。我们提着油灯，快步赶路。我的肚子一直在咕噜咕噜叫，因为我们还没有吃早餐呢。不过，我真正想要的不是吃东西，当然了，如果有的吃，那也不错。”

生（朗读）：“我最想做的事情是学会阅读。可是现在，我必须做工，从日出到日落，我们在盐场，把盐巴装进一只只木桶里。”

师（朗读）：“盐巴堆得像白色的山一样，比爸爸的个头还要高。我们整天铲着盐巴，盐山却一点儿也没有变矮。我们只有在吃饭的时候才休息一会儿——土豆和玉米饼是爸爸放在他的外衣口袋里带来的。我一边吃饭，一边看着这些白色的盐山。盐巴很重，也很粗糙。一不小心这些闪亮的白色晶体就会割破你的手、胳膊、腿和脚掌。”

生（朗读）：“因为整天举铁锹铲盐巴，我的手臂又酸又痛。但是我在意的不是这种痛，我想到的是心里对阅读的渴望。我看见过别人阅读——有年轻人，也有老人。我已经九岁了。我知道，如果有机会，我也能阅读。我想，那些书里一定藏着秘密。晚上有点冷，我跟着爸爸和约翰一起回家。在路上，我抓到了一只青蛙，青蛙在我手里扭来扭去想要逃走，但是我抓得紧紧的。等我想放它走的时候，我才会松开手。”

师（朗读）：“我们生活的这个地方和以前有些不一样了，所有的人都可以去他想去的地方，做他们想做的事情。我想学会阅读——这个想法像鱼一样，在我脑子里自由地游来游去，我愿意想多久就想多久。晚上回到镇上，煤矿工们、船夫们、樵夫们、桶匠们都围坐在角落里，他们和我一样疲惫，可是却一直说个没完。”

师（朗读）：“我看见一个人在大声地朗读报纸。顿时，我所有的疑虑都消失得无影无踪。我找到了希望，那个大声朗读的人和我一样，他的皮肤也是棕色的。我在这个人身上看到了我的未来。我看到他的视线在报纸上移动。这时我好像也能看得懂那些黑色符号的意思，好像我也能阅读，好像每个人都在听我朗读。想到这里，我紧紧握住了自己的手。”

生（朗读）：“我要努力成为本地最会阅读的人。小孩子们都会围着我，而我要教会他们如何阅读。但是，爸爸拍拍我的肩膀，约翰拉拉我的衬衫，说：‘走吧。’他们不明白我在想什么，他们也不知道我将会成为一个什么样的人。”

生（朗读）：“我们匆匆忙忙地回到家里。‘妈妈，我一定要学会阅读！’我说。妈妈握住我的手，我想她一定能感觉得到，我的渴望和心跳一样急迫。”

师：同学们想一想，猜一猜，接下去会发生什么事呢？

生1：他可能会离开自己的家，然后去寻找阅读之路。

生2：我猜，很有可能，他妈妈会同意，但是自己家里的情况并不允许。爸爸和哥哥在努力为这个家劳动，他也得努力为家劳动。他没有条件去阅读，因为他家里不允许。

师：你觉得他还是没有办法实现他的愿望？我们继续往下听。

【评析】故事讲到一半，忽然停住。“同学们想一想，猜一猜，接下去会发生什么事呢？”轻轻的一问，打开了想象，也唤起了阅读的期待。于是，我们屏息凝神，与故事里的小男孩一起紧张着、等待着。

师（朗读）：“这是一本小书——颜色像夜空一样湛蓝。一天晚上，在我们小木屋的一角，妈妈把它从替人家洗烫的衣堆里抽出来，递给了我。她没有说书是从哪里来的。她不会阅读，但是她知道这是一些被叫作‘字母’的东西。她想，这可能是用来唱歌的，是印在纸上的一首歌。”

生（朗读）：“下工后，虽然肩膀还是酸痛，腿上还沾着盐巴，我仍然要看看我的书。我凝视着那些符号，想象着它们的发音。”

师（朗读）：“我把那些符号画在地上，猜想它们应该怎么读，表示什么意思。但是，有时候我觉得自己像一个没有腿的人，却在试着跳跃。我学习阅读的想法会溜走，我不能坚持下去实现自己的愿望。如果我能学会这件美妙的事，那该有多好啊，人们会多么尊重我啊！可是我想象不出这些符号的音调，我感觉到铲盐巴留下的酸痛，我觉得我的梦想正在慢慢溜走。我必须找到他——那个朗读报纸的人。”

生（朗读）：“我到处寻找。终于，我看到了那张带给我希望的棕色脸庞。他教我唱这首‘歌’——那些符号的发音。我跳上跳下地唱着。我又喊又笑，就好像在小溪边接受洗礼一样。我已经跳进了另一个世界里，我得救了！但是我还想知道更多。‘请多告诉我一些吧！’我说。‘你叫什么名字？’他问。‘布克。’我说。他按照发音，把我的名字写在地上。”

师（朗读）：“我沉浸在这幅美景里，不舍得离开。我知道，我能永远握住我的梦想了。”

（师生合作朗读完成，声情并茂的朗读获得了全场的掌声。）

师（向朗读的学生）：谢谢你！第一次接触这么多文字的一本书，居然能够读得这么流利，真佩服你！

【评析】书打开了。真好，老师通过多媒体呈现出全书的影像，显示出所有的文字与画面。看着屏幕，一页页翻过去，有些迫不及待。

在舒缓的音乐里，师生的合作朗读更像娓娓的讲述。这样，我们注视，我们倾听，我们想象，我们叹息……我们一起享受了动人的故事，享受了阅读的幸福。

四、提取信息：品味愿望的美丽

师：听完这个故事之后，你们知道这个男孩子最想做的事是什么了吗？

生（齐答）：阅读。

师：后来实现这个愿望了吗？

生：实现了。

师：在谁的帮助下实现的？

生：那个棕色皮肤的朗读报纸的人。

师：对，妈妈先给了他一本书，然后在那个读报人的帮助下，他终于实现了自己的愿望。

【评析】简单的对话，梳理了故事的大意。高年级段的阅读教学目标里也有这样的要求：“阅读叙事性作品，了解事件梗概。”

师：同学们，这本书当中，有许许多多的话直接表达了我想学会阅读的这种愿望。我们一起来快速地找一找，你眼睛要看得快！

师：这段话里有吗？

（屏幕出示：“我最想做的事情是学会阅读。可是现在，我必须做工，从日出到日落，我们在盐场，把盐巴装进一只只木桶里。”）

生：是第一句“我最想做的事情是学会阅读”。

（师在课件上用红线标示出该句。）

师：好，再找。浏览这么长长的一段话，搜集最重要的信息。

（屏幕出示："因为整天举铁锹铲盐巴，我的手臂又酸又痛。但是我在意的不是这种痛，我想到的是心里对阅读的渴望。我看见过别人阅读——有年轻人，也有老人。我已经九岁了。我知道，如果有机会，我也能阅读。我想，那些书里一定藏着秘密。晚上有点冷，我跟着爸爸和约翰一起回家。在路上，我抓到了一只青蛙，青蛙在我手里扭来扭去想要逃走，但是我抓得紧紧的。等我想放它走的时候，我才会松开手。"）

生："但是我在意的不是这种痛，我想到的是心里对阅读的渴望。"

（师在课件上用红线标示出该句。）

师：你看，他想到的是对阅读的渴望。真想学会阅读啊！再找。

（屏幕出示："我们生活的这个地方和以前有些不一样了，所有的人都可以去他想去的地方，做他们想做的事情。我想学会阅读——这个想法像鱼一样，在我脑子里自由地游来游去，我愿意想多久就想多久。晚上回到镇上，煤矿工们、船夫们、樵夫们、桶匠们都围坐在角落里，他们和我一样疲惫，可是却一直说个没完。"）

生："我想学会阅读——这个想法像鱼一样，在我脑子里自由自在地游来游去，我愿意想多久就想多久。"

（师在课件上用红线标示出该句。）

师：找对了吧，好，再来。还有吗？

（屏幕出示："我要努力成为本地最会阅读的人。小孩子们都会围着我，而我要教会他们如何阅读。但是，爸爸拍拍我的肩膀，约翰拉拉我的衬衫，说：'走吧。'他们不明白我在想什么，他们也不知道我将会成为一个什么样的人。"）

生："我要努力成为本地最会阅读的人。"

（师在课件上用红线标示出该句。）

师：第一句话就表达了他这种愿望，是吗？同学们还有吗？

（屏幕出示：我们匆匆忙忙地回到家里。'妈妈，我一定要学会阅读！'我说。妈妈握住我的手，我想她一定能感觉得到，我的渴望和心跳一样急迫。）

生："妈妈握住我的手，我想他一定能感觉得到，我的渴望和心跳一样急迫。”

师：他的渴望是什么呢？这一句还不是最直接表达他的愿望的，是吧？你找到的是哪一句？

生：我找到的是“妈妈，我一定要学会阅读！”。

师：他就这样直接跟妈妈提出来的是吧？

（师在课件上用红线标示出该句。）

师：再看还有吗？我们要学会快速浏览，抓取重要信息的能力。

（屏幕出示：“我把那些符号画在地上，猜想它们应该怎么读，表示什么意思。但是，有时候我觉得自己像一个没有腿的人，却在试着跳跃。我学习阅读的想法会溜走，我不能坚持下去实现自己的愿望。如果我能学会这件美妙的事，那该有多好啊，人们会多么尊重我啊！可是我想象不出这些符号的音调，我感觉到铲盐巴留下的酸痛，我觉得我的梦想正在慢慢溜走。我必须找到他——那个朗读报纸的人。”）

生：我找到的是“我学习阅读的想法会溜走，我不能坚持下去实现自己的愿望”。

师：这个好像是有点泄气，他好像不坚持。哪一句话直接写出了他一定想学会阅读的这种愿望？

生：“如果我能学会这件美妙的事，那该多好啊，人们会多么尊重我啊！”

（师在课件上用红线标示出该句。）

师：嗯，这句更直接，是吗？同学们真能干，一下子从这本书当中，搜集到这么多重要的语言信息。（出示红线标示的六句话）我们一起来读一读。第一句，谁读？把自己当成这个孩子，表达你的愿望。

生1（读第一句）：“我最想做的事情是学会阅读。”

师：听出来了，接着读。

生2（读第二句）：“但是我在意的不是这种痛，我想到的是心里对阅读的渴望。”

师：嗯，是渴望。

生3（读第三句）：“我想学会阅读——这个想法像鱼一样，在我脑子里自由自在地游来游去，我愿意想多久就想多久。”

师：好啊，来，接下去。

生4（读第四句）：“我要努力成为本地最会阅读的人。”

师：嗯，他多想学会阅读啊！

生5（读第五句）：“妈妈，我一定要学会阅读！”

师：那么坚定，我们大家一起来读读这句。

生（齐读）：“妈妈，我一定要学会阅读！”

师：好，还有一句，谁读？

生（读第六句）：“如果我能学会这件美妙的事，那该多好啊，人们会多么尊重我啊！”

师：同学们，这些文字那么直接明白地说出了“我”的愿望，就是“我”一定要——

生（自由应答）：学会阅读。

【评析】显然，执教者清楚地知道，这个故事里最动人心的，不是曲折的情节，而是这反反复复的深情独白。文中成功的心理描写让小男孩一无遮掩地吐露自己的心声，说着他的欢乐和悲伤、矛盾和愁郁、忧虑和希望。找出这些句子，反复朗读，我们就能轻易地走进了小男孩的内心世界。

据说，犹太人给一个月大的婴孩看书，在书的封面上涂上蜂蜜，让孩子从小就咂巴出书是香甜的。故事里这个在盐堆前长大的黑人孩子，也知道书是甜的。他相信，那些叫做“字母”的东西会将他带入另一个世界。他对阅读的渴望是那么强烈、那么鲜明，像所有美丽的梦。

五、聚焦细节：体会韵外之致

师：同学们，这本书当中，还有一些语言和画面却表达得比较含蓄，需要我们细细地品味，才能品出其中的“言外之意，弦外之音”（板书），我们重点来欣赏几个细节，好不好？

【评析】赏读由易到难，由粗到细，由整体到局部。

师：你们先看这幅画面，（屏幕出示绘本第5页）画面上的这个男孩，他手里抓着一只青蛙。那作者是不是想告诉我们，这个男孩子是个不爱护小动物的孩子啊？（生：不是）那有什么样的画外之音呢？来，我们借助边上的文字读懂它。谁来读读边上的文字？

（屏幕出示：“晚上有点冷，我跟着爸爸和约翰一起回家。在路上，我抓到了一只青蛙。青蛙在我手里扭来扭去想要逃走，但是我抓得紧紧的。等我想放它走的时候，我才会松开手。”）

（生读这段文字）

师：他为什么要把青蛙抓得紧紧的呀？

生1：因为他是一个坚持不懈的人，如果认定了一件事情就绝不会放弃。

师：你的意思是，他抓着青蛙就如同抓着——

生1：对阅读的渴望。

师：哦，原来是这么回事。你怎么说？

生1：我觉得作者是把青蛙比作他想阅读的希望，他想把阅读的希望牢牢抓在手中，可是这种希望扭来扭去想要逃走，他就抓得紧紧的。

师：那你能想象一下，联系他的生活，在什么样的情况下，他的这种希望，他的这种心愿会扭来扭去，想要逃走，会动摇的？

生1：当他家里的条件不允许，不能满足他的愿望的时候。

师：嗯，还有呢？

生2：他的生活十分困窘，就算买到了书，也不知道怎么去阅读，不知道怎么发音？

师：他有了书也不知道怎么发音的时候，他会动摇，还有吗？你想，他在盐场工作的时候会碰到什么困难？

生3：他在盐场工作的时候，可能累得满头大汗，坚持不住，回家就倒头睡觉了。

师：你说得好，这是你刚才从故事中听到的信息，是吗？

生4：当他想要这个愿望，但是没有人会理解他的时候。

师：但是，每当这个时候，我们相信，肯定有一个声音会在他心里响起。那就是，我一定要——

生（自由应答）：学会阅读。

师：盛老师听起来，你们好像不坚定。再说一次。

生（齐答）：我一定要学会阅读。

师：你读读他的这段话，就知道他的决心有多坚定了。

生（齐读）：“青蛙在我手里扭来扭去想要逃走，但是我抓得紧紧的。等我想放它走的时候，我才会松开手。”

师：你们看，在文字的帮助下，我们很容易就读懂了这个画面的——画外之音。开心吗？阅读真的是一件开心的事啊。

【评析】以文助图，读出画外之音。在这里，“青蛙”是一个特殊的意象，那扭来扭去的青蛙就像男孩心里扭来扭去的渴望。无疑，这种含蓄的暗示是学生阅读的难点。教师层层设问“他为什么要把青蛙抓得紧紧的呀？”“他抓着青蛙就像抓着什么？”“联系他的生活，在什么样的情况下，他的这种希望，他的这种心愿会扭来扭去，想要逃走，会动摇的？”在这样的提示下，学生思维的触角开始深入，读出了文字与画面背后的意思。

师：再请你们读一段文字，小声地读一读，这段文字写了什么？

（屏幕出示：“他教我唱这首‘歌’——那些符号的发音。我跳上跳下地唱着。我又喊又笑，就好像在小溪边接受洗礼一样。我已经跳进了另一个世界里，我得救了！”

生1：写了他学会阅读之后的兴奋快乐。

师：那你读读，哪些地方写出了他的快乐？

生1：“我又喊又笑，就好像在小溪边接受洗礼一样。我已经跳进了另一个世界里，我得救了！”

师：嗯，能说说吗？为什么从这里读出了快乐？

生1：“我又喊又笑”中“笑”说明他很快乐，还有“我得救了”说明他还很高兴。

师：他觉得他得救了，那么严重。还有吗？谁还要说？

生2：“我跳上跳下地唱着。”我从这句话里读出，他学会了阅读，他很兴奋，他反复唱着这首歌，表达了自己心里的那种快乐。

师：你们有没有注意到，他说他“跳上跳下”地在干吗？

生3：唱着。唱着就等于他在读那些文字，等于他现在就在阅读。

师：是啊，他把阅读当成像唱歌一样美妙，你想他有多开心。同学们，让我们借助边上这幅图来理解他的这份快乐吧。你看，他都乐成什么样子了呀？你能用一个词来形容一下吗？

生1：手舞足蹈。

师：好！

生2：欢天喜地。

师：对！

生3：欣喜若狂。

师：“狂”字把他的这种快乐描绘出来了！

生4：喜不自胜。

师：对！简直是没有办法控制他自己的快乐了！

生5：喜出望外。

师：是啊，阅读给他带来了这么巨大的快乐啊。你们有没有尝到过这种阅读的快乐呀？

生6：读一些名人名著的时候，觉得自己体会到了一些语言中的精华或者是引申义的时候，觉得非常高兴，觉得自己能读懂大师的著作了。

师：是吗？那种跟大师的智慧交流让你感觉到特别快乐。你呢？

生7：每当我读懂一句很深奥的话直至读完一本书，都很有成就感。

师：哦，仿佛进入一个智慧的世界。这个男孩子，学会阅读给他带来了这么巨大的快乐，他觉得是像在小溪边接受洗礼一样，他觉得是来到了另一个世界里，他要尽情地把这种快乐唱出来，是吧？谁来体会着男孩的快乐，也来读读这段话？

生1："我跳上跳下地唱着。我又喊又笑，就好像在小溪边接受洗礼一样。我已经跳进了另一个世界里，我得救了！"

师：你表达到得还太含蓄，把最后一句再读读。

生1："我已经跳进了另一个世界里，我得救了！"（朗读明显比刚才生动了很多。）

师：谁再来读？

生2："我跳上跳下地唱着。我又喊又笑，就好像在小溪边接受洗礼一样。我已经跳进了另一个世界里，我得救了！"

师：嗯，你表达的是你自己的阅读快乐，所以才会打动人。谁还想读？

生3："我跳上跳下地唱着。我又喊又笑，就好像在小溪边接受洗礼一样。我已经跳进了另一个世界里，我得救了！"

师：真好！同学们，就让我们也来读着这些像音符一样美妙的文字，我们一起来表达出我们阅读的快乐。

生（齐读）："我跳上跳下地唱着。我又喊又笑，就好像在小溪边接受洗礼一样。我已经跳进了另一个世界里，我得救了！"

师：哈，我感受到了你们的快乐。

【评析】以图助文，读出言外之意。好的文本，总是具有开放的含义，具有极为丰富的“象外之象”和“味外之旨”。比如“我跳上跳下地唱着。我又喊又笑，就好像在小溪边接受洗礼一样。我已经跳进了另一个世界里，我得救了！”这三句，让我们又想起“青蛙”这一暗示的意象——男孩对阅读的渴望，多像青蛙对水的依赖！他跳进阅读的世界，就像青蛙跳入小溪。对照图画，看着他那欢欣跳跃的样子，一切都能理解。

师：同学们，这本书当中，还有一个细节，不知道是否引起了大家的注意。有一样东西，从头到尾贯穿了整本书的始末，是什么东西，你还记得吗？

生1：帽子。

生2：盐巴。

师：盐巴前面有，后面没有了。

师：你睁大眼睛，仔细看。（一张一张出示所有带灯的图片）

生3：油灯。

师：扉页上有灯，在故事的很多画面中都出现了这盏灯，封底也是这盏灯，那你能读懂这盏灯的画外之音吗？先别忙着举手，这样吧，盛老师给大伙儿提供几个问题，同学讨论讨论。你可以任选其中的一到两个问题讨论讨论。

（屏幕出示）

1.这盏灯始终出现在谁的身边？

2.这盏灯仅仅是提在他们手上，放在他们身边吗？为什么？

3.你能给这盏灯取个名吗？）

（学生讨论，师巡视。）

师：有话了，是吧？那我们就一起来聊一聊这盏灯吧。你怎么理解就怎么说。谁先聊？

生1：我选的是第二个问题。

师：你不要说你回答的问题，直接谈你的理解就可以。

生1：我觉得这盏灯不仅仅是提在他们手上，放在他们身边，还照亮了他们的心灵，照亮了他们的梦想，照亮了他们的希望。

生：我看了这盏灯后，感受是这盏灯给予布克的是一种希望，阅读的希望，在作者的笔下，这盏灯照亮了布克阅读的希望，也完成了他的愿望。

师：说得好吗？这么精彩的发言，怎么能吝啬你们的掌声？（掌声）

生2：我觉得这盏灯不仅是提在他们手上，放在他们身边，同时也照亮他们的心灵，也照亮了别人阅读的希望。

师：他说了两层意思，一个是这盏灯是放在他们心里的；还有一层意思是，不仅照亮了布克和读报人，还照亮了我们所有的人。那你觉得这是一盏怎样的灯？取个名。

生2：希望之灯。

师：说得好，还有谁要说。

生3：我认为这盏灯可以取名为神灯。

师：为什么呢？

生3：因为这盏灯能让一个根本没有条件的孩子，成功地学会了读书，让小男孩实现了愿望。

师：那你觉得这盏神灯的“神力”来自哪里呀？

生3：来自于他内心的坚持。

师：说得太好了。还有你觉得谁给他加了力啊？

生3：读报人。

师：读报人就成了他的点灯人了，你们同意吗？

生4：他刚开始是铲盐巴的，盐巴高高的，他说比爸爸还高，这些山就好像把他阻隔在一个小世界里，拘束着他，让他无法了解另外的世界，现在他通过读报人和他心里的这盏明灯，学会了阅读，其实也跨越了这座阻隔他的山。

师：说得太好了，他来到了一个盐以外的世界。（生鼓掌）你们情不自禁地为他鼓掌了。同学们这真是一盏希望之灯，还是一盏——

生4：阅读之灯。

师：还是一盏——

生5：心灵之灯。

生6：梦想之灯。

师：说得好啊。

生7：黑暗中的指路灯。

【评析】绘本的图画讲究细节，而且往往是前有铺垫后有呼应地暗示读者故事想象的生发点，如这里的“灯”。梅子涵先生在译后记里写道："书里的每天的行走，那一盏亮的灯，是这个孩子提在手里的。他提着，走在路上，走往盐场，走往生活。""灯在这个故事里是从头到尾的。从头到尾地闪着亮光和照耀，从头到尾地把心里的表情映出，把脸上的表情照亮。"阅读如灯，希望如灯，我们都提着这盏灯。

师：同学们，刚才我们图文结合，读懂了语言和画面的——"言外之意，画外之音。"开心吗？读书一次又一次把我们带到了智慧的世界。

【评析】绘本并不是一般意义上的写给孩子、带插图的书。它用图画与文字一起叙述表达故事，表达情感。于是，在这一板块里，盛老师引导学生图文结合，读出语言和画面的"言外之意，画外之音"。

巧的是"以文助图""以图助文""图文结合"等绘本阅读的方法也在聊天一样的师生对话里轻松蕴含，正所谓"内容形式，骨肉相连"。

同时，赏透了三处细节，学生对文本的理解深透起来，时不时精彩的发言令人赞叹。一堂课也由此充实丰满。

六、想象拓展：实现编读迁移

师：在这盏灯的照耀下，男孩儿沉浸在这幅美景里。笑得多甜呐！（出示绘本最后一幅图片）这是这本书的最后一页，可是很奇怪，他没有画成像前面一样的跨页，右半边的空白页给我们留下了许许多多的想象空间。是吧？那如果你来设计这空白页，你会在上面画上点什么或者写上点什么？

生1：假如我画的话，我会画一个像台子一样的东西，小男孩在台子上给别的小孩子读报。

师：噢，一群孩子围着他，你脑子里怎么突然出现这样一幅画面？

生1：因为他前面说过，他想给别的孩子阅读，他想被别人尊敬。

师：是的，你刚才听得真仔细。这本身就是他的一种憧憬，现在实现了，是吧？你的画面真美。你的呢？

生2：我沉浸在这几个美妙的字母里，等我长大了，我也可以成为像读报人一样的，用灯点亮别人。

师：你是不是想写上这么一句话？（生：是）那也可以啊。

生3：我会在屋子的一角画上樵夫们，还有一些工人们，围着他，听他讲故事，然后他兴奋地说出自己读报的愿望。

师：说得好，他用灯在点亮他身边所有的人。

生4：我会画男孩手里拿着灯，然后望着夜空。

师：望着夜空，他好像用灯照亮了这个——（生）世界，那你想画的夜空还那么黑吗？

生4：夜空被灯照亮了！

师：最后再听听你的吧？

生5：我会在空白的那一页画上那个小男孩已经获得了巨大的成功，并且写上了一句话：我终于实现了我儿时的梦想。

师：他想画的是一个成功之后的布克。

师：同学们，那你们想知道成年之后的布克的生活吗？我们一起来读一段资料，可以读出声音来。（屏幕出示）

这个黑人孩子最后成了美国著名的政治家、教育家和作家。他是美国史上第一位被在位的总统邀至白宫做客的非洲裔美国黑人；是美国史上第一位能与总统在白宫共进晚餐的非洲裔美国黑人；是美国史上第一个出现在邮票上的非洲裔美国黑人；是美国史上第一个头像被铸成五角硬币的非洲裔美国黑人。他的名字叫布克·华盛顿。

师：同学们，他一共创造了多少个美国史上第一的奇迹啊？（生：四个）（课件中的四个“第一”变为红色）这个手里提着灯，心里亮着灯的男孩，终于用灯点亮了他的辉煌人生。

师：（配乐描述图片）你们看，（出示布克的照片）这就是成年以后的布克·华盛顿，这就是这个曾经站在盐堆前的黑人孩子布克·华盛顿，谁能想到多年之后，（出示一张合照）他就这样跟美国上流社会的白人们站在了一起，（出示学校图片）他还创办了自己的学校，用自己心里的那盏灯点亮了许许多多的人心中的灯，（出示书本《品格》封面图片）阅读铸就了他良好的品格，他写的这本《品格》一书还被当今美国总统奥巴马当做枕边书呢！在《品格》这本书当中，布克写下了这么一句话，我们一起来读一读，读——（屏幕出示）

任何一个学会阅读的人，都是快乐的人。——布克·华盛顿

（生齐读句子）

师：我们想不想做一回快乐人，再一次享受阅读的快乐？（生：想）让我们再一次快速地浏览一下这本书。同学们，这书啊，还可以倒

着翻呢。

师：（配乐，倒着翻书，边翻边描述部分插图）你们看啊，这盏灯啊，始终跟布克还有这个读报人在一起，多么耐人寻味呀！你看这一幅图上，这母子二人就是用这么一种郑重其事的表情和动作在传递这一本书。这屋子里啊，一家人都在笑，因为这本书的传递。这是布克当时听读报人朗读报纸的情景，你想啊，在布克的心里，在布克的眼里，这个灯光下高台上的读报人是多么神圣啊，他简直像上帝一样，是吧？谁能想到啊，就是这么一个成天站在盐堆前的孩子，就这样，用心里的那盏灯，点亮了他自己的独特人生。

师：同学们，让我们记住这个富有诗意的故事，它的名字叫——“最想做的事”，记住这个男孩，他的名字叫——布克·华盛顿。让我们也记住这盏灯，愿这盏灯也照亮我们所有的人。

【评析】书的最后一页，是一个空白，用孩子的想象把它填起来。这想象直接链接到故事真正的结局——主人公布克的将来。

一切都那么令人满意，舒一口气，再把那些精彩倒着翻阅回来。

好了，课结束。

合上了，一本好书。

教后反思

这是梅子涵老师翻译的一本书，读起来格外亲切。好朋友徐冬梅说：“你只要把这个本子端给学生就已经足够了，因为这是一本好书，好书自己有无限的力量，而教学方法和技巧就显得微不足道了。”这话我相信，但做惯了精致设计的我，还是希望利用教学艺术的力量把这个本子的影响功能最大化。

高年级的绘本教学教什么？方法比什么都重要，但绘本教学教什么方法？绘本是一种“图+文”的结构，如何读懂图的“画外之音”和文的“言外之意”，我想最合宜的方法应是图文互助。所以，“图文互助，读懂言外之意，画外之音”就成了这堂课最主要的教学内容。

方法的教学必须由内容去承载。这一本书，该选择哪些合宜的文本内容呢？经过反复琢磨比较，我选择了“直接描写心情的语句；图、文两个细节；灯；空白页链接课外资料”四个主要内容作为本课的教学内容，在方法的导引下层层递进，在学生“听故事、品图文、聊细节”等语文实践活动的展开过程中，把故事情节、书本表达方法、主人公的情感、阅读的力量等一起根植学生心中。

这是一本很美的书，所以，配的音乐、教师的语言，一切都应是美的，要营造出一个和美的课场，师生一起徜徉其间，享受阅读的快乐、课堂的幸福。要问我最想做的事是什么？我可以毫不犹豫地回答：就这样，和学生一起，在课堂上浅吟低唱。

名家点评

阅读是自由的梦

山东省济南师范学校　林志芳

盛老师告诉我，这个绘本是梅子涵先生推荐给她的，这个绘本本身也是梅子涵先生翻译的。

真是一本好书。

故事讲述的是美国著名的政治家、教育家、作家布克·华盛顿少年时渴望阅读并终于得以学习阅读的一段心路。它改编自布克·华盛顿的自传体小说《超越奴役》，作者娓娓道来，流淌在字里行间的，没有任何对困顿现实的抱怨或者对艰难生活的叹息，有的只是对阅读的渴望，这种渴望强烈、坚定而温暖。梅子涵先生的译文，更是灵动、含蓄、富有诗意，把文中小男孩的形象刻画得温婉细腻。

翻着书，单是静静地读着这个故事，心灵也会变得柔软起来，况且还有盛老师低回婉转的话语。一节课里，盛老师带着孩子们走进故事，从整体感知到细节赏析，从品味中心句到读图联想，读出了文与画的言外之意，形外之旨。当时在现场，静静地听着，看着，恍惚觉得那精致和谐的课堂上盛开着朵朵茉莉，飘散着语文的清香。拾取几瓣，细品之。

一、聚焦中心语句，读懂“最想做的事”

故事篇幅很长且意蕴丰富，如何在短短四十分钟里，进行最有效的阅读呢？盛老师在入神的师生对读，完成了对文本的初步感知之后，就轻轻地提了一个问题：“读完故事，你知道这个孩子的心愿了吗？他最想做的事是什么？”四两拨千斤，品读赏析的触角直接指向了文本的中心句：“我最想做的事是学会阅读。”“但是我在意的不是这种痛，我想到的是心里对阅读的渴望”。“我想学会阅读——这个想法就想鱼一样，在我脑子里游来游去，我愿意想多久就想多久”……

无疑，这些点睛的句子都是成功的心理描写，统观全篇，故事的感人至深不是由于情节的波折，而是心理描写的生动鲜活。盛老师带着学生们细细品读这些文字，读懂了文中的那个小男孩热切的渴望，也就润物无声地体味了这一文本最大的“言语形式”。

二、关注文与画的细节，读出“韵外之致”

如果说文中的小布克对阅读强烈的渴望心理是这个绘本清晰可见的“线”，那么文与画中含蓄生动的细节，则是这个绘本别具匠心的“点”。盛老师带着孩子们捋清了“线”，接着就聚焦了“点”。

针对学情，盛老师特别指导了对于“青蛙”的理解——那男孩抓的紧紧、不想放的绝不仅仅是“扭来扭去想要逃走”的青蛙，更是他心中跃跃欲动的梦想与渴望啊！阅读的渴望是因为他想要了解书里藏着的秘密，那秘密会开启他人生的窗子，令他看到丰富的世界。

还有画中的灯，如果不提醒，孩子们很难体味到其画外之音。阅读如灯，梦想如灯，它照亮了男孩的生命，也一定会照亮课堂上孩子们的精神生命。绘本并不是一般意义上写给孩子的带插图的书。它用图画与文字一起叙述表达故事，表达情感。这大概是绘本教学不可缺少的另一个最大的“言语形式”。

三、体会故事暗含的信息，追寻“阅读的幸福”

其实，在这个绘本中，还暗含着一个最大的“言语秘密”——那就是它含蓄地告诉了我们阅读的意义与幸福。

故事中的男孩迷上那些“符号”，那些“叫做字母的东西”，是因为他相信书里藏着“秘密”。他知道阅读会给他带来尊重，使他的生命充实而美丽。

是的，正如余秋雨先生所言：“只有书籍，能把辽阔的时间浇灌给你，能把一切高贵生命早已飘散的信号传递给你，能把无数的智慧和美好对比着愚昧和丑陋一起呈现给你。区区五尺之躯，短短几十年光阴，居然能驰骋古今，经天纬地，这种奇迹的产生，至少有一半要归功于阅读。”也正因为如此，学会了阅读的小布克最终成为了美国黑人历史上的重要人物之一。

而且，喜欢阅读的人们坚信物质世界不是唯一和永恒的世界，如果我们有两片面包，应该拿出其中的一片去换一朵水仙。

阅读是自由的梦，谁也不能夺走你做梦的权利。

以上，盛老师没有明示，却遵循文本的“秘妙”，在行云流水般的谈话里巧妙地暗含了。

于是，课末，我们也如故事里的男孩一样，沉浸在课堂的美景里，舍不得离去。

圆桌讨论

徐虹：我先说说“显隐结合”的内隐学习！盛老师说：“我们要教方法，教好方法，教有用的方法，并且要在课堂上把方法显性化。”在《最想做的事》绘本教学中，盛老师除了在教“言外之意，画外之音”这个高年级绘本阅读的基本方法外，其实还在教很多学习方法，如：要学会浏览、搜集重要的信息；读绘本时画面和文字要联系起来一起读，还可充分发挥想象等。

孟丽：盛老师在“显隐结合”的学习观中还提到，人文的渗透要和语言学习水乳交融在一起。《最想做的事》绘本教学中心理描写生动鲜活，感人至深，盛老师带着学生们细细品读这些文字，读懂了文中那个小男孩热切的渴望，也体味了这一文本最大的“言语形式”。

施国强：我觉得“内隐学习”的环境就像是课堂上学习的空气，让孩子“浸”在其中，久了，生命里就有这东西了；或者说，课堂学习的“场”的建设很重要，这关系到孩子们内隐学习的长期效果。不知道我这样理解对不对？

董翱：人的学习模式有两种：一种是外显学习，凡是需要付出努力、采取一定的策略来完成的学习活动都属于外显学习，如学习代数、几何等。另一种学习是内隐学习，人们没有意识到控制他们行为的规则是什么，却在一定程度上掌握了这种规则。比如，人们能够辨别哪些语句是符合语法规则的，虽然他们未必能够说出这些语法规则是什么。也就是说，内隐学习是无意识地获得关于刺激环境的复杂知识的过程。

安晓伟：大家刚才谈了显隐结合的学习观。我想来谈谈“言意相谐”的内容。文本的写作是个由意及言的过程，写作前必须有意的充盈，登山则情满于山，观海则意溢于海，而后才搦笔论文；而解读文本则相反，必须循言及意，这言和意之间不仅间隔着文化、时代、性格、学养等多重障碍，更有一些作者的文字无法表达的东西需要读者去还原和创生。正如刘勰《文心雕龙》所说：“意空而易奇，言征实而难巧。”即使再高明的作者，再著名的作品，也难以将心中的“意”充分表述，可以说每部作品都是言不及意的。所以在由言及意的解读过程中，必须有“象”的参与，由言及象入意。而绘本这种形式就是对此最好的阐释。

孟丽：那你能不能结合课例具体说说？

安晓伟：比如说，盛老师在教学“画外之音”（“晚上有点冷，我跟着爸爸和约翰一起回家。在路上，我抓到了一只青蛙。青蛙在我手里扭来扭去想要逃走，但是我抓得紧紧的。等我想放它走的时候，我才会松开手”）的时候，就充分利用了文本插图的作用——“画面上的这个男孩，他手里抓着一只青蛙。那作者是不是想告诉我们，这个男孩子是个不爱护小动物的孩子啊？”由于有了象的介入，这一提问，瞬间将单纯的青蛙形象与小主人公的心情联系在了一起，读者的思维也瞬间从文字跃入了作者的“意”，豁然开朗——原来小孩抓住的不是青蛙，而是自己那颗渴望阅读的心。这挣扎的青蛙其实就是他内心的写照！

董翱：语文教学的言意相谐，一般要走如下一个来回：一是望言生意，即从文本语言中感受文本内容。阅读教学的首要任务在于对“意义”的追寻，而对“意义”的追寻始于对语言的感知。文本的“言”要转化为“意”，关键是要穿透语表，深入内涵。二是由意到言，即领悟语言表达。语文教学不能仅仅满足于在文本内容、人文精神的层面上浮光掠影，而应有意识地将文本的语言推至学生注意力的中心，为从“意”到“言”的表达转换做好准备。三是以言表意，即发展学生的言语能力。学生在经历了“望言生意”后，“意”开始酝酿，产生了一种倾吐的欲望。再经历了“由意到言”后，对怎么表达有了较为明确的感觉，此时倾吐的欲望逐渐上升为一种不吐不快的冲动。如果教师能够根据教学目标挖掘文本空白、适当拓展资源，就能创设一个让学生表达的环节，使学生在表达中，自身语言不断得到丰富，精神世界亦不断变得宽阔起来，语言和精神、“言”和“意”共栖共生，得到和谐发展。

吴燕：我一直以为在课堂上，学生是学习的主人，课堂上要顺学而导，不犯机械的教条式的错误。而今天学习了盛老师阐述的“主客相生的师生观”后，我认识到以前这种想法是片面的。原来课堂上，教师和学生都可以既是主体又是客体，课堂上的主客身份是可以相互置换的，应学会在不同的学习情境中发生变化。在以“教”为主的情境中，要保证教师主人身份，学生就相对成了“客人”；在以“学”为主的情境中，则要凸显学生的主人身份，教师则退居客位。

例如，盛老师在引领学生解读“青蛙”这个特殊的意象环节中，对学生来说，这是个阅读难点。老师在行使“主人”的权力时，并没有把答案直接抛给学生，而是契合“客人”的认知起点，层层设问，在精心设计的问题提示下，顺着学生的“学情”因势利导。学生积极参与，思维活跃，读出了文字和画面背后的含义，从而体会到了画外之音。所以，当学生的确不能自己读懂“画外之音，言外之意”时，教师就应行使“主人”的权利，但必须尊重“客人”的需要和实际，“主人”应该“精心预设、因势利导、导演策划”，而学生可以“自主预习、自主参与、自主延伸”。那么最后的结果肯定是宾主皆欢！

徐虹：是的，在《最想做的事》“聚焦细节：体会韵外之致”这个板块中，教师了解了学生的认知起点，所以抓住了学生难读懂的几处地方加以引导，这正是体现了教师的主导作用。在教师的指引下，学生的回答很精彩，课堂上多次出现了掌声。其实，在这一教学过程中，一开始是教师在“引”，但随着“学”攀“教”栏，越攀越高后，师生间的主客身份发生了微妙的置换，接下来的课堂就是“教”借“学”势，越烧越旺，老师跟着学生走，顺学而导了！

第七讲　调和融通的和融之美（下）

这一讲的主题还是调和融通的和融之美。我们要从微观层面上来探讨课堂教学中的两极融通问题。在教学过程中，当我们具体展开教学流程时，发现教学过程中有许多的极化矛盾需要我们去调和、融通，如读和写、导和练、内容和形式、吸收和表达、作者与读者、虚和实等等。当我们调和了极化矛盾，使两极发生作用后，教学的“新质”就会生成，这就是求“和”的过程。

下面先从导和练的关系处理说起。传统的语文教学，是导在前、练在后，先导后练，把练当成导后的检验和测试。这样的教学，往往是教师活动为主，学生活动为辅，课堂上的主心骨、圆心是老师，教学是围着老师转的，其学习效率可想而知。要想改变传统的教学模式，必须打破现状，解构现有的课堂结构，争取创设一种崭新的课堂教学结构模式“以练导学”。应由传统的“以练固学、以练测学”转化为“以练导学，以练促学”，即把训练作为一种载体引导学生更高效地进行语文学习。在“以练导学”的过程中，练是载体，导是路径，学是落脚点。训练在课堂阅读教学活动中应发挥更大的功能，要用训练替代讲读之学，用训练促进言意融合，用训练引导学生学路，用训练推进教学流程。

通过设计有效的练习，以及在学生练的过程中教师艺术、巧妙地穿插引导，达到促进学生有质量、高效地学的目的。在导练、导学的过程中，化教为学、以学定教，教学相长、主客相生，最终使教学走向和美。

采用“以练导学”模式进行教学设计，要有语文化教学视野，自主化学习理念，板块式框架建构，活动化学习路径，情趣化学习方式。主要的操作程序有“先练后导”及“边练边导”两种方式。这里以《半截蜡烛》为例谈谈具体的教学操作。本课是人教社实验教材五年级下册的一篇剧本。如何有效设计训练板块，让学生充分展开语文学习活动，使学生在训练过程中既获得基本的剧本知识，又能进行听说读写训练呢？我做了以下尝试：

首先是“训练板块清晰明了”。根据剧本的特点，本课构建了“导演说戏”“演员演戏”“编剧续戏”“观众评戏”四个训练板块。学生在依据这四个板块展开训练的过程中，采用先尝试练习再接受指导的“先练后导”以及边练习边接受指导，并用练习结果印证、引导学习流程的“边练边导”两种方式进行交叉训练，学生学习空间大，参与度高，课堂的实效性得到了有效保障。

其次是“训练内容指向语文”。“导演说戏”“演员演戏”“编剧续戏”“观众评戏”四个板块训练内容，都指向对学生听说读写的能力训练。如“导演说戏”，让学生根据情节图理清重点段落的情节后，就引导学生学当导演说戏，说戏的过程就是指导学生概括情节主要内容的过程。“演员演戏”环节通过引导学生分三个层次品读主角杰奎琳的台词，感受人物的外貌、性格、品质特点，走进人物的内心世界。这个板块的训练，主要是理解性的演读训练。“编剧续戏”环节，通过在品读剧中人物台词过程中获得的对人物形象的认识感受，在续编台词部分加以迁移，既有对人物形象的认识深化，又有对台词创作方法的迁移运用。“观众评戏”部分教师抛出了两个话题：①既然最后是由杰奎琳保护了蜡烛，何必还要费事写伯诺德夫人和杰克与敌人的周旋？②剧本的题目是否改成“生死攸关的烛光”更好？通过对这两个话题的讨论，对没学到的课文内容做了面上的带动，以点带面，覆盖了全文的内容学习，教学也从部分重新整合为整体，培养了学生的阅读评价鉴赏能力。“导演说戏”“演员演戏”“编剧续戏”“观众评戏”是四个训练活动框架，是对听说读写能力训练的艺术化情趣化的包装。这样的训练设计，笔练与口练结合，指向语文，学生充分参与训练过程，训练的情趣性、艺术性、实效性都得到了有效落实和保障。

还有“导学过程相互推进”。本课的设计用四个板块的训练推动教学流程，用训练替代传统的讲读式教学，训练置前，所以训练不是学生学后的检测和复习巩固，而是一段展开的教学过程，通过这段过程去推进学生的学习。在前置性的训练过程中，学生通过尝试训练，暴露学情，为教师的“导学”提供了有效的信息，便于教师找准学生的学习起点，使导学过程落点准确、对症下药、行之有效。教师的“导”和学生的“学”是双向互动的过程，“导”为“学”服务，“导”引领、提升学生的“学”，“学”反过来又促进教师更有效的“导”，在这个相互推进、相互作用的过程中，“教”借“学”势，越烧越旺，“学”攀“教”栏，越攀越高，使教学真正走向“相长”的和美之境。

又如《石灰吟》的教学，让学生课前先完成一个练习：查阅诗人于谦的生平资料，在课堂教学过程中，让学生循着练习的思路，通过资料与诗句的对照品读，读懂诗句的内涵，读懂诗人如石灰一样的品质。如此，“练”是一个载体，通过“练”，推进了教学流程，展开了教学步骤，先练后导，把学置前，发挥了学生学习的主动性，改变了传统的亦步亦趋的古诗教学模式。

当然，先练后导的过程思维不是简单地对“先导后练”顺序的置换和“练”与“导”的概念置换。“先练后导”是属于建构主义教学观和体现素质教育思想的一个行动概念。此处的先练是让学生全员实践，在实践中发现问题，然后针对问题进行生本联导、生生互导和生本相导。

“以练导学”既依循传统，又敢于创新，既是回归，又是前行，是语文教学的新走向，新视野。“以练导学”，可以撼动乃至撬动传统的课堂教学结构模式，使语文教学呈现崭新的面貌，最终走向高效、和美之境。

接下来再讲一个读写融通的问题。读与写是语文教学的两翼，关于读和写现在有很多争论，比如什么写作本位论、阅读本位论，读为写服务还是写为读服务等等。我觉得这还是一种极化思维在作祟。为什么非要分出个谁大谁小谁主谁次不可？在我看来，读和写本就是相互服务互相融通的，读可以促进写，写反过来也可以促进读。如果说读是语言的理解和积累的话，那么写就是语言的抒发与表达，一个是进，一个是出。关键是读什么、怎么读，写什么、怎么写。所以，选择合宜的读写训练点就显得尤为重要。王荣生教授说过：“选择合宜的教学内容，是一堂课的最低标准。”那么也可以这么说：“选择合适的读写训练点，是一堂好课的主要支点。”如我在教《跨越百年的美丽》一文时，分别选择了外貌描写、议论方法两个读写训练点，一堂课围绕一个读写训练点，分梯度展开教学，从读到写，自然迁移，课堂内容集中，教学过程清晰高效。再如《女娲补天》的读写训练点可选择神话故事“神奇”的描写方法，也是从读到写，逐步展开体会。微观层面的融通还有很多，下面呈现几种融通方式和相关的案例：

“言意互转，同构共生” 阅读教学言意要相谐，必须能够相互转化。引导学生由言到意的转换过程，也是个穿透“两层”、出人“三境”的过程。言语作品是意的言化形式，它有两个层面：一是外层，即语表层；二是深层，即内蕴层。［这跟印度十世纪时文艺理论家新护提出的理论是不谋而合的，认为词汇有三重功能，能表达三重意义：表示功能——表示义（字面义，本义）；指示功能——指示义（引申义，转义）；暗示功能——暗示义（领会义）］丰厚的内蕴需要我们在阅读时引导学生“穿透”才能获得，达到意的那一边。这种“穿透”具有具体化的特点。吸收者动用自己的生活体验和知识储备，设身处地地与表达者对话，并用主动的创造性想象、联想等方式为作品“补白”，连接“空缺”，使“意”变得充实而完整。学生透过语言文字的表层，领悟到丰富的意蕴，切身体悟，投入自己，调动自己的全部心力去触摸文本，与文本共识、共振、共鸣，从中读出自己。这是在具体化基础上的超越，是对原意的追索和还原的穿透。言意转化的路径有两条：由言到意以及由意到言。由言到意的转化策略有据言悟意 、由言带意、创言补意。由意到言的转化策略有由意带言、循意识言、会意生言，最后达到言意共振。

“虚实互补，融会贯通” 对空白的关注，是中国美学空间意识的核心组成部分。侯宝林相声中有这样一段：有一个土画家，什么都画不像，还喜欢卖弄。一天，一个人拿着个纸扇，上等宣纸做的，是个好扇子，想请他画个画。那人说：“我给你画个美人吧。”“好，那就画吧。”他画了半天，画好了。一看，不太像。他说：“那给你改张飞吧。”“好，那就改吧。”张飞画好了，那画家说：“这张飞胡子画得太多了，我给你改怪石吧。”怪石改好，请他画扇的人瞧瞧，说道：“这也太怪了吧。”又不太像。那画家倒干脆，说：“得，我给你涂黑了，你找人写金字去吧。”这个笑话讽刺了一位笨拙的画家，犯了中国画的一个大忌，那就是太实了，塞得太满了。由美人到张飞到怪石，再涂黑，终究没有用了。一个生命体就是一个气场，全部塞满了，填实了，就没有生气流荡的地方了。不论是中国画还是江南园林，都是极尽空白之妙。绘画中的虚实相生，作为生存、运动的形态表现，体现了生命运动的节奏。在画面的结构中，虚实相生是生机的关键。仅有实，无法使生气流通，还必须有虚，才能使“灵气往来”。画面从有形生出无形，有限生出无限，使有限的形式生出无限的容量，这都是虚实相生的结果。“密处不透风，疏处可走马”（清·邓石如语），大白的世界有大美，有实，虚空世界才不至于落入无意义的顽空，空的意义因有实而彰显出来；正因为有空，实有世界才有生命吞吐的空间，有了气韵流荡的可能。虚实相生，非虚则无以成实，非实则无以显空。

课堂教学作为一门艺术，也要讲究虚实相生。课堂中的“虚实相生”指的是课的空间感与充实感。课要留白，不能填塞得太满。要虚，留白后才能给人以想象与联想的空间，满足人的审美需求。从课堂节奏的角度说，就是指课的舒缓与紧凑，要“疏可走马，密不透风”。

“诗文互融，相得益彰”　“诗”与“文”是两种不同的文学体裁，诗歌是最早出现的文学样式，从语言的直观层面看，诗歌具有韵律之美和高度凝练的特点。它的表达特点是思维跳跃、语言充满情感，容易激发读者的想象。古诗的语言尤其凝练含蓄。这里的“文”指的是有别于诗歌的“散文、小说、戏剧”等文学样式。在小学语文教材中，散文的选文占了绝大多数。相比诗歌，“文”的语言比较铺陈、渲染、直白。在教学过程中，教师如能把“诗”“文”这两种截然不同的文学体裁文章巧妙融通，相互诠释、补充，定能使各自的优势得到互补，使学生获得更大的语言信息量，同时有助于学生理解语言、积累语言。如古诗《春日》《游园不值》的教学，可以在起课和结课之时，把两首古诗中的名句和散文中的名句对应起来学习，以文释诗，以诗概括文，诗文有效融通，促进学生的理解和感悟。

“一进一出，圆融和美”　王国维在《人间词话》中写道：“诗人对宇宙、人生，须入乎其内，又须出乎其外。入乎其内，故能写之；出乎其外，故能观之。入乎其内，故有生气；出乎其外，故有高致。”写诗若此，读文也是如此。阅读的过程是孩子们潜心会文的过程。文本如同一个作者所布下的“迷魂阵”，引导孩子们潜心会文，在“迷魂阵”里行走，入文是关键。引导学生与文本做零距离的对话，就要设法让学生转换角色，切己体察。入文阅读，是一种倾注情感、倾注心性的阅读，只有入文，才能与作者同呼吸、共命运，才能感受作者的心跳、享受文本的情味，才能与作者、文本实现在精神上、语言上的共通、共鸣。入文是一种让读者心性、情感投注其中的感性阅读。然而，入文只是基础，作为读者，从文本中汲取营养的途径有感性领悟与理性审视两种。除了让学生在入文中进行感性领悟外，还要引导学生跳出文本进行理性审视，这就是“出文”。如果说“入文”是一种近距离乃至零距离的与文本的亲密接触的话，那么“出文”则是一种远距离的理性欣赏与评价，理解、感悟、欣赏、评价都是语文课要培养的语文能力，所以阅读课要引导学生理解性地读、欣赏性地读、评价性地读、批判性地读。文字的美需要细细品味，慢慢玩味，也需要理性解剖，犀利审视。“入文”时感性触摸文字，能让学生感受到语言文字的情味、韵味，“出文”时理性审视评价文字，能让学生领略到作者遣词造句、布局谋篇的独具匠心。

如笔者在教学《去年的树》一课时，先引导学生“入文”，与文本做零距离的接触与对话，甚至让学生“切己体验”，把自己当成小鸟、大树，演读对话，在文本里面“呼吸”，这便是“入文”。在学生充分体验了小鸟与大树间深挚的友情后，再引导学生“出文”——走出文本，理性审读，引导学生读出文本蕴涵的多元主题。这一“入”一“出”，就是在文本中走了一个来回。

“入”与“出”这阅读过程中的两极元素，在引导学生阅读时应融合使用，融会贯通。因为两者间有着不可分割的必然联系。“入文”时沉醉，才能使学生在“出文”时兴味盎然。“出文”深刻，会促使学生再次“入文”品味涵泳。“入文”是“出文”的基础，“出文”是“入文”的延续和提升。“入文”与“出文”，是阅读的两极状态，应巧妙融通，共同促进，提升学生的阅读能力。

“一呼一吸，吐纳有序” 阅读是对语言的吸收，写作表达是语言的倾吐，二者如同我们的呼吸。学生的语文学习，就在这一“呼”一“吸”的不断循环过程中潜移默化地提高语文能力，提升语文素养。在实际的语文实践过程中，语言的吸收和倾吐表达其实是融合在一起的，是个双向互动的过程。如何在阅读教学过程中选择合宜的教学内容，引导学生边吸收边吐纳，使之在最短的时间里实现语言从积累到运用的转换，使“读”“写”训练有机平衡，是“和美语文”的境界追求之一。本人在执教人教版六年级《草虫的村落》一文的过程中，抓住三个标点符号“！”“？”“……”，读懂作者的情感，再到表达读者的情感，本课设计分两个层次：

第一层次，从三个标点切入，让学生读懂作者。先从感叹句切入，学生通过重点品读“游侠归来”这部分课文，体会作者的兴奋之情。

“我想它一定是游侠吧！”这句感叹句，直接写出了作者看到游侠归来时的惊喜和兴奋，在找句读句中，学生初步感受到了感叹句传递的情感后，紧扣“游侠”一词，让学生在语段中找它是“游侠”的依据，在引导学生品词析句的同时，训练学生的演绎思维能力、逻辑推理能力，学生通过找、品、说、议、想象等活动，充分感受了游侠归来时的有趣情景，再回读感叹句“我想它一定是游侠吧！”，此时，作者的情感已悄悄转化成读者的情感，学生读出的是自己的惊喜、兴奋。然后在学草虫们“勤勉劳动”这部分课文时，从三个问句切入引导学生读出问句背后作者的惊奇、百思不得其解。这三个问句是：（1）它们一队队不知道从什么地方来，一定是很远很远的地方吧？（2）是什么力量使它们这么勤勉地奔忙呢？（3）我完全迷惑了，在小虫子的脑海中，究竟蕴藏着多少智慧？最后抓两处省略号：（1）看见测气候者忙于观察气象，工程师忙于建筑设计……（2）我还看见了许多许多……学生通过想象补白，读懂作者的未尽之言和省略号的表达效果。

第二层次：用三个标点表达自己的读书感受。抓住“蕴藏”造句，用感叹号表达自己的惊叹之情；用问号提出自己读书后的疑问：对草虫的世界，你还想知道什么？最后，老师用省略号结课：“同学们真了不起，你们读出了自己的叹号、问号，但老师更希望你们能把这一连串的叹号和问号化作省略号，因为对草虫世界的探究是无止境的，回去后，希望你们通过仔细观察，写出一篇属于自己的草虫村落的文章。”

两个层次的教学，语言的吸收与表达巧妙融通；文章的文意美与语言美和谐整合；文境与课境无痕融合。一标一点总关情，小标点承载的是大语文的信息，标点为轴，情感为径，共奏“和美”的乐章。

“文字画面，切换补充” 语言文字中蕴涵着一幅幅画面，文字的画面感、音乐感使语文充满魅力。如何使文字蕴涵的画面与直观的媒体画面相互映衬、相互补充，共同作用于学生的阅读过程？我们应该根据文本提供的语言材料的具体情况来选择。如《草原》一课，有很多经典的语言是只可意会无法言传的，如“一碧千里而并不茫茫”。这样的意境没有亲见无法真切感受，但很多孩子因为没亲自去过草原，所以也无法感受这种意境，如果能利用多媒体画面，把草原真切地拉到学生的眼前，使其置身于草原的真实情境中，学生的心头一定会涌起“天苍苍、野茫茫，风吹草低见牛羊”的美好意境，会唤起内心“一碧千里而并不茫茫”的视像，这是用画面来辅助理解文字。在引导学生欣赏了草原的美丽画面后，可进一步引导他们用语言来描述看到的情景：看到这么美的草原，你的脑海中涌现了哪些词句？学生会调用脑海中的语言储备来形容眼前的画面，这个过程，是用文字诠释画面。文字与画面相互作用，融合沟通，必定能提升学生的语言品质和审美能力，综合提高语文素养。笔者在执教《趵突泉》一课时，也是采用了画面辅助诠释文字的方法，唤起学生脑中的想象，帮助学生理解、感受语言文字。

“内容形式，骨肉相连”　在具体的文学作品中，内容和形式是相互渗透、融为一体的。黑格尔说：“内容非他，即形式之转化为内容；形式非他，即内容之转化为形式。”世上没有脱离内容的形式，也不存在不依凭形式的内容。二者是互相渗透、互为转化、融为一体的。在教学过程中，我们该选择文章的“形式”还是“内容”来作为我们的教学内容？笔者以为，文章写了什么，也许每个人都看得懂，但文章是怎么写的，却不一定每个人都看得见。中高年级的阅读教学，要把阅读的视角从只关注文章“写了什么”到关注文章是“怎么写的”。把内容和形式巧妙融合，以形式带内容，这是对文本的全方位吸收，要把课文作为一个完整的审美整体引领学生去感受。

“作者读者，两情互激”　文章的作者一直是隐于文后的“神秘符号”，学生知道作者的文字背景，却感觉不到作者真实的情感世界。如果能让作者从“幕后”走到“台前”“亮相”，让学生真切感受作者的存在，体察作者真实的情感，使作者情与读者情相互激荡，使读者与文本进行零距离对话，必定能加深学生的阅读感受。苏教版课标教材四年级《番茄太阳》一文的作者卫宣利，与文章主人公明明有着相同的命运，文章的字里行间流露出作者作为一个残疾人独具的丰富、细腻的情感世界。以上案例，在充分触摸文本情感的基础上，通过让学生看作者的视频，与作者真切面对，倾心对话，拉近了读者与作者、文本的距离，学生的心灵受到了很大的震撼。最后学生的倾吐情真意切，这都源于真实促真情。

“不求甚解”与“咬文嚼字”　融通汉语言的一大魅力是语言造境，而这个“境”之美只可意会不可言传。如李清照词中“绿肥红瘦”一词，所蕴涵的情味与意象之美是任何语言无法诠释的，诠释得越清楚，美感便消失得越多。汉语语意的模糊性决定了我们语文教学对有些语言的品味应不求甚解，即所谓的留一份朦胧留一份美。例如“墙里秋千墙外道，墙外行人，墙里佳人笑”，是说古代的小姐在后花园荡秋千，墙外的行人（可能是个年轻的公子）从墙外经过，从门缝中依稀看到里面裙裾飘飘的倩影，回味里面佳人无比美好的形象，这就是一份模糊的美感，倘若外面人推门进去或里面人突然走出，让我们看了个究竟，那么也许反给我们留下许多遗憾和失望，所以我们大可不必对每个语言文字都深究含义，做出非让学生说清“粥”乃“一定的米加一定的水加热到100度后的生成物”这样的傻事。然有些语言现象，特别是名家名篇，作者的炼字造句可谓匠心独运，对这样的语言现象，应引导学生们品词析句，甚至咬文嚼字，“嚼”出语言背后的情味、意味、韵味，“嚼”出弦外之音、言外之意，通过“咀嚼”语言，引领孩子走进文本的内核，享受深层的人文陶冶与情感震撼。如人教版实验教材《燕子专列》一文，在引导学生学“瑞士居民寻找燕子”一节，引导他们体会“纷纷”一词时，教师可设问：“都有哪些人去寻找燕子了？”学生想到可能有老人，有孩子，有政府官员，甚至还有残疾人。教师再问：“这么多不同年龄、不同职务、不同性别的人都加入了寻找燕子的队伍，你能想象到他们走出家门时的心情吗？”学生说“迫不及待”“心急火燎”“三步并作两步”“急匆匆”等等。最后教师总结：这么多人怀着这样的心情走出家门，这就是“纷纷”啊！这个对“纷纷”一词的品味过程，是个“细嚼慢咽”的过程，是个极力铺陈渲染的过程，是个把“薄”书读“厚”的过程。所以，对这样的语言现象，不着力“品”，不细细“嚼”，是无法品出个中之“味”的。

不求甚解或咬文嚼字，要根据具体的语言以及具体的语言环境而定，同一个词语，在不同的语言环境中，可能要采用不同的品词方法。如一个“揪”字，在独立的语境中可能并不需要细嚼慢咽学生就能理解，可在《景阳冈》中描写武松打虎的情景时，这一“揪”可值得我们咬文嚼字细细品味，武松能把老虎给揪住，何其胆大、力大，武松不揪别的地方，单揪老虎的顶花皮，何其智慧。所以，我们可以从这“揪”字中品出武松的力大无比、智勇双全。不求甚解和咬文嚼字作为两种不同的品味语言的方法，也可看做是两极，应根据不同情况分类处理，这“两极”，还是都要兼顾的。如果一味不求甚解，语言的准确性、适切性就无法保证；如果处处咬文嚼字，语言的朦胧美与含蓄美就大打折扣了。只有把两种方法融通使用，才能领略汉语言文字“横看成岭侧成峰”的多层次之美。

这些方方面面的融通就是在求“和”，融通后会生成新的物质，即学生的整体语文素养和语文能力。语文教学只有把立足点定于这个动态的生成物“和”的上面，关注新质的生成，教学才能真正走向和美。

教学现场

立足剧本文体　建构和美课堂

《半截蜡烛》课堂实录

一、导演说戏

（观看一段有关“二战”历史的视频资料。）

师：通过看这一段资料，你们获得了哪些信息？

师：今天这节课，我们来读一个发生在二战时的故事。故事的题目叫做——

生：半截蜡烛。

师：这是一个剧本，课前你们读过这个故事了吧，我们先来理一理。这个故事的前面有一个舞台说明。故事发生的时间是在——

生：第二次世界大战期间。

师：地点是在——

生：法国伯诺德夫人家中。

师：这个故事中人物，分别是——

生：伯诺德夫人，法国的一名家庭妇女；杰克，伯诺德夫人的儿子；杰奎琳，伯诺德夫人的女儿；三个德国军官，其中一个少校，两个中尉。

师：少校、中尉都是军衔。少校相当于一个营长，中尉相当于连长级别。故事主要由两部分组成，开始的时候写了伯诺德夫人把情报藏在半截蜡烛里，接下来就写母子三人保护蜡烛。你觉得这两部分，哪一部分精彩一些？

生：保护蜡烛。

师：这节课重点来读这部分课文。

师：（多媒体响起敲门声）你们听，随着一阵粗暴的敲门声，三个德国军官闯进了伯诺德夫人的家中，于是一场没有硝烟的战争就打响了。那么这母子三人是怎么想尽办法保护这半截蜡烛的呢？把书拿起来，快速默读保护蜡烛这一部分课文。读完之后我们要补充完成一张情节图。（PPT出示情节图）

（生默读，教师巡视观察，提醒读完的同学将情节图补充完整。）

师：好，把笔停一下。看看这位同学写的情节图。第一处他写的是“端起”。除了这个端起，还有不同的写法吗？

生：端走。

师：可以。后面这个括号，他填的是“夺回”。还有不同的填法吗？

生：被夺回。

师：哪一个更合适？

生：夺回，因为上面一横填的都是敌人怎么做。

师：看来你不仅读懂了课文，还读懂了这张图。

师：接下来，请同学们做一回导演，说一说戏。愿意吗？（媒体推出“导演说戏”）

生：愿意。

师：请你看着这张情节图，向剧组人员简单地介绍一下剧情的发展。自己看着屏幕练一练吧。

（生练说）

师：导演，请问你贵姓？

生1：我姓李。

师：哦，李导。我们请李导简单向剧组人员介绍一下剧情。

生1：伯诺德夫人先点燃蜡烛，后来德国佬来了，又把蜡烛给吹灭了。但是德国佬说屋子里太黑了，又把蜡烛点燃了……

师：等等，这个蜡烛到底是谁吹熄的？

生1：伯诺德夫人。

师：对，要把“谁把蜡烛怎么样了”交代清楚。你可不能乱导。

生1：三个德国军官来检查，嫌屋子里黑，点燃了那支藏有机密的蜡烛。伯诺德夫人拿出一盏油灯，她说还是油灯的光亮，就把蜡烛吹熄了。德国军官说多点几支蜡烛也好，这样就更亮了，于是又点燃藏有机密的蜡烛。杰克说那么生点火吧，可是柴房里比较黑，想把蜡烛给端走。可是德国军官不让他把蜡烛拿走。最后，杰奎琳对德国军官说，晚上了，天黑，想拿这支蜡烛上楼去睡觉。

师：好，你还把“母子三人分别找了个什么借口把蜡烛怎么样了”都交代清楚了。请问你贵姓？

生2：姓陈。

师：跟大导演陈凯歌同姓，了不得。但是我觉得你说得太复杂了。能不能说得再简洁一点？

……

生3：首先是由德国军官点燃蜡烛，接着伯诺德夫人借口油灯更亮把蜡烛吹熄。可是德国军官又点燃了蜡烛，杰克找了个想到柴房搬柴火的借口想把蜡烛端走，但是被德国军官夺回。最后是杰奎琳借口想上楼睡觉把蜡烛端上楼。

师：既清楚又简洁，还加上了一些恰当的连接词，把情节发展中的几个波折也交代得非常清楚，不错！贵姓啊？

生3：我姓胡。

师：你没有胡导，你导得非常好。

（生笑）

师：这个故事的情节就是这样，通过母子三人轮流跟敌人的交锋、冲突，把剧情一步一步地推向高潮。听着导演的介绍，你想用一个什么词来形容这个故事。

生1：一波三折。

生2：层层推进、有惊无险

师：也可以说是跌宕起伏。剧本，就是这样，通过对话，一步一步地推进了故事的情节。这是剧本的第一特点。

（板书：对话；推进情节）

二、演员演戏

演出形

师：导演做得不错。接下来，盛老师要请你做一回演员来演戏，有兴趣吗？

生：有！

师：你们说说看，在保护蜡烛这个过程中谁起到了关键的作用？

生：杰奎琳。

师：那她就是女一号了，是不是？（生笑）

师：好，盛老师请你们再一次默读“保护蜡烛”这一部分内容，边读边把杰奎琳的台词画下来。

（生边默读边画台词，师巡视。）

师：说吧，找了哪些？

生1：我找了“司令官先生，天晚了，楼上黑，我可以拿一盏灯上楼睡觉吗？”这一句。

生2：“我觉得她一定非常想您，司令官先生。和你聊天真有趣，可是我实在太困了。”

生3：还有“晚安，各位先生，晚安妈妈”。

师：盛老师也把它们找出来了，请你们看着这个屏幕练说一下杰奎琳的这两句台词。

（生练说）

师：谁挑一句，说给大家听。

生4:“司令官先生，天黑了，楼上黑，我可以拿一盏灯上楼睡觉吗？”

师：谁友情提醒他一下。

生5：应该是天晚了。

师：天黑了，楼上黑，两个黑，听起来好听吗？应该是天晚了。把台词说正确是最基本的要求。

师：听到这儿，谁的眼前出现了杰奎琳的样子？如果你是导演，你准备挑一个怎样的演员来演杰奎琳？

生6：美丽的、可爱的、纯洁的。

师：美丽的、可爱的、纯洁的人可多了。我还不知道该挑谁？我行吗？

（生笑）

师：具体一点。

生7：她要有宝石般的眼睛。

师：哦，有这样的眼睛好找的。

生8：还有笑容要像百合花一样纯洁。

师：哦，有这样笑容的，也容易辨别。还有补充吗？

生9：笑容要很甜美的，眼睛也要很大的。

师：你们这么说有依据吗？

生9：括号里面有蓝色的字。

师：你们知道括号里面蓝色的字叫什么吗？我告诉你们——舞台说明，就是提示了说话人当时的动作、神情、心理活动等等。

（生点头）

师：看来你们在这些舞台说明文字的帮助下，初读对话，已经能够初步地读出杰奎琳的形了，（师板书：形）

演出神

师：但是真正要把这个人物演好，还必须走进那个人的内心世界。请你们再来读一读，品一品她说的这两句话，你觉得从她的台词当中还能品出什么来？

（生自由读）

生1：我觉得读着杰奎琳的话，我仿佛看到了德国军官放松了警惕。

师：杰奎琳是怎么让德国军官放松了警惕？

生1：她说“我觉得她一定非常想您”，杰奎琳让军官把注意力转移到女儿身上了。

生2：我觉得杰奎琳很想让德国军官早点离开他们的国家。因为她说“我觉得她一定非常想您”。

师：为了勾起他的思乡之情，注意力都转到女儿身上了。

生3：杰奎琳为了让德国军官喜欢她，所以她称他“司令官先生”。

师：其实，他大不了是一个什么官？

生3：一个少校。

师：少校相当于——

生3：相当于营长。

师：但是她把他叫成——

生3：司令官。

师：哄他开心呢！杰奎琳聪明吗？体会到了这一层，谁再来说一说她的台词。

生4："司令官先生，天晚了，楼上黑，我可以拿一盏灯上楼睡觉吗？"。

师：我想采访一下你这个杰奎琳，你说"和你聊天真有趣"，你觉得真的很有趣吗？

生4：没趣。

师：那么你喜欢这个德国军官吗？

生4：不喜欢。

师：那你现在真实的情感是什么？

生4：厌恶、憎恨。

师：杰奎琳对德国军官的厌恶、憎恨能从前面的台词里找到依据吗？

生4：我真讨厌德国佬。

师：这句台词在前面，我们一起来说一说吧。

（生齐读）

师：她说讨厌，而且还说是德国佬，这个佬就是一种轻蔑。你看"阔佬，乡巴佬"都是很讨厌的。这句台词表达了她真实的情感，这叫——

（板书：言为心声）

师：但此时此刻，她这种情感能表达出来吗？

生：不能。

师：必须把它深深地藏在心底。她得——

（板书：藏）

生（齐）：言藏心声。

师：体会到这一层，你再来读杰奎琳的台词。我想这次你们不仅能读出她的形，还能读出她的神来。

（板书：神）

（生再次练读台词）

师：好，这回你们来推荐一个演员来演一演最后精彩的一幕。好，就请这个女孩来。再找一个德国军官给你配戏。找谁？就请你。

（生笑）

师：盛老师来说画外音。你们都做文明观众。

师（配画外音）：在保护半截蜡烛的过程中，伯诺德夫人和杰克两人接连受挫。这个时候，时间在一分一秒地过去，蜡烛越燃越短。此时此刻，这半截蜡烛仿佛成了屋子里最可怕的东西，这母子两人的心紧张得都提到嗓子眼了。就在这千钧一发的时刻，突然杰奎琳打了一个懒懒的哈欠，走到少校面前——

生1（打个哈欠）："司令官先生，天晚了，楼上黑，我可以拿一盏灯上楼睡觉吗？"

师：她宝石般的眼睛在烛光下显得异常可爱。少校看着她那粉嘟嘟的小脸蛋，笑了。

生2（笑）："当然可以，美丽的小天使。我也有一个像你这么大的女儿，和你一样可爱。她叫玛琳娜。"

师：杰奎琳的笑容像百合花一样纯洁。

生1（天真地）："司令官先生，天晚了，楼上黑，我可以拿一盏灯上楼睡觉吗？"

生2："那么晚安，小姑娘。"

生1（疲倦地）："晚安，各位先生。晚安妈妈。"

（生鼓掌）

师：演得不错吧。你们看戏很轻松，实际上当时的情况非常紧急。杰奎琳就这样端着蜡烛一步一步地走上楼梯，当她踏上最后一阶楼梯时，蜡烛熄灭了。故事就这样，通过对话，向我们展示了一个如此天真可爱、聪明机智的杰奎琳形象，这是剧本的第二个特点，通过对话刻画人物。（板书：刻画人物）

三、编剧续戏

师：眼看一场随时都有可能爆发的灾难，就这样被杰奎琳巧妙地、轻轻地化解了。此时此刻，心有余悸的一家人肯定有很多话要说，他们会说些什么呢？接下来请你来过一过剧作家的瘾，补写几句对话，请你任选一个角色写下来。括号里可以写舞台说明，比如人物的神态、动作等等。

（生想象写台词。交流学生写的台词。）

生1：（伯诺德夫人流着汗）终于把该死的德国佬赶走了。

师：这可是冷汗。我仿佛看到了伯诺德夫人当时的样子了。

生2：（伯诺德夫人高兴地说）亲爱的，可真有你的，把危机化解了。

师：一个自豪的母亲形象。

生3：（杰奎琳满头是汗地说）刚才可吓死我了，幸亏我聪明。

生4：（杰奎琳嘟嘟小嘴）终于把这些德国佬赶走了，真希望他们永远不要回来了。

师：我特别欣赏你写的"嘟嘟小嘴"。让我仿佛看到了真实的杰奎琳。

生5：（杰克松了一口气）杰奎琳你真是太棒了，不然我们都会遇难的。

师：杰克也是心有余悸。

生6：（杰奎琳呼了一口气）还好我及时，差点被德国佬发现了。

师：嗯，人家紧张的时候是吸了一口气，你轻松了就呼出一口气。

生7：我是写杰克的，他放松了一口气。

师：放松了一口气，我们有点听不懂，应该是——

生7：松了一口气。（杰克松了一口气）总算保住了蜡烛里面的秘密。

师：此时此刻，德国佬都走掉了，你们还需要言藏心声吗?

生：不用。

师：所以你们一口一个德国佬，尽情地把心里想说的话说出来了，真是——

生：言为心声。

师：刚才，你们通过台词塑造的人物形象和课文中的形象是吻合的。你们写得很成功，编剧做得很不错。但原文为什么不写下去了呢?让我们自己去发现。

四、观众评戏

师：盛老师还想请同学们做一回观众，来评一评这个戏。你们说，这个戏好看吗？

生：好看！

师：（PPT出示两个问题）据说有些观众看了这个戏后，产生这样的疑问：既然最后是由杰奎琳保护了蜡烛，何必还要费事写伯诺德夫人和杰克与敌人的周旋？这是第一个疑问。还有一个疑问：剧本的题目是否改成“生死攸关的蜡烛”更好？针对这样的疑问，你们这些小观众又有怎样的评论呢？任选一个话题发表你的看法。

生1：我想说说第一个问题。如果不写伯诺德夫人和杰克与敌人周旋的话，就不能突显出剧本里很危机的情形。

师：我懂你的意思了，你是想说不能体现剧本的——

生1：跌宕起伏。

生2：我也选择第一个问题。不这样写不能体现保护蜡烛的困难。

师：这样写才显得杰奎琳聪明。

生3：我也想说是第一个问题。不这样的话，不能刻画出杰奎琳的聪明、机智。

师：你觉得有比较，才更能刻画出她的聪明机智。

生4：如果不这样写，就不能体现时间紧迫。

师：难道你们认为所有的功劳都是杰奎琳一个人的吗？

生5：因为杰克失败了，所以杰奎琳才想出这样的办法。

生6：如果没有伯诺德夫人和杰克这样做的话，杰奎琳根本没有时间这样做。

师：我同意。

生7：伯诺德夫人和杰克试着一次又一次地打消敌人的顾虑，敌人的顾虑一点点降低，最后到杰奎琳那里终于打消了。

师：一句话，有了前面的铺垫才有了后面的高潮，才能形成故事的一波三折。

生8：可能伯诺德夫人平时就是这样言传身教的。

师：可以这么说，是他们母子三人同心协力保护了蜡烛。同意吗？

生（齐）：同意。

师：最后一个问题改成“生死攸关的蜡烛”可以吗？

生9：可以是可以的。但是用半截蜡烛更能显示出当时情况的危急。

生10：我觉得这个题目让读者感兴趣。

师：对呀，这蜡烛怎么是半截的呢？引着读者往下看。

师：同学们，今天我们第一次阅读《半截蜡烛》这个剧本，已经基本了解了剧本的一般特点。就像课文的阅读提示中说的那样，一起来把这段话读一读。

生（读）：“有一种文学形式——剧本，主要通过人物对话或唱词来推进情节，刻画人物。”

师：（PPT出示）这句话换一种说法也可以这样说——

生（读）：“对话——戏剧的灵魂。”

板书：

	半截蜡烛		
言为心声	对话	推进情节	形
言藏心声		刻画人物	神

教后反思

本课教学，根据文本的文体特点和略读课文的特点，摒弃以往内容分析，建构“以练导学”的新型课堂模式。

一、教什么——教剧本知识、剧本的表达

语文课的知识体系一直是不清晰的。阅读课，我们需要教一些必需的文学、汉语言知识。文体意识的淡薄一直是阅读教学的误区所在。剧本的教学跟一般的写人记事的文章应有哪些不同？有关剧本的知识丰厚无比，作为第一次接触剧本的小学生，该学习哪些剧本知识？阅读提示中有一句话：“剧本，通过对话推进情节、刻画人物。”对这个有关剧本的文体知识，该怎么教？是理性地告诉，还是在学的活动的充分展开过程中自然地、润物无声地渗透？我觉得应该选择后者。在学的过程中，把这个剧本的主流知识慢慢推出，让学生在阅读实践的过程中逐步领悟，最终变成一种非常明晰的陈述性知识。还有外围的跟剧本相关的知识如何渗透？如导演说戏、选演员，演员演戏，编剧改编剧本，观众

评戏等。通过这种妙趣横生的被戏剧元素包裹着的语言实践活动，给课堂营造了一种戏剧文化。这是一种用戏剧的方式教剧本的独特的语文学习活动，是依据文体特点和学生实际，选择、设计的一种富有情趣的有效的语文活动。如果不是剧本，那么这四个板块的内容设计就没有价值和针对性了。

二、为什么教——培养阅读能力

本课采用“外活动与内活动相结合的方式（听说读写与演编等形式），设计了四个板块的语文活动，给学生提供了广阔的语文实践平台，着重培养四种阅读能力：概括能力、理解能力、迁移运用能力（表达能力）、评鉴能力。把阅读能力的培养当成阅读教学的终极目标，这种阅读取向是阅读教学的明智之举。

三、怎么教——以练导学

课堂教学的健康走向应是“建构以学的活动为基点的课堂教学”。如何在课堂上给学生创设充足的学习空间，化教为学，以练导学？本课设计了三个板块推进教学，给学生提供了广阔的学习空间。采用讲练结合的模式，通过说、演、读、写、评等多种语文训练方式，以练导学，以练促解，练中积累，练中迁移；通过笔练与口练结合的方式，动静相宜，促进学生深层次的语文学习。总之，各类不同的文本，或“以雅见长”，或“以俗见长”，教师要因文而异，因需设教，教得有趣，教得有效，这就是我一直倡导的雅俗共赏的教学观。

名家点评

“化教为学”，语文课堂的“习得”之道

全国著名语文教育专家　浙江绍兴县教师进修学校　周一贯

鲁迅先生在《人生识字糊涂始》一文中说过：“孩子们常常给我好

教训，其一是学话。他们学话的时候，没有教师，没有语法教科书，没有字典，只是不断地听取、记住、分析 、比较，终于懂得每个词的意义，到了两三岁，普通的简单的话大概能够懂，而且能够说了，也不大有错误。”确实，婴幼儿学口头语言，靠的竟不是系统的“教”，而只是在生活中自然地“习得”，这不能不引起我们对今天语文课堂的反思：老师分析得那么透，讲解得那么累，可为什么语文学习的效率如此不尽人意？学口头语言，即使是婴幼儿也可以“习得”，为什么学书面语言已有了口头语言的基础，反而不能让儿童自主“习得”？听了著名特级教师盛新凤的《半截蜡烛》，我似乎更相信当下小语课堂的基本教学模式亟需重构，完全应该从教师的所谓深度解读和过度讲析中解放出来，以实践取向，化教为学让学生自主习得。

习得的概念，本意应当指在非教学状态下（如在生活中），演习者在自然的、无意的习练中获得相关知识和能力。如儿童获得母语（口头语言）的主要方式，便是在日常语言运用的场景中不知不觉地习染了语言。这种学习方式能不能部分地迁移于书面语言的学习之中呢？答案应当是肯定的。正如著名语言学家王力先生所认为：“西洋语言是法治的，中国语言是人治的。”这里的所谓“法治”，讲究的是规律和逻辑，大多需要通过“教”去认识和把握；所谓“人治”讲究的是直觉感悟，重要的是学习者反复习练。所以，从根本上说，学中国语文是可以少教或者不教的，语文可以“无师自通”，这是不少人的共识。

在盛新凤的课堂里，她尝试的正是更多地让学生去“习得”，当然教师也不是完全不教，只是在关键处点拨，这种点拨根本就不是由教师呈现主观的解读“给予”孩子，而只是一种“导”，正如叶圣陶先生所解释：“导者，乃千方百计让学生自求得之，卒底于不待教师教授之谓也。”

以学生的“习”为主，辅以教师的“导”，便构成了盛老师这课堂的基本特色，于是，“化教为学”由有一种教学的可能性成为现实。那么盛老师又是如何摆脱全盘讲问重构“习导”的呢？

一、“习导”在整体感知之后

要让学生能自主习得有效地解读课文，必须有学生自行读通课文获得整体感知的基础。当然，这里的“初读”也是一种习得，但更重要的是在以后的深度探究中仍要放手让学生去自主习得，这就不能缺失了整体感知的铺垫。《半截蜡烛》是第七册（人教版）的略读课文，重在培养学生的略读能力。盛老师就在学生初读课文、简介背景之后，即在“半截蜡烛藏情报”和“保护蜡烛”的两部分中转入重点部分“保护蜡烛”。因为学生有了整体把握的基础，就为重点部分在探究中的习得创造了条件。当然在课文的重难点处探究，要放手让学生习得，并非轻而易举，这里的关键在于老师必须有一个能让学生“自求得之”的途径设计。根据剧本这一文学样式的特点，盛老师设计了一条由“导演说戏”“演员演戏”“编剧续戏”和“观众评戏”四大环节组成的“思路”，是习导成功的关键所在。这条“学路”通过让学生当导演、当演员、当编剧、当观众，有情有趣地以“说”“演”“续”“编”的学生主体实践，实现了反复的习练，并收获多多。显然，这个设计是得以“化教为学”的关键，它不仅使学生“化教为学”，而且让教师得以“顺习而导”，“习导”才成为教学主线，具有了重构小语课堂模式的生命力。

二、“习导”在学生自主解读之时

新课程标准明确指出“阅读是学生的个性化行为，不应以教师的分析来代替学生的阅读实践”；“要珍视学生独特的感受、体验和理解”。然而，我们在课堂屡见不鲜的大多是老师将主观深度分析教材之所得，在课堂上解读给学生听，学生只是在浅问浅答中应和配合，根本谈不上是学生自己的“阅读实践”。长此以往，学生的解读能力也就难以提高。但是，在盛新凤老师的课堂里，关键之处都不是老师的“全盘授予”，而是在“相机诱导”下让学生自己习得。如：

师：……你觉得从她的台词当中还能品出什么来？

生：读着杰奎琳的话，我仿佛看到了德国军官放松了警惕。

师：杰奎琳是怎么让德国军官放松了警惕？

生：她说“我觉得她一定非常想您”，杰奎琳让军官把注意力转移到女儿身上了。

……

生：杰奎琳为了让德国军官喜欢她，所以她称他“司令官先生”。

……

生：我觉得杰奎琳很想让德国军官早点离开他们的国家。因为她说“我觉得她一定非常想您”。

……

师：我想采访一下你这个杰奎琳，你说“和你聊天真有趣”，你觉得真的很有趣吗？

生：没趣。

……

师：那你现在真实的情感是什么？

生：厌恶、憎恨。

（读相关课文……）

这里，最值得我们关注的，正是教师引导学生自主解读的功力，启发“品味”，间以“采访”，才实现了学生自己的解读，而不再是教师解读给学生听。“习得”便更多地在这样的板块解读中，鲜活灵动地穿插其间。

三、“习导”在相关渗透之中

鉴于本文的文体是剧本，让学生初步感知剧本的特点和获得一些阅读剧本的相关知识，无疑也应在本文的教学目标范畴之内。如果教师突兀地插入对这方面知识的讲解，会显得不太协调，不太能融入学生自主习得的氛围。因此，盛老师也作了匠心独具的安排：

（生读杰奎琳的台词）

师：听到这儿，谁的眼前出现了杰奎琳的样子？如果你是导演，你准备挑一个怎样的演员来演杰奎琳？

生：美丽的、可爱的、纯洁的。

师：美丽的、可爱的、纯洁的人可多了，我还不知道该挑谁？我行吗？（生笑）具体一点。

生：她要有宝石般的眼睛。（师插话：有这样的眼睛好找的。）

生：还有笑容要像百合花一样纯洁。

生：笑容要很甜美的，眼睛也要很大的。

师：你们这么说有依据吗？

生：括号里面有蓝色的字。

师：你们知道括号里面蓝色的字叫什么吗？我告诉你们——“舞台说明”，就是提示说话人当时的动作、神情、心理活动等等。（生点头）看来你们在这些舞台说明的帮助下，初读对话，已经能够初步地读出杰奎琳的形了。

在教学中像这样有关剧本的特点和阅读知识，教师都是分散穿插于学生习得的过程之中，而成为一种简要的“导”。盛新凤做这样的处理，使必要语文知识的“学得”与学生自主阅读的“习得”融为一体，不仅节省了教学时间，而且能相得益彰，使学生对必要知识的理解能紧密地与阅读实践联系起来。

四、“习导”在课文拓展之外

阅读教学的最高境界是既要立足文本，又直抵儿童的生活世界和生命体验。盛新凤为本文教学设计的最后环节是让学生在“导演说戏”“演员演戏”之后来一个“编剧续戏”。即让大家思考：在德国佬走了之后，心有余悸的一家人肯定有许多话要说，他们又会说些什么呢？激发学生想过一把剧作家的瘾。于是教师便请大家任选一个角色来写，括号里可以写上舞台说明，比如人物的神态、动作等等。

这一环节的设计，既是读写的自然联系，又是对学生阅读感悟的合理激发，让学生有机会表达自己“独特的感受、体验和理解”。显然这是一个更为深入地自主习得的过程。这一环节的实施在盛新凤的课堂里不仅得到了很好的落实，还以一个紧跟其后的“观众评议”环节来开掘，提出了一些人的质疑：其一，既然最后是由杰奎琳保护了蜡烛，又何必费了那么多口舌来写伯诺德杰克与敌人的周旋？其二，课题“半截蜡烛”不太好听，还不如改成“生死攸关的蜡烛”。以此激起学生更多的思考。教师如此以质疑激疑来结束本课的教学，体现了将“习导”进行到底的教学策略。能让学生带着更多的思考走出教室，应当说这正是“习导”式教学追求的效果。

清朝的颜元曾经说过：“讲之功有限，习之功无已”（《颜李遗书》）。教学必然要以学习者自身习练为基础，说白了，这是常识。语文教学必须回归常识。其实，这个道理，在宋朝朱熹的教学经验之中早有论及："某此间讲说时少，践履时多，事事都用你自去理会，自去体察，自去涵养。书用你自去读，道理用你自去究索，某只是做得个引路底人，做得个证明底人，有疑难处，同商量而已"（《朱子语类辑略》），千年前学文言，朱熹尚且可以做到教师讲说得少，让学生习练得多，到今天面对言文统一的现代汉语，又何必再由教师作过度的讲析，以致造成学生的课堂读写实践严重缺失！由此看来，盛新凤老师以学生自"习"为主，辅以教师必要之"导"的探索，对于重构语文课堂的基本格局，是具有重要意义的。

文体：语言本体意义的话语方式

《四川教育》编辑部　余小刚

"夫文本同而末异，盖奏议宜雅，书论宜理，铭诔尚实，诗赋欲丽。"曹丕在《典论·论文》中，道出了文章的体式特点与风格。

小学语文教学绕不开对文体的关注。

文体本身有三层涵义：其一是文章体裁，其二是语言体式，其三是风格特点。或许正是对三个层次的有所侧重，小学语文教学关于文体的观照方式大致有三个取向：一是剥离语言与文体，侧重于文体常识，将文体知识提取出来，进行单独教学；二是"淡化文体"，侧重于语言本义，忽略作为文体本身的存在；三是"什么样的文章还它什么样的味道"，侧重于风格特点，以"味道"凸显风格特点，用"语文味"支配语文本身的教学。

问题是，小学语文教学怎样处理"文体"与"学习语言文字运用"的关系呢？

盛新凤老师的《半截蜡烛》无疑为我们做了一个较好的示范。在其"和美语文"的主张下，盛老师本课以一种兼容性的课程文化取向，将文体、课文二者统一于语文手段，让学生自然浸润在文化氛围之中，触及文体的含蕴，深入语言的本体。

一、经验比较：从语言方式触动文体意识

任何一种文章（文学）体式，都自有其特点。事实上，文体本身不

能独立于语言之外，它只是语言本体蕴含的话语方式，所以，文体的一个核心内涵是语言体式，简称语体。语体是支撑文体基本特征的内在本体，文学作品的基本语体包括叙事语体、抒情语体和对话语体。戏剧文学的语体即为对话语体。

师：这个故事发生的时间是——

生：第二次世界大战期间。

师：地点是在——

生：法国伯诺德夫人家中。

师：这个故事中的人物分别是——

生：伯诺德夫人，法国的一名家庭妇女；杰克，伯诺德夫人的儿子；杰奎琳，伯诺德夫人的女儿；三个德国军官，其中一个少校，两个中尉。

师：少校、中尉都是军衔。少校相当于一个营长，中尉相当于连长级别。故事主要由两部分组成，开始的时候写了伯诺德夫人把情报藏在半截蜡烛里，接下来就写母子三人保护蜡烛。你觉得这两部分，哪一部分精彩一些？

生：保护蜡烛。

师：这节课重点来读这部分课文。

小学语文常见的文体以记人叙事为主，从形式上，学生可以发现与“以前学的写人、记事的文章有什么不一样”，其实学生的回答，正好是从语言方式角度的发现。盛老师在巧妙的引领中，让学生发现问题，并在不断发现的过程中，自然触及文体特点，丰富文体认识。让人叹服的是，学生在逐渐的发现中增加对这种文体的兴趣和对所学课文的学习期待。

二、导演说戏：亲身体验戏剧文体的一波三折的曲折性

戏剧文学的核心要素是矛盾冲突，没有矛盾冲突就没有戏剧。戏剧的矛盾冲突在情节发展中，一般都会经历一波三折的曲折过程，戏剧矛盾冲突不是靠客观描写来表达，而是靠对话语言来突显，这是戏剧文体又一特点。

师：接下来，请同学们做一回导演，说一说戏。愿意吗？（媒体推出“导演说戏”）

生：愿意。

师：请你看着这张情节图，向剧组人员简单地介绍一下剧情的发展。自己看着屏幕练一练吧。

（生练说）

师：导演，请问你贵姓？

生1：我姓李。

师：哦，李导。我们请李导简单向剧组人员介绍一下剧情。

生1：伯诺德夫人先点燃蜡烛，后来德国佬来了，又把蜡烛给吹灭了。但是德国佬说屋子里太黑了，又把蜡烛点燃了……

师：等等，这个蜡烛到底是谁吹熄的？

生1：伯诺德夫人。

师：对，要把"谁把蜡烛怎么样了"交代清楚。你可不能乱导。

生1：三个德国军官来检查，嫌屋子里黑，点燃了那支藏有机密的蜡烛。伯诺德夫人拿出一盏油灯，她说还是油灯的光亮，就把蜡烛吹熄了。德国军官说多点几支蜡烛也好，这样就更亮了，于是又点燃藏有机密的蜡烛。杰克说那么生点火吧，可是柴房里比较黑，想把蜡烛给端走。可是德国军官不让他把蜡烛拿走。最后，杰奎琳对德国军官说，晚上了，天黑，想拿这支蜡烛上楼去睡觉。

师：好，你还把"母子三人分别找了个什么借口把蜡烛怎么样了"都交代清楚了。请问你贵姓？

生2：姓陈。

师：跟大导演陈凯歌同姓，了不得。但是我觉得你说得太复杂了。能不能说得再简洁一点？

……

生3：首先是由德国军官点燃蜡烛，接着伯诺德夫人借口油灯更亮把蜡烛吹熄。可是德国军官又点燃了蜡烛，杰克找了个想到柴房搬柴火的借口想把蜡烛端走，但是被德国军官夺回。最后是杰奎琳借口想上楼睡觉把蜡烛端上楼。

师：既清楚又简洁，还加上了一些恰当的连接词，把情节发展中的几个波折也交代得非常清楚，不错！贵姓啊？

生3：我姓胡。

师：你没有胡导，你导得非常好。

（生笑）

师：这个故事的情节就是这样，通过母子三人轮流跟敌人的交锋、冲突，把剧情一步一步地推向高潮。听着导演的介绍，你想用一个什么词来形容这个故事。

生1：一波三折。

生2：层层推进、有惊无险

师：也可以说是跌宕起伏。剧本，就是这样，通过对话，一步一步地推进了故事的情节。这是剧本的第一特点。

（板书：对话；推进情节）

在阅读的基础上，不做精雕细琢的分析，而是让学生角色置换，以“导演说戏”的方式，即从激发兴趣入手，又以体验内涵的深刻着力，对课文中一波三折的情节曲折性进行对话式陈述，使文体特征——矛盾冲突带来的学习难度得到有效化解，可谓视点高，效果佳。

三、演员演戏：体会戏剧文体长于刻画人物行动的特点

戏剧语言有“长于记人”的特点，也就是说，戏剧对话必须能够写出人物活动的全过程，尤其是戏剧矛盾冲突巅峰的时刻，戏剧的人物对话语言的“记人”特点相当突出，对话描写肩负了动作描写、心理活动描写、神态描写等多重功能，起到人物刻画传神的功效。这是戏剧文体的主要特征。

师：你们说说看，在保护蜡烛这个过程中谁起到了关键的作用？

生：杰奎琳。

师：那她就是女一号了，是不是？

（生笑）

师：好，盛老师请你们再一次默读“保护蜡烛”这一部分内容，边读边把杰奎琳的台词画下来。

（生边默读边画台词，师巡视。）

师：说吧，找了哪些？

生1：我找了“司令官先生，天晚了，楼上黑，我可以拿一盏灯上楼睡觉吗？”这一句。

生2：“我觉得她一定非常想您，司令官先生。和你聊天真有趣，可是我实在太困了。”

生3：还有“晚安，各位先生，晚安妈妈”。

师：盛老师也把它们找出来了，请你们看着这个屏幕练说一下杰奎琳的这两句台词。

（生练说）

师：谁挑一句，说给大家听。

生4：“司令官先生，天黑了，楼上黑，我可以拿一盏灯上楼睡觉吗？”

师：谁友情提醒他一下。

生5：应该是天晚了。

师：天黑了，楼上黑，两个黑，听起来好听吗？应该是天晚了。把台词说正确是最基本的要求。

师：听到这儿，谁的眼前出现了杰奎琳的样子？如果你是导演，你准备挑一个怎样的演员来演杰奎琳？

生6：美丽的、可爱的、纯洁的。

师：美丽的、可爱的、纯洁的人可多了。我还不知道该挑谁？我行吗？

（生笑）

师：具体一点。

生7：她要有宝石般的眼睛。

师：哦，有这样的眼睛好找的。

生8：还有笑容要像百合花一样纯洁。

师：哦，有这样笑容的，也容易辨别。还有补充吗？

生9：笑容要很甜美的，眼睛也要很大的。

师：你们这么说有依据吗？

生9：括号里面有蓝色的字。

师：你们知道括号里面蓝色的字叫什么吗？我告诉你们——舞台说明，就是提示了说话人当时的动作、神情、心理活动等等。

（生点头）

师：看来你们在这些舞台说明文字的帮助下，初读对话，已经能够初步地读出杰奎琳的形了，（师板书：形）

还是角色置换，但分明是语文的手段。盛老师从语文教学的“学习语言文字运用”这个维度，举重若轻，以“演员演戏”来化解学习戏剧语言的难度，实现“学习语言文字”与戏剧语体特征的高度融合，让学生在角色体验中，会文意，体会人物内心活动，尤其是对“女一号”——杰奎琳内心的思考、决策、探寻、担忧、着急、镇定等过程的体验，有效地铺展了教学的活动过程，既实现对戏剧对话语言的精微体会，又实现对人物活动的有效把握，可谓一举多得。

四、编剧续戏：读写结合，达成“学习语言文字运用”

学习的最终目的是为了运用，运用才能创造，戏剧文体风格的特征，已经促动了学生对“台词”深邃蕴涵的兴趣。所以，在学生热情点燃的时刻，教师有必要尝试让学生运用对话语言“长于记人”的特点，进行读写结合，加深对戏剧文体的认识和发展对话描写的能力。

生1：（伯诺德夫人流着汗）终于把该死的德国佬赶走了。

师：这可是冷汗。我仿佛看到了伯诺德夫人当时的样子了。

生2：（伯诺德夫人高兴地说）亲爱的，可真有你的，把危机化解了。

师：一个自豪的母亲形象。

生3：（杰奎琳满头是汗地说）刚才可吓死我了，幸亏我聪明。

生4：（杰奎琳嘟嘟小嘴）终于把这些德国佬赶走了，真希望他们永远不要回来了。

师：我特别欣赏你写的“嘟嘟小嘴”。让我仿佛看到了真实的杰奎琳。

生5：（杰克松了一口气）杰奎琳你真是太棒了，不然我们都会遇难的。

师：杰克也是心有余悸。

生6：（杰奎琳呼了一口气）还好我及时，差点被德国佬发现了。

师：嗯，人家紧张的时候是吸了一口气，你轻松了就呼出一口气。

生7：我是写杰克的，他放松了一口气。

师：放松了一口气，我们有点听不懂，应该是——

生7：松了一口气。（杰克松了一口气）总算保住了蜡烛里面的秘密。

师：此时此刻，德国佬都走掉了，你们还需要言藏心声吗?

生：不用。

师：所以你们一口一个德国佬，尽情地把心里想说的话说出来了，真是——

生：言为心声。

师：刚才，你们通过台词塑造的人物形象和课文中的形象是吻合的。你们写得很成功，编剧做得很不错。但原文为什么不写下去了呢？让我们自己去发现。

课例中，“念的时候不能告诉别人是谁，让大家来猜一猜”就是紧扣戏剧台词“长于记人”的特点，让学生在自选了心中了解的角色后，写出“台词”，与剧中人物对应，使语言运用紧扣文本，使学生发展独具个性，课堂的厚重感顿生。

五、观众评戏：总括文体特征，延伸阅读兴趣

对小学生教戏剧文学，难度是相当大的，既不能无视学生的创造潜能，也不能不考虑学生认知的实际，文学教学本身不是要求学生学会文学创作，但可以着眼于学生的未来发展，种下一粒种子，留下一份热情，放飞一线希望。

师：盛老师还想请同学们做一回观众，来评一评这个戏。你们说，这个戏好看吗？

生：好看！

师：（PPT出示两个问题）据说有些观众看了这个戏后，产生这样的疑问：既然最后是由杰奎琳保护了蜡烛，何必还要费事写伯诺德夫人和杰克与敌人的周旋？这是第一个疑问。还有一个疑问：剧本的题目是否改成“生死攸关的蜡烛”更好？针对这样的疑问，你们这些小观众又有怎样的评论呢？任选一个话题发表你的看法。

生1：我想说说第一个问题。如果不写伯诺德夫人和杰克与敌人周旋的话，就不能突显出剧本里很危机的情形。

师：我懂你的意思了，你是想说不能体现剧本的——

生1：跌宕起伏。

生2：我也选择第一个问题。不这样写不能体现保护蜡烛的困难。

师：这样写才显得杰奎琳聪明。

生3：我也想说是第一个问题。不这样的话，不能刻画出杰奎琳的聪明、机智。

师：你觉得有比较，才更能刻画出她的聪明机智。

生4：如果不这样写，就不能体现时间紧迫。

师：难道你们认为所有的功劳都是杰奎琳一个人的吗？

生5：因为杰克失败了，所以杰奎琳才想出这样的办法。

生6：如果没有伯诺德夫人和杰克这样做的话，杰奎琳根本没有时间这样做。

师：我同意。

生7：伯诺德夫人和杰克试着一次又一次地打消敌人的顾虑，敌人的顾虑一点点降低，最后到杰奎琳那里终于打消了。

师：一句话，有了前面的铺垫才有了后面的高潮，才能形成故事的一波三折。

生8：可能伯诺德夫人平时就是这样言传身教的。

师：可以这么说，是他们母子三人同心协力保护了蜡烛。同意吗？

生（齐）：同意。

师：最后一个问题改成“生死攸关的蜡烛”可以吗？

生9：可以是可以的。但是用半截蜡烛更能显示出当时情况的危急。

生10：我觉得这个题目让读者感兴趣。

师：对呀，这蜡烛怎么是半截的呢？引着读者往下看。

师：同学们，今天我们第一次阅读《半截蜡烛》这个剧本，已经基本了解了剧本的一般特点。就像课文的阅读提示中说的那样，一起来把这段话读一读。

生（读）：“有一种文学形式——剧本，主要通过人物对话或唱词来推进情节，刻画人物。”

师：（PPT出示）这句话换一种说法也可以这样说——

生（读）：“对话——戏剧的灵魂。”

结课一般有总结的内涵，尤其是学习新文体。那么应当是对新文体进行知识性梳理，还是对当下学习氛围的延伸，这是一种执教理念的区别。毕竟，文体只是一种语言本体的话语方式。既然是话语方式，学生通过语言学习是可以领会文体特征的。因此，盛老师把结课点放在延伸阅读兴趣上，通过展示一段话——“有一种文学形式——剧本，主要通过人物对话或唱词来推进情节，刻画人物”将文体特征做简约强调，重点放在推荐阅读上，使学生对戏剧文学——剧本的学习兴趣得到了延伸，简洁而不失大气。

教学现场

多向整合　巧妙融通

——《春日》《游园不值》

一、以文引诗，营造气氛

师：同学们，春回大地，春意盎然！在这春光明媚的日子里，盛老师常常想起学生时代学过的一篇由著名作家朱自清爷爷写的文章，叫《春》，写得非常美，我想背几句给你们听听，好不好？

生：好！

师："春天像刚落地的娃娃，从头到脚都是新的，它生长着。春天像小姑娘，花枝招展的，笑着，走着。春天像健壮的青年，有铁一般的胳膊和腿脚，领着我们上前去。"（幻灯片出示，配乐朗诵）

师：写得美吗？

生：美！

师：你们想不想来读一读？

生：想！

师：好，春天……（师引读）

生："春天像刚落地的娃娃，从头到脚都是新的，它生长着。春天像小姑娘，花枝招展的，笑着，走着。春天像健壮的青年，有铁一般的胳膊和腿脚，领着我们上前去。"（幻灯片出示，配乐朗诵）

【评析】　用朱自清《春》中的一组排比句引入，既联系新知，是下面诗文整合的一个铺垫和引子，又含蓄地揭示了诗文，同时又暗示学生，老师在学生时代学过的课文还记忆犹新，说明优美文章的段落是需要长期积累、记忆的。

二、初读感知，扫清障碍

师：这几句话，就是赞美了春天万物复苏、繁花似锦、生机勃勃的喜人景象。今天这节课，老师和同学们一起来学习两首宋朝诗人写的古诗，咱们看看古人眼中、笔下的春天又是怎样的！请大家打开书，翻到138页，请你先把《春日》《游园不值》这两首诗念一念，看看谁能把它们念得很通顺很流利！

（生自由读这两首诗）

师：能读通吗？

生：能！

师：好，男孩子读第一首，女孩子读第二首，我们一起来读一读！男孩子来！《春日》——

（男生齐读）

师：女孩子来！《游园不值》——

（女生齐读）

师：读得不错！你们读下来觉得这两首诗哪首比较难学？

（生议论）

师：很多同学都说第二首。你想先学难的还是简单的？

生：难的。

三、切入一首，深入理解

师：真不错，很多同学都说学难的，敢于向困难挑战，是不是？好，那么咱们就先学《游园不值》这首诗！请同学们回忆一下，以前我们学古诗有哪些理解古诗词句的方法？还记得吗？

生1：看注释、查字典、联系上下文、换语序、补省略。

（板书：看、查、联、换、补）

师：好，就请同学们用这样的方法先来试着学学《游园不值》这首诗，如果有不懂的地方可以和身边的同学商量，也可以找我商量。

【评析】回忆总结理解古诗的方法很有必要，“善教者授其法也”，五年级学生已积累了一定的理解古诗的方法，在回忆的基础上鼓励学生提出创新的方法，是照顾到了学生的“最近发展区”。这种字字落实的方法，也为今后的古文学习打下了基础。

（生讨论学习，师巡视指导。）

师：好，咱们现在交流一下！好，先读一下题目——“游园不值”。（幻灯片出示插图与诗歌）

（生齐读题目）

师：题目是什么意思，谁来说？

生1：到园里去，没有遇上主人。

师：把话说通顺，你再说一次！

生1：作者去游园，可是没有遇到主人。

师：好的，这个“园”字在这里是什么？

生1：是游玩的意思。

师：“园”字？

生1：“园”字是花园。

师：花园，对，在古代的时候，有钱的人家都有私人的花园，所以这个“园”字指的就是花园。好，我们一起来读第一、二句。

生：“应怜屐齿印苍苔，小扣柴扉久不开。”（看屏幕读）

师：这个地方有两个字特别容易写错，同学们自己在书的边上写一下，一个是“扉”字，一个是“屐”字。

（生写）

师：你们说古代的“屐”和“扉”就是咱们今天的什么呀？

生：“屐”是鞋子，“扉”是门。

师：这两句诗你自己能学到什么，汇报一下！

生1：我学懂了这句诗的意思。

师：哪一句？

生1：上半句。可能是主人害怕鞋子踩坏了门前的苔藓。

师：这一句还有其他的说法吗？

生2：主人十分爱惜苍苔，所以他怕有客来了，客人的鞋把他的苍苔踩坏了。

师：这个“苍苔”是什么意思？

生2：苔藓。

师：看到过吗？

生2：看到过！

师：“怜”指的是什么？是怜惜、可惜的意思。在这里“应”的解释是什么？

生3：应该。

生4：大概。

师：到底是“应该”还是“大概”？联系一下下一句，下一句谁学懂了？

生5：作者轻轻地敲柴做成的门，可是很久也没有人来开。

师：正因为这样所以作者产生了上面这样的——（生说）想法、猜测，那么你说这个“应”字应该解释成什么？

生6：大概。

师：诗人游园心切，然久扣柴扉而不开，该是多么失望，该怎么读这两句话？

（生自由读）

生1：“应怜屐齿印苍苔，小扣柴扉久不开。”

师：盛老师觉得她“久不开”这个词读得不错，“久不开”好像是非常失望的样子，对吧！

生2：“应怜屐齿印苍苔，小扣柴扉久不开。”

师：这么长时间还没来开门，还有谁来读？

生3：“应怜屐齿印苍苔，小扣柴扉久不开。”

师：小扣柴扉久不开，多么失望啊！一起来试试，好不好？

（生齐读这两句诗）

师：真好，要不要再来一次，好！

（生齐读这两句诗）

师：正当诗人有点失望的时候，猛一抬头，看到什么了？

生：一枝红杏。

师：于是情不自禁地吟出了下面两句诗，大伙儿一起读。

生：“春色满园关不住，一枝红杏出墙来。”

师：什么意思？谁用自己的话来说？

生1：春天的景色在花园里是关不住的，一枝红色的杏花伸出墙来。

师：好，谁也来说一下！

生2：春天的景色花园里是关不住的，一枝红杏长出了墙。

师：听懂了没有？其实啊，同学们，为了表达诗人惊喜的心情，这句话还可以这么说——满园的春色是关不住的呀！你听，盛老师加了一个什么字？

生：呀。

师：这就让这个句子变成了一句——

生：感叹句。

师：下一句诗，你会说吗？试试看！

生1：瞧，一枝红色的杏花已经伸出墙来了！

师：真好，这也是一个感叹句啊！还有谁说？其实啊，还可以这么说——满园的春色怎么能关得住呢？你听，这是什么句？

生：反问句。

师：那下一句该怎么说？

生1：看，那一枝红杏不是伸出墙来了吗？

师：真好！这种惊喜的心情，同学们能不能通过朗读表现出来？自己念念！

（生自由读）

师：谁先来？

生1："春色满园关不住，一枝红杏出墙来。"

师：脸上笑了，很惊喜了！谁还想读？

生2："春色满园关不住，一枝红杏出墙来。"

师：真不错！表达了作者高兴、激动的心情。好，一起来试试！

（生齐读第三、四句诗。）

师：好，让我们连起来读整首诗，体会作者心情的变化，好不好？

（生读《游园不值》这首诗，师指导前两句应读轻一点。）

四、带动《春日》，整合学习

师：满园的春色到底怎么样？诗人叶绍翁有没有写出来？给我们留下了无穷无尽的想象的空间。可是巧了，今天咱们要学的另一首诗《春日》，其中有好几句，是可以用来描绘这满园的春色的，有没有兴趣来研究一下？（板书：满园春色）

生：有！

师：好，那我们自己组成学习小组来研究《春日》这首诗，你看看哪几句是可以描绘这满园春色的？

（生组成学习小组讨论研究，师巡视指导。）

【评析】顺势研读《春日》，形成了一种诗中有诗、景中有景的意境，课堂结构呈现出一种曲径通幽、别有洞天的态势，这是和古诗本身的意境幽远相和谐的。

师：好，谁来读《春日》这首诗？（屏幕出示插图与诗歌）

（生1诵读，师鼓励。）

师：这首诗有没有同学学懂了，用自己的话说，试试看！

生1：作者在风和日丽的日子来到泗水河边寻找优美的景色，无边无际的风光景色一下子焕然一新。随随便便就能找到春天的面容，春天总是百花争艳，万紫千红的。

师：对她的说法还有补充吗？

生2：最后一句。所有颜色都在表明春的存在！

师：懂了吗？春天的颜色非常的多！那你说这首诗中的哪几句可以用来描绘这满园春色？

生1："等闲识得东风面，万紫千红总是春。"

师：还有没有？

生2："无边风景一时新。"

师：还有吗？你们都觉得第1句不是，是吧！咱们一起来念一下！

生："胜日寻芳泗水滨。"

师：为什么这一句不太合适呀？

生1：我觉得主要是在"泗水滨"这三个字上。"泗水"是山东的一条河，"滨"就是水边，"春色满园"我想一条河不会在园子里。

师：就是说他描写的地点是不一样的。但是，这句话里也有春的，哪些词有春？

生1："胜日"。

师："胜日"什么意思？

生1："胜日"就是风和日丽的日子。

师：对，还有哪个词有"春"？

生2："寻芳"。

师：为什么？你说！

生2："寻芳"就是寻找美丽的景色。

师：对啊，春天的景色就是很美，是吧！那么就让我们重点读好下面的三句话，来体会春天的美丽。同学们练一练，你喜欢哪句诗，你就重点念好哪句诗！

（生自由练读。）

师：谁先来读？

生1：“万紫千红总是春。”

师：“万紫千红”都有哪些颜色？

（生自由说）

师：这么多颜色把春天打扮得五光十色、美不胜收，那这句话该怎么读？谁来读？

生2：“万紫千红总是春。”

师：你好像把我们带入万紫千红的春天了！（屏幕出示：花团锦簇的背景，上有诗一句：万紫千红总是春。）谁来？

生3：“万紫千红总是春。”

生4：“万紫千红总是春。”

……

师：大家一起来，好不好？

生（齐）：“万紫千红总是春。”

师：读得真好，我想再听一遍，齐读！

生（齐）：“万紫千红总是春。”

师：你还喜欢读哪句呢？

生1：“无边风景一时新。”

师：我觉得你的“一时新”读得很好！同学们，听了她的朗读你仿佛看到了什么呀？

生2：我仿佛看到了河水边，绿草如茵，鸟语花香，一棵棵柳树摇着长辫子，十分美丽。

师：这就是你脑海中的“一时新”，是吧？那这句话你读读，该怎么读？

生2：“无边风景一时新。”

师：你简直把这个“一时新”读活了！谁还想读？

生3：“无边风景一时新。”

师：他笑眯眯的，让人感觉春天真广阔呀！

生4：“无边风景一时新。”

师：好，请喜欢读这句话的孩子一起来！

生："无边风景一时新。"

师：大伙儿一起来，好不好？

生（齐）："无边风景一时新。"

师：春光无处不在，当然随随便便就能找到它了，让我们读读第三句！

生："等闲识得东风面。"

师：好，让我们连起来读这三句诗！一边读一边想象春天的美丽！

生："无边风景一时新。等闲识得东风面，万紫千红总是春。"

师：你们的朗读向我们描绘了一幅多么美妙的春光图啊！同学们，如果让你给这幅图取题目的话，你觉得这首诗中的哪个词最合适？

生1：我觉得是"万紫千红"。

师：你特别喜欢这个词是吗？请你上来写在这儿！

（生1板书。）

师：还有吗？

生2：寻芳。

师："寻芳"也不错的！还有吗？你觉得呢？

生3：无边风景。

师："无边风景"也很好！春光很广阔。还有吗？

生4：胜日。

师：也好的！你呢？

生5：一时新。

师：你真有眼力！你也把这个词写在黑板上。

（生5板书。）

五、欣赏春色，激活情感

师：你们刚才描绘的这满园春色，想不想亲眼看看啊！

生：想！

师：让我们一起来欣赏，看到兴奋的时候，你可以交头接耳，可以指指点点，甚至还可以手舞足蹈，尽情地来表达我们的感受，敢不敢？（生：敢！）敢不敢笑？（生：敢！）敢不敢叫？（生：敢！）好，让我们一起来欣赏！

（多媒体播放满园春色。师配以解说，生感叹不已。）

师：美不美？

生：美！

六、内外结合，回归整体

师：那么让我们回忆一下以前学过的或课外看到的描绘春天的优美诗文，通过朗诵来表达我们的感受，好不好？

生：好！

师：你想到哪一段，想到哪一首诗，就站起来说！谁先来？

生1：《绝句》："两个黄鹂鸣翠柳，一行白鹭上青天。窗含西岭千秋雪，门泊东吴万里船。"

师：这是几年级学的？

生：四年级。

师：前两句特别合适。接着来！

生2：《咏柳》："碧玉妆成一树高，万条垂下绿丝绦。不知细叶谁裁出，二月春风似剪刀。"

师：这诗你怎么知道的？

生2：课外书里看来的。

师：好的，再来！

生3：《春晓》。（配乐，齐诵读）

生4：《草》。（配乐，齐诵读）

生5："阳春三月……小燕子从南方赶来了，加入这百花争艳的盛会……增添了许多生趣。"（配乐，齐诵读）

【评析】诗文整合、新旧知识整合、课内外整合，通过调动学生头脑中优美诗文的储备，强化了语言的积累、应用。正如巴金所说，"有两百多篇文章储蓄在我的脑子里面，——使我明白所谓文章究竟是怎么回事"。

师：同学们，你们刚才描绘得非常的美，像这样的文章还有很多，对不对？你们刚才描绘的画面就是"万紫千红"，就是"一时新"。你们看，这两个词用得多么的凝练传神啊！同学们，满园春色诗人叶绍翁虽然没有写出来，但我们的想象和描绘却填补了这个空白。是什么唤起了诗人对满园春色的联想？

生：红杏。

师：就是这一枝小小的红杏向我们传递了无穷无尽的春天的信息，让我们再来读这首诗中的下面两句！（板书：一枝红杏）

生："春色满园关不住，一枝红杏出墙来。"

师：盛老师发现你们在读这个"春"字的时候，特别带劲，特别有力量！能告诉我为什么这么读吗？要读出什么吗？

生1：要读出作者的欣喜、兴奋。

师：还有不同的说法吗？你看这一枝红杏就这样伸出墙外来了，它非常——

生2：红杏出墙来了说明园子里的树木花草已经非常茂盛了！

师：噢，让我们产生了联想，这枝红杏出墙来了。一个"出"字，让我们感受到了春天那种无穷无尽的生命力，是吗？（生：是）那你们说是谁赋予了这枝红杏鲜活的生命力呢？

生：春天！

师：对，就是春天，就是这神奇的大自然！那么，让我们再读这两句，再赞美春天，赞美这神奇的大自然，好不好？特别要注意什么字？

生：出！

生："春色满园关不住，一枝红杏出墙来。"

师：通过这两句诗，诗人含蓄地告诉了我们，一切新生事物，是任何力量都阻挡不了的。学了这两首诗，马上请同学们再来看看朱自清爷爷的三句话。请你自己再读一读这三句话，再读一读这两首诗，看看你有什么新的发现。

（生自由读）

师：谁发现了？这三句话分别解释了咱们今天学的诗中的哪几句？

生1："春天像刚落地的娃娃，从头到脚都是新的，它生长着"解释了"无边光景一时新"。

师：你很自然地想到了这一句，是吧！还发现什么了？

生2：由"春天像小姑娘，花枝招展的，笑着，走着"想到了"万紫千红总是春"。

师：是不是很巧妙地联系起来啦！还发现什么了？

生3：从"春天像健壮的青年，有铁一般的胳膊和腿脚，领着我们上前去"我想到了"春色满园关不住，一枝红杏出墙来"。

【评析】最后再用《春》当中的排比句整合两首诗，找到诗、文中的契合点，进行概括、总结，使整堂课的结构回归一个“圆”。

师：都是那样的充满了生命力！是啊，同学们，不管是古代的诗人还是现代的作家，尽管他们写作的角度不同，语言的表达方式不一样，但是他们向我们描绘的春天都是这样的美丽，是这样吗？（生：是）我们再来读读这两首诗，体会春天的美，配上音乐，好吗？

（生读《春日》《游园不值》这两首诗。）

师：能背的同学，站起来背一下吧！

（生背诵）

七、设计作业，自主学习

师：学完这两首诗，盛老师有一个提议！平时，咱们这个作业都是谁布置的？

生：老师。

师：你们想不想做老师？

生：想！

师：敢不敢做老师？

生：敢！

师：好，今天盛老师就给你们这个权利。你来设计一个作业，给大伙儿设计，也可以给自己设计！根据这两首诗，你想设计一个什么作业？

生1：课外收集一下关于“春天”的诗文。

师：好啊，需要吗？做得到吗？

生2：读诗！

师：有自己的想法！

生3：创作一首赞美春天的诗！

师：好，那就从你开始，好不好？

生4：依据诗句画图画。

师：这个作业有创新，非常好！

生5：把诗的题目换一下！

师：可以啊！

生6：把诗改一下。

师：改成现代文，写下来，是不是？

生6：是。

师：写也有了，再说！

生7：我觉得可以让同学们将诗中不满意的词找出来，改一改！

师：你的意思是向古代的诗人挑战，改一改他们的诗，对吗？

生7：是。

生8：我们还可以对这两首诗评头论足。

师：好，这些作业我们平时都没听说过的。设计好了作业，盛老师还有一个提议，下节课，我们上活动课，形式呢，就是把大家的作业展示一下，咱们起一个主题：新世纪第一春。如果不满意，还可以改！

【评析】把代表老师至高权力的“布置作业”的权力下放给学生，真正把学生当做课堂的主人。同时，学生还有选择作业的权力和自由，真正体现了因材施教的教育理念，照顾了学生的个性差异。学生自己设计作业的五花八门，也体现了语文学科和其他各学科知识间的整合、课内向课外的延伸。

板书：

一时新
万紫千红　　　一枝红杏→满园春色

教后反思

一、多方整合

整合就是将系统中的相关要素经过整理、组合、协调，在整体优化的基础上产生重组效应，从而发挥出系统更大的功能。它的核心内涵是打破原有各要素之间的封闭状态，促进各要素之间的优势互补，发挥整体大于部分之和的作用。

本课设计做到了以下几方面的整合：

一是课内外知识的整合。即精读与泛读相结合，力求使精读与泛读都能在课堂上示范方法。

二是新旧知识的整合。做到以旧引新，以旧释新，以新带旧，以新比旧，新旧知识互相融通，形成一个整体的知识点，使学生脑中的知识经梳理、归纳后有序化、条理化，形成链接，组成知识环。

三是诗文整合。“诗”是“文”的浓缩，“文”是“诗”的诠释，诗、文各有自己独特的语言个性，诗文有效结合，定能使各自的优势得到互补，使学生获得更大的语言信息量，同时有助于学生理解语言、积累语言。

四是学科间知识的整合。各学科的知识、教学方法都有其各自的特点。语文老师应该学习数学老师的精讲多练，学习音、美老师的形象、生动，各学科知识、教学方法的整合，必定能使我们的语文教学更加形象、生动、高效，从而得到优化。故而在古诗教学中，让学生在美妙的音乐声中想象，配乐朗读，有助于激发学生的情感，唤起学生对诗歌所描绘的自然美、意境美、语言美的追求；又让学生为古诗配插图，迎合了古诗“诗中有画，画中有诗”的特点，培养了学生的形象思维能力，激发了学习兴趣；还有多媒体所展示的大幅的春光图，也起到了同样的作用。

多方整合是以积累语言为基础的。荀子说：“积土成山，风雨兴焉；积水成渊，蛟龙生焉；积善成德，而神明自得，圣心备焉。”传统语文教学向来强调“厚积而薄发”。怎样的积累才是科学的、有效的？有人说“智慧是组织得很好的知识体系”，只有系统化的知识才能形成能力。学生语言能力形成得怎样，既取决于他对外部语言材料及其所涵的信息整理吸收的质量，同样也取决于学生自己头脑中已有相关信息组块的储量及其概括程度。所以积累之功，重在整理构建，形成系统。

本课的教学设计，多次安排了积累、整理语言的环节。“你想用怎样的语言来描绘这满园的春色？”一问，调动了所有小学阶段描写春天的语言储量，把它重新整理、构建、形成系统，这样的积累，是个非常强的信号冲击，必定能在学生头脑中打下深刻的烙印，为以后的应用打下很好的基础。

二、巧妙融通

一是结构上的融通。本堂课的结构，“曲径通幽”“有张有合”，

"游园不值"就像"一张嘴"，张开后，把"春日"吞进去，然后在里面咀嚼（学《春日》，体会"一时新""万紫千红"），最后再把门关上，回到第一首中"春色满园关不住……"二句，整个结构是一个圆，首尾呼应，形成"诗里有诗""曲径通幽""别有洞天"的意境。这正是和古诗的意境相和谐的。这样的设计，能够注重语言的感悟、积累和应用，注重基本技能的训练。

二是情感上的融通。

《春日》一诗以白描手法向我们描绘了一幅无边无际的春天的画卷，诗人袒露的是喜春的情怀。《游园不值》一诗则通过一枝红杏，传递着春天的信息，表露的是诗人惊喜的心情。尽管写作角度不同，然而表达的都是诗人热爱春天、热爱大自然的感情。在教学过程中，教师应想方设法引导学生体情悟情，去接受诗句中蕴含的情感信息，去贴近诗人的情感，努力找到情感的生发点、契合点，使教师、诗人、学生的情感在同一水平线上共振。

导语激情。教师的导语起着有效的激情作用，关键是要吐真音、抒真情，才能打动人。关牧村的歌声动人之处便是真、有个性。传神的导语起到了指点江山、消冰化雪的神效。

媒体激情。适时使用媒体，能起到很好的激情作用。读"万紫千红总是春"一句时，教师可适时打出图片，当学生一下子看到繁花似锦的景象，好像整个春天一下子呈现在了眼前，情绪会一下子激动起来，争相动情朗读，通过自己投入、动情的朗读，"万紫千红"这个词在学生头脑中活起来了。

朗读激情。朗读应引导学生读出情——对春天，对大自然的热爱之情；读出形，边读边在头脑中过电影、画画，使"万紫千红"这些词在学生头脑中活起来；读出神，悟出语言文字的言外之意，如"一枝红杏出墙来"，通过对"出"字的朗读把握，体会"出"为什么读得那么有力、带劲，领悟到一切新生事物是任何力量都阻挡不了的。

名家点评

课堂中的“水墨诗情”

浙江湖州师范附属实验小学　孟　丽

中国画讲究意境之美，在世界艺术殿堂里独树一帜。中国画大师吴道子说：“意造境生。”那种“似而不似，不似而似”的意境，以无尽的诗情使观画者产生无尽美好的遐想，成了中国画的一绝，令欣赏它的人深深着迷。比如潘天寿的山花，有种粗犷与柔美的统一，并透着清新的山野气息；再如傅梅影的梅，花枝间萦绕着诗的意韵。艺术是相通的，教育教学是艺术中的艺术。盛老师执教的《古诗二首》一课，给人一种清新酣畅之感。仔细琢磨，发觉盛老师的这堂课也暗含了国画作品所追求的气清、骨雅、神秀。

一、气清——尊重学生的主体地位，为学生创造最大限度的自由

气清者，画面饱满而不轻薄，含蓄而不单纯，有和润清新之气扑人眉宇，细审，则有灵动之气相贯，法度自成而机趣隽永，其韵细长也。这是在“虚”上下功夫。明人沈石田《风雨归舟图》，只画堤上柳数条迎风而舞，远沙一抹，孤舟蓑笠一渔翁。有人问：“雨在何方？”画论家方熏说：“雨在画处，又在无画处。”所谓“画处”，就是画面的实处，“无画处”即画面上不着笔的空白处。只有这样，才使画面“虚实相生，无画处皆成妙境”。这是中国山水画的一大特征。

课堂教学作为一门艺术，也讲究虚实相生。盛老师常说，课要留白，不能填塞得太满。这是和新课改的理念相吻合的，新课改强调，我们应该还学生以学习和发展的主体地位。尊重学生自主学习的愿望，给学生留一点思考的空间、留一点探索的机会，留一点创新的空地，使学生在自由想象、自主探索的过程中获得独特的身体体验和心理感受，从而获得身心的和谐发展，使我们的教学更富有艺术的气息和诗的美感，

从而达到国画中“笔愈简而气欲状，景愈少而意愈长”的境界。

教学中，盛老师引导学生由《游园不值》中的“一枝红杏”引出对满园春色的遐想，又播放媒体请学生欣赏了满园的春色，在声情并茂的情景中，请学生用学过的或课外看到的诗文尽情地描绘。盛老师用精练的话语，抓住“一枝红杏”为学生提供了契机，营造了“言有尽而意无穷”的审美空间，培养了学生语文思维的广阔性、灵活性和深刻性，似国画中的“飞白”，流动着回味无穷的意境美。

而在学习《春日》时，盛老师巧妙地将它与《游园不值》联系起来，形成了一种诗中有诗、景中有景的意境，课堂结构呈现出一种曲径通幽、别有洞天的态势，学生在这首诗中或用朗读，或用自己的话来描绘满园的春色。学生在探其深幽时，逐渐感受到了诗句的美，这就很自然地让学生在自己选择的学习方式中任意品味意蕴深长的诗句，尽情想象诗句描述的画面。

结课时盛老师又把代表老师至高权力的“布置作业”的权力下放给学生，真正把学生当做了课堂的主人。学生还有选择作业的权力和自由，真正体现了因材施教的教学理念，照顾了学生的个性差异。学生自己设计作业的五花八门，或画、或说、或写、或背、或演、或默……也体现了语文学科和其他各学科知识间的整合，以及课内向课外的延伸。这样的作业布置方法，减轻了学生的心理负担，给学生创设了“心灵的自由”，使学生摆脱了“行为控制”，创设了“行动的自由”，消除了学生的“思维控制”，同时还创造了思维的自由，极大地激发了学生的积极性，展现了学生的思想个性。

二、骨雅——圆形结构，多方整合，让课堂圆融丰满

骨雅者，无甜俗、笨拙、滞涩之笔，而有苍润、浑厚、拙朴、老辣之骨。例如明代徐渭《墨葡萄》，藤条错落低垂，枝叶纷披，泼辣豪放的笔法， 形成了动人的气势，同时又不失形象的真实。有人说，画面上若没有几笔的笔致，一幅画看上去就少有精神，这泼辣粗犷的几笔勾勒出的是一幅画的基本结构。而语文课堂教学也应追求“结构美”。

盛老师认为，一堂好课应是一个完整的“圆”，“美不在部分而在整体”。她曾这样生动地描述一堂优质语文课的结构流程：先找到一个支点，再拉出一条线，最后画成一个圆。 本堂课的结构就是一个圆，

首尾呼应。《游园不值》就像"一张嘴"，张开后，把《春日》吞进去，然后在里面咀嚼（学《春日》，体会"一时新""万紫千红"），最后再把门关上，回到第一首中"春色满园关不住，一枝红杏出墙"二句，形成"诗里有诗""曲径通幽""别有洞天"的意境。这正是和古诗的意境相和谐的。这样的设计，能够注重语言的感悟、积累和应用，注重基本技能的训练。

在这样圆融的结构中，盛老师还注重了多方面的整合，如课内外知识的整合，新旧知识的整合，诗文整合以及学科间知识的整合。如此多方整合，在整体优化的基础上产生重组效应，形成合力，从而发挥出系统更大的功能。例如，诗文有效结合，使各自的优势得到互补，使学生获得更大的语言信息量，同时有助于学生理解语言、积累语言；让学生在美妙的音乐声中想象，配乐朗读，有助于激发学生情感，唤起学生对诗歌所描绘的自然美、意境美、语言美的追求；又让学生为古诗配插图，还有多媒体所展示的大幅的春光图，迎合了古诗"诗中有画，画中有诗"的特点，培养了学生的形象思维能力，激发学生的兴趣。

三、神秀——用真情潜心营造和谐愉悦的语文学习氛围

神秀者，无柔弱、死板、刻画之神态，而能得山川之灵气，天地万物之生机，以灵活多变之笔墨表达气韵生动之意境。为求得神秀，画家们集激情、构思、精力于一体，力求"咫尺之间，写百千里之景"，以情带意，以意带笔，笔到情到，情随笔迁，用饱蘸激情之笔，夺造化之功，使得"情凝笔端而情满青山"。

语文课姓"语"，学生在语言环境中学语言、用语言，需要一个良好的环境，而这个良好的环境是多维立体的构成，首先需要教师自身的准确定位。课堂上，你能强烈地感觉到盛老师就是学生的大朋友，他们学习的指导者。课上盛老师真诚的笑容、友善的情态和亲切的语气，不仅是一片爱心的真诚流露，更是开启学生智慧闸门的钥匙。孩子们如沐春风，全身心地投入，在宽松、自由的氛围中，无拘无束地展现各自的想法、做法。

良好环境的构成，激情而传神的教学语言也是其中一个非常重要的元素。 教学开始，盛老师为学生动情地朗诵了朱自清《春》最后三句话，向学生描绘了万物复苏、繁花似锦、生机勃勃的喜人景象，学生看

着多媒体，朗诵脑中写春的诗文后，盛老师带着学生又一次诵读这三句话，传达着对春的喜爱与赞美之情。“感情只能向着感情说话。”盛老师优美的、充满激情的导语，营造出一个诗意的语言环境，学生浸润其中，语言被催生，情感被催化，师生情感在情意融融的场中激荡、共生，共同生成一个充满磁性与感动的“情场”。学完两首诗后，再次齐读这三句话，并让学生思考可以和学过的哪几句古诗联系起来，不仅让学生产生了理解了的满足，发现了的喜悦，还有与老师、与诗人、与朱自清在情感上的共鸣，使课堂教学再起波澜，可以说是一波三折，令人荡气回肠。

画家画人，讲究“传神”；画景，追求“意境”。那么一堂示范课，我想所追求的不应只是完美与精致。盛老师的课，不仅传达着先进的教育理念，也展现了其独特的个性色彩，更使得孩子们在流动着“水墨诗情”的课堂中，愉快地学习，大胆地表现，在诗情画意中走进经典，享受经典。

圆桌讨论

安晓伟：盛老师在这一讲中对“练”进行了重新定义，并对其功能进行了延伸。练不再仅是教师检测学生、巩固知识的一种手段，而是变为承载学生语文学习的一种载体，被赋予了诊断、导向、推动、替代、实践等多种语用功能。

孟丽：例如盛老师在文中讲到：采用“以练导学”模式进行教学设计，要有语文化教学视野，自主化学习理念，板块式框架建构，活动化学习路径，情趣化学习方式。我觉得《半截蜡烛》的教学就是对这一理念的完美诠释。用“导演说戏”“演员演戏”“编剧续戏”“观众评戏”这四个板块来架构整堂课的教学，使教学由浅入深，步步为营，学生在说、演、续、编的言语实践活动中，轻松愉快地了解了剧本的特点，体会了剧中人物的内心世界和精神品质，并迁移运用了剧本的语言。情趣化的学习方式还增强了学生对剧本这一特殊文体的兴趣。

董翱：提到“练”，人们往往以为是动笔，其实“练”应该是包括听说读写在内的一切言语实践活动，比如《半截蜡烛》中“演员演戏”中的感情朗读是“练”，“编剧续戏”中的写是“练”，“导演说戏”“观众评戏”中的说也是“练”。

盛老师说，“以练导学”既依循传统，又敢于创新；既是回归，又是前行。对此我的理解是：当下的“练”应该已是一种隐藏了训练意图的“练”，应该是一种“随风潜入夜，润物细无声”的“练”，应该是一种在整体语境与课境中的“练”，应该是一种融入了学生情感体验、自身积累和必要的语文知识的“练”，即一种艺术化的教学手段。

吴燕：从这个理解层面上讲，我认为不应再称之为“教学手段”，而应改名为“学教”方式，或“学导”方式，即先学后教，先学后导。

徐虹：是啊！我觉得“边练边导”，在古诗教学时亦能实现，如：盛老师在教学《游园不值》这首诗时，让学生用自己的话来说一说“春色满园关不住，一枝红杏出墙来”。两位学生交流后，盛老师接着引导：“听懂了没有？其实啊，同学们，为了表达诗人惊喜的心情，这句话还可以这么说——满园的春色是关不住的呀！你听，盛老师加了一个什么字？”教师引导学生用“感叹句”来说。当学生会用感叹句表达后，教师又引导学生用“反问句”来说……这段古诗教学的引导，教师“边练边导”，既让学生理解了诗意，又训练了学生的语言。

施国强：所以，我们要用“语文化的视野”看语文，语文课堂上处处都要彰显语文的内容。语文课堂的每个细节，我们都要有“练”的意识。而且“练”也不单纯是“训练”，在某些意义上，它还是“演练”“锻炼”“习练”等等。“练是载体，导是路径，学是落点”，“练”成了教师教的媒介，学生学的手段。从某种意义上说，练的功能是否强大，就决定了学生学的空间是否宽裕。

徐虹：我再来谈谈“内容形式，骨肉相连”吧！在《半截蜡烛》这一课例中，盛老师抓住了戏剧的灵魂——对话来进行教学。整个教学过程既让学生理解了内容，又让学生了解了剧本的特点：对话，推进情节；对话，刻画人物。这就是盛老师所说的：中高年级的阅读教学，要把内容和形式巧妙融合，以形式带内容，这是对文本的全方位吸收，要把课文作为一个完整的审美整体引领学生去感受。

安晓伟：我觉得内容和形式，不仅体现在课文内容和语言形式上，也体现在教学内容和教学形式上。《半截蜡烛》这节课概括大意、读懂人物内心等常规教学内容为什么学生能够学得如此轻松快乐？正是因为盛老师找到了一个契合剧本的极佳教学形式——导演说戏、演员演戏、编剧续戏、观众评戏。在学与教之间找到了巧妙的融通点。

施国强：是啊！盛老师始终将学生放在课堂的主体位置上。将学生放在前面，我们的教学就应该相应地转变为“学教”，教为学服务，学在教中提升。在《半截蜡烛》一课的教学中，盛老师在四个板块的推进中，始终坚持让学生先实践，在学生实践过程中顺势引导，水到渠成地引出老师要教的知识。例如在“演员演戏”的环节中，为了让孩子“演出形”，老师让孩子们想象：听到这儿，谁的眼前出现了杰奎琳的样子？如果你是导演，你准备挑一个怎样的演员来演杰奎琳？在孩子们根据语言内容想象杰奎琳的样子后，逐步引导他们关注“舞台说明”，并顺势教了这一剧本知识。我们也可以从其他方面进一步解读“学教”的含义。“顺学而教”，教师的教是有方向有预设的，并非为了顺“学”而“脚踩西瓜皮式”地失去方向。

吴燕：盛老师在这一讲中从微观层面上探索了课堂教学中两极融通的多种问题，今天我们主要探讨“以练导学”的融通。我想无论是哪一种融通方式，在教学上我们始终要遵循因人而异、因课而异、灵活运用的教学理念，让课堂教学走向目标高度达成、方法灵活善变、环节转承自然、课感人本合一的高效、和美之境！

第八讲　和而不同——语文教学的终极追求

小鸟，铃铛和我

我伸展双臂，
也不能在天空飞翔。
会飞的小鸟，
却不能像我，
在地上快快地奔跑。
我摇晃身子，
也晃不出好听的声响，

会响的铃铛，
却不能像我，
会唱好多好多的歌。
铃铛，小鸟，还有我，
我们不一样，
我们都很棒。

这是一位日本诗人写的一首诗。这首诗诠释的就是一个“和而不同”的主题。孔子曰：“君子和而不同，小人同而不和。”不同的个体根据自己的特点可以尽情地表现自己，显示自己的与众不同，但不同的个体杂糅在一起的时候，也可以奏出更加优美的、和谐的乐章。“和如羹也”，把不同的材质放在一起熬制，就成了营养丰富、口感滑润的羹了。这跟“和”的最初的原意相符，甲骨文的“和”右上部是联结在一起的竹管之形，下部的“口”是把能吹响的竹管汇集在一起，像笙的形状，左上部的“禾”表读音，所以“和”字本为形声字，是笙类的乐器。《仪礼·乡射礼》曰：“三笙一和而成声。”也就是说，三人吹笙一人吹和才能成乐。

语文教学追求“和而不同”，即把教学系统中的生态因子加以糅合，维持整个生态系统的和谐。把这样的思想观念引入到语文教学中来，就可以解决很多问题，如课标强调不同文体的课文应有不同的教法：“阅读叙事性作品，了解事件梗概，能简单描述自己印象最深的场景、人物、细节，说出自己的喜欢、憎恶、崇敬、向往、同情等感受。阅读诗歌，大体把握诗意，想象诗歌描述的情境，体会作品的情感。受到优秀作品的感染和激励，向往和追求美好的理想。阅读说明性文章，能抓住要点，了解文章的基本说明方法。阅读简单的非连续性文本，能从图文等组合材料中找出有价值的信息。”还有“阅读教学是读者的个体行为，要鼓励学生的个性化阅读”等等。语文教学追求“和”的过程，即追求个性，在个性中求共性。

“一千个读者有一千个哈姆雷特”，对同类教材的处理没有定法。“和美语文”寻找的是符合自己教学理念的个性教学。“和美语文”对不同类型课文的教学进行了分类研究，主张不同类型课文的教学要根据文体特点，抓住不同的融通点施教，才能收到很好的功效。

阅读写人文章，如何透过人物外貌探究人物内心，使人物形象在读者视野中“表里融通”，是阅读的关键。我们可以从描写人物外表的语言切入，在逐层朗读、感悟中不断在学生头脑中“塑像”，塑有形的外在形象之像和无形的内在精神之像。如苏教版实验教材四年级《番茄太阳》一课的教学，主人公明明的乐观、开朗、善良、纯真的美好形象如何能在读者脑海中形神备至？还是得主抓重点语段，从“表”入手。在教学中，我们可重点抓住描写明明样子的话——“看着她的笑脸，觉得那就是最美的番茄太阳”作为串联全课的主线，引导学生反复联系上下文中相关的语言信息进行研读，在读中去体会明明的笑容之“美”，笑意之“纯”、之“真”，去感受双目失明的残疾女孩明明笑容的纯真、美好。当明明天使般的纯真笑容深深烙印在我们每个读者心中的时候，再引导学生读悟文章的结尾，从明明的话中（长大了要把自己的腿给“我”），去感受小女孩心灵之“善”。笑容是心灵的折射，明明美丽的笑容源于美好的心灵。至此，明明的外表美和内在美合而为一，使明明的形象能在读者心中“表里融合”的焦点便是那句在文中反复出现、意味深长的话——“看着她的笑脸，觉得那就是最美的番茄太阳”。具体见典型课例《番茄太阳》，该课在全国各地公开教学中受到好评。

叙事类文章，往往情和理蕴涵在事中。文章通过对事的描绘，说理表情；读者通过对事的解读，悟理悟情。此类文章的教学抓手在哪里？最佳融通点是“事理融通”，应紧紧抓住事件中耐人寻味的“细节”细读品味。如《燕子专列》一课，可抓住三个细节进行品读体会：“小贝蒂对燕子的在乎”“瑞士居民对燕子的在乎”“全人类对燕子的在乎”。通过对细节的品读，了解事情的前因后果，感受全人类对生命的珍爱，在“事”中悟“理”。

“一切景语皆情语”，写景文章，景物之美，必融合了作者情感之美。在教学过程中，“和美语文”主张把感受景物之美与体会作者情感融通起来，找到最佳融通点——情景融通。笔者在教学人教版实验教材四年级《趵突泉》一课时，通过品词析句，通过媒体辅助，让学生尽情欣赏大泉的壮美和小泉的趣美，与此同时，通过聚焦语言，对点上语言的“重锤猛敲”，引导学生体会作者所要表达的思想情感——对大自然的赞叹之情。如通过读、悟，读出三个“冒”字背后蕴涵的自然的神奇力量，体会作者在自然面前的那份震撼；以画助读，读出几个“有的”背后小泉水泡的多姿多彩，读出“走、歪、挤、攒”背后小泉水泡上来时的摇曳多姿，体会作者的那份惊叹与喜爱。最后，在潜移默化中，把作者的情感转化成读者自己的情感。景语要细细赏，情语要慢慢品。教这类写景文章，要如“小火煨汤”，不是“大火炒菜”；是“小口抿茶”，不是“大碗喝酒”。在一品一咂的过程中，“景语”“情语”皆成“心语”，达到和美之境。典型课例《趵突泉》设计在全国中文核心期刊《小学教学》发表。

阅读状物类文章，透过文本语言文字，既要感受物之“形”，又要感受物之“神”。如何把两者巧妙融合在一起，做到“形神融通”？要读中悟形，形中悟神。如笔者在教学苏教版实验教材六年级《青海高原一株柳》一课时，抓住描写柳树样子的语段，主抓一个“撑立”，先感知撑立的表层意思，反复诵读，通过读，还原文本视像，使柳树高大、茂盛，在高原上巍然撑立的“样子”能慢慢地从文字背后显现出来，初步感受柳树的“形”。接着，再联系课文六、七段，体会柳树在高原恶劣的自然环境中生存下来的不易，感受“撑立”背后含着的意思，是一种熬、挺、咬着牙坚持、和死神较劲的精神，从而体会柳树在高原上不屈不挠地与自然环境抗争、与命运抗争的决心和勇气。“撑立”一词两个层次的教学，把柳树的“形”和“神”合二为一，巧妙融通。找到形神融通点，就如同找到了进入文本的“入口”，摸到了在文本中前行的“路径”，同时，“融通点”又是“形、神”融合的胶合剂。具体见典型课例《青海高原一株柳》，该课在全国各地公开教学，反响强烈。

民间故事的特点是用虚构的情节表达人民真实的情感。教学的抓手是抓住融通点—— 虚实融通。人教版实验教材第8册的《文成公主进藏》，是一篇民间故事。笔者在对本课进行教学的过程中，大胆对教材进行创造性处理。首先从课文故事出发，通过讲故事，使学生感受人物的“神性”；然后通过听补充的历史故事、扩写信息条等言语实践活动，感受人物的“人性”；最后再读课文，体会人民对公主的情，使学生感受人物的“圣性”。如此把听、说、读、写等语文活动有机整合，使人物身上的人性和神性巧妙融通，从虚构的情节中，学生最终读出的是人民对公主最真诚、深挚的情感，此谓虚实融合。典型课例《文成公主进西藏》，发表在全国中文核心期刊《小学教学》上。

学习诗词类文章，体会诗（词）的意境是教学的重点和难点，此类文章的教学，要在诗（词）境与文章外显的语境之间找到巧妙的融通点，使诗（词）境与语境融通。如李清照词《如梦令》，向我们展示了一幅少女快乐郊宴图。如何走进词的意境，感受词人在少女时代的幸福美好生活？可抓住词中语言所营造的“语境”。整首词只有33个字，但“无一字不精，无一字不妙”。“溪亭日暮”“藕花深处”“一滩鸥鹭”，向我们展示了一幅幅生动、美丽的大自然图卷：太阳快下山了，一轮红日挂在天边，远山、近水、小亭，都笼罩在朦朦胧胧的落日余晖当中。一群醉而忘归的少女，“误入藕花深处”，在“争渡，争渡”的慌乱与兴奋中，发现了“惊起一滩鸥鹭”的大自然奇观。寥寥数语营造的语境，蕴涵着多么丰富的词境！在教学过程中，可先提炼、重组语境，把文本“读胖”，读成三幅生动美丽的画面；再理性归纳，把词“读瘦”，读出“词眼”（“暮、醉、误、惊、记”等），通过感性渲染和理性概括，逐步进入“词境”，品出“景醉”中的“人醉”“心醉”，“鸟惊”（惊飞）中的“人惊”（惊喜），如此读词亦读人，把文本“语境”和“词境”紧密融通，生成课堂和美之境。典型课例《如梦令》，曾在各种全国性活动中执教，好评如潮。实录也在全国中文核心期刊《小学语文教师》发表。

寻找不同文体文章各自的融通点，就是一个求“和”的过程，呈现的是“和而不同”的结果。

“和而不同”的教学思想还可以体现在个性化的阅读中，《课标》指出：“阅读是学生的个性化行为。阅读教学应引导学生钻研文本，在主动积极的思维和情感活动中，加深理解和体验，有所感悟和思考，受到情感熏陶，获得思想启迪，享受审美乐趣。要珍视学生独特的感受、体验和理解。教师应加强对学生阅读的指导、引领和点拨，但不应以教师的分析来代替学生的阅读实践，不应以模式化的解读来代替学生的体验和思考；要善于通过合作学习解决阅读中的问题，但也要防止用集体讨论来代替个人阅读。”如《去年的树》一文，我们可以从中读出“环保、诚信、友情”等不同的主题。

教学现场

在多元、多向对话中生成

——《去年的树》课堂实录

一、媒体激趣，导入新课

师：（播放多媒体）听，一只美丽的小鸟坐在大树上，正动情地为大树唱歌呢；大树呢，摇曳着茂盛的枝条，正入神地听着……这是一幅多么和谐、美丽的图画呀！是吗？

生：是！

师：围绕着这只美丽的小鸟和这棵枝繁叶茂的大树，让我们一起来读一个美丽的故事。（出示课题）

生（读）："去年的树"。

二、初读课文，多元对话

师：请同学们打开书本，让我们用自己喜欢的方式读书。你可以一个人读，也可以找伙伴一块儿读。

师：让我们尽情地和课文交流、对话，看看待会儿你会有哪些收获。开始。

（学生自由朗读，教师巡视。）

师：咱们先停会儿好吗？你有什么话想说了吗？你的感受、你的疑问、你的收获等等都可以。

生1：树为什么要被锯掉？

师：你有疑问。

生2：我有收获。我觉得树和鸟儿真是一对好朋友。鸟儿从南方回来后，发现树不见了，就千里迢迢来寻找树。他通过各种方法，最后找到了树，树变成了火柴，最后火柴被点燃了。

师：你是被小鸟和大树之间的真情感动了，是吗？

生2：是。

生3：我想对作者提问。为什么把这篇课文取名为《去年的树》呢？

师：你读着读着有这样的问题。还有吗？

生4：我发现了，这只鸟儿是一只十分守信的鸟。

师：这是你自己读出来的，真了不起！

生5：我有一个问题：为什么树做成火柴，点燃后，鸟儿还会对灯火看那么久？还要唱起那首去年的歌？

三、演读课文，倾心对话

师：同学们的问题很多，感受很多，你们真了不起啊！第一次与课文亲密的接触，就有这么大的收获了。让我们继续与课文交流、对话，也许你刚才的疑问就能得到解决；你的感受还能得到大家的共鸣呢！同学们，你们说这篇课文在语言上有什么特色，以什么为主呢？

生：对话。

师：快速地读读课文，数一数，课文有几组对话？

（学生默读）

生：有四组。

师：分别有哪四组？

生：小鸟和大树，小鸟和树根，小鸟和大门，小鸟和小女孩。

师：让我们先来看第一组对话。冬天到了，树的好朋友——小鸟，要到南方去过冬了。临走之前，一对好朋友依依惜别。树对鸟儿说——。

生（齐读）："再见了，小鸟！明年请你再回来，还唱歌给我听。"

师：鸟儿回答——

生（齐读）："好！我明年一定回来，给你唱歌，请等着我吧！"

师：你们想，这对好朋友在分别的时候是怎么对话的？请你也就近找一下你的好朋友，来练读这组对话。

（学生自由找朋友练说）

师：举手是表示你们想表演，想来读，是吗？哪对好朋友先来？

（一组学生对话）

师：老师发现他读的时候，“我明年一定回来……”读得非常坚定，能告诉我为什么要这么读吗？

生：因为他们是好朋友，小鸟答应他，语气非常坚定。

师：真好！他是坚定地向朋友保证，明年一定会回来，还有哪对朋友想来试试？

（一组学生练读，男生模仿了大树的语气。）

师：你真像大树啊！你在模仿大树的语气是吧？

生：因为大树的语气非常粗，是那种很成熟的感觉。

师：不错，你的感受非常独特！从他们的对话当中，我们感觉到了，这对好朋友之间的感情是多么的——

生：深厚。

师：让我们的男孩子来读大树的，像刚才的那个同学一样，读出自己的个性来；女孩子读小鸟的。我们一起来读对话，好吗？

生：好！

（学生男女分角色读）

师：你们这是在向朋友保证呀，坚定些，再坚定些！读。

（学生再次分角色读，女孩子语气坚定。）

师：他们就这样，依依惜别，并做了约定。第二年的春天，小鸟满怀深情地回来找他的朋友大树。然而，往日朝夕相处的朋友却不见了。他着急地找了又找，问了又问。下面的三组对话，老师想让同学们在四

在马来西亚执教《去年的树》

人组里合作练读，好吗？你们可以自己选定一个角色练一练。开始吧。

（学生四人小组练读）

师：这回哪一组想先向我们来展示一下？

（学生展示对话）

师：同学们，他们这一组读得怎么样？

生：好！

师：都觉得好。这样吧，你们有意见可以提，你们觉得好，可以夸夸他们，跟他们直接对话。

生1：我说小鸟应该读得更加焦急些，这样子还不够焦急。

生2：我觉得小鸟应该读得更加活泼一点。

师：哦，情感上要焦急，样子要活泼。还有吗？

生3：树根应该读得更加悲伤点。因为树根和树是命运相连的，他们两个就像是好朋友一样。如果哪一方不见了或者是死去了，他们应该是很悲痛的。

师：这是你独特的体验。真了不起！好，刚才从同学们的意见中，都感觉到了，大家都觉得作为主角的小鸟的话，非常重要，应该好好地体会把握。是这个意思吗？那么就让我们先来重点练读小鸟问的这三句话。（媒体播放小鸟的三句话）你先一个人在位子上，看着屏幕自己练一练，感觉一下，体会一下该怎么读。

（学生自由地练读）

师：想读了是吧？谁先读？任选一句读。

生："门先生，我的好朋友——树在哪儿，您知道吗？"

师：我听出有点焦急了。

生："站在这儿的那棵树，到什么地方去了呢？"

师：我感受到了他心中的那份焦急。

生："小姑娘，请告诉我，你知道火柴在哪儿吗？"

师：你体会得真好！

生："小姑娘，请告诉我，你知道火柴在哪儿吗？"

师：你在为大树担心呢。

生："门先生，我的好朋友——树在哪儿，您知道吗？"

师：老师听出了你心中的焦急。咱们一块读好吗？

生：好！

师：第一句。

生：“站在这儿的那棵树，到什么地方去了呢？”

师：老师感受到，大伙儿都焦急起来了。再读一次。

生：“站在这儿的那棵树，到什么地方去了呢？”

师：你们看这边的孩子，眉头都皱起来了。老师体会到了他心中的焦急。再读第一句。

生：“站在这儿的那棵树，到什么地方去了呢？”

师：读下去。

生：“门先生，我的好朋友——树在哪儿，您知道吗？”

师：“您知道吗？”他多么想知道呀。再来一次。

生：“门先生，我的好朋友——树在哪儿，您知道吗？”

师：再读下去。

生：“小姑娘，请告诉我，你知道火柴在哪儿吗？”

师：那一声声急切的询问，流露出小鸟对大树的无限深情。读着读着，谁被小鸟的真情感动了？（学生举手示意）这样吧，谁来做一回小鸟，好吗？（请两位同学）别拿书，出来。你们在教室里面，就这样，飞呀飞呀，寻找自己的好朋友大树。一边找一边问，你在谁的跟前停下来，那个同学就做你的配角，来跟你对话。明白吗？

生：明白。

师：你可以用自己的话，你们也可以用书本上的话。好，你们去问吧。

（两位学生，在教室里随机寻找朋友对话。）

师：小鸟，小鸟，找到朋友大树了吗？

生：找到了。

师：找到了？（笑）你知道了，但是还没找到，是不是？找不到朋友大树，小鸟都快急疯了。让我们再来读这三句话，体会小鸟的这份焦急。齐读。

生：“站在这儿的那棵树，到什么地方去了呢？”

“门先生，我的好朋友——树在哪儿，您知道吗？”

“小姑娘，请告诉我，你知道火柴在哪儿吗？”

师：（随机采访）可怜的小鸟，找不到朋友大树，你心里怎么想？

你的心情怎么样？

生1：我的心情很焦急。

师：你焦急。你呢？哦，你紧张，为大树担心。

生2：我为小鸟感到悲伤。

师：你悲伤了，你就是小鸟。

生3：我也感到非常的伤心。

师：你感到伤心，你们是不是在心里呼唤着朋友大树呀？

生：是。

师：你们是怎么呼唤的？

生1：大树，你在哪儿啊？

师："你在哪儿？"还有谁？

生2：大树呀，大树，你到底在什么地方呀？

生3：大树，你去哪了？

生4：大树，你快回来吧！小鸟正在等着你呢！

生5：大树，难道你忘记了，咱俩有约定吗？我还要给你唱歌呢！

师：真好！同学们，小鸟对大树的这种焦急、牵挂、担心，就是奉献给大树的最最珍贵的友情。让我们再一次深入地和课文倾心地交流、对话，来体会这份感情。（出示图片）

四、引导想象，补充对话

师：（低沉地）村子里，煤油灯旁，一对好朋友又见面了。大家把书拿起来，让我们一起读最后一段。（出示最后一段）

师："鸟儿睁大眼睛……"

生："鸟儿睁大眼睛，盯着灯火看了一会儿。接着，就唱起了去年唱过的歌给灯火听。唱完歌儿，鸟儿又对着灯火看了一会儿，飞走了。"

师：读着读着，你又有什么疑问了？（学生争先恐后地举手）有那么多疑问呀？！

生1：鸟儿看到灯火，为什么还要唱去年唱过的歌？

师：好，还有那么多疑问。这样吧，让我们互相之间尽情地交流对话，可以提出疑问，也可以解答别人的疑问。

生2：我能够解答××的疑问。因为在一年前，鸟儿和树是好朋友。鸟儿天天给树唱歌，树也天天听鸟儿唱歌。可见他们是那么友好，他们简直成了一对知心朋友。然而冬天过去了，鸟儿却见不到大树，只看到残留下来的树根。他历尽了千辛万苦，终于在油灯旁找到了大树的化身。这时他不禁想起了，当年他和树的一幕幕。他看到了灯火，仿佛看到了大树的身影。所以，他情不自禁地唱起了去年的歌。

师：你说得真好！你说了那么长长的一段话！还有谁有什么疑问？

生3：我还要补充一点，我觉得小鸟就是在歌颂大树。因为灯火照亮了别人，给人间亮光，所以，他在歌颂无私的奉献精神。

师：你觉得在小鸟的歌声中，还有那种为朋友自豪的心情在里面？

生3：是的。

师：你体会得真好！还有谁有疑问？

生4：我想问一下，鸟儿为什么两次都盯着灯火看了一会儿？

师：同学们注意到了没有？盯着灯火看了一会儿，后来要飞走了，他又盯着灯火看了一会儿。你从两个“看”当中，品出什么来了？

生4：灯火是火柴点燃的，火柴是大树做成的，鸟儿可能把火柴看成是灯火的孩子，他要看看大树的孩子是怎么样的。

师：所以他要看看清楚？不同的意见可以发表。

生5：因为他对大树的友情十分深，而现在大树的生命就要到尽头了，所以要多看一会儿。

师：他不忍心，他要饱含深情地多看一眼。是这个意思吗？

生6：我觉得是小鸟想念大树，他才会对着灯火看。

师：对呀，他们多少时间没见面了？

生（齐）：一年。

师:（动情地）一年过去了，往日的朋友已变成了今天的灯火。小鸟怎么能不伤心？它不忍心。他看了一会儿，又看了一会儿，他用目光在和朋友交流感情呢！

生7：我觉得鸟儿在沉思。因为灯火就是大树，他在猜测大树当时被伐木工人砍掉的那一刻，心里会是怎么想的；大树变成灯火，独自照亮别人的时候，又会是怎么想的？我觉得他是在沉思。

生8：他可能第一眼看到灯火，他可能不相信灯火就是大树变成的。他第二眼看到灯火，好像就感觉到，这个灯火就是大树。

师：对呀，他简直不敢相信，这就是他那么熟悉的朋友——大树，所以他——

生8：睁大眼睛，盯着灯火看了一会儿。

师：当他认出来的时候，他就唱起了去年唱过的歌。后来他要飞走了，为什么又看了一会儿？

生8：因为，一旦火柴点燃的火烧完了，就证明大树的生命结束了。他想在离开他最好的朋友之前，再看一眼。

师：你说得真好。两个"看"当中包含了小鸟多少深情和留恋呀！同学们，经过你们刚才尽情的交流和对话，你们真正地体会到了小鸟的这种深情。同学们，这回你们就是小鸟了，你们历经了千辛万苦，终于找到了日思夜想的好朋友大树。此时此刻，我们一起读……

（出示改写的最后一段：把"小鸟"改成了"我"。）

生："我睁大眼睛，盯着灯火看了一会儿。接着，我就唱起去年唱过的歌给灯火听。唱完歌儿，我又对着灯火看了一会儿，飞走了。"

师：老师深深地被你们的朗读打动了！你们这两个"看"字，读得盛老师的情感随着你们的朗读在波动。能再读一次吗？

（生动情地再读）

师：（深情地）亲爱的小鸟，你看见朋友了，你盯着灯火，深情地盯着灯火，看了一会儿，你想说什么？你要走了，但你又对着灯火看了一会儿，你又想说什么？

生1：我想说，大树，永别了！我要走了，我现在已经为你唱歌了，我已经完成了约定，我以后还会寻找别的火柴的踪迹，再为您唱歌。

生2：我会说，大树永别了，我会永远怀念你的！

师：你说得真好，你真是个感情丰富的孩子。

生3：朋友，去年你如此强壮，现在为什么变成这样？

师：他真不忍心看呀。

生4：我觉得他会说，大树，我一生能交你这样的朋友真是一大快事呀！

师：对呀，大树也是应该有这样的心情呀！

生5：他第一次看的时候会说："大树，我简直不敢相信，昔日你如此高大的身影，却变成了如此。”最后会说：“大树再见了，我希望会再见到你。”

生6：对不起，大树，我来晚了，要不然还可以看到你生前的样子。现在我要走了，请你以后多保重啊！

师：同学们，你们都是守信、多情的孩子呀！（深情地）小鸟飞走了，带着淡淡的伤感飞走了，但他给大树留下了歌声，留下了友情，留下了我们世间最最宝贵的诚信。

师：小鸟对大树的情，把大树也给深深打动了。大树想在自己还没有被燃尽时，为小鸟寄去一张友情卡。同学们，你们愿意为大树写这张友情卡吗？（出示卡片）

生：愿意！

师：好，赶紧拿出来，为大树写上几句深情的话吧。

（学生自由写，教师巡视。）

师：写好的同学向盛老师招招手，示意一下。请你先说吧。

生1：我是这样写的:亲爱的朋友——小鸟，我想我再也见不到你了。我们虽然都身在他方，但我们的心是紧紧相连的。我们永远是最好的朋友。

师：你写出了大树的心里话。

生2：我是这样写的：啊！亲爱的小鸟，多日不见，你过得怎么样？虽然我们今世不能相见了，但是，这一生能有你这样的朋友我也死而无憾了。如果还有来世，我希望我们能再做朋友。

师：他觉得死而无憾了，获得了这么真挚的友情。真令人感动。

生3：我的朋友啊，朋友，我再也不能听你歌唱了，再也不能和你一起分享快乐了，但你我之间的友谊将永远燃烧在我心中。

师：这个“燃烧”，把你这种炙热的情感表达得淋漓尽致。

生4：小鸟，我的好朋友，我要被燃尽了。在此之前，我想对你说：“永别了，小鸟！我此生能交到你这样的朋友，真是荣幸呀！你非常诚信，我们永远永远是最好的朋友。”

师：你的话语中充满了情感。

生5:（动情）小鸟，你的真情深深地打动了我。在我生命的最后一刻，你不远千里来给我唱歌。我要用最后一次火光来照亮你。永别了！

五、拓展延伸，多向对话

师：（激动）同学们，这是大树的肺腑之言呀！你们说出了大树的心里话。大树就是这样来表达自己的情感的。同学们，课文学到这儿，其实我们已经学完了。但是作为这篇美丽的课文的读者，你还有什么话说？比如对伐木人有什么话？还有其他的，你想对谁说，就对谁说。

生1：我想对那些可恶的伐木人说，那些伐木人只为了制造一些火柴，而去拆散一对这么要好的朋友，真是太可恶了！

师：你觉得愤慨是吧？你说出了你的心里话。

生2：我想对全世界所有真诚的朋友说一句："真诚是无私的，是难能可贵的。请大家好好把握这份真诚。也许这回失去了，下回就没有了。"

师：（微笑）你说得真好！这是你从小鸟和大树之间的情感中得到的感悟是吗？

生3：我想对伐木人说几句："你们为了自己的利益，砍伐了树木，可是你们是否知道，真情被你们破坏了！如果你们还有一些良知的话，希望不要再砍伐树木了！不要再让更多的小鸟伤心了！"

师：（高兴）你说得真好！你每次发言我都想为你鼓掌。同学们，你们也可以为他鼓鼓掌。（学生鼓掌）真的，他发言太精彩了！

生4：我想对小鸟和大树说："你们的真情把我感动了，我也要对天下所有的人说：'愿你们真心珍惜友情，永远的和你们的朋友活下去。'"（笑）

师：相处下去。是的。

生5：我想对伐木人说："伐木人，你们是否知道，树对我们人类有很大的帮助。就像下雨天可以避雨，比如说太阳大了可以遮盖阳光。他对人类有多么大的帮助啊。"

师：仅仅是这些吗？我知道你们还有很多很多，可以举出上百条树与人类的关系，是吗？其实我刚才已经注意到了，我们的同学在关注我们的环保问题了。非常好！还有对作者说的吗？

生6：我想对树根说："大树走了，你不要过于伤心。它也不愿意看到我们伤心的。"

师：真好，不错。（笑）你举了那么多次手，我真的不忍心，再让你说一次！

生7：我想对作者说："你为什么要写这么悲惨的结局。不能写稍微……"（大家笑）

师：你实在不忍心看到这么悲惨的结局。是吗？你真是个感情丰富的孩子呀！同学们，刚才盛老师听到了你们那么真诚的、肺腑的话。这节课呀，老师和同学们，同学和同学，一起和课文进行多次的交流、对话，一起真正地走进了课文。

难得的是，刚才还有的同学和伐木人说话，和小鸟说话，和大树说话，还对作者说话。学完了课文之后，盛老师也是感慨万千。我在想啊，如果咱们这个世界上，人啊、树啊、鸟啊，这些万事万物能真正地交流对话，那我们这个世界将会变得多么美好啊！你们有没有这样的愿望和想法呀？

生：有！

教后反思

本课教学充分利用教材的语言特色，以课文中的对话为引子，带动生本对话、师生对话、生生对话等一系列对话形式。

一、充分展开对话流程

这堂课的对话流程是这样展开的：

1. 初读课文，多元对话。（引导学生把自己与文本接触后的最本原、最原始的，没有受到过任何影响的感受谈出来。）

2. 演读课文，倾心对话。（深入角色，朗读四组对话，体会角色的情感世界。）

3. 引导想象，补充对话。（深入研读最后一段，想象小鸟的心理活动，升华情感。）

4. 拓展延伸，多向对话。（跳出文本，以读者的身份审视文本，进行理性思考，引导学生与伐木人、作者进行多向对话，从而产生多元化的理解与感悟。）

通过与文本四次亲密接触，层层深入，步步递进，使作品潜在的含义，教师所理解的含义和学生所能接受的含义这三者之间有机融通，使我们的语文课堂真正成为学生思维的自由王国而不是教师思想的橱窗。

二、对话结果个性化

阅读认知理论认为，阅读主体对于文本中的言语，只有在他的信息储存中能够找到文本言语具有相似性的信息模块以后，才能进行相似激活，从而识别文本中的信息。因而即使是阅读同一文本，也会形成各自不同的相似选择、相似匹配，进而产生见仁见智的个性化理解。新课标指出："阅读是学生的个性化行为……应珍视学生独特的感受、体验和理解。"如本文的主题，参考书上是"诚信"，本课是一元带多元，确定了一条情感主线：真正的友谊是建立在诚信的基础上的，其余两个主题作为副线而存在。

三、对话主题深刻化

对话式语文教学过程是引发对话主体各自向对方精神敞开和彼此接纳的过程。在对话者彼此的碰撞与激发中会把对话主题引向深入。我常想：语文教学最终应给学生留下什么？留下语言、留下情感和精神。深层次的对话应是情感的沟通和精神的共振。为了凸显本课的情感主线，我对教材进行了大胆的取舍，使教材为我所用。变以往的教教材为用教材。情感目标分三步达成：整体感知、初步体验；感情朗读、逐层体验；拓展延伸、升华体验。

名家点评

让学生切实地经历"过程"

全国著名特级教师　广西小学教育研究中心　黄亢美

这是浙江省特级教师盛新凤上的一节阅读教学课，这节课在让学生自主地选择学习方式、学习内容和学习伙伴，珍视学生的独特感受，突出阅读教学“以读为本”的特点等方面颇具特色，教者切实地引领学生自己经历了学习的过程，感悟的过程，训练的过程，表演的过程，在经历过程中发现规律，掌握方法，增强能力，升华感情。

纵观这节课的教学，我们可以清晰地观赏到盛老师这节课的主要教学特色是——突出学生的主体性：十分注意让学生自主地选择学习方式、学习内容和学习伙伴，课的起始学生“想说什么就说什么”，课的收结让学生“带着不一样的想法离开课堂”，充分地凸现了尊重学生独特感受的教学新理念。突出阅读教学“以读为本”的特性：注意引导学生体会课文情境、揣摩人物心理，采用多种品读方法，把课文读熟，把人物读活。极富新意地创设了“自导自演电视剧”“不同角色的人物对话”等方式，更体现了“教育创新”的时代要求，这些新的形式为我们的阅读教学的艺术之苑又增添了新的花色和品种。“过程与方法”是课堂教学的一个重要维度，而教者在这节课中切实地引领学生自己经历了学习的过程，感悟的过程，训练的过程和表演的过程，在经历过程中发现规律，掌握方法，增强能力，升华感情。

教学现场

换种方式教古诗

——《夜书所见》教学实录

一、读所见

师：今天我们要来重读一首诗。什么叫重读？已经读过的诗，现在还要来读一读，就叫重读。为什么要重读呢？因为同样一首诗，在不同的时期，不同的年龄，你读得时候会有不同的感受、不同的收获。今天我们重读的这首诗叫做——

生（齐读）：《夜书所见》。

师：让我们一起来读读这首诗。

（生齐读全诗）

师：能背下来吗？

（生齐背全诗）

师：能把它默下来吗？

（完形填空，师生评价。）

二、画所见

师：我不知道以前这首诗学完后，你们脑海中留下了什么？这么说吧，如果让你把这首诗变成一幅画的话，你准备在上面画上点什么？先小声读读，再试着说说

（生自由朗读，小声练说。）

生1：我打算画一棵只剩下几片叶子的梧桐树，再在树下画几个拿着灯笼挑蛐蛐的小朋友。

师：在他的画上，梧桐树下有小朋友，对此你们有不同意见吗？

生2：小朋友应该是在篱笆院儿里捉蛐蛐。

师：他的画上有江岸上的梧桐树和篱笆院儿里捉蛐蛐的小朋友。谁还想在这幅画上补充？

生3：我要再画上一条江，在月光下，江面波光粼粼，隐隐约约有几只小船。

师：你把这江上的景色描绘得真美！江边还站着一个人，你们看见了吗？那是谁？

生（齐）：叶绍翁！

师：也就是诗中说的——

生（齐）：“客”。

师：叶绍翁怎么就成了“客”了呢？

生：“独在异乡为异客”，诗人远离故乡，身在他乡，所以称之为“客”。

师：你们把诗中描绘的这么多景物都画到你们的画里面去了。有——

生：有梧桐，有秋风，有促织，有灯光，有儿童……

（生交流、师圈）

师：这么一交流，我们的眼前仿佛就出现了一幅生动的画面。这一切就是诗人的“所见”，是他在诗中描绘的“景”（相机板书）。让我们一边想象画面，一边美美地读一读这首诗。

（生齐读）

三、 抒所感

（一）锁定画面一，体会诗人心里的“寒”，感受“特定的景生特定的情”

师：读了前两句诗，老师的脑海中出现了这样的画面，（音乐造境）在一个深秋的晚上，风儿吹皱了一江秋水，在月光的照耀下，江面上波光粼粼的。夜深了，天很黑，江边的一切都是模模糊糊的看不清，只听到风吹过梧桐树叶发出的细微的声音。江风吹过，送来一阵阵寒意。远离家乡的诗人叶绍翁坐在江边，望着黑黢黢的江面若有所思，他可能要到遥远的京城去做官，也可能要去远游。此时此刻，他的心情怎样？

生1：他可能很孤独，很寂寞。

生2：他可能感到一点淡淡的伤感。

师：谁能试着朗读前两句诗，来传递诗人的心情。

（一生读）

师：你读完前四个字后应该稍稍停顿了一下，这样就读出了诗人的伤感寂寞。（示范读）

（另一生感情朗读）

师：读得真好！咱们一起来读！

（生齐读）

师：“萧萧梧叶送寒声”，发现了吗？这句诗中有一个字是有温度的，传递了诗人的这种孤独、寂寞和伤感的心情，是哪一个字？

生（齐答）：寒！

师：诗人不但身上冷，心里也冷。再来读一读这句诗。

（生齐读）

师：诗人见到了哪些景才让他的心里充满了寒意呢？再读读这两句

诗，体会体会。

生1：诗人见到了梧桐叶被风一片一片吹下来，让他感受到寒意。

师：为什么梧桐叶会让他感受到寒意呢？

生2：可能诗人的家乡也有这样一棵梧桐树。

生3：可能诗人觉得自己的命运就像梧桐叶一样飘零。

师：你们很会联想，说得很有道理。其实在古代，梧桐叶经常被诗人们用来传递这种孤独、寂寞的伤感心情。有诗为证。

（课件出示，生齐读）："一声梧叶一声秋，一点芭蕉一点愁"；"梧桐叶上三更雨，叶叶声声是别离"。

师：所以，当诗人看到梧桐叶的时候，他那寂寞和孤独的心情就更深了。我们再来读读这句诗。

（生齐读）

师：除了梧桐叶，还有哪些景让他心里顿生寒意？

生1：还有秋风吹过梧桐树的萧萧声。

生2：这让我想到了"风萧萧兮易水寒"。

师：你很会联想。"风萧萧兮易水寒"这句诗是写哪件事的？

生2：荆轲刺秦。

师：当时的荆轲有一种什么样的心情？

生2：很悲壮。

师：的确如此。其实，萧萧不单单形容风声，还可以形容马鸣。（出示课件）"萧萧班马鸣"，在战场上听到这样的声音，真让人不由得产生悲壮的心情。原来，风声也会让诗人心生寒意。谁来读读这句诗，把描写声音的词读好？

（一生读）

师："萧萧""萧萧"，读得真好！我们一起来读这句诗。

（生齐读）

师：刚刚有同学还提到了"秋风"，"秋风"为什么会让诗人感受到寒意呢？秋风给我们什么样的感觉？

生：秋风让我们感到冷和孤独。

师："春风"给你什么样的感觉？

生：柔和的、温暖的感觉。

师：是呀，“自古逢秋悲寂寥”，秋风一起，万木凋零，秋风让诗人更为伤感。我们再来朗读这两句诗，来传递诗人这种伤感的心情。

师：如果光是“秋风”还不至于这么寒，这秋风偏偏要吹在梧桐叶上，梧桐叶已经让诗人感到很“寒”了，却偏偏还要让它发出这种“萧萧”的声音。那种“寒”意，是一点一点渗到诗人心里去的。因为心寒，所以他看到、听到的一切都笼罩着一层寒意。我们再来读前两句。

（生齐读）

师：此时，江风在动，梧桐叶在动，客的情也在动。（板书：情）就是这些特定的景让诗人生出了无限的乡愁、无限的思念、无限的孤独和寂寞。真是“特定的景生特定的情”啊。

师：让我们在音乐声中再来读这两句诗，在朗读中感受诗人这种在特定的“景”下产生的孤独、寂寞和忧愁的“情”。

（配乐齐读）

（二）锁定画面二，体会诗人心里的“明”，再次感受“特定的景生特定的情”

师：正当诗人满怀愁绪时，他的目光从江边移向江岸，看到了怎样的景？我们一起来读后两句诗。

（生齐读）

师：他怎么知道有儿童在挑促织呢？请用诗句来回答。因为——

生（齐答）：“夜深篱落一灯明”。

师：因为他看到“夜深篱落一灯明”，所以——

生（齐答）：“知有儿童挑促织”。

师：远远看去，江岸上的篱笆墙内，一盏灯亮着，噢，知道啦，准是有几个可爱的孩子在捉蟋蟀呢！他怎么就猜得那么准？

生1：也许诗人小时候也曾在夜里挑过促织。

生2：也许他会想到自己童年时的幸福生活。

师：眼前的情景也许唤起了他美好的童年记忆。看到在温暖的灯光下嬉戏的孩子，此时他的心情还像刚才那么“寒”吗？又有什么变化呢？

生3：他觉得有一丝高兴。

生4：他心里觉得温暖了许多。

师：能用这两句诗中的哪个字概括一下吗？

生（齐答）：“明” 。

师：谁能把这种心情用朗读传递出来？

（一生感情朗读）

师：听你一读，我的心情亮堂起来了。

（另一生感情朗读）

师：你这样读，把我们的心情也读“暖”了。我们一起来读一读。

（生齐读）

师：那篱笆围成的院子、那快乐嬉戏的孩子，加上那盏温暖明亮的灯，那是一幅多么温馨美好的画面啊！这一切，也许驱走了萧萧梧桐叶勾起的孤独和忧伤，驱走了秋风带来的寒冷与黑暗，使他的心变得温暖起来、亮堂起来了。也许，他更想家了。 总之，这时的“所见”，这时眼前的“景”又深深地触动了他的情感。

（生齐读后两句诗）

师：萧萧梧桐叶带来的寒意，勾起了诗人孤独、忧伤的情感；灯下嬉戏的儿童让诗人的心里变得温暖、亮堂起来。诗人的心情就这样随着所见的景的变化而变化，这就是“特定的景生特定的情”。

四、移写法

师：“江上秋风动客情”，其实何止是秋风在动客情啊，诗中还有很多景都触动了他的情，你能学做小诗人，完成填空，也来吟一句诗吗？

生1：萧萧梧叶动客情。

生2：篱落灯明动客情。

师：你不仅吟得好，概括得也好。

生3：儿童促织动客情。

生4：秋风寒声动客情。

师：好啊，你把两种景物放在了一起说。

生5：夜深一灯动客情。

师小结：同学们真能干，不仅读懂了诗人的“所见”，还读出了他的“所感”。（板书：感）

其实对很多多情善感的诗人来说，有“所见”，就有“所感”，见“景”，都会生“情”，这就叫“见景生情”。

师：不知你们自己能否读懂下面的这些诗句，这些客居他乡的诗人都因为见到了什么景，而触动了他们的情呢？还是请你用“______动客情”这样的诗句把我们的理解表达出来。写一句。

（多种方式读《静夜思》《泊船瓜洲》和《枫桥夜泊》）

（生练笔，师巡视，交流。）

生1：我写了两句诗。一句是“月光寒霜动客情”，还有一句是“夜深皎月动客情”。

师：试着吟得再动情一些。

（生感情吟诵）

生2：“春风绿岸动客情”。

生3：我觉得“绿岸”不是很贴切，可以改为“春风明月动客情”。

生4：“春风江南动客情”。

生（齐说）：应该是“江南春风动客情”。

生5：我写的是“春风明月动客情”。

师：概括得非常好。

生6：我写了两句。一句是“窗前月光动客情”，第二句是“夜半钟声动客情”。

师：朗朗上口。

生7：我写的是“月落乌啼动客情”。

师：写得多美呀。

生8：我写了三句：“江枫渔火动客情”“明月钟声动客情”“月光寒霜动客情”。

师：“月光”和“寒霜”放在一起，肯定能够触动诗人的“情”。

生9：“故乡明月动客情”。

师：加了一个“故乡”，怎能不触动诗人的思乡之情呢？

生10：“瓜洲水间动客情”。

师：水间不是一个景，这句诗读起来就不流畅了。

生11：我写的是“皓月钟声动客情”。

师：月亮被你们这么一描摹，各具形态，发现了吗，这些诗中都出现的一个景是——

生（齐答）："月"！

师：像"月亮"啊，"寒霜"啊，"钟声"啊，这些特定的"景"经常出现在我们历代诗人的诗作当中。尽管时代不同，环境不同，诗人却都被这些特定的"景"所触动，牵动了他们浓浓的思乡之情。我们既可以读到看得见的景，也可以读到看不见的情。真是"一切景语皆情语"啊！让我们再来读一读这首情景交融的好诗——《夜书所见》。

（配乐造境，全班齐诵。）

师：同学们再来读读这首诗的题目——

师：是啊，在这漆黑的夜里，江边的梧桐树他看得清吗？

生（齐答）：看不清。

师：他只能听到风吹梧桐叶发出的萧萧之声；在漆黑的夜里，远处岸上抓蟋蟀的儿童他看得清吗？

生（齐答）：看不清。

师：他只能凭着这"一灯明"进行猜测。所以，在这样的夜晚，唯一所能"见"的，其实只有那盏亮着的灯，那"一灯明"啊。谁再读最后两句，把这盏温暖的灯留在我们每一个人的心中。

（一生读）

师：最后的"一灯明"，你读得意味深长。我们一起来读一读。

（生齐读）

师："一灯明"，诗的最后就这样给这盏灯拍了一个特写镜头。童年的美好记忆就像这盏灯一样，留在作者的心中，也会永远留在我们的心中。同学们，今天我们重读这首诗，和三年前读它时收获一样吗？

生（齐答）：不一样。

师：是呀，古诗是需要重读的。相信等我们长大之后再读这首诗，会读出更多的味道和感受。下课！

板书：

见景生情

夜书所见（感）

教后反思

古诗，因为离孩子的生活、日常语言比较遥远，这么多年来，古诗教学的研究，都放在如何挖掘诗意、开掘诗境上。这几年，也产生了一些精品课例。带领学生穿透古诗语言，走进古诗意境，深悟古诗情感，把课上得古意盎然、诗意盎然，似乎是这几年古诗教学研究的主要目标。我经常在想，小学生学古诗，能否学得浅显一些、好玩一些、轻松一些，在课堂上，通过古诗的学习，不光领悟诗情诗意，还要悟到一些方法技巧，掌握一些相关的知识。语文教学是忌谈知识的，但古诗中渗透的语文知识，我们不用回避教学。所以，本课的教学，试图让学生通过一系列的语文实践活动，领悟到诗人如何“见景生情”，而且是“特定的景触发了特定的情”。在这一系列的语文实践活动中，“训练”是非常凸显的一种方式，从诗句“江上秋风动客情”出发，让学生整体感受：其实何止是“秋风”动客情，诗中还有许多的景都触动了诗人的情啊，“你能仿说一句‘________动客情’吗？”一句让学生对整首诗进行梳理，学生要提炼诗中的景，并用四个字概括出来，这对学生的语言组织是一个考量。当学生吟出了“萧萧梧叶动客情”“篱落灯明动客情”“儿童嬉戏动客情”这样的诗句时，说明他们读懂了“诗语”，也读懂了“诗情”。所以，此处的运用也是对学生理解的一个检测，更是迁移和提升。最后，呈现三首“思乡”诗，学生自己从诗中用四字词语提炼景物，仿写诗句“____动客情”，这项语言实践活动，是对学生语言运用的进一步历练，在仿说“诗语”的过程中，学生对“特定的景生特定的情”这个知识有了更进一步的理解。这是这堂课试图对传统古诗教学的突破之一：用“以练导学”的方式教古诗。让仿说、仿写诗句的训练承载起理解诗意、感悟诗情、了解相关知识的多重目的。

本课试图对传统古诗教学的突破之二，是渗透“重读”理念。把低年级学过的古诗，放到高年级再读，通过设定不一样的教学目标，让学生获得新的感受与收获，体会到：不同年龄、不同时期、不同心境，读同一首诗，感受和收获是不一样的。这样的点到为止的渗透，不是作秀，是给学生心中播下一颗种子，让他学会学习，让他在以后的人生中，学会自己到这些曾经学过的古诗中不断寻找新的意义，获得新的启迪与营养。

总体来说，传统的古诗教学，感性有余，理性不足。如果能在醇厚的情味与意味中增加些刚性的元素：知识的、理念的，等等。那就犹如在学生的心间开启了一扇窗，让他看到外面无限的风景。

名家点评

好一道古诗教学的“和美”风景

特级教师　浙江衢州市教科研中心　施燕红

在当前众多的语文教学流派中，盛新凤老师的“和美语文”，以其清新、恬淡、优雅的教学风格，获得了小语界的认同和肯定。《半截蜡烛》《三个忠告》《去年的树》《跨越百年的美丽》等阅读教学课例足以让我们领略盛老师阅读教学的和美风景。今天，盛老师又向我们呈现了“和美语文”在古诗教学中的精彩演绎，拓展了“和美语文”的实践操作范畴。细品之，有以下“和美”之处：

一、传递经典古诗“常读常新”之和美

毕淑敏在《常读常新的人鱼公主》中写道：“在8岁的时候我绞尽脑汁要把结尾改得皆大欢喜，18岁的时候我从中读到了爱情，28岁的时候我开始担心人鱼公主的家人，38岁的时候我开始思考它的写作技巧，48岁的时候我认为人鱼公主是在严峻的考验中锻造高贵的灵魂……”可见，在人生的每一个阶段，阅读经典文章都会有不同的体会与收获。古诗当是经典中的经典。好诗不厌百回读。盛老师课始一句“三年级我们就学过这首古诗了，古诗是需要重读的”为整堂课定下了基调，传递了“古诗需要常读常新”的理念。因为是重读，盛老师课始让学生读一读，背一背，默一默，只用了5分钟就完成了一首古诗的基本学习任务。

常读要做到很容易，常新则不易。五年级再读，要读出什么“新”呢？在接下来的课堂行进中，我们清晰地感受到了缕缕新意：诗情感悟“新”：通过“寒”与“明”的两极对比，感悟诗人的情感变化；意境品味“新”：无论是“梧桐”的忧伤、“一灯明”的意味深长，抑或是“月”的思念，都在这堂课里悠悠萦绕；方法领会“新”：盛老师领着学生走近古诗的表达方式——“特殊的景抒特殊的情，不同的景抒不同的情”；学习“送寒声”“动客情”的迁移写法，从中收获改诗仿写的乐趣。可见，重读不是重复，重读指向提升。

二、呈现古诗课堂“以练导学”之和美

古诗因为语言凝练，意蕴丰富，教学时更容易陷入“串讲诗意，分析诗情”的怪圈中。课标修订版明确提出：“语文课程是一门学习语言文字运用的实践性、综合性课程。”怎样在古诗课堂中为学生创设更多语言文字运用的时机，盛老师为我们呈现了“以练导学”的古诗教学新模式，将传统课堂的“以练固学、以练测学”转化为“以练导学，以练促学”。

在整堂课中，把训练作为一种载体引导学生更高效地进行古诗学习。首先，整堂课按“读所见—画所见—抒所感—移写法”层层推进，训练板块清晰明了。其次，训练内容指向语文，四个板块分别指向读、想、说、悟、写的能力训练。再者，训练方式整合灵动，无论是体会诗人心中的“寒”，还是感悟诗人眼中的“明”，抑或是用其他景物来替换“送寒声”，还是结合其他古诗仿写“______动客情”，都不是孤立、机械的训练。有了老师精心拓展的古诗作依托，加上老师的巧妙引导，学生练得轻松而有成效。盛老师“以练导学”的古诗教学新模式既依循传统，又大胆创新；既是回归，又是前行，使教学走向高效、和美之境。

三、彰显古诗教学"组块拓展"之和美

古诗词产生的年代久远，要准确把握诗歌作品情感，学生要与诗人心同此情，意同此理，就需要教师形成开放的语文教学观，让作者情、学生情在拓展延伸中融合。盛老师在这节课中充分展现了古诗拓展串联组块之美。课中三度拓展均可圈可点。

第一处学习"萧萧梧叶送寒声"一句时，盛老师让学生用"群雁南飞、秋菊摇曳、啾啾虫鸣、呼呼秋风"诸词替换，看似平常，实则非匠心独具者不可为之。何也？古诗中有不少意象，历经润泽，其所表达之意蕴，传递之情感，已有定数。盛老师扣住"梧叶"，拓展了韦应物的"一声梧叶一声秋，一点芭蕉一点愁"，以及南宋诗人周紫芝的"梧桐叶三更雨，叶叶声声是别离"两句诗句，帮助学生聚焦"梧叶"这一特殊的意象，体会到诗人那份孤寂忧伤的情感。此处宕开一笔，非独语文教学，乃是文化传承。

第二处拓展在理解"知有儿童挑促织"时，带出了同样是描写童年生活的古诗——《宿新市徐公店》《村居》《所见》，这三首诗进一步展现了古代少年儿童的生活，丰满了学生对叶绍翁童年生活的遐想。

第三处便是仿写诗句，迁移写法的时候，补充呈现《静夜思》《春日》《枫桥夜泊》三首古诗，参照这些古诗，学写"______动客情"，为学生提供了仿写的场景，迁移了"借景抒情"的写法。语言文字得到了运用，变书本的为自己的，实现了语言的内化。

四、聚焦古诗情感"冲突对比"之和美

盛老师此课的浓墨重彩之处是锁定诗中的两个画面，聚焦一"寒"一"明"，体会诗人情感的变化。体会心中之"寒"，盛老师通过音乐画面造境，通过教师充满淡淡忧伤的含情描述，将学生带入了风高夜黑、寒意阵阵的江边，感受诗人的那份孤独伤感；体会心中之"明"，通过学生想象诗人可能玩过的游戏，拓展描写儿童生活的古诗，帮助学生感受诗人心中的那份温暖与追忆。此时补充的其他描写童年游戏的古诗，借"追黄蝶""放纸鸢"与"捕鸣蝉"的欢快，衬托出诗人客居他乡的内心之寒，以及乍见"一灯明"时，内心之暖。此处，诗人本

该落笔写乡愁，却偏偏关注“儿童挑促织”，笔意突转，似乎使人难以捉摸。经由“寒”与“明”对比，方才明了，诗人是在“一灯”之光照耀下，照见了自己的童年，也照见了遥远的故乡。“一灯”之“明”愈明，“梧叶”之“寒”愈甚。这种情感冲突对比之美在诗人笔下神奇呈现，也在盛老师的课堂中自然流淌。可谓诗人写得高明，盛老师教得高超，相得益彰！

五、强化古诗语言“迁移运用”之和美

语文是一门工具学科，其目的和任务简单地说就是培养学生的语文能力，提高语文素养。而能力不可能仅靠听说就能获得，它必须更多地通过实践操作来掌握。当前的语文课指向语言文字运用的实践环节还太少，这也是语文课效率低下的主要原因。怎样在古诗课堂中让学生习得语言，迁移运用？盛老师为我们做了很好的示范。替换秋天的其他景物，试着改编“______送寒声”。此处改编诗句，不求编得有多好，唯求借此提炼诗意，感受诗情，体会学诗之乐而已。课尾补充《静夜思》等三首古诗，仿写“______动客情”，旨在迁移运用，加深对古诗“特殊的景抒特殊的情”“不同的景抒不同的情” 表达方法的领悟。一写再写，趁热打铁，学以致用。

课堂永远都是遗憾的艺术，古诗较之其他文体，读更为重要。作为常读常新的经典诗文教学，能否在“读”上下点功夫，呈现新意，如在体悟诗情时，切入吟诵，那便更完美了！

圆桌讨论

董翱：新课标没有明确提出“文体”的概念，不过提到了“阅读叙事性作品，了解事件梗概，能简单描述自己印象最深的场景、人物、细节，说出自己的喜爱、憎恶、崇敬、向往、同情等感受；阅读诗歌，大体把握诗意，想象诗歌描述的情境，体会作品的情感。受到优秀作品的感染和激励，向往和追求美好的理想；阅读说明性文章，能抓住要点，

了解文章的基本说明方法；阅读简单的非连续性文本，能从图文等组合材料中找出有价值的信息”。这实际上就是指出了不同文体有不同的教学侧重点，不同文体有不同的教学方法。

徐虹：“和美语文”研究了不同类型课文教学时的融通点，比如说，写人的文章是“透过人物外貌探究人物内心”，使人物形象在读者视野中“表里融通”。除了盛老师讲座中提到的《番茄太阳》一课外，我觉得《跨越百年的美丽》一课的教学也体现了“表里融通”。盛老师教学时首先让学生“说画像中的居里夫人”“读报告会上的居里夫人”，这都是从“表”入手。接着盛老师让学生“写实验室中的居里夫人”“抓淡泊，读出人格之美”“了解爱因斯坦、作者的评价”，最后让学生“写我的评价”。至此，居里夫人的外表美和内在美融合在了一起，真正达到了“表里融通”。

孟丽：是啊，寻找不同文体文章不同的融通点，就是一个求“和”的过程，呈现的是“和而不同”的结果。

我觉得这“和而不同”，不仅体现在根据文体特点抓住不同的融通点的施教上，体现在注重学生个性化的阅读上，还体现在教师对学生的个性化评价上。例如《去年的树》中，当一个孩子语气坚定地读完后，老师马上评价：“老师发现他读的时候：‘我明年一定回来……’读得非常坚定，能告诉我为什么要这么读吗？”再如，一个男生模仿了大树的语气读后，老师的评价是“你真像大树啊！你在模仿大树的语气是吧？……你的感受非常独特！……让我们的男孩子来读大树，像刚才的那个同学一样，读出自己的个性来！”这样个性化的评价语言，促进了学生个性化的阅读体验。

徐虹：其实，在《去年的树》一课教学中，我觉得还有多处体现了“和而不同”的教学思想。如：“盛老师让学生打开书本，用自己喜欢的方式读书，可以一个人读，可以找伙伴读，如果想搬个凳子到讲台前来读也可以。”这是个性化的自读。又如：“你有什么话想说了吗？你的感受，你的疑问，你的收获……都可以。”这是个性化的解读。这些教学环节，都是给学生充分自由的空间，在阅读实践中体现出学生的个性化行为，以“不同”的读书方式、“不同”的读书感悟最终达到

"和"。

施国强：是的，"和"是在"不和"的基础上建立起来的。有"不和"，我们才需要"一起熬"，才能熬出久品不厌的味道。作为教师，我们就要在课堂上首先学会制造"不和"，这种"不和"可能是教师与学生的交锋，也可能是学生之间的冲突，甚至可能是读者与作者之间的碰撞，然后慢慢形成自己的阅读体验。我想，这应该就是"和而不同"的内涵所在。比如，盛老师在《去年的树》一课教学中不时地在制造"矛盾"，让孩子挑战传统的阅读形式，想怎么读就怎么读；让孩子尽情地表达自己的阅读感受，收获、疑问；让学生在朗读对话中相互促进，不断提升个人对文字的理解；让学生与作者、伐木工人、大树等的对话中发现现实与理想的冲突，同时提高学生的表达能力……思想家泰戈尔说，教育是水的载歌载舞。盛老师在课堂上，更多的是发挥"水"的作用，将课堂滋养、浸润，把握孩子学习的主方向，让孩子真正体会到课堂上自由的快乐。

安晓伟：我认为盛老师的课是在"和"中求语文的共性，抓语文的特性，还原了语文课程的本性；而在求"不同"的过程中，则遵循了文章自身的个性，尊重了学生发展的"人"性，实现了一课一教，千课千面，彰显了语文学习的魅力。"和"体现的是语文的本质，"不同"体现的是语文课的价值。实现"教材"的不同，"教法"的不同，也许最终要追求的正是学生思维和个性的不同。

吴燕：对盛老师提出的"和而不同"的解读，真是仁者见仁智者见智。在这么多的见解中，我觉得高林生老师对"和"的解读很独特，他指出："和"是一个整体，若干种不同且具有一定差异的事物是构成"和"的要素；一定的秩序和结构是构成"和"的方式；组成"和"的各个不同事物相互调节、相互补充。联系我们的语文教学，语文也是有若干个子系统完成的，阅读，识字，写字……每一项子系统里面又可以分成若干个子系统，而语文教学各个组成部分需综合协调，以及各种关系和联系需相互转化和相互融通，以此达到"美"的境界。例如：盛老师执教的《去年的树》这节课为什么会取得成功，全在于盛老师的心和文本相通，情和文本相融。学生初读课文，整体感知，和文本进行原生态对话；接着，从重点词句入手，研读课文，进行倾心对话；继而教师引领学生展开丰富的想象，在字里行间、在语言文字背后去寻找恰当的“画外音”、“潜台词”，对文本进行“补充对话”；最后教师启发学生以文本为依托，以生活经验为凭借，去拓展延伸，进行“多元对话”。她不是在“做课”，而是“课”表现了她的“人性”，展现了她的“悟性”，彰显了她的“灵性”，这就是个性化的教学，“和而不同”的境界。

第三编 还原和美教师的生态角色

大多数心理学家认为，角色就是个体在特定社会关系中的身份以及由此而规定的行为规范和行为模式的总和。语文教师处于非常复杂的生态关系中，创造教学的生态应先还原语文教师的生态角色。在我看来，语文教师应该成为“勤奋的读者、沉静的思者、激情的行者”。语文教师，只有自己多读、多思、多写，热爱生活，视野开阔，富有性情，培养生态人格，才能营造和美的语文课堂，建构课堂的生态文明，传递语文教学的魅力。

第一节 跟着课堂走天下

旅途的心情

喜欢一个人走。

喧嚣皆成背景。一个人，远离熟悉的风景，被抛入茫茫宇宙的感觉，既危险又安全；既孤独又强大，一个清晰的自我呈现在眼前，生活的多彩与丰富便都呈现。

喜欢遭遇陌生。

旅途的心情最闲散，遭遇到的一切便都有了诗情画意。

那次在温州车站的清韵茶楼所遇，令人终身难忘。

喜欢一个人走

在等车的焦急与不耐中，突然在高耸林立的水泥楼中看到了这间别致、典雅的小茶楼，推门进去，便见一对年轻的情侣，女孩纯情可爱，男孩儒雅娴静，坐在茶座旁细致地冲泡他的铁观音。

当我唐突地推门进去询问时，他们以朋友的身份热情接纳了我并让我与他们坐在一起。

我们在那张树桩茶几旁品茶、聊茶道，淡淡的茶香弥漫，令我不知身居何处，真是宾主不分，其乐融融。

主人拒绝在车站打广告，他说："有缘就进来。"那种商道中夹杂着的文化味、书卷味、人情味，令人感动不已。

人，很奇怪，记忆中最深刻的东西往往是触动我们灵魂深处的东西。

一个女人的力量

小语教材中，中国古代的四大美女貂蝉、西施、昭君、玉环，似乎都没有涉及，但美女是种文化，对美的向往是每个人的理想。我喜欢美女，尤其喜欢"四美"中的王昭君。

在呼市的最后半天，我起了个大早，花大价钱打车去拜谒昭君——这个千年前的大美女。

墓园的大门刚刚打开，售票、收票人员还没全部到位，清洁工还在清扫陵园，花匠正在给青冢上的树木浇水，树上一种不知名的鸟儿嘹亮地啼叫"姊归，姊归"。一切似乎刚醒来，青冢下酣睡的美人醒了吗？

远远地望着巨大的青冢，这座最大的汉代墓葬，青绿葱茏，墓顶的亭台四角飞翘，两边的台阶已踩得圆滑无比。千百年来，五湖四海的人们就这样踩着台阶，攀至青冢的顶端，近距离地感受美的存在。不知怎么，望着在晨风中格外清朗冷寂的青冢，我却有点望而却步，我在害怕什么？是怕自己唐突的惊扰？还是太过冷清的墓园让人徒增阴森的联想？

脑海中对昭君的构想，就是很多影视媒体留下的印象：穿着大红着纯白绒边的长袍，怀抱琵琶，侧坐马背的绝世美艳就这样定格在心中。昭君的美跟西施、玉环、貂蝉不同，她是被塞外的苍凉衬托出来的，那绝世的美艳，在塞外苍凉环境的衬托下，就有了一种惊人的穿透力。陈列馆中的汉代地图显示，我此刻脚下的这块土地，确实是当年昭君生活过的地方，虽然如今狂沙不再，但可以想见游牧民族粗犷无拘的生活方式。昭君，在汉室宫廷被搁置的美艳，在荒凉粗犷的塞外，却如何恣肆地奔泻，为这块土地增加了几多的色彩。这种美，整整打动了这块土地六十多年之久。在昭君出塞的六十多年间，汉匈两族友好相处，没有战事。一个女人的手掌，就这样轻轻地按住了一个剽悍民族的利剑；一个女人的柔情，就这样融化了一个剽悍民族男人的野心；一个女人的琵琶声，就这样为这块土地赢得了半个多世纪的和平安宁。就这样，这个女人，一不小心成了千古英雄。但这样的英雄，不曾让我肃然起敬，更多的只是哀婉叹息。千年过后，她曾经的委屈、怨恨、伤感、兴奋、庆幸、满足、幸福，就这样无声无息地化在时间的长河里，无从考据，不曾留下一丝痕迹，让千年过后的我们，除了叹息，还是叹息，只能叹息。

我在园里边走边叹。那一个个游牧民族特色的雕塑，那“单于大帐”雄起的屋顶，那“昭君故里”的汉族陈设，那一幅幅借昭君说事的文人字据……让人深深感叹：昭君，千百年来从不曾寂寞。董老的诗写得多好“昭君自有千秋在，胡汉和亲识见高，词客各抒胸臆懑，舞文弄墨总徒劳”。一个女人，就这样自然地彰显了美的力量，面对后人的热烈生发，昭君如果泉下有知，我想只会淡淡地浅笑。

日头渐渐升高，门外的旅游大巴一辆辆接踵而至，新的一天开始了。昭君，又该展开美丽的笑颜，迎接来自天南地北朝拜的粉丝。而我，却要默默地挥手，悄悄地离去，留着美人在清晨中的静谧，长长地咀嚼。

邂逅扁鹊

在小学课本中有关于扁鹊的寓言故事《扁鹊治病》。河北内丘之行，让我意外邂逅了扁鹊。

接到一个朋友的电话，让我到河北邢台讲课，马上警觉地问交通是否方便，朋友说可能不太方便，于是婉言谢绝，但主办方又盛情再请，于是便咬咬牙，走吧！等到出了石家庄正定机场，看到两个进修学校的老师已早早候在出口，便感觉很安全踏实了。一路上，他们告诉我只要一个半小时就能到达。他们跟我说了一个地点，好像不是邢台了，但我没听清。直到在高速路上行驶时看到路牌，联系他们的发音，才知道我要去的那个地方叫“内丘”，是邢台下面的一个县。

下午，主办方热情安排我去当地的景点“扁鹊庙”参观。初听觉得很诧异，扁鹊怎么会跑到这个地方来了？据导游介绍，说他在这个地方行医多年，被害后头颅被当地村民偷回安葬，所以此村被命名为“神头村”。庙宇规模宏大，是个古建筑群，安置着道教、佛教的各种殿宇，似乎有些不伦不类，什么玉皇殿、老君洞、财神殿等，反把主角扁鹊给淹没淡化了。据说这里的每年三月当地人都会来赶热闹的庙会，还在宣传扁鹊文化，但当我问导游扁鹊文化的精髓是什么时，她却无法概括，这真令人有些啼笑皆非。“文化”这个时尚名词，就这样被各地俗化了，滥化了。本来很想到这个地方挖掘到一些关于扁鹊的深厚的文化内涵，看来只有失望了，只是庙里的古碑与古柏让人滋生无限古老的沧桑感。也许扁鹊确实长眠于此，他的仙风道气也弥漫于此，此处的风水与气场定是不错的。

回家后，对扁鹊便是念念不忘，乃至对古代的几位“神医”产生了兴趣。于是查阅了资料，好好地补了一下功课，终于把扁鹊与内丘的关系搞清楚了。据清乾隆十五年（1751年）《顺德府志》载：“鹊山庙者，祀扁鹊也。”扁鹊，姓秦，名越人，尊称扁鹊，战国时期勃海郡郑州（今河北任丘）人，是我国古代最早的医学家。其生平事迹在《韩非子》《战国策》《史记》等典籍中均有记载：他得长桑君真传，周游列国，随俗为变，悬壶济世，上医国君，下诊庶民，创“望、闻、问、切”四诊，传“六不治医论”，著八十一《难经》，巧制驱瘟汤，光大针灸疗法，汇集中医药学之大成，拯救百姓疾苦。

扁鹊路过晋国，得知晋国大夫赵简子疾五日，不省人事，他仔细切脉诊断，用药后“不出三日”病痊愈。赵简子感其恩，特在中丘（今河北内丘）之蓬山赐田四万亩，作为他的封域。从此扁鹊定居蓬山，广采本草，发明医术。扁鹊过虢国，闻虢太子“暴厥而死”，觉得可疑，入宫查看太子“尸体”，“当闻其耳鸣而鼻张，熏其两股以阴，当尚温也”，于是断为“尸厥”。经药、针、灸并用，太子苏醒，遂拜师于扁鹊，在蓬山一带采药行医。今内丘扁鹊庙西侧的山峰称太子岩，尚留有太子楼等遗迹。扁鹊医术高超，起死回生，术倾各国，声动侯王，名声越来越大，致使一贯骄傲自大、妒贤嫉能的秦国太医令李醯怀恨在心，他“自知技不如扁鹊也”，就秘密收买两个亡命徒杀害了扁鹊。据传说当扁鹊被害的噩耗传至蓬山一带，当地百姓悲愤欲绝，就选派出几个精明能干的人，千里迢迢连夜跑到秦都咸阳一带，将扁鹊的头颅偷偷抱回，葬于蓬山脚下，并在九龙河畔修盖了庙宇。从此，焦家庄、狼家庄合二为一，改村名为“神头”，又将扁鹊和弟子采药的蓬山命名为“鹊山”，并一直沿用至今。

读完资料，联系扁鹊的身世，感慨万分。古往今来，知识分子遭遇着“遇”与“不遇”的两种命运。“遇”是遇人知用的意思——你得到了一个被人了解、被人欣赏的机会；这是很多知识分子所向往的，因为很多知识分子的人生目标是“兼济天下”，要出仕，但也有很多知识分子一辈子“不遇”，“不遇”当然是一种悲哀，但“遇”就一定是幸运的吗？扁鹊是“遇”了，他靠自己的医术得到了权贵的封赏、百姓的爱戴和崇拜，人生是成功的。然而也正是这种“遇”，给他带来了杀身之祸——最后遭同行之嫉被暗杀。所以，人生真的很难讲，看似辉煌，许是活得辛苦；看似平庸，也许反活得安逸。很多知识分子（特别是文人）对这方面都有深刻体会，像陈子昂等就写过很多感遇诗。

扯远了！总之，这次内丘邂逅扁鹊，读了扁鹊资料后，再回味在内丘看到听到的扁鹊庙、太子岩、神头村等信息，顿觉印象深刻。旅游的乐趣，在于把文字和实地风景相结合，在文字和实景之间不断穿梭几次，这风景，便永远刻在心里了。这样的风景在心里装得越多，人生就越充实丰厚。

看到黄果树瀑布了

从四川南充坐动车到成都，再坐机场大巴到机场，赶上了6:30分去贵阳的飞机，按计划应该7:30分到贵阳，10点前能赶到安顺。本以为今晚总算可以睡个正常觉了，哪知安顺之行居然不顺，接我的小汪倒是很有素养，但车子刚离开机场不久，电瓶没电了，车子开不动了。司机紧急从安顺调车过来，意味着我们要在路上先等1个半小时。等到左显群老师和司机赶到，接上我们，再出发，到安顺已是12点多了，整整浪费了3个多小时，在车上我已累得东倒西歪，一句话都懒得说了。

第二天以为自己会出洋相，想到这个难教的《半截蜡烛》，心里压力很大，5点多就起来整理教案。

谢天谢地，总算学生帮忙，这些难得上这种课的学生，就像被打足了气的皮球，不管你怎么教，他们都是精神百倍地配合你。这种课，上起来还是轻松的。

带着总算完成这几天一连串任务的轻松，下午就不客气地让左老师、小汪带着去看黄果树瀑布了。

从安顺驱车40多分钟，来到了黄果树瀑布所在的一个破落小镇，我们的车一停下，马上被一群拉客围住了，后来才知道原来他们可以带我们从秘密通道进入景区，可以省钱。跟着一个贵州女子七弯八拐，来到镇上一座石头砌成的破旧老屋前，从一个黑黑的门洞下去，如同进入一个地下室。等到我们再钻出来时，眼前豁然一亮，哗，天下闻名的大瀑布就这样哗地一下呈现在我们眼前了，就在我们对面的山坳中流下，除了几分宽广与狂野，那份想象中的大气与磅礴并没有出现，着实让我这个远方来客有些失望。看着飘下稀薄水帘的瀑布，我简直怀疑她那样的盛名因何而生。那个贵州女子告诉我们，现在水势太小，瀑布的水帘还不浓密，否则，从下面穿行，犹如钻《西游记》中的水帘洞。

带我们进来的贵州女子跟我们报了价格：到下面绕岩壁走一圈，180元，而我们在这个地方远观，只要100元就够了。想到时间紧迫，我又穿着高跟鞋，我们就选择了在石屋后门的平台上远观瀑布。这是观瀑的最佳角度，四周的群山沟壑，小径吊桥，游人如织，都一览无余，有一种居高临下的畅快感。我想起了人教教材五年级上册的《黄果树听瀑》一文，“瀑布如雷轰鸣，山回谷应，我们仿佛置身于圆形乐池中，四周乐声奏鸣，人若浮身于一片声浪，每个细胞都灌满了活力，让人真正感受到自然的伟大与恢弘。”许是离瀑布太远，这样的轰鸣真的没感受到。但从对岸熙熙攘攘的人群看，这样的壮观应该是存在的。

我在平台上坐下，就这样跟瀑布面面相觑了许久。想到这千年奔涌的瀑布，因为自己的壮阔奔涌为自己赢得了巨大盛名，然盛名之下的瀑布，还是静静地躺在这块穷山僻壤之上。那么机械地迎来、送走一批批来自五湖四海慕名而来的游客。然而，背负这么巨大盛名的瀑布，她不累吗？就像今天，因为枯水，水势并不汹涌，让我这个远方来客不免有些失望，觉得如此盛名之下的黄果树瀑布应该如何如何。她一定在默默吞咽看到失望眼神的痛苦，然而她是无奈的，一切由天定，在这个神奇的自然界，瀑布延续着细若游丝的水量冲刷，只能无奈地忍受人们的失望眼神。这是曾经享受巨大赞誉的瀑布一定会有的最大失落与痛苦。这种感觉，在我上次去看了趵突泉后也同样滋生了。

万事万物的辉煌都是一时的。辉煌过后就得忍受更大的失落与痛苦。为名所累，为名所苦，一点也不假啊！

寻访阿炳

参加第一线教育网的教育培训，我来到无锡，趁着一个课不太好听的上午，一人悄悄来到被称为“江南第一山”的惠山，寻访阿炳，聆听“二泉映月”。

盛夏的惠山倒真是树木葱茏，藤萝摇曳，但山脚下的二泉却颇让人失望。我听不到淙淙的流水声，只能看到被栅栏围着的一圆一方两口被圈起来的泉井。隔着栅栏往里看，确实能看到泉水，还比较清澈，但它失去了鲜活的生命的流动，因此泉的魅力也流失了大半。我不知道，看到这样的泉水，即使月光照水，阿炳的情思还能随着音乐恣肆汪洋吗？到底是阿炳的沧桑情怀成就了这泉，还是这历史上的泉真的美得足以催发阿炳的情？以景生情，情景共生吧。

我在偌大的“天下第二泉”下拍了照，又在泉池周围上上下下的台阶上转了几遍，想象着当年阿炳拉琴的位置，但终未想清楚。恍兮惚兮，阿炳可真曾经来过？此地真是享誉世界的“二泉映月”的诞生地？

我沿着山路一直向前，终于，找到了阿炳，他长眠于山脚下。阿炳的墓设计成舞台的形状，墓碑上刻着“民间艺术家华彦钧之墓”几个大字，前面的空地犹如一个梯形舞台，舞台上，一个黑铜塑的阿炳弯着腰“痛苦”地拉琴。从没见过如此痛苦扭曲的拉琴姿势。阿炳生前贫病交加，颠沛流离，未曾有过炫目的舞台生涯，但他需要舞台，他应拥有舞台，这震惊世界的“二泉映月”怎么能没有舞台？这墓前的舞台，是后人对他缺憾人生的弥补？

墓外还有一个“二泉音乐广场”，墓边还有“泥人 ”，让人觉得很滑稽，许是后人希望阿炳和泥人，这无锡的两个宝贝，在广场上同台演出？

当游完寄畅园，走出锡惠公园后，觉得一上午的逃课还是很值，在无锡，阿炳确实曾经来过，阿炳是属于无锡的，“二泉映月”是属于无锡的。

冰火两重天

小语教材中，有许多描写草原、沙漠的文章。这次暑假，一下子“通吃”了这两片截然不同的风景。

这次在内蒙，两天草原，一天沙漠，两种旅游的心境，可以说是冰火两重天。

草原旅游，需要一份宁静的心情。那份辽阔与碧绿，好像一下子把你投掷到了自然中。

喜欢清晨和晚上的草原。好静啊！一个人钻出蒙古包，风很大，裹紧军大衣，整个草原都在沉睡。各色小野花在很有些寒意的风中瑟缩。想到我们家人正生活在受着炎夏冲击的热浪滚滚的都市，觉得这份夏日里的寒意格外珍贵与惬意。我走下坡，钻出围栏，来到坡下的原野，在一片静谧中，黑白花牛正悠闲地嚼草，享受无人打扰与喧嚣的宁静；灰色的羊群也出来了，挤满了肥美的草坡；中间的饮马池边，小女孩陪同她的父母，赶着她家的所有资产——6匹壮实的好马来饮水，为一天的辛劳做准备。过不了多久，他们就要把马牵到马场，供游客骑（很多牧

民以每月300元一匹的价钱把马租给旅游公司，而游客每骑一个单程最低价是200元）。

白天，由一个15岁的小男孩牵引着马缰绳，闲闲地在草原上遛马，沿途是草原深处的好风景，那一片一望无垠的辽阔，让人身心放松，吸一口草原的新鲜空气，混着草味、粪味，居然不讨厌。在牧民家，接待了无数游客的蒙族大姐，笑容也是恬静的，吃一点他们自家做的糕点，喝一杯奶茶，一切都那么自然、舒适。

傍晚，夜幕降临，牛羊归栏了，一拨又一拨的游客或回城，或钻进了蒙古包。整个草原又宁静下来，在蒙古包外的小径上踏着夜色散步，发现白天为我们拉马的小男孩的家了：住在简易的砖房宿舍里，小男孩热情地邀我们做客，腼腆、率直，又有着与他年龄不相称的老练。

夜深了，广场上的篝火生起来了。南来北往的客人听着蒙族姑娘小伙高亢嘹亮的歌声，和着节奏翩翩起舞。偶一抬头，发现不知何时，头顶已升起漫天繁星，天上繁星与地上篝火把草原打扮得格外绚丽多姿。清风、朗月、星空、怡悦的人群，那份神秘、那份美感，哈，只能深深吸口气，把这份陶醉吸进心肺。

如果说草原的美是宁静，是幽冷的清静，那么沙漠之旅，就是火热的，热情释放。

刚上车，导游就把临时凑成的30多人分成三组，并选定了组长，反复告知，组长要负责为大家“抢座”，用餐、坐车等，紧张气氛的营造，似乎我们不是去旅游，而是即将投入一场战斗。

当我们来到库布齐沙漠，看到人山人海的阵势，方理解了导游的一片苦心。于是大家马上进入状态——快。这一快，就把我悠闲的状态完全打破了，把我蓄积心底的热情激发出来了。组长是我们浙江老乡，在湖北做生意，他老练，有号召力，一吆喝，我们就跟着他奔跑、挤车。

我们坐敞篷吉普车在沙漠行驶，忽而爬坡，忽而下冲，一路欢叫惊呼，非常刺激过瘾。我跟朱总比赛跑步上坡，在沙漠最顶峰做着各种勇武的造型，逗得大家哈哈大笑。在没有熟人审视目光的监视下，放松放肆地宣泄自己的快乐，那种感觉真好！在一个多小时的时间里，我不停地运动：骑骆驼、滑沙，买一块白纱巾裹脸，把自己打扮成阿拉伯女人，在黄沙漫天的遥远的内蒙，可以忘记自己的身份、烦恼、辛劳、年龄乃至性别，投入地生活，竟是这样快乐。

在内蒙短短几天，我享受了宁静的内心愉悦，也享受了热情的情感宣泄。经历着冰火两重天的情感体验。生活，真美！

“独行侠”与“三剑客”

小语教材中一篇文章《乌塔》，情节很吸引人，我想肯定也很吸引学生。一个人背着包游天下，这是我的人生理想。这次出游，也碰到了中国的“乌塔”，不过是个老“乌塔”。

在草原，碰见了来自天津的靳姨，一个穿黑衣黑裤，特能吃特能说的老人。靳姨的行囊很简单，一个黑包一直挎在身上，睡觉时枕在枕下，这是经常单身在外人的习惯性的自我保护。晚上我们共住一间蒙包，虽然她的戒备让我有些不舒服，但很快便理解。在与她交流的过程中，知道她退休后一直独自一人背包走天下，这次出门，就已辗转好几个省份。在与她共处的两天里，发现她生活粗俗，穿着邋遢，尽管她不断强调是昨晚吃涮羊肉把衣服吃脏了。每次吃团队餐，大家都抱怨难以下咽，唯独她，吃什么都像山珍海味，食量惊人。有一次吃莜面糍粑，她一气吃了好几碗，还把大家吃剩下的糍粑全扒拉到她的碗里，直到发现全桌人异样的目光，才不好意思地把最后两个打包带走，好像一路上受尽了饥寒交迫的苦似的。她对谁都不信任，特别是对导游，总觉得导游在骗她的钱，所以导游的任何意见她都要咬牙切齿地反对。但当我们一起面对自然时，不禁让我肃然起敬。我发现她对自然很敏感，真是一个对山水很有感觉的人，当看到她面对草原牛马流露出的由衷的兴奋与喜爱时，会由衷地喜爱她，觉得她比那些自命不凡，一到草原只知道躲在蒙古包打牌消磨时光的人可爱、可贵多了。我告诉她：“老了要像你一样，背包独自潇洒走天下。”

在离开呼市的最后一天上午，我独自一人去昭君墓，打车去，坐44路车回。在公交车站牌下，碰见了祖孙三人组成的“三剑客”。一对退休老夫妻带着11岁的孙子，一周时间已辗转了好几个省份。他们的旅行方式科学、经济。坐火车，到一个新的城市后住在火车站附近的中档宾馆，然后坐车去想去的景点，一般是早晚出行，中午在宾馆午休。他们的经验是，火车站是交通最便利的地方，有到各个景点的公交。他们不赶时间，往往事先看好线路，去他们想去的地方，愿意呆多久就呆多久，对他们来说，时间不成问题。他们从不报团，也不打车，玩得经济又自由。他们向我算了一笔账，结果发现，我这样跟团，或打车玩的花费，要多出他们好几倍。

望着祖孙三人从容轻松地走向公交站点的身影，我充满了羡慕。智者的生活，精彩的人生！

文人激活山水

有人说，自古以来，中国的山水都是被中国的文人激活的，这话说得太有道理了。

这个暑假，连续出游三次，从江苏无锡的锡惠山到山东济南趵突泉、呼和浩特边上的锡林郭勒草原、库布齐沙漠、昭君墓、山东临沂的亚洲第一大峡谷、山城重庆的歌乐山、湖广会馆、长江三峡、沿途的丰都鬼城、白帝城、武汉的黄鹤楼、古琴台、东湖。山水风景本很简单，并无太大差异，但因有了文人的感叹，使得山水富有了丰富的内涵，变得丰富而复杂。在这近一个月的时间里，一路走，一路叹，腹中一下子装了太多的山水，以及由文人们赋予的山水文化，感觉真有点消化不良呢。

小语教材中有“长江三峡”的文章，也有写白帝城的诗：“朝辞白帝彩云间，千里江陵一日还。两岸猿声啼不住，轻舟已过万重山。”这次游三峡，去了白帝城，这座千年古城，如今四面环水，已成了一座孤岛。这里，刘备诸葛亮来过，演绎了临终托孤的悲情故事，于是，刘备便占据了这座城的文化高地，当年的“白帝”故事的遗迹已荡然无存。

在“托孤庙”的塑像群中，我们想象着当年刘备的无奈与诸葛亮的感动，想象着当年令人唏嘘的一幕。后来，李白来了，在这里，他得到遇赦的诏令，心情是何等放松，于是急急辞了白帝城，赶赴千里外的江陵府（现南京）。或许，他急着走，来不及在白帝城多发一回感叹，心里只有自己的高兴了，所以没有留下感叹的文字，只是尽情表达他的高兴“朝辞白帝彩云间，千里江陵一日还。两岸猿声啼不住，轻舟已过万重山。”呵呵，他可走得够快，我们是一周后才辗转到达江陵，而且没听到一声猿啼，看来都是心境不同所致，而且这千年停留的山水，也在悄悄发生着变化。

在雄伟的三峡大坝上，我们感受毛泽东“截断巫山云雨，高峡出平湖”的气魄，他的理想如今成了现实，看来，中国的文人只能用文字激活山水，但伟人却可以改变山水的面貌。

在长江的五星涉外游轮上待了三天，陪着几个傲慢的英国人看中国山水，别有一翻味道。在宜昌的“三峡人家”码头上岸，离开三峡驱车去了武汉，在黄鹤楼，又与李白不期而遇，李白的身影真是无处不在，他的文字激活了多少中国的山水风景？黄鹤楼上的李白着实谦虚了一把“眼前有景道不得，崔颢有诗在上头。”崔颢真是写得太好了“黄鹤一去不复返，白云千载空悠悠”“日暮乡关何处是，烟波江上使人愁”。对宇宙、人生的空茫、沧桑的感受，传递得如此精妙。李白觉得无法企及，干脆找借口不写了，于是一心一意对着长江送别孟浩然“故人西辞黄鹤楼，烟花三月下扬州。孤帆远影碧空尽，唯见长江天际流。”

在武汉的最后半天，坐公交车去了磨山东湖风景区，东湖作为全国最大的城中湖，与杭州西湖齐名，那一望无际的荷叶荷花其实很美，那份辽阔与宽广，但没能吸引很多游客，我想是缺少文人的激活吧？这里缺少故事，缺少墨迹，那份美就显得苍白与单薄了。

回程经过南京，在与出租司机的闲聊中得知，南京的秦淮河是人工开凿的护城河，而玄武湖与莫愁湖却是天然的。但相比之下，秦淮河的名声远大于后者，也是被文人充分激活的缘由吧？

有信仰是种幸福

在重庆，由重大研究生小李陪同，去了歌乐山，又一次参观了渣滓洞、白公馆，有很多感触。

小语教材中《江姐》《狱中联欢》《绣红旗》等故事在这里找到了原型与出处，看着刑讯室的阴森恐怖，想象当年的惨烈场景，令人毛骨悚然。在展览室的照片中，我们看到这群人牺牲时都是30左右的年华，很多革命者的妻子年轻貌美，孩子年幼可爱，但他们为了信仰丢弃了一切，在新中国成立后的1949年11月27日惨死在这里，300多人只有15人逃出。在他们牺牲后的三天后，重庆解放。

这15人中，就有《红岩》的作者罗广斌，据说他哥哥是国民党高官，所以在关押渣滓洞期间他没有受到酷刑虐待。因为这个，“文革”期间受到残酷迫害，自杀身亡，令人唏嘘不已。哎，只能一声叹息！

站在渣滓洞监狱中的小广场上，想象当年这些英雄家属来装殓死者尸体时痛不欲生的情景，会让你在心中不断追问一个问题：值吗？傻吗？

今天，成熟的我们从肤浅的红色教条式教育中走出来后，再来审视他们的人生选择，觉得他们还是值的。因为他们有信仰，并能终其一生孜孜不倦地追求自己的信仰，这样的人生目标是何等清晰明了，相比今天，很多年轻人因为找不到活着的价值而成天被一种灰色情绪萦绕，他们应该活得更充实更有意义吧？

怎样的人生是幸福的？能清晰感受到意义与价值，活得充实而无悔，不管别人怎么看，外界如何评，只要自己认可自己的人生选择，这比什么都重要。从这个意义上讲，这群人，他们的人生应该是幸福的，这是一种别样的幸福。

曾经为《湖州宣传》写过一篇文章《在漠视英雄的时代呼唤英雄》，英雄是一种文化，是一种人生价值趋向，在这个时代如何看待英雄，真值得我们好好思考。

古琴台上叹知音

这次去武汉，因为时间充裕，便去找了古琴台，当年伯牙和子期高山流水遇知音的地方。汉阳古琴台又称伯牙台，据文献记载，早在1400年前的南北朝时已经修建。现在的古琴台基本保存了清时修建的风貌。古琴台是个不起眼的小景点，一个雕塑屋、一个平台、一条宣传廊，几个小亭台组成了全部。所存的北宋大书法家米芾的“琴台碑”和清代岭南宋湘“竹叶诗碑”均为珍贵文物。游人稀少，用我们在琴台碰到的当地一位老者的话来说：没有旅游品位的人是不会来这个地方的，但我们来了，不是说明我们有品位，只是小学语文教材里那篇《伯牙绝弦》的课文太感人，因为有太多的名师用不同的风格把这课演绎得荡气回肠。

游古琴台时留影

“相识千千万，知音有几人。”大凡从事精神耕耘的人，都希望自己的精神世界能在别处得到呼应，但又何其难。在现代这个匆匆忙忙的世界中，找到一个没有性别概念只有精神契合的知己又是何其难。虽然有那么多从事精神耕耘的人，但一个人的精神世界还是很难被另一个心灵读懂，而且受到关注都难，所以，人本质上都是孤独的精神探险家。很多时候，我们都是自己在黑暗中探索，终其一生都很难找到一个和你精神同步相契之人。伯牙是幸运的，碰见了子期，从此，“伯牙所念，钟子期必得之”，这是一种何其美妙的精神交往！

伯牙又是固执的，子期死，伯牙破琴绝弦，终身不复鼓以谢知音，这是否可看成一种“愚忠”？伯牙把自己的精神追求完全寄托在另一个人身上，这是否是一种精神虚弱？其实，人最好的知音应该是自己，人的精神需求，外求不成，还可以内求，何况，伯牙觉得子期死后“谓世再无知音”也未免太悲观了，也许还有第二个子期在？呵呵，所念到此，我真是在亵渎这对知音的感情了，罪过罪过！

毕竟，伯牙与子期，成就了一段佳话，创造了人类史上如此宝贵的知音文化，造福了人类。在这个故事中诞生的《琴曲》，越两千年后，于1977年8月20日美国“旅行者”号探测器选用录制入铂金唱片，带入浩瀚太空。“流水琴曲上太空，浩瀚宇宙觅知音”。

这就是文化的力量！传承千年，被人类无限创造！

西安的城墙　济南的水

昨天还在爬西安的城墙，今天已在济南的大明湖畔徜徉。感受了西安的厚重，也领略了济南的柔媚。

去过几趟西安，但一直没有深入其中，只觉得这座城市很神秘，十四朝古都，沉积了多少故事，多少故殿的辉煌被历史的尘埃埋藏！秦时阿房宫的奢靡，呈现了秦王朝横扫六合的气概；汉时未央宫的恢弘，展现了大汉的雄风；唐时大明宫的富丽堂皇，展示了大唐帝国的威严。这一切，只能在博物馆的文字介绍中联想。如今，一切都已流失，我们只能从码得平平整整的城墙砖中，感受历史的厚重与多姿。这历史的厚度成就了西安，使西安呈现出如此的魅力。

济南的大明湖，老残来过，老舍来过，曾巩在此为官。这装了半城水的济南啊，怎么能够不灵秀？这灵秀的水，配上这柔媚无比的垂柳，济南这座城，没有泉，一个大明湖，便已足够。在大明湖畔漫步，清风习习，游船翩翩，那份轻盈与惬意，无与伦比。

回来的路上，我在想：这城墙的厚重与大明湖的灵秀，谁击中了我？西安的城墙以它的厚度传递给我们一种力量，但济南却以水的灵秀击碎我们的心灵。噢，言不尽意啊！

在常家庄园

自从看了《大红灯笼高高挂》与《乔家大院》后，一直对山西的乔家大院向往得很。

这次，在晋中榆次上课，听说离那些大院不远，就心痒痒的，很想去看看，好在王老师善解人意做了安排，圆了我进晋商富豪之家一看究竟的梦。可这次看的不是乔家，而是离榆次最近的“常家庄园”。说真的，在今天之前，我还真不知道还有这个常家庄园的存在。

在贾老师的陪同下，驱车半小时左右，便一脚踏进了这巍峨的门楼。哈，北方的豪宅跟江南的还是不同，那份气派与恢弘，是和江南豪宅精致的格局完全不同的。这是我第一次进入北方豪宅，非常震撼。常家原来比乔家大10几倍，以前有4000多间屋子，现在还剩几百间，维修后的常家门楼高耸，屋宇林立，亭台楼榭点缀其间，真是说不尽的豪华气派。在常家宽阔的街面上徜徉，在仿江南园林里漫步（据说以前共10几座园林），在巍峨的望稼楼顶远眺这个大家族的前屋后田，不禁让人诧异：这么豪华的屋宅，怎么就远没有乔家大院、王家大院声名远播呢？带着这个疑问，我在园里寻访答案。

在常家七进宽藏书楼的客厅里，摆着钟（终）身瓶（平）镜（静），主人的用意再清楚不过，他希望自己乃至子子孙孙都能颐养性情，终身过一种淡泊宁静的生活，所以，常家是不会显富招摇的。

在花园里，常家塑着孔子像，在门楼上，书着“格物致中”，在墙壁上，刻着阴阳太极图，这一切，透露着主人对儒道文化的信奉。常家的主人乃至子孙，是有着自己的文化信仰与传承的，在这样的文化熏陶下，常家现存后人没有从政，大都是教授工程师，也就不难理解了。常家人骨子里的对学问的膜拜与追求，成就了常家子孙的人生选择。

在门楼的雕花窗格上，我们还看到了很多耐人寻味的图画：寻走组图：从挑担行走到骑驴、骑马，再到坐轿，常家的家训别具一格，告诉子孙路要一步一步走，从艰辛开始，走向舒坦，是要付出的。还有裂冰图案的门窗，是要告诉子孙：冰冻三尺非一日之寒；印着很多梅花的钱币图，也许预示着：君子爱财取之有道。凡此种种，都让我们感受常家人的本份与认真。

据说常家庄园名气不大的另一个版本说法是当时拍乔家大院时，先找的是常家，但常家不愿宣扬，失去了机遇。电视电影《大红灯笼高高挂》《乔家大院》等拍摄，让乔家声名鹊起，名扬四海，而常家却“养在深闺人未识”，但很多常家的素材却被移植到了乔家。看着乔家现在的“门庭若市”，觉得在现代这样喧嚣功利的时代，学会叫嚣与推销自己，还是很有必要的了。

但我还是喜欢常家的清高宁静与自守。

开始爱上西湖

小语教材中收录了许多写西湖的诗，但没有写西湖的文章。我从小到大一直生活在离西湖不远的太湖边，虽然西湖名扬天下，但一直以来，我是爱太湖，不爱西湖的，觉得西湖的美太过精致，那种属于小资的精雕细琢，跟我这个从小在乡村长大，爱惯了自然山水的人不太契合，所以，更爱太湖。特别记得刚开始工作时，一个星期天，跟表姐一起骑车去太湖玩，那时的太湖还未开发，我们让一条停泊在岸边的小渔船把我们渡到了一个湖中的小渚上，在那块湖中的平地上野餐、聊天、遐想未来。那时，她没有小俞哥哥，我也是孤家寡人，未来是个谜，我们还都只是做梦的丫头。

如今的太湖，有了大片的湖边高楼别墅，有了豪华雅致的“渔人码头”，可不管太湖如何浓妆艳抹，总比不了西湖。

西湖的美是无与伦比的。美得那么雅致，美得那么脱俗而又高贵。

这次会议安排在岳庙边上的华北饭店。早晨，跟室友沿着栖霞镇上的台阶拾级而上，来到后山上，两边林木葱郁，空气清晰得让人舍不得呼气。微风吹过，一颗颗野栗子便“咚”地一声砸到头上。远处的群山中突然传来一阵阵嘹亮的越剧的声音。胡琴悠扬，旋律婉转悦耳，犹如仙乐飘来。有趣的是，当我们下山时，看到晚到的老者一路上山，爬到半山腰，停下脚步，朝着山谷练起了声，于是，上面马上又有乐声相和，那份调皮与欢悦，让我们仿佛看到了山上演唱的，该是一群多么可爱快乐的老人。清泉潺潺、幽谷乐音，宛如人间仙境。

中午，我们走出大门，穿过马路，便进入西湖十景之一“曲院风荷”。微雨飘洒，西湖烟雨迷蒙，水平如镜。在远处拱桥，近处残荷的映衬下，美得淡雅素朴，微风拂过，荷香阵阵，那份怡然，沁人心脾。

晚上，老同事小叶邀请，在西湖边的小楼用餐。绿树掩映的小屋，精美的餐饮，外面几个老外在露天椅上品茗叙谈，一切都是那样安静闲适。透过绿丛，此时的西湖已是华灯初上，美艳无比，“印象西湖”的演出即将开始，湖心的小舟灯光摇曳，西湖，即将开始她浓妆艳抹后的激情展示。

住在西湖，近赏、欣赏、新赏、心赏西湖，我发现自己，已经爱上了西湖！

的确是鸟的天堂

巴金的《鸟的天堂》是小语教材中的经典名篇，被选入许多版本的小语教材中。由朋友引荐，有机会到广东江门——一个我从不知晓的小城去上课，当对方周老师来电问我有无去过他们这地方时，我茫然地摇头，但当她随即说起“鸟的天堂”时，我则兴奋地连说“我知道，我知道”。

其实，“鸟的天堂”在新会，离江门9公里左右车程。但现在已属江门管辖区。本来，上完课的当天下午就可离开，因为要赶在晚上去看小鸟的天堂，故多留了一天。那天中午，上午已先去过景区的贾志敏老师说：“好像去逛了一个公园，与10多年前去时那种自然，原始的感觉所带来的美感已大相径庭，因为‘鸟的天堂’已正式维修、扩建，外面增加了许多现代建筑”。

于是，我带着一些失望和向往，终于在下午4：00，听说是去小鸟天堂的最佳时间去了，同行的还有江门范罗冈小学的章老师、王主任及小精灵苏琳（王主任的女儿）。

当车停稳后，我们穿过了长长的水泥地建筑，最后，当那棵小岛似的大树的全貌赫然出现在眼前时，我着实从心底发出了惊叹：啊！真是天下奇观。

那棵铺天盖地耸立于水中的大树，向我们展示了他无穷无尽的生命力，枝枝相连，叶叶相覆，那种茂盛与大气，天下少有。

我们坐着小船，绕树一周，船上一位长相清丽的导游小组悠闲地坐在船头作陪，话语不多，但得体自然的神情言谈，传递给我们心灵的舒适。我们坐的小船一路行驶，当转至树的背后时，树上倒挂下来的枝条，虬曲盘绕，就像搭起了一个阴凉的高棚。我手拉根须。眼睛则向树的深处眺望，想象着这些幸福的鸟儿栖居在一个如此清幽的胜地，真是说不出的舒适与惬意，“诗意的栖居”啊！

当我们绕树一周上岸后，已是暮色阑珊了，该是小鸟回家的时候了。听说这里的鸟以野生白鹭居多，白鹭晨出暮归，灰鹭暮出朝回，它们依时有序，互不干扰，极有风度。我想：有了天堂般的栖居环境，人的心态大概也会变得豁达与诗意，也能格外地宽容别人，所谓的生态决定心态嘛。

去看“鸟的天堂”

当我们经过了一段时间准备回去时，终于看到一批批的鸟成群结队地开始归林了，但我们不能多留，因为范罗冈小学的领导已在郊外的桂花山庄等着我们用餐了。

这次广东之行，留给我许多诗意的记忆：与王老师聊禅，享受梁书记餐餐为我准备的我爱吃的“蛋挞”，以及范罗冈小学李、周、王等老师的热情与周到，还有那小精灵苏琳的爱与吻……啊！人生真好！

青海行

茫茫苍苍进藏路，多少女儿泪。

关于文成公主，人教版选入了一篇民间故事《文成公主入藏》，浙教版教材也曾选入过。

汽车在青藏公路上急速行驶，两边是莽莽苍苍的一望无际的草原，行至日月山，竟下起大雨来了，在朔风中，我们迎着文成的塑像，迎着那在旷野群山中显得如此触目的日月亭走去，想拜谒这位在我心目中如神女般圣洁、美丽、厚重的女人。迎面吹来的朔风掀起了我们的衣裙，吹乱了我们的头发，使我们不能近前。

于是，我想到了那个可敬又可怜的女人，这个在深宫中长大的女人，金枝玉叶之躯的女人，在这条荒凉、漫长的古道上，迎着朔风，顶着高原的毒日，骑着骆驼，带着一个驼队徐徐而行。一个多月的漫漫旅程啊，那横跨于骆驼两侧的柔弱的双腿，是否会变形？那白嫩的脸颊，是否会像高原女子一样晒成绯红？故土越来越远，前途茫茫，那思乡悲悯的泪啊，绵绵长长，流成了倒淌河。然倒淌河的水啊，真的能把文成的泪淌回遥远的长安？山川无言，日月为鉴，那高耸矗立的日月亭，便记载了这个女人所有的殉道心情。于是日月亭中的休息和梳洗，梳成了青藏高原一道永远亮丽的风景。

在夏风与夏雨中，我在遥想这个女人，这个伟大的女人，在经过了一个多月的奔波后，她是以一种怎样的心态走向那个将终身依托的男人？处女的娇羞？还是成熟的殉道？当松赞干布看到这个将属于自己的珍贵女人白嫩的脸上泛起的绯红后，心底涌起的是疼惜还是欣慰？于是，我便开始谴责这个皇帝，那个拥有无限权利却忍心让亲生女儿情感放逐的皇帝。然同行的青海西宁湟中区的徐师傅、张老师却告诉我，文

成公主不是皇帝的女儿，连皇亲国戚也不是，她只是一个宫女。在大家一阵感叹后，

我对这个女人的怜惜，便又增加了许多。

鲜

人教教材中有一篇写青海湖的文章，这个神奇的湖，在作者笔下美不胜收。于是，一个机会来青海后，便想去拜谒这个圣湖。

从西宁出发，驱车100多公里，便到了151码头。这是以前的一个鱼雷发射基地。在这里远望青海湖碧波连天的湖水一望无际，湖中心的水面竟高出地平线许多，这个自然之谜使美丽的青海湖增添了许多神秘的色彩。听主人介绍，天晴时的青海湖会倒映出许多美丽的色彩：夏日里那一望无际的黄色油菜花，碧绿的草原，冬日里那裹着银装的皑皑山峦；还有草原上空那澄澈空远的蓝天白云……可惜今天是阴天，但水的湛蓝还是让我们感受到了大自然的纯净和高雅。在天之涯地之角的青海，还深藏着这么一个洁净的、没怎么被污染的湖。我们乘着游艇在青海湖乘风破浪。真想掬一口青海湖水，品一品它有多咸。

中午在草原宾馆里用餐时，我们吃到了青海湖的精灵——湟鱼，据说这种鱼一年才长一两，十年才长一斤，因为这里气温低，鱼儿长得慢，现在已经禁捕，抓到吃者、做者，一律罚款3000元，于是，我们下筷时便多了几分小心翼翼。

回来时，在我和小刘的提议下，我们又去吃了羊头、羊羔肉。在路上，我们想象着捧着一个龇牙咧嘴、惨兮兮的羊头吃时的情景是多么恐怖，小刘还说要提着羊脑袋照一张相。然而，当真正一个个小羊头摆在我们面前时，这种恐怖感便荡然无存。“一盘肉而已”，于是，在“转汤匙”的游戏中，我们就着青稞酒，把可怜的小羊头一扫而光。

今天，我们吃到了世界上最“鲜”美的食物：名贵的“鱼”，鲜嫩的“羊”，真是幸福无比啊！

水怎么可以美成这样？

——匆匆楠溪游

江南的青山绿水，历来是为文人墨客抒写的对象，可惜选入教材的文本不多。

在温州永嘉讲完课，想到美丽的楠溪江就在身边，便心痒痒的，于是，又有浙教院的朱老师劝说，便决定多留半天去圆一下梦。

早晨7点钟准时从宾馆出发，原以为楠溪江一下就到，没想到驱车半个多小时才看到江水。哇，那水可真秀啊，绿莹莹的江水像一条细长的带子绕山而行，就这样袅袅婷婷、缠缠绵绵的一直流向远方，那份细致与雅韵，简直无与伦比。在这份赏心悦目的灵秀面前，心情便也赏心悦目起来了。行了一会儿，便到了狮子岭，我们下车，在清晨的凉爽中与楠溪江亲密接触。掬水拂面、濯足，继而在水中快乐地奔跑，那份快乐与甜美，与楠溪江相互映衬交融。远处是山高林幽，令人神往，然时间紧凑，终不能近里探幽，只能留着一份别样的好奇与憧憬。

沿江边慢行，便到一古村落，里面牌楼、屋宇、亭台都是历史久远，据说建村至今已有800多年历史，村子不大，但包容着数不尽的文化与故事，送兄亭、望弟亭，以及那个为了兄长的死放弃了功名闭门哀悼的进士等等。这一切的一切，都在无声地向我们述说中国几千年儒家思想的温情脉脉，虽在今人看来有些不可思议，但确实让我们为古人的真情动容。在村子的布局中能找到形象的“笔墨纸砚”，可见古代村民对文化、知识的膜拜与尊崇，难怪这小小的偏远村落居然出了这么多进士。

临近中午，我们来到江边山坡上的“岭上人家”用午餐。走过吊桥，便是层层屋宇，17户人家依山而建，古老的屋脊从山坡树丛中隐隐露出。走进这些山里人家，有农人闲闲地坐在门口，朝着眼前的一江秀水发呆，这些靠山面水的幸福生灵，居然对眼前的美景浑然不觉，真让人顿生无限惋惜与不平，为这美丽的山水。像我坐车颠沛流离那么长时间才得以匆匆看它一眼，而他们，成天守着却无知无觉。真正是熟悉的地方没有风景，距离产生美也能钝化人对美的感知啊！

在家里挂满了主人与《山里人家》摄制组演职人员合影的农家吃过

地道的农家菜后，我们就与楠溪江匆匆别过，踏上了归程。虽然这短暂的游程根本无法使我们品味楠溪江的真正魅力，但那一汪软缎般的秀水，却实实在在地缠绕于心头了。

艳河？淫河？雅河？

小语教材中没有写到南京、扬州的文字。

与朋友一家自驾游——南京、扬州。

初到南京，感受到的是大气与秀气的完美融合，南京的大气来自对中山陵、雨花台的印象，那顶天立地矗立着的建筑，中间留足的旷地，四周掩映的苍山翠林，让人感觉淹没在其中的人群的渺小，不知是建筑造成的视觉效果还是伟人精神的震撼力。中山陵前那络绎不绝的人群，不知是为谁而来？独特的建筑？长眠的伟人？游人的心态其实是很难捉摸的。

晚上来到秦淮河，心里便莫名的兴奋起来。随着年岁的增长，到的地方多了，其实人反而丢失了很多的热情与好奇，因为发现了许多的相似，而这许多的相似便会让人滋生出许多的厌倦。我算是个很喜欢旅游的人了，走了一些地方后也发现所有的水都有固定的玩法与感觉，山也一样。然这秦淮河，我却是对她情有独钟的。对她的印象，也仅是借朱自清《桨声灯影里的秦淮河》一文产生的联想。哎，该怎么评价她呢？她该是条艳河、淫河、雅河吧，因为她浸润了太多的脂粉故事，凡是跟女人、情爱有关的，总逃脱不了这些词了。夜幕中，在窄窄的河道里划船，两岸是“浓妆艳抹”的建筑，在炫目的灯光中，密密集集地、光彩夺目地向你的视线里逼过来，一种多么浓艳的美啊！船桨击水发出怪异的吱嘎声，想到船下的水曾浸润过的六朝金粉，似乎香艳还在，然物是人非，曾经的纸醉金迷也好，风流雅趣也罢，如今都已灰飞烟灭，留给今人的只有许多惆怅的联想。“大江东去，浪淘尽，千古风流人物。”河水依旧，然此河已非彼河耶，我们终究是不能同时踏进同一条河流的。想到此，便呆呆的。

扬州是个不太让人兴奋得起来的城市，然“八怪纪念馆”里的八怪让人有些记忆，他们的怪书、怪画、怪性，充分张扬的个性，颇让人提神，给人很多提醒：原来人也可以活成那样。瘦西湖一进门很让人失望，然越往里走越觉她的实力：那种景深与蜿蜒，便是她的与众不同，于是，初时的那份倦怠便减弱了许多，特色便是美啊，再加上“二十四桥”等诗词中吟到过的名词，如今成了眼前实实在在的景物，便对瘦西湖增添了几份好感！

千古风流八咏楼

在古代浩瀚的文学星辰中，李清照是我最崇拜最喜爱的一个，她留存下来的30多首词作，无一首不精，无一字不妙。小语教材选入其中的是《如梦令》。教词，知人论世很重要，跟着词人一起经历，可帮助我们走进词人的内心世界。

今年五一，全家（包括母亲）携穆老师一家以半个主人的身份游金华。我们去了横店影视城，兰溪诸葛八卦村，双龙洞，在这些名景区，看到的是人山人海，身心都很疲惫，倒是最后一天，在城里的八咏楼和侍王府，找到了感觉。

八咏楼只是一座普通的楼台，也许在今天的孩子们看来，她是太普通太没有看头了，四角楼台高高挑起，但已高不过今天散布于四周的高楼大厦。所以当通通和乐乐两个孩子买票登楼后，几乎是异口同声地抱怨：十块钱只看了这么点啊？！但遥想一千多年前，四周是低矮的房屋，八咏楼高高矗立于婺江边上，沈约、李清照等文人骚客登楼远眺，江水滔滔，气势雄伟，怎不诗兴大发，佳句喷涌？“千古风流八咏楼，江山留与后人愁。”当年，尘霜满面，愁肠百解的李清照，登楼远眺，顿时豁然开朗，大自然的壮阔奇景使她暂把国恨家愁抛至一边，潇洒喊出了“江山留与后人愁”。我不知当年李清照会与谁一起同唱共吟，但从诗句的基调可见其不会是形单影只。登名楼，吟诗句，同酬共唱，尽享风雅。一座楼台，也因有了古人的形迹而变得丰厚凝重，别有了一种滋味在今人心头。江水滔滔，流尽古今风流，留下的是今人的遐想与缅怀。历史，原是一条无形绵长的丝带，久久远远地缠绕在古今多少多情、多感人的心头。八咏楼，我，一个陌生的异地客，在此怀想千古风流的李清照。唉，到底还是这人的风流成就了这楼的风流啊！

呵，高原雪

雪，一直是孩子们的最爱，南方的孩子难得见到，实在是人生憾事。填补这种遗憾的，只有文字。小语教材中，曾经有过一篇文章《第一场雪》，激起了多少师生爱雪的情怀。这次在炎热的夏季，我在玉龙雪山，见到了高原雪。

听说玉龙雪山有20多个雪峰相连，宛如一条腾越的巨龙，故而得名。我们不能亲见其貌，却感受了它的“一天有四季，十里不同天”。

乘车抵达甘海子，沐浴着暖暖的冬阳，在宽阔的草坪上遥望雪山，只见粉玉堆砌的峭峰直插云霄，在阳光的照耀下，圣洁闪亮，美得令人炫目。

经过了一阵子忙乱后，我们乘索道上山。一个个银装素裹的悬崖峭峰从我们眼前掠过，苍山在皑皑白雪中更显苍茫神秘。在海拔4000多米的高处，我们下了索道，与白雪融为一体。在山顶的朔风中，在缺氧的艰难中，我们奔跑、欢笑、打滚，尽情释放真实的快乐和感动。这是真实的雪！这是夹带着高原粗犷、原始与野性的雪！在这块独特的区域里，下得如此风流潇洒恣肆狂野，装点了“玉龙”的壮观，铸就了高原的圣洁，怎不让我这样的寻梦人为它如痴如醉！我亲吻着、抓捏着、挤弄着、翻扑着、跪爬着、仰躺着……雪啊雪，我该怎么侍弄你，才能倾尽对你无尽的渴慕与思念？玉龙雪山，你圆了我一个多大的雪梦啊！

此时，我想起了我的家乡江南，我那盼雪的儿子。当2006的钟声敲响的时候，我们携着无雪的遗憾悄然跨进了2007的门槛。我又忆起2005年冬季，仅在我们小区逗留了一天的雪，被我和儿子的欢笑震得纷纷抖落。我们堆了个大大的雪人，留下了许多搔首弄姿的照片，那份快乐虽有些矫情，却温暖了我们整个冬季。

当我们重又坐着缆车下山时，看着被雪笼罩着的峡谷深涧、壁立险峰、苍松翠柏，看着还在漫天卷地纷纷飘洒的高原雪，不禁要惊叹这大自然的奇观。绮丽的自然带给我们如此魅力的生活，我们除了感动，就只有感恩了！

丽江寻梦

来云南五天了，滇路绵长，一路颠簸辛劳。可不管是滇池水，春城暖、翠湖鸥、苍山雪、洱海月、下官花、上官风，都不能引起我太大的兴奋，可一路辗转来到丽江古城后，我却真正被震撼了。

踏着被冲洗了800多年的四方街后，沿着那家家泉水，户户垂杨的狭窄古巷，我们缓步前行，把自己淹没在来自五湖四海的寻梦的人流中。

在古城成八卦阵形的20多条街巷中，每一条都是一样的花团锦簇，一样红红绿绿的斑斓饰品，一样心灵手巧的雕染艺人。逛古街收获的是心情，那些小挂件，小饰品，是意外的收获与惊喜。

晚上八点多钟，酒吧街便格外的拥挤热闹起来，成群结队的浪漫男女，走进街道两旁装饰得古朴典雅错落别致的小酒吧，什么“千里走单骑”，什么“梦月亮”，每一间都是独一无二，与众不同的。于是，在那或树桩或板凳或长桌的别致小餐桌旁，喝酒聊天，对歌抒情。听，那“千里走单骑”的店门前，六七个纳西族女孩与对面二楼的几个外地小伙对上歌了，你来我往，热火朝天，几个回合下来，大概那几个女孩感觉不够劲了，自编的歌中多了几分辣味与冲劲“对面的，傻了吧？回家洗洗睡了吧！”于是，趴在楼顶的几个男生也不甘示弱，一轮新的较量又开始了……

在酒吧间徜徉，感受着那份热情、喧嚣、俗艳，谁都会深深沉醉，沉醉于那声、光、色共同铸就的喧嚣繁华；那垂柳清泉酿造的江南情韵；那欢歌艳服传递的民族风情，让人不知今夕何夕，身居何处。

当我们恋恋不舍地离开这流光溢彩的梦幻世界时，一回头，几个坐在屋顶上的纳西“胖金妹”的歌声又幽幽地传入耳际……

在无人的山上

很喜欢小语教材中的《山间访友》一课，那份人与大自然的亲密和谐，令人动容。真正的自然，不需要一定是名山大川，可以是无名的、纯自然的小山。

我是爱死了晚上的山。夏天的晚上，住在安吉龙王山脚下的农家乐旅馆，吃过晚饭，洗过澡，穿着睡衣，鬼魅似的飘出来，在门前的石栏边看黑魆魆的山，听各种虫子的喧叫，溪水哗哗从山涧泻下，声音特别响，似乎它也喜欢寂寞地喧嚷。晚风拂面，一种透彻心脾的清凉。夜晚的山带给我们神秘的遐想，一切都是静谧、和谐的，洗去了白日的喧嚣和热闹，山回归到山的本性：沉默而厚实，让人对它包孕的底蕴遐想无边。

清晨，去爬山，此时，鸟儿开始歌唱，空气开始清新地流散，太阳还在远方娇羞地张望，一切如处女般纯净美好。整个山谷空旷、沉寂，只属于我们——几个真正爱山的人。沿着溪涧，在溪水纤弱的吟唱中拾阶而上，寻找黄浦江源头。在一处山坳间，我们找到了清可见底的一潭溪水，仰头而望，一帘瀑布正温和幽雅地下泻，简直难以想象，如此文静地流淌，如何能到达浩大的黄浦大江？也许，曾经的他们，有过汹涌澎湃的激情，曾经如火如荼、浩浩荡荡地奔向远方的梦中家园，可眼前的小溪涧，也许只能在心中久久吟唱心中的梦乡。梦，是向往，一种无法抵达却永远留存的向往而已。在山顶，看到了人工的杰作：几个佤族青年组成的“原始人部落”。10个皮肤黝黑、却不乏现代气息的佤族青年，生活在这个特意为招徕游客而建的他们的家——也是他们的工作场所。在这里，他们的工作是每天按时为上来的游客表

山中小亭中

演四场佤族歌舞。在这个清寂的早晨，他们从简陋的内室刚刚起床，然后集体下去上厕所，喂鸟、吃早饭，一切都那么闲散，一个佤族小伙还拿着手机在给远方的什么人发短信。在这个远离亲人的地方，他们照样活得有滋有味。但我们难以想象，他们融入城市生活会产生怎样的不和谐。也许，他们就是属于大山深处，属于原始森林的。就像他们本来就应该穿他们的民族服装一样，几个女孩子穿着牛仔裤，怎么看都不协调。

太阳穿过林间的叶丛的时候，我们就下山了。这样，龙王山的清寂、空旷和阴凉，就被完整无缺地保存在我们心中了。

重游绍兴

这次十一长假，为了刚上中学的儿子，重游绍兴，感受文化气息。

依着20年前和电大同学游绍兴时的依稀印象，觉得绍兴给我的印象并不好，所以几次出差去绍兴，都没有玩的兴致，可能也是因为绍兴离家太近，“熟悉的地方没有风景”。这次重游，因为有了阅历和学识的积淀，让我看懂了绍兴的很多东西，品出了绍兴的味道。

一个城市，能够在几千年的历史长河中，一直不断地涌现惊天动地的伟大人物，这是何等不可思议的奇迹啊。

从尧舜时代的大禹开始，到春秋时的越王勾践、晋时的王羲之、南宋陆游、近代秋瑾、鲁迅，现代周恩来，一个小城，居然能孕育这么一批人杰，在历史的长河中浩浩荡荡，把这座比较土气的小城装点得如此厚重，富有内涵与神韵。如果说大禹使绍兴有了执著与奉献的精神内核和王者的气概，那么陆游又使它平添了许多柔情感伤与浪漫；如果说秋瑾、鲁迅增添了它的犀利、激越与浩然正气，那么周恩来又使它呈现了几多雍容大气的儒者风度。“三过家门而不入”的故事还在传诵，“红酥手、黄縢酒”的伤情故事还在传诵，“秋风秋雨愁煞人”的悲壮故事还在传诵，“救救孩子”的呐喊还在耳边轰响，我就一直纳闷：这座城市，怎么会喊出这么多让全中国、乃至全世界都震惊的声音？

走在鲁迅家的祖屋、故居里，熙熙攘攘的人群对破败的厨房、书房好奇地张望，屋后的百草园，人山人海，人们争相留念，让人感慨：一间间普通的房屋，一块普通的草地，何以让那么多天南海北的人感兴

趣？还不是鲁迅的文字？这些文字，穿越千山万水，穿越无限时空，穿透了那么多人的心灵，把五湖四海的人汇聚到这里。这是一种精神的膜拜。

清晨的沈园寂寥清新，游人不多，假山亭台上一拨老人在唱越剧，婉转激越，给古老的园子增添了几许古韵。园子尽头的墙上，两首《钗头凤》静静卧于墙面，无声诉说着千年情事。远处一拨游人赶来，听口音来自遥远的北方，其中一个男子像读天书般读着墙上的文字，末了还加一句“什么玩意？不懂”，可最后还是拉着老婆照了一张相“反正现在大家都附庸风雅，管它是什么东西”。我宽容地微笑，没有代陆游和唐琬愤怒，也许，他们泉下有知，还在羡慕这些世俗男女粗俗而幸福的相守呢！陆游后来不是也逃脱不了世俗生活的诱惑，和王氏生了一大堆儿女？

相比之下，兰亭的环境我是最喜欢的，自然山野得似乎没有任何雕饰，几块名碑在化日下自然地裸露着，四周是残破的山野，偶有几个简单的茶摊上摆着劣质的瓜子，在露天的泥地上简单地经营。这样的景点，已是很少见了，不知是刻意为之还是本来如此。千年前，书圣在这里大会书友，撰文吟对，极尽风雅，在这样的荒郊野外，与禽类为伴，何等惬意和谐！在一块露天的平地上，我躺在主人安置的网状吊床上，嗑着瓜子，享受着天然的野趣，宁静舒适无比。

第二节　走出语文看教育

无视　外视　内视

——我专业成长的三个阶段

1987年，我从师范毕业，分到市里的名牌小学——湖师附小，湖师附小是一所有着悠久历史和文化积淀的百年老校，那里名师云集，且有着鲜明的语文教学特色。我，一个不谙世事的小丫头，诚惶诚恐，真是有些无所适从。只知道仰着头看身边的名师。那个时候，我先后师从郭钦平、周静英老师和校外的邵起凤、穆慧华、徐德真老师，我乖顺极了，觉得师傅是天，是地，师傅说的话就是金科玉律，特别是轮到上公开课，恨不得住到师傅家里去，把师傅说的每一句话都记下来，生怕落下什么。所谓课的成功与否，就是是否完整地把师傅说的每句话都背下来。在那个阶段，因为师傅强，所以我也强。在师傅手把手的教导下，我成功地上了一系列公开课：《小蝌蚪找妈妈》《飞夺泸定桥》《夏明翰英勇就义》《曼谷的小象》等，也获得了一系列的荣誉：省市教坛新秀，破格晋升小学高级教师等。但那个阶段，我没有自己的思想，我只顾复制师傅的东西，不会自己思考，不会理性分析，更不会自己创造。眼前的一切都是混沌模糊的，只有师傅听完课后满意或不满意的神情，对我来说，那便是一切。我把这个阶段称之为“无视”阶段。

当我在湖州的教坛上崭露头角后，便有幸参加了省跨世纪骨干教师培训班，班主任是汪潮老师。在这个班里，我开始睁大眼睛看外面的世界：我看到了自己与同学间的差距，看到了自己理论水平的匮乏，看到了教育研究的领域原来是如此宽广无边。于是，我开始广泛阅读，多方吸收，潜心研究名师的优秀案例：支玉恒老师的《太阳》、于永正老师的《草》、靳家彦老师的《跳水》、王燕骅老师的《骆驼和羊》等，我都拿来细细揣摩，并“移花接木”巧加利用，那个阶段，我独立或半独立地设计了《笋芽儿》《打碗碗花》《秦始皇兵马俑》《古诗二首》《秋游景山》等一系列公开课。《打碗碗花》一课还获得浙江省阅读教学观摩活动一等奖。在那个阶段，在班主任汪老师和许多前辈的推荐、帮助下，我有机会在浙江的舞台上充分展示、锻炼自己，我一边输出一边吸纳，利用与名师同台上课的机会，虚心求教，广泛吸纳专家的意见，不断完善自己。在这个阶段，我会常常因专家们的评价或喜或悲，也会热血沸腾、激情满怀，一会想学王燕骅老师的严谨丰厚，一会想模仿支玉恒老师的洒脱自然，一会又沉迷于张化万老师课中的创意迭起……在那个阶段，我眼中只有别人，唯独没有自己，那是一个“外视”阶段。

2000年，我参加了国家级骨干教师培训班，在北京学习的三个月期间，我沉下心静静地读书、思考，回家后，把自己前期的一些课例进行了分析总结。我开始努力认识自己，发现了自己身上的很多长处和短处：性格的、气质的、能力的、学识的等等。我开始整理自己，试图在课堂上找到真实的自己。公开课时，我开始挑选适合自己情感气质的课文，并学会尽情地用课表达自己，宣泄自己，那种酣畅淋漓的美妙感受，简直妙不可言。于是，《去年的树》《敦煌莫高窟》《卢沟桥的狮子》《燕子专列》《番茄太阳》等一系列公开课先后受到了华中师大杨再隋教授、周一贯老师等全国著名教育专家们的好评。他们都热心地鼓励我坚持自己小桥流水般的课韵，努力上出李清照词那样的婉约动人的情韵。我信心倍增，内心充满了感激。于是，当我带着这些课例一次次在全国的教坛上亮相时，发现自己从容了许多，淡定了许多。每次上完课，我不再去关注别人的感受，而是追问自己的心：我上出真实的自己了吗？我真情演绎自己了吗？跟孩子们交流对话的是真实的我自己吗？于是，我开始更多的关注自己、审视自己，在一次次对自己的严厉审视中，我努力寻找属于我自己的，属于盛新凤的课堂感受、课堂状态了，我想我是在渐渐地走向自己，走向成熟了，尽管我知道离自己心目中理想的课堂还很远很远，但我特别珍惜现在的感受，因为我知道，只有找到了自己，才能找到明天！这个阶段，我把它称之为“内视”阶段。

那里的世界

一、那里的语文静悄悄

在吉隆坡上的第一堂马来西亚教材课《三个忠告》就让我感受到了

中马小语教学的不同。他们的教学不太朗读，更少出声朗读，而在中国大陆如此风行的自由读在那几乎绝迹。这样的教学现状使我们的教学预设遇到了很大挑战。老师们向我解释：平时的教学老师反对孩子出声朗读，怕他们吵着别人，所以，孩子们习惯了静静地阅读，独自默默消化，不太习惯说感受与别人分享。课堂上师生互动很吃力，生生互动很肤浅，很难得。

但当我们的教学充分去激发学生的内驱力后，学生的思维和情感还是情不自禁地“外溢”出来。学生开始怯生生地说，出声地读，很新鲜地按照自己的节奏读书，很个性地表达自己的观点。于是，课堂开始慢慢升温，学生开始投入、灵动，以致在第二天上《去年的树》这篇陌生的中国课文时，很轻松、自如地把学生带进了文境和课境。最后上完课，一个老师拉着我的手不停地说：“谢谢你！我很感动！”“语文课居然可以这么生动、美丽！”我们尝到了“激活”的乐趣，看到了那里语文世界中由“静悄悄”到“闹腾腾”的转变。

在与老师们的交流中，我与老师们探讨“朗读”这种阅读形式所带来的语文效果——它是培养语感必不可少的途径；分析学生不会不爱说话的缘由——平时没有有意识地训练，长期以来，学生的语文素养仅停留在抄抄写写的简单机械的训练层面。

井底之蛙跳出井口的价值是看到了无边无际的天。这次大马行于我的价值是看到了一个截然不同的华教世界。在比较中放大了我们有些坚持的价值，语文教学的真实面目也逐渐更加清晰地显露了。

二、那里的华教很虔诚

马来西亚的华文教学是在与政府不断斗争、争取利益的基础上形成了现在的模式：学华语除了入小学的华文学校，到中学必须进入独立中学。因为政府办的国中取消了华语。所以，在马来西亚，华文教师在争取华教利益的过程中，紧紧团结在一起。他们对华语的特殊情感令人动容。也许是爱屋及乌的缘故吧，对我们这两位来自中国大陆的特级华文教师，也是非常尊敬，在走道、卫生间碰到我们，他们恭恭敬敬地道安、鞠躬，令我们受宠若惊。最难忘的是17日下午在我结束了在雪州的最后一次讲演后，老师们久久不愿离去，在督学的带领下，全体起立为我献歌，《朋友》《我和你》一首首熟悉的旋律，用我们共同的语言传唱，传递着我们共同的情感。最后，在“全世界，心连心，让爱画一个大圆圈”的歌声中，老师们用手语、歌声传递真情，那份真挚与浓情令我感慨万分。

音乐是世界上最美的语言，用华语传递的歌声是世界上最魅力的歌声。那份虔诚，那份用心，令人动容！

三、那里的语文人

陈碧燕印象记

陈碧燕和张发都是中国大陆小语界的老朋友，都曾多次应邀来中国讲学，受到中国小语界的欢迎。这次受碧燕邀请，在大马的最后两天入住她家。到碧燕家第一天，着实有一种来到异国富人区的新奇感。一套连体别墅，上下两层，最爱的是她家门口的汽车位，矮栅栏。这个快乐热情的老太太为迎接我们的到来，这段时间可忙坏了，打扫屋子，准备食物，那份尽心与真诚，令人感动。那天早上，她早晨6点就起来准备食物，做了马来西亚小汤圆，煮好了新鲜的大虾，生菜，各类酱料，虽然看起来她做家事也不内行，但那份投入让我们过意不去。在她家的两天时间，她陪逛，陪游，做吃，备衣，这种“有朋自远方来，不亦乐乎”的真情流露让我们感受到了一个华人的情感世界。在云顶，她因劳累已感冒咳嗽，但她还与张发校长在偌大云顶领着我们左穿右行，只想让我们多看一些，多带走一些，多快乐一些。走前的那个早上，我们要5点出发，她很早就起来忙碌，为我们每人准备早餐。这个可爱的老太太！真是难得。她对生活、对周围一切的宽容与率真，让人情不自禁地喜欢她。不知为什么，这么好的一个人，至今仍是单身。在碧燕家，我留下了许多欢声笑语以及久违的率性可爱。其实，这一切才是最重要。我希望有机会回报她的这份真情与用心。

张发印象记

怎么来介绍张发校长？一个全马著名的儿童文学作家，一个全马著名的模范教师，中国小教界的老朋友！一个事业有成、家庭幸福、性格

那里的世界

开朗、学识渊博、热情真诚的可爱老人。70多岁的老人却有一颗儿童的心。这是他人生成功、幸福的基石。

张发校长（年红）住在风景秀丽的马六甲海峡麻坡，离吉隆坡有2个多小时车程，我们在马期间，他穿行在马坡与吉隆坡之间6次之多。陪吃时他是美食家，我们在他家乡就吃到了他特地请当地最有名的厨师做的丰盛大餐，对各式菜肴的口感火候，营养原料，他无所不通无所不精；陪玩时他又是最出色的导游，滔滔不绝地和我们讲马六甲的历史，让我们享受文化游览的乐趣；他说话诙谐幽默，做事光明磊落，利落大气，让你由衷地佩服他对生活中人情世事分寸的拿捏和把控。这是一个因为智慧而幸福的老人。儿女出息，家庭和睦，其乐融融。在麻坡这块风景如画的地方，他甘愿寂寞又放眼世界，潇洒自然地享受、抒写他的写意人生。

在张发和陈碧燕身上，我们感受到了一种人性的可爱、可亲、可敬。自身的率真，为人的真心，做事的投入，让我们感受到了完美人格的魅力。华文是美的，如此魅力的华语，必须有同等魅力的老师来传递，才能穷尽其中的至真、至醇、至厚、至美！

一起回头看

今天，参加我第一届学生的同学会。教他们时，我刚出校门不久，一直教了他们6年。

这届学生，当时在湖师附小很轰动，是个卓越的群体，连续三届被评为市先进集体，在湖师附小的历史上应该是首创，很多学校领导叫得出班里很多学生的名字，可见当时他们在学校的知名度。教他们时，也是我事业最辉煌的时期。我们一起为湖师附小留下了很多宝贵的财富：课前的一分钟演讲传统，一周一次的导读课设置，班主任工作30法。我们一起也留下了很多故事和难忘的回忆。

当我走进茶室的那一刻，几个男子汉伫立在眼前，这些脸孔似曾相识，又很陌生。他们考我叫出他们的名字，我艰难地辨认着：倪宁、诸强、沈彬、郭洲、毕欢、林杰、张戈……但最终还是在蒋宇翔处卡壳了。他们反复用一些信息提醒我：鼓号队的、他爸爸给我们班修过好几次教鞭……可我还是张冠李戴，猜错了，也难怪，因为变化实在太大了。当我坐定后，向这些脸孔定睛看去，越看越熟悉，他们儿时的身影那么清晰地晃动在我眼前，五官的特征基本没变，眉宇间的神情那么熟

一起回头看

悉，只是如今，身体放大了几倍而已。

我们一起喝茶，吃饭，唱歌，聊天。他们回忆起很多我熟悉和不熟悉的记忆碎片。在荷兰留学7年刚回国的沈彬记起："那时候，学校要求放学排队回家不准说话，我们班特要好，争拿示范班，在潘公桥方向的路队里，一路走去，大家一句话也没有，到家了，就默默离开队伍，队伍里的人越来越少，最后只剩下两位同学，但一前一后，还是一句话也不说，就好像两个互不相识的人，直到各自走回自己的家里，才开口说话"。我震惊万分，没想到当时的教育达到了这样"惊人的效果"，更震惊的是，我当时竟无知地成了这种愚蠢教育的最忠实地维护者，为了拿到示范班，让这些天真的孩子在上下学的路上像泥塑木雕般失去了灵性与童真。当然，当时因为学生都是自己走路上下学，路上打打闹闹容易出交通事故，排队回家，路上不打闹说话，是为学生的安全起见。把上学放学排队回家路上不说话加入我们的行为规范要求，有它的合理性，但这种教育极化后就变成了扼杀孩子天性的刽子手。教育是双刃剑，我算是真正体会到了。对这样的细节，在国外待过的沈彬印象尤其深刻，我猜测他肯定把它当做笑话不止一次向他国外的朋友讲过。

张微回忆：那时隔壁班有个小王老师，我们都以为在跟盛老师谈恋爱，因为你们好几次都一起撑着一把雨伞从学校的向上楼走到勤学楼。我又震惊异常，使劲想也没想起那个王老师是谁。后来终于想到，是个小我很多岁的老师，当时刚分到学校，因为是教师子女，我们都把他当小孩。他见了谁都叫姐姐阿姨，后来不知调到哪里去了。我想不起来跟他撑着伞穿过操场的事，或许有吧，但那是在同事中再自然不过的事了，可孩子们却以为我们在谈恋爱，哈哈，我忽然觉得当老师太可怕了，因为一言一行居然那么被学生关注，这么多年过去了，那种固执的认识居然还存于他们的脑海中。

他们还回忆说哪个老师很"色"，因为下课总喜欢捧他们的脸，我告诉他们这不是"色"，这是老师由衷的喜欢，因为我们班好几个孩子都长得非常可爱：郭洲、韩剑、张戈、潘蔚、庞莎，都是大眼睛，白净水灵，眼睛忽闪忽闪的，谁看了都忍不住去逗逗他们。唉，想不到这种情不自禁地喜爱被长大了的他们误认为很"色"。

他们还一起回忆了一次"哭锦旗"事件，因为有一次他们不知哪一件事不乖，把科任老师气走了，我很生气，要他们把墙上的锦旗拿下来，全班同学哇哇大哭。那种强烈的集体荣誉感着实很让人感动，但诸强很感慨地说："盛老师，我们觉得您当时教给我们的这些东西在社会上用不到。"我无语。张戈他们很懂事，帮我解围："至少让我们培养了这么深厚的同学情谊啊。哪个班小学同学还这么亲密啊。"我不知道，当时的我刚出校门，把所有对教育的理想、对人生的理想、对社会的理想都按照我自己的认识教给他们，觉得这些真善美的东西会对人的一生都有益处，但我的学生，他们如今在社会上碰撞后，发现社会自有他的游戏规则，很多东西不像他们想象的那样，他们从小树立起来的人生信念在不断地被摧毁与动摇。我无能为力，也不想再向他们说教什么，在社会的历练中，我自己何尝不是千疮百孔，不断修补自己才成了今天的模样？学校教育，有时成了多么幼稚可笑的东西。我们的学生有理由嘲笑我们的教育，但这不是教育的错，因为教育不是万能的，但没有教育却是万万不能的。我们这种"理想国"式的学校教育无力改变我们的社会现实，学生所受的学校教育虽然在社会上脆弱得不堪一击，但我们埋在他们心中的善良、正气、向上的种子，在特定的时候，一定会在他们的人生中发芽、成长。只不过不到时候，很多东西被暂时遮蔽了而已。

在这个群体中，我发现"成大才"的也很少。很多人还是成了这个城市中最普通的公民。厨师、司机、狱警、售楼、售车、政府机关普通公务员……他们对这个城市比我还熟悉，他们指挥我从哪到哪的路径，这是我没有想到的。当初教他们时，我怎么都没想到10多年后，他们的每个个体会长成今天的样子，我甚至没想过他们长大后的样子。这也许也是我们教育的盲区，我们的教育都是针对当下，而很少着眼于未来。如果我能知道他们今天的样子，也许在那个时候，我会尽可能地再多教给他们一些。

在这个群体中，我格外怜惜起以前比较弱的几个孩子，因为他们当时的学力较弱，我知道在6年中肯定挨过我不少训，可如今，他们对我反而格外亲。看着他们，还是悔，当时应该对他们好些、再好些，多么善良朴实的孩子啊！

不知不觉地，我觉得他们在我心中都还原成孩子的模样。这群人，我在自己人生最美好的年龄和他们一起度过，他们分享过我最纯真、最真挚的情感，我的生命，跟教他们的这段经历密切联系，他们是我跳不开去的人生中最难忘的回忆，这种感觉，那么强烈，他们不会理解，但我知道，他们在我心中的分量。作为教师，他们是我最拿得出手的作品。我永远骄傲。想到这里，一种温柔的情感涌上心头。

怀揣教育理想上路

这学期，去了浙江两个地方上课，看到了两所非常有特色的学校。

一所是温岭师范附属小学，这是一所私立学校，校长李建国被称为“奇人”，奇在何处？这个校长不仅会管理学校，还会经商。他会做房地产生意，学校建了麋鹿场，还养了三只大熊猫。温师附小每个老师戴的校徽都是大熊猫标志。附小的孩子是幸福的、自豪的，因为在自己学校就能看到珍贵的大熊猫。李校长的教育理想是，要让他学校的孩子亲近自然、亲近动物，要把教育生活化，要在教育中提升学生生活的品质。孩子的童年是宝贵的，也是短暂的，但我们的学校给予孩子们童年生活的幸福和快乐却是太少太少。“我们孩子的童年不幸福！”在与李校长交谈的过程中，他一次次地重复这句话。这是一位有着悲悯情怀的校长。一个校长、一个做教育的人，只有拥有一颗柔软易感的心，才会真正去关注、呵护学生的心灵，使教育走向人性化；把教育扎根在学生心灵的土壤，才能提升学生生命的质量。在与李校长短短几个小时的接触中，他的这份教育情怀，深深打动了我。

还有一所是萧山银河小学。走进这所别致的学校，你不禁会被建校者时时处处流露的创意所吸引。学校每一幢教学楼都是用星座命名。24块石头代表24个节气，每块石头上还刻上了与节气对应的诗。学校的墙壁上，处处显示着浓郁的文化气息。学校有自己的天文台，有微格教室，有风雨操场，简直是应有尽有。这个学校非常倡导儿童阅读，每个月都有阅读主题。还会别出心裁用书名引领，如这个月就是他们的“撒哈拉月”，因为班级读书会在共读儿童名著《特别的女生撒哈拉》。我在想，这么一所创意无限的学校，它创意的起点在哪里？就是儿童。整个校园环境就为学生营造了一个任意遐想的空间：浩瀚的宇宙既能激起学生对科技的探究，又能给孩子埋下文学想象的种子。孩子在这样的校园里学习、生活，整个心灵是开放的，思维是飞扬的，这是一个走进儿童心灵的校园，就像《窗边的小豆豆》一书中的巴士教室一样，是孩子喜欢的生活环境。我们的教育，只有真正走进了孩子心灵，才能赢得真正的成功。中午与银河小学的章校长一起匆匆用过午餐，来不及细聊，但我可以肯定，这一定是一个怀揣教育梦想的校长，只有这样的校长，才能建成这样的学校。

怀揣教育理想上路的校长，才能办出令孩子们心醉的教育。我们的教育，太需要梦想，太需要诗意，太需要创造。敢于做梦，敢于设想，教育的天地才会越走越宽广。耳边时时想起李建国校长的一句话：接下去，我想承包一片森林，让我们的教育，真正与大地接轨、与自然融合、与生活相契！我想，这是多么令人心醉的教育之梦啊！更令人佩服的是，我们这些可敬可爱的教育界的寻梦人，竟然还能奇迹般地让教育梦想变成教育现实！

教是为了不需要教

难忘在武义支教的日子。我们一行十人在省厅师范处周处长的带领下来浙江武义支教。其实，我们所支教的学校——武义实验小学，不论从师资水平还是学生水平以及学校的硬件设施来看，都没有觉得有支教的必要，只是双方都在完成任务而已。忙完了一天后，实小把我们带到了武义下边的一个古村落——郭洞去吃饭。我们在坐落在半山坡的农家露天小亭子里吃完晚饭，男生们还在拼酒，我和温州的玉晓、小平、桂琴，宁波的雷英、韩韩一行在古村落蜿蜒崎岖的小道上散步，山风拂面，我们聊着教育的话题，闲闲散散地走着，暮色中，行走在这样的地方，心中会滋生出一种古老的情愫。真的要感谢这次支教，让我们同学有时间在一起轻松地相聚。

我们行至村子的中央，看到一个小学校，并信步走了进去。简陋的校舍，水泥地面的小操场，一群泥猴样的孩子正在玩“石头、剪子、布”的游戏，吵吵嚷嚷，那份投入和快乐，让我想起了童年的自己，那时的很多岁月，我们不是也在这样的泥地上，用石子做玩具，享受着最本真、最纯粹的童年快乐吗？

两边的教室都灯火通明，我们又信步走进了其中的一间教室，发现里面有十几个孩子，有的在做作业，有的在交谈，有的在与同伴合作背书，一问，知道是一年级的。其中两个都穿着黑白横格衣服，眼睛大大的小女孩引起了我的注意，走近一看，她们正在合作背课文，那份认真和投入，让人感动。一个俨然是严厉的小老师，一个则是听话乖巧的学生。背完课文，在纠正了对方背诵中的错误后，“小老师”还要求对方把背错的字默给她看，于是，那个大大眼睛的小女孩，就在这破旧的课桌上，一笔一画地用手书空。看到这一幕，我们感慨万千，这些七八岁，浑身因没有洗澡而散发着汗臭味的孩子，他们在没有父母、老师监督的晚上，在昏暗的灯光下，却能进行着如此有序、自觉的学习，这是我们城里的孩子所无法企及的。如果我们的教育都能起到这样的效果，呈现这样的状态，那就是最大的成功了。“教是为了不需要教”，在这个古老的村落里，这间被明清时代古老建筑包围着的小学校，却向我们——这群“高访学者”们描绘了一幅多么迷人的教育理想图景：孩子们快乐无拘地玩耍，自主轻松地学习。其实，教育真的可以很简单，很简朴；其实，有些时候，真的可能是我们太过华丽的理论装饰蒙蔽了我们教育的本真。

回来的路上，我们一路感慨着：这次，我们应该到这个学校来支教！

让生命欢悦

今天是在悉尼的第三天，参观了教会学校、悉尼大学。教会学校是澳洲的贵族学校，今天是星期天，看不到人，只有庄严、古朴、厚重的房屋矗立在那儿，让人产生无限的联想。悉尼大学是澳洲最有名的大学，可惜对它的一切，导游一无所知。于是，这所多少国人向往的世界名校，并没有给我们留下太深刻的印象，如同一缕悉尼稀薄的空气，这是我们的一大缺憾。

在玫瑰湾富人区，那一幢幢豪宅，一艘艘游艇，稀稀落落遛狗的“鬼佬”，让人感受到澳洲富裕阶层生活的奢侈与滋润，也让人感慨金钱与生活质量的正比关系。

在邦蒂海滩，我们感受到了这几天一直没看到的澳洲的教育：在清晨冰冷的海水中，幼稚园的老师们带着一批孩子，让孩子们抓住一根绳子，共同迎接海浪的冲击，在涛声中，孩子们欢叫着，跳跃着……看到这群稚嫩可爱、绽放着无限生命活力的孩子们，我不禁为中国的孩子感到悲哀。今天是周末，此时的中国孩子都在干吗？他们在父母的陪同监

“让生命欢悦”

督下，在钢琴室，在教室，在棋室或练琴或画画或下棋，接受所谓的“素质教育”。我想起了我可怜的儿子背上那山一样沉重的书包，那每天要做到9点多的成堆的作业；他的周末，有多少时间可以让他自由支配？

但该怎样解放我们的孩子？给我们的孩子放松到什么程度？我的心里是没有答案的。不知像朱老师这样的老一辈教育家有没有答案。导游说我们一路上都在讨论工作，是啊，可惜这些揪心的中国教育问题，不是我们几个所谓的教育界精英的讨论所能解决得了的。

当我们到新西兰后，这种感觉尤为强烈。新西兰也是个福利保障齐全的国家，教育、医疗都有其优越性，医疗小病自己管（找家庭医生），大病政府管，老人有退休金，在本国住满10年可申请养老金、家庭护理、房租等。

教育也相当民主、开放。女子中学、男子中学都没有围墙，在毛利人的村落里，我们看到老师带着一群学生席地而坐，在露天做功课，他们就是通过这样的实践旅游活动来了解毛利族的一系列知识。听导游介绍，新西兰的孩子们小学里没有课本，书包里仅是水壶和饭盒，他们到学校是去挑选专题，然后自己到图书馆查资料研究，这就是西方式教育，“学教式”，而不是“教学式”。

在新西兰海滩边，我们还见到了一批大笑的老人，听说他们在做

"笑运动"，他们笑得那么自然、真实。我仔细看他们的表情，每一个人好像真的碰到了特别高兴的事，笑，都是从心底流出来的。见我伫立观望，老人们热情地邀请我加入。在那里，每一个生命都是如此自然、舒展、真实，充满了质感与动感，令人羡慕！

在无语的世界里

我们已经习惯了生活在语言的世界里，与周围人流畅自如地交流让我们感觉不到失语的可怕，其实，人对语言的依赖胜过一切，语言是一切精神生活的源头。

这次去越南，发生了许多小插曲，让我更深切体会到了失语的可怕。两个同事在逛古街时与团队失散，当时买不到电话卡，手机没开通国际长途，只记得一个集合地是那块倒计时牌子，在还剑湖边，找了个三轮车夫，但语言不通无法交流，绕了几圈后把他们放在一个更陌生的地方，又打了的士，但还是语言不通，说不清楚目的地，最后好不容易找到卖电话卡的，等联系上我们时，已过去了一个多小时，整个团队在还剑湖边又累又乏等了那么长时间，焦急万分。

在河内主席府参观时，一位同事在胡志明故居卧室下的椅子上坐了一下，被警卫拉出去训了一顿。这是胡志明主席生前坐的躺椅，属于文物，但因为看不懂边上的文字，她以为是供游客休息的。

在国外，这种突然失语的现象带给我们那么多恐慌，因为我们习惯了跟这个世界间每时每刻的交流，或用有声的语言，或通过无声文字，一旦丧失了这两种渠道，整个世界便一片漆黑，恐怖无比。这种体会在平时的生活中不会很强烈，只有在来到一个语言不通的世界或自身是哑巴才会体会深刻。

突然想起前一阵看过的绘本《最想做的事》，一个黑人孩子对阅读的向往，对认识文字的渴望。这个故事中经常出现的那盏灯真是意味深长，阅读是可以点亮一个人的心灯，那些无声的文字对一个文盲来说该是何等神奇的符号。

暑假里看过的电影《朗读者》说的也是此理，目不识丁的女主人公对听所爱人朗读故事的痴迷，以致使她在失去人身自由时也能获得巨大的精神享受，最后当她得知可以重新获得自由但却再也享受不到这种倾听故事的愉悦时，她顿觉生活已毫无意义，宁可结束自己的生命。

文字带给我们神奇的享受，语言是我们精神的家园，失去他们，不可思议！

善进善出

戏剧在于能入化境。我对戏剧艺术了解不多，但记得有一句话："唱戏的是疯子，看戏的是傻子。"意思是说唱戏的人若不像疯子似的化境，大概唱不好戏。看戏的人若不像傻子似的化境，大概也看不好戏。

相传1909年芝加哥一家戏院演出《奥瑟罗》时，观众席上突然发出一声枪响，将扮演埃古的演员威廉·巴茨击毙，过了一会儿，当开枪人清醒时，用枪对准自己的太阳穴也开了一枪，当场身亡。这两名死者被葬在同一墓穴中，墓碑上镌刻着这样一句铭文："哀悼理想的演员和理想的观众。"西方观众一旦投入，就失去了观众应有的观赏性格，和角色合二为一了，所以才会有这样的过激的反应。

相比西洋，中国人似乎理智些。中国人看京剧，虽然也会被故事中的情节和人物所感染，但还是有一定的理智，故还会在观赏过程中为演员的演技、唱功鼓掌喝彩。这是理性加感性的观赏，可谓善进善出。

善进善出说始于龚自珍。所谓善进是指艺术家要钻进对象中去，对它揣摩到家，烂熟于心，达到如数家珍的地步。所谓善出是指钻进对象之后，还要出得来。不以物为主，就入不深；不以心为主，就出不来，不仅要能进能出，还要善进善出。

观课也是一样，也应该善进善出。现在很多人观课，全凭自己的感觉，所谓"跟着感觉走"，把观的角度停留在课堂情场的营造，献课者的语言、形象所引起的对自己的感官冲击上，把好课标准定位在是否感动自己、愉悦自己上，对课背后的深层的理念支撑，以及课堂所暴露的现实问题则缺乏应有的思考，只进不出，如此观课，未免失之偏颇。善进善出，观课之道也！

放眼古今中外，寻找语文教学的本真

这两年，这课越上越迷茫，不知怎么设计，怎么创新。最近看了一些文章，关于我国古代阅读教学传统的文章和国外阅读教学的状况，从古今中外的经验中试图找到一些语文教学的灵感。

我国传统的语文教学强调熟读精思，非常注重诵读，我们现在的课也强调诵读，可见这点是很好地继承了传统。但觉得这种一味地诵读训练似乎有点过头的迹象，须知语文教学的最终目的不是培养朗诵家，播音员，而是能通过自主、熟练阅读，从中获取意义、提取信息的各行各业的劳动者。当然对低年级的孩子来说，有声阅读可以促进理解、记忆，但这个度如何把握，值得我们思考。传统语文教学强调思，既在阅读过程中要“生疑”，这个在我们的课堂上也有体现，且已有做得比较成功的案例，如孙双金老师的《天游峰的扫路人》，质疑、解疑的过程充分地展开。但现在有的课，纯粹是让学生无疑生疑，为质疑而质疑，把质疑当成一种时髦的摆设，如看到“摆脱”这个词，你有问题吗？学生提出几个程式化的问题：什么叫摆脱？为什么要摆脱？摆脱后怎样？然后按照这几个问题展开教学流程。这种程式化的问题导引出现在很多课里，让学生多次遭遇，学生已激不起更多的思维激情。这种生疑，只是虚晃一枪，并没有实质性的思维含量。如何真正有效地继承这个传统？是我们要思之二。

国外的母语教学，从西方国家语文教育发展的历史加以考察，其发展轨迹大致可以分为三类：即以英国为代表的西方古典模式，以美国为代表的西方现代模式和以日本为代表的东西方混合模式。西欧国家，尤其是英国，语文教学的发展主要经历了由重视文学熏陶和语法教学，而逐步走向重视语言的实际运用。美国语文教育的发展历程走的是与古典模式相反的道路，即由注重语言的实际运用开始，逐渐走上加强基础和文学教育的道路。以日本为代表的东西方混合模式坚持语言的实际运用与文学熏陶并重，并较好地处理基础与应用，现代与古典的关系，使语文教学较少波折。现在我们的教学现状，也是在实用与欣赏间摇摆，如何准确地把握好这个度，是我们要思考的问题之三。古代和外国的语文教学，可以牵引与挖掘的点还有很多，在对这些点的挖掘中，可以引起我们很多的思考和感悟。闪现很多操作层面的灵感。语文教学本真的东西在哪里？我们只能不断挖掘碰撞，且走且吟。

教育当以慈悲为怀

今天去同学顾的聋哑学校听课。走进只有9个人一个班的教室，心里感慨：正宗的小班化教学，比起人头攒动、一些高个孩子常年坐在“垃圾筒”边上与打扫工具为伍的普通学校，觉得这里的老师和学生真是太舒服了。

但当漫长的40分钟听下来，这种“舒服”的感觉便荡然无存。同学顾上的是语言训练课，三年级的孩子，一节课上学会看一副简单的图画：“美术课上，老师叫同学们捏橡皮泥。同学们有的捏娃娃，有的捏小鸡，有的捏马，捏得真漂亮。”短短的几句话，让他们一个个翻来覆去地提问、回答，连词成句成段，（尽管这些孩子学得那么认真，每个孩子都在尽力发音、尽力言说，尽管说出来的话我们听不清听不懂，）但那是一个多么艰难的过程，“橡皮泥”三个字构成的词，多么简单，但从这些孩子的嘴里说出来却成了稀奇古怪的声音，那是我听到的世间最艰难最刺耳最尴尬的声音，我的同学顾上得筋疲力尽。最后几个孩子好不容易在朗读句子的时候说出了能让我们猜得出大概意思的话。那，在我们听来，已是天籁之音。

课后，我由衷地对同学说：你太不容易了！20多年的青春，就这样在一个原本对她来说完全怪异陌生的世界里度过，跟这些似乎来自另一个世界的孩子每天耳鬓厮磨，超度他们，那份虔诚与功德，真是无量的。孩子脸上的虔诚与老师脸上的虔诚，让我们这些所谓在搞教学研究的名师汗颜，“教育当以慈悲为怀！”在这儿才是很好地得到了印证啊！

教学之和

——有感于“顺应学生”

教学的最高境界是走向学生，走向学生的教学必定是顺应学生的教学。但一味顺应学生就是成功有效的教学吗？

今天，在湖师附小听了三位新教师的课，素质都很好，但个性风格却迥然不同，特别是其中一个，说话语速特别快，像放机关枪，课堂自然是高密度快速运转的。奇怪，学生却能紧步跟上，放书、做笔记、读书，一切都是快速有序的，好像有点军事化，但不得不承认，课堂上开小差的学生特别少，因为精神都被提起，根本无暇旁顾，自然注意力特别集中，课堂也显得有效了。

语文教学崇尚感性，我们的教法研究追求反复渲染，教师的教学风格趋向柔性抒情，教学节奏一般都比较舒缓，容易营造诗意的课境，但感觉这样的教学，总觉得柔性有余刚性不足，教学节奏过于散漫，不利于培养学生思维的敏捷性，课堂效率自然也不会高。所以很多时候，教师不妨对自己的引导进行提速，把学生带起来，整个学习场就开始了提速，虽然这样的做法不是顺应学生，而是让学生来适度地顺应老师，但这也是一种有效的“导”，对学生思考速度的引导。

教和学是个双向互动的过程，在当今教学严重失衡，“教”明显大于“学”的情况下，我们提倡“以学定教、顺学而导”，自然是非常必要，但绝不能由此放弃或虚化教师的“导”“教”。教师有效的引导依然非常必要。导之功当然可以是“百花齐放”，可以“暗示”，也可以“明示”；可以“渗透”，也可以“明导”。在关键处必要时，应大大方方地导，不用遮遮掩掩。教和学只有处于运动转换状态，教学才能真正因相互作用而生“和”之境。

教学中的“组场”功能

场是物理学的一个概念，当跟气结合在一起的时候，发现带了点玄、虚的味道。

最早接触气场这个概念，是在智能气功的功法书中。以前气功热那阵，发现不管练什么气功，开练前先要组个场，组场的过程是这样的：一个老师在前面用语言引领，大家合目跟随他的语言进行冥想：“放松身体，想虚空，想体内——”反复的语言引导，把大家的意念都集中起来，组在一个场中，让场上的混元之气通过大家一致的冥想聚集起来，使场上混元之气充足，这是一种有形的“组场”。

后来发现，气场这个概念成了一种时尚，被大家拿过来引用。如一个人出现的时候，其实是带着一个气场的，我们看到一个陌生人，会感受到他气场的强弱。“哇，她气场好大啊！”有时发现接触一个人，会被他吸引，镇住，说明这个人身上散发着一种独特的气质，散发着一种独特的信息，自身形成了一个强大的气场。所以，其实，我们很多时候都在随时随地不知不觉地组场，每个人都在组场，组自己的场，感受别人的场，我们生活在场中。

不知什么时候开始，气场这个概念被我们的语文教师开始引用，而且还用得越来越好。因为这是一个可以用来解释清楚我们很多语文教学现象的名词。

如很多时候，我们有这样的感觉，听一堂公开课，发现有时候很难进入，听不进去，进不到课里。这除了我们自身的情绪、身体原因外，很大原因来自上课者，上课者没有能力把别人组到他（她）的场里去。

上课是需要“组场”的，组场的过程是个调动良性信息，利用心理暗示把场上人的思维、情绪往一处聚的过程，“组场”者用自身的气质、素养、情绪状态、语言导引，发散相关信息，无形地影响、感染、带起整个场。当一个良性的、浓浓的场形成后，教学就会发生奇迹：师生、师师、生生、师本、生本之间就会发生多向碰撞、互动，大家对场的信息进行共享，又会促进场的进一步生成与完善。

场的有无优劣，直接影响课堂效果。一个自信的老师往台上一站，一份自信、一口纯正的普通话、一种逼人的气质，撑起了一个强大的场。所以有的人可以自信地说：我就是语文！其实，她是在课堂上用内隐的信息组了一个“语文场”。

组场不靠声势压人，再大的音量，再强的气势，如果演绎的是空洞，那么这个场是很虚很弱的，一触即破。所以，场内涵的信息是学识与智慧，是灵动与技巧，是丰厚与真诚，是良善与真知。

所以，组场之人，应是得道之人，当然这里的道，不是非要入道家学派，而是得语文之道，既要有较高的语文素养，还要有较高的语文教学素养，更要有一份较高的人文素养。

记一次有意思的实验研究

今天，参与了在织里镇中举办的我的同事主持的一个研究活动，很有意思，特记之。

早晨听了两堂数学课，由同一个教师用同一个教案分别在两个不同的班级里上的两节课，课后，由这个老师根据课标，布置相关的20分钟的课后作业，另由赵老师带去的骨干教师群体根据学情设计了15个题目，也在20分钟完成。作业后老师根据作业反馈情况进行讲评，最后再做一张卷子进行后测，结果，发现实验班比对照班的得分率明显高出好几个百分点。

这个小实验很有意思，设定了自变量（有效题型的设计）、因变量（学生的解题能力高低）、无关变量（相同的教师执教相同的内容）。得出了结论：有效课后习题的设计能提高学生的学业成绩。

实验在我们大家的见证下，流程展开，效果明显，可见习题设计确实是教学改革的关键，尤其是理科的学习。

但文科的学习，练习的设计是否同样可以起到如此明显的效果？我觉得很难。首先语文的教学内容很难趋同。同一篇课文，要教的东西没有统一的规定，也就是确定性不够，所以，我们的测试的导向很难说明问题，阅读课上完后，应该锁定在学生的阅读能力的维度上进行测试，那么阅读能力的提升不是一堂课所能做到的，也不是几个习题所能解决问题的，我想文科的习题功能，应该更多的是体现在“导学”上，把习题作为教学推进的一条路径，这样的话，才能把习题的功能与作用最大化。

我想在这个点上自己做些尝试，研究真的很有意思，但前提是真研究，而不是杜撰结果与数据的伪研究，假报告。

“我不愿意”

《跨越百年的美丽》是人教版实验教材六年级下册的一篇课文，在文章第二课时的教学中，我抓住“议论文字”这个教学内容，先学习爱因斯坦、作者的议论，再让学生写自己的议论。孩子们纷纷写下了读文后自己对居里夫人的敬佩之情，都觉得要像居里夫人那样，把人生的意义建立在为人类奉献上。我听着孩子们一个比一个激昂的声音，一个比一个热血的表白，忍不住跟其中一个站起来发表完议论的女孩子开起了玩笑：你写得很好，但老师想问你一个问题：如果你长大后，有一个男士对你说：嫁给我吧，我们家已有了足够的钱，所以你不用再去为事业拼搏，只要每天在家里，把自己打扮得漂漂亮亮的就可以了，你干不干？女孩斩钉截铁地回答：我不干！我接着问：那你也想成为居里夫人了？她坚定地点点头。我让大家为她鼓掌，并由衷地说：也许，我们不会每个人都能成为居里夫人，但只要学习她的精神，把这种精神用到我们平时的工作和生活中，那就一定能够创造奇迹了！

接着一个男孩站起来，读他写的议论文字："生命是宝贵的，每个人都应该珍惜生命，不能伤害健康、危害生命，所以我觉得居里夫人这样做是不对的。"会场上爆发出一阵哄笑，这是听课的老师发出来的，但舞台上却一片寂静，孩子们都沉默了。对他的发言，他们不知道该怎么表态。这时，我还是提议孩子们给他热烈的掌声，我说：这掌声是对你能在这样的场合敢于说自己的心里话、与众不同的话的一种赞赏。我接着说：你可以保留自己的观点，因为每个人都有选择自己生活的权利。

这个教学细节让我感慨。我感慨我们的教育能产生这样神奇的效果，能让我们的孩子毫不犹豫地做出人生的选择：鄙视享乐舒适的生活，追求人生的价值和意义。但我又有点心虚，我们这样的教育，是否在用道德绑架我们的孩子？这样的教育，能给孩子未来的人生打下多深的道德印痕？我内心到底是希望这个印痕深些还是浅些？如果很深，会是社会之幸还是不幸？至少对男性来说，是莫大的悲哀，因为这个社会，多了居里夫人这样的女性，必定就少了许多慵懒松弛的生活型美女，这是违背很多男性对理想女性的希冀的。

那么这个理直气壮地说居里夫人"不应该"的男孩子，是否也让我们担心？如果我们一味享受、珍惜生命，不舍得付出与奉献，那么这个社会就不会有居里夫人这样的人，人类如何进步？因为所有的发明创造都需要付出艰辛的劳动，都需要创造者有一种无私奉献的精神。

从这个意义来说，最好是各得其所，个人根据自己的认知选择符合自己心性的人生道路。只是今天孩子们的表现，如果那个男孩和女孩能交换一下角色也许会更好，让男人去奉献和拼搏，女人就悠着点吧，也许我是太自私了。写到这，好像我的这个细节设计成了十足的"无厘头"了，其实不然，要学生发表自己的议论，就是引导学生敢于善于发表自己真实的观点。"有观点"，"能表达观点"很重要，"观点是什么"也许还不那么重要。

有意义的一次聊天记录

今天，跟张办公室的同事和家属一起去郊外白鹭谷春游，跟小彭的儿子乐乐（一个小学四年级的孩子）聊天，很有意思，一些经典的语言记录之。

他说：小孩子没有电脑会疯掉的。一路上，他一边手里不停地用手机玩着一个游戏，一边口里念念有词地向我介绍我所陌生的游戏。说他班里谁谁已经玩到几级，太帅了。言语中流露着他的佩服与向往。她妈妈与他争辩：我们小时没玩过电脑也没有疯掉啊。他理直气壮地说："那是因为你们没见过电脑。我们见过电脑，玩过电脑，再让我们离开电脑，那是要疯掉的。"

他还告诉我：自己在班里也算是一个响当当的人物。他办了一个"私人图书馆"，他是图书馆馆长。我问他怎么经营的，他说："我的图书就放在我的书桌里，有20多本，其中有我最爱的沈石溪的动物小说，同学们借书我都会记录，班里的图书角我们都不想去借书，没什么好书呢。"我问："你的图书馆班主任知道吗？她支持吗"？他说："不知道，老师肯定不支持，跟爸爸妈妈一样，让我先管好学习就行了。"我问："那你为什么要做这件事呢？"他说："我就想为班级做一些事。"我认真地给了他一些经营图书馆的建议，也充分肯定了他的做法的崇高意义。

真没想到一个孩子都有这样强烈的公民意识。这种公民意识和做事的创意，在他的父母与老师面前却被漠视，我觉得悲哀。我们对教育的理解和认知还真的是有限的。

我很感慨：现在孩子们的世界我们是不理解不了解，孩子的生活离我们已这样遥远。这几年离开学校在教研室工作，我对孩子的生活已相当陌生。我们不了解孩子的生活，怎么施行我们有针对性的教育和教学？我不知道在校的老师有没有这样耐心深入地去走进我们的儿童生活，这是一个多么精彩的世界啊！

难得这个孩子肯跟我这样一个被叫做老师其实已不纯粹的老师敞开心扉。每次家庭聚会出游，他都愿意跟我聊天，对他母亲却充满敌意。也许，我的特殊身份让他觉得我既懂他又有安全感吧。

用心说话

语言表达真的是件很奇妙的事，有的时候，同样一篇稿子，一个讲座，在不同的心境下会讲出截然不同的效果。就像这周在幼儿园讲的两场讲座，第一场因为自己不在状态，觉得自己游离于自己的话之外，同样的内容，但因为说时少了些情感，少了些自如，少了些神采，少了些诉说衷肠时的情真意切，讲完后看家长的反应，兴味索然，反应平淡。在测试反馈时，果然，他们的园长迫不及待地向我反映：家长反应好像不解渴。

第二场，我是带着压力，憋着劲，做好了充分的心理准备进入我自己的话语场的，结果发现，我的全情投入，让我给自己创造了一个磁场，我浸润其中，如痴如醉，肆意挥洒，不用说，那份自信与自如，已经把听众震慑住了。不用问，看整个场就已知道，效果肯定是很好的。

语言这个东西，真的很奇妙，特别是口头的交际语言，表达的内容当然很重要，但更重要的，在其中起着润滑、推波助澜作用的，就是那看不见的场的营造，那就是由我们的情感、心态、情绪等方方面面凑合而成的语场。

语言要产生应有的效果，就是记住：用心说话。

做一个纯粹的“庄稼人”

现代社会趋向工业化、现代化。工业化社会中工人的工作思路和农民是截然不同的，工人是把原料加工成产品，原料是任他们处置的，而农民得根据庄稼的生长规律来侍弄庄稼。所以，农民的劳动是既要用手，又要用心，所以农民更有成就感一些。老农坐在田埂旁，在夕阳的余晖中“喜看麦涌千层浪”，这绝对是一幅纯美的画卷，美的是老农满足、愉快的心境。 因为这种喜悦源于劳作过程中与土地的互动交流（无声的）所磨合出的情感。有互动就会有交流，有交流就会丰富过程的内涵，而过程的丰厚与饱满会使结果变得更厚重，更有价值。所以，老农劳作时的虔诚与满足，也就不难理解了。

球王贝利对裁判有一句经典的话：裁判算不算最优秀，不是看他一场比赛能否罚出多少张黄牌和红牌，而是看他是否能最大限度地维护比赛的流畅进行。

教师在课堂上如何维护课堂进程的流畅？就要看他做的是“工人”角色还是“农民”角色，高明的教师是“顺水推舟”，对他的“庄稼”们精心侍弄，了如指掌：密处拔，疏处植，旱时浇水，涝时排水，随性培植，尽心尽力，绝不做一刀切的“成品制作”。老师，让我们都做纯粹的庄稼人吧！

第三节　教育阅读得与思

叙谈我的“读”与“写”

一直觉得，有味道的女人应飘散着淡淡的书香，含蓄而内秀，笑容不需太多，话语不需太响，但眼里需有颜色，或喜或悲，强似那满眼的漠然直白，内心应有内容。这样的女人，哪怕不施脂粉，哪怕五官不秀，也应是个有生气的、有味道的女人。做个飘着淡淡书香的女人，让书香卷起一份别样的美丽，是我的生活理想。我的阅读采用了随意与刻意、有序与无序相结合的方式。

文学类书籍阅读是需要性阅读。有的是慕名而读，有的是有意查读，有的是满足心灵的需要。读师范的时候是我阅读生活的真正开始，因为有条件了（时间和经济的保证）。那时“寻根文学、反思文学”兴起，一批优秀的电影首先吸引了我们的眼球，什么《老井》《良家妇女》《人到中年》等；在电影的引导下，认识了那个时代的大批电影明星，郭凯敏、刘晓庆、张渝等，这些演员的娇媚容颜和高雅气质，帮助我们建构了最初的审美理想，于是，连带着便去读了相关的文字作品：《高山下的花环》《黑骏马》等；同时，一批作家涌入了我的视线：张承志、王蒙、张抗抗等，最初的文学熏陶，使我确定了对文字和文学的感觉：文字是沉重的，文学是深沉的。书本真的是可以改变人的东西，在我的记忆中，我的童年和小学时代都是很疯野的，没法跟“文静”一词沾边，到了师范，就是这些文学作品，让我变得几乎是沉默了。在我那时的世界观中，深沉厚重是最美的，我拒绝一切的轻飘与外表修饰的肤浅，这直接影响到我以后在很长一段时间内拒绝打扮。后来，随着年岁的增长，教学的需要，我读得更多的文学作品是散文。琦君、毕淑敏、林青玄、龙应台、周国平、余秋雨的散文，是配合课文进行拓展性阅读。只要自己深入钻研过的课文，这个作者的作品必定是全方位地进行解读。前一阵子，沈大安老师建议我读读一个人的系列作品，像林青玄、张小枫等的文章，是需要进行全方位阅读后才能品到其味的。回顾这几年，散文的阅读量还是很大的，周国平的作品几乎是每本必读的，另外还有刘墉的随笔。爱读的散文还有《瓦尔登湖》《沉思录》。前者是我理想的精神家园，后者是我治病的良药，这是我的枕边书。我也会读些时尚的畅销书。张爱玲的小说是我的最爱，还有《品三国》《京华烟云》等，当然还有影视明星的畅销书，如杨澜的《凭海临风》，倪萍的《日子》等，都有收藏。

人物传记阅读也是属于自觉的阅读。读这类书是心灵的需要，像我们这类人，最大的追求不是金钱，而是如何安顿好自己的心灵，追求心灵的宁静与和谐。但往往这点最难做到，于是便会困惑、痛苦、烦恼，便会想着从一些同类的智者身上受到启发，得到指点。现实中的智者不可遇也不敢轻易求，最安全便捷的途径便是在古今中外的书本中去寻找。我读过卢梭的《忏悔录》，读过《王国维传》《朱光潜：入世的事业与出世的精神》，钱理群的《我的精神自传》。这些真诚的智者的声音，给了我躁动不安的灵魂很多的慰藉。我常常会一边读一边感慨：原来在这个世界上，我不是唯一的“怪物”啊！原来他们也有这样的烦恼啊！他们能这么做，我为什么就不能呢？在无数次的自问中，我心灵平衡了，觉得又有勇气开始跌跌撞撞地和这个世界交流与交锋了。

童书的阅读是我这两年恶补的一个最重要的功课。这得感谢我的好友——扬州大学的徐冬梅老师。她一次次把大捆优秀的儿童绘本邮寄赠我，让我有机会接触了解这个神奇的领域。在她的帮助下，在我30几岁离开教学第一线当了七八年的特级教师后，我才第一次接触诸如《猜猜我有多爱你》《我讨厌妈妈》《逃家小兔》等世界知名的优秀绘本。我得向我的学生，我的孩子说抱歉，因为在他们最需要读这些书的时候，我没有推荐给他们读，因为我真的不知道在这个世界上还有这么醇美的精神食粮可以享用。以后，在一批儿童阅读推动者如周益明等影响下，我跟孩子们一起读了《夏洛的网》《时代广场的蟋蟀》《城南旧事》

《草房子》《窗边的小豆豆》等优秀中外儿童作品。在这些书中，我重新经历了自己从未品尝但曾经遐想过的真正的童年生活。这些书，我一有机会，就会拼命推荐给我身边的朋友、家长、老师，让更多的孩子在应该读的年龄能读到这些优秀的作品。

古诗词的阅读是我最欠缺的。前一阵子为应付考试，狠狠地强记了一下，让儿子做了检测，觉得自己对古诗词的记诵量也只是一个小学生的水平，100首之内。想着现在记忆力已不如从前了，对古诗词，只能努力提升自己的鉴赏水平了。叶嘉莹对古诗词的“讲演集”读后让人真是如饮甘露：《唐宋词十七讲》《北宋名家词选讲》《南宋名家词选讲》《唐五代名家词选讲》等，我都一一读过。古诗词的记诵一定要与这些高品位的鉴赏文章一起阅读才有味道和收益。王国维的《人间词话》，钟嵘的《诗品》读来有点累，收获不大。很多书，当你还够不着的时候，必定读后消化不良，读书如吃东西，要根据胃的消化能力选择适合自己的读本。这几年我读得最多的是李清照的诗词，因为喜欢，很多诗人的诗词都是结合着对他生平的阅读一起进行的，这样有助于“消化”。

以上阅读，还属于提高专业知识，提升文学品位的阅读。有人以为这样的阅读是为了取得“长效”与“面肥效应”，远水解不了近渴，其实不然，语文老师没有丰厚的文学底蕴，是绝对上不出高水准的语文课的。当然，专业书的阅读也要同步跟进。

理论书籍的阅读是主食。所谓理论书籍，指的就是教育学、心理学、美学、哲学著作的阅读。大致估算了一下我的专业书籍藏书量，大概有500册左右。这类书的阅读，我的体会是反复翻炒，从无序走向有序。还可采用行走式阅读，就是带着任务和目的进行查询式阅读。我做的“和美语文”的课题逼我读了许多相关的书籍，如中庸哲学、庞朴一分为三哲学、中医理论、传统美学、建筑学、内隐学习理论等。以前一些零碎的阅读和思考也在这里进行梳理和归并，这是一件非常愉快的事情。当你把自己的思考连成线的时候，觉得一切的劳动都有了收获。对理论书籍的阅读也是经历了一个从强迫自己到享受阅读的转变过程。起先是强迫自己读，到后来，真正被有些书和书中的观点吸引。

理论书籍的选择也很重要，我最近看了一本哲学入门书，非常好，冯友兰的《中国哲学简史》，真是深入浅出，把我以前关于这方面的阅读都进行了归整。《中国美学十五讲》，也是极好的美学入门书。前段时间读到一些文学大家的小文论，给我很多教学启示，如朱自清的《标准与尺度》《经典常谈》，朱光潜的《谈文学》《论雅俗共赏》等。《文心雕龙》等古代文论名著不太读得懂，但应该知道和涉略，可采用不断回炉的方法去体味其中的妙处。我想终有一天，会嚼出其中的甘味的。近代和当代的教育著作读得最多的是周一贯老师、王尚文老师、王荣生老师的专著。有一段时间突然心血来潮，想在一位浙大导师的帮助下，读一下中国教育史。一直以来，都觉得自己的教学和研究很盲目，一个连自己国家最基本的教育历史都不知道的人，谈什么研究？说什么教育？了解本国本学科的教育发展史，其实对每个老师都是需要的。可惜这段经历很短暂，没有坚持多久，只做了粗浅的涉略，但也有收获。

杂志的阅读也非常必要，可以帮助我了解最新的教学动态，获取来自身边同道者的直接经验。近几年，杂志订得越来越多，平时工作生活越来越忙乱，常常来不及细读完，每月的几本杂志一拿到手，只能粗粗翻一翻，了解个大概，对几篇好文及时阅读，做功利性迁移运用，这是初读。在教研过程中，如碰到需要写东西或评课，我会对杂志做些专题性的阅读，这是一种走行式的阅读，为需要而读。每到暑假，做一次短期整理，暑假里时间充裕，心态平和清闲，是阅读的好时光，我会对半年的杂志做第二次阅读，摘录一些好东西备用。每到年末，总要把杂志全部搬出来，分门别类做好整理，叠放在墙角，让老父亲用钉子钻眼，用线装订。装订好的杂志父亲会整整齐齐码在墙角，在旧年的年末和新年年初，这段比较清闲的日子里，我会分类第三次通读杂志，按类别摘录“杂志信息”在卡片上备查。当我把一本杂志12期粗略地通读一遍后，我会读出一本杂志的特色，意图，品位，理念，新意，甚至会读出这本杂志大概的核心作者群体。这些留存在脑际的零碎的信息随之得到了串联，成块储存，一本杂志真正的价值和分量就显现出来了。

阅读的方法也很重要，卡片式摘录、心得式写作，都是为了使读过的书不成为过眼烟云，让它留下印记。我的电脑文件夹中专门有一个写“读书心得”的文档，是储备自己读书笔记的。跟人讲书也是加深读书记忆的方法。读过的好书，我喜欢迫不及待地向好朋友推荐，一方面想让好朋友共享，同时，也是通过复述书中之好加深自己的记忆。

语文教师的写作之功也是需要特别锤炼的。我的写作训练分文学写作与专业写作两块。

文学写作我起步较早。读中学时，一篇《水缸边上的故事》让我“一炮走红”，从此对写作深深迷恋。后来很多时候，养成了用笔与自己交流的习惯。师范时喜欢躲在图书室编小说，觉得那是非常了不起的事，好像自己在创造一部传世巨作。那时第一次离开生养了自己10多年，自己看厌了的熟悉的故乡。很奇怪，一旦离开，便会产生一种距离美，总觉得家乡含山，有着无穷无尽的宝藏等着我去挖掘，于是，便没完没了地编故事。我以为这些故事以后会把我送上作家的宝座，但终于，这些故事成了我永远的“箱底货”。以后，在情窦初开的年龄，我又写过一部自叙式小说，那可真是心的述说，那份纯情和率真，现在还常感动自己。可惜这些所谓的作品，唯一的读者只是自己，我终于没能成为作家，当教书匠的命运似乎已成定局。不过，我的文学写作也曾有过小小的成功，毕业第二年，我的诗作参加湖州市诗歌大奖赛获鼓励奖，从此被吸纳进入湖州市青年文学社，认识了一批在湖州小有名气的文学青年。

日记写作成了我一直在坚持的写作方式，日记是我最信赖的朋友，只有在她面前，我才可以无所顾忌地全然敞开，写日记，向自己言说，那是最安全的方式。所以，我的写日记生涯，断断续续坚持了10几年，从纸质文稿到电脑写作再回归到纸质文稿。日记写作使我养成了真诚朴实的自叙式文风。这几年，我把自己在各地讲课时的旅途见闻、读书收获、生活感悟等，以日记体的方式进行记录，已积存了40多万字。

专业写作是老师们必须锤炼的功夫，也是这几年我写作的重心。除了一些论文，到今天为止，最告慰自己的便是那已出版的四本专著，加上这本书稿，总计有120多万字，虽在别人看来无足轻重，但却是自己20多年对语文教学苦苦追寻的成果，弥足珍贵。

总体看我的写作生活，大体是属于率性随意而为，刻意的成分较少。值得欣慰的是，我的文学写作与专业的教学写作到最后相互影响，互为作用，融为一体。

“读”与“写”是我的生活需要，也是我的生活状态、生命状态。“读”为“写”提供了丰富的养料；“写”为“读”提供了明确的方向。我的人生因“读写”而无限丰厚与饱满。

静下心来读朱公

读朱光潜先生《谈文学》一书，最大的感受是深入浅出，理说得特别透，而且字字珠玑，文字耐咀嚼。读下来，爱不释手，对自己的课堂教学艺术、作文教学乃至自己的写作等领域的思考都有很大启发。虽然很多观点都是我们熟识的，但经先生独特、透彻的言说后，就格外清晰、印象深刻。应了朱先生说的话，我们在作文时“遇到一个题目，不肯朝深一层想，只浮光掠影地凑合一些实在是肤浅陈腐而自以为新奇的意思，就把它们和盘托出”。但朱公的文字，不是停留在“约略提及”，而是每一点都说得很透，读来让人感到痛快淋漓。

一、作文需从“叙事绘态”入手

文学的功用通常分为言情、说理、叙事、绘态四大类。朱先生认为作文“入手就教学生做论说，这办法实在不妥”。因为青少年期想象力较丰富，舍想象而不去发展，只耗精力于说理，结果心里就只会有“理”而不会有“象”，那就是说，养成一种与文艺相反的习惯。但“入手就写言情诗文仍是不妥”，因为青年人容易感受情绪，却不容易于沉静中回味情绪，既不能“入乎其中，又出乎其外”。所以言情必借叙事绘态，否则只知道抽象地说悲说喜，再加上接二连三的惊叹号，这样的作品，表现了一种浅薄的感伤主义。所以朱先生认为：初学写作，说理文可缓作，言情文也可缓作，先得让学生学会叙事绘态，因为“主观的不如外在事态那样容易着笔”。

我们新课程作文教学的理念，恰是符合朱公的作文教学观的，小学阶段，以写叙事类作文为主，鼓励学生诚实写作，不“说谎”，不发空洞的议论，不做无病呻吟的抒情。但是，应渗透一些议论、抒情的方法，否则，就事说事，未免干巴肤浅，学生的作文生活既要享受到情趣，还要享受到理趣，享受到一种在哲理思辨过程中的“运思”之乐，这是一种“极乐”。感性直接的抒情也要训练，否则，就不会享受到作文过程中的“大乐”。所谓“大乐”，既充分直接地表现：发表自己的观点想法，宣泄自己的情绪情感。所以，我觉得，初学写作，确实当以“叙事绘态”入手，但也不能忘了适时点拨议论、抒情的技巧。

二、把日记记成一件“作品”

朱公认为：“普通记日记只如记流水账，或是作枯燥无味的起居注，那自然与文学无关”。“把日记当作一种文学的训练，就要把本身有趣的材料记得有趣。”这句话中有两层含义：一是日记要选择有趣的材料。选择是文学最重要的功夫，生活素材如泥沙与珍珠并存，如何对生活进行有机筛选，去伪存真，去糟粕留精华，这是功夫，也是技巧，需要教师或家长有效引领。大人可以先示范，参与选择；再放手，做参谋评判；最后等形成能力后，再全盘放手。二是要记得有趣，“把有意义的事记得妥妥帖帖，记成一件‘作品’出来。这就要求日记写作也要强调‘可读性’”。教师对学生的日记应提出写作技巧要求，并做必要的技巧指导。虽然日记是“私密写作”，是写给自己看的，更多的属于自娱自乐型的写作，但作为学生初习写作时的日记训练，还是应树立“读者意识”，教师在被允许的情况下，不仅要当好学生日记的读者，还要鼓励学生自己为日记作品寻找、争取读者，接受各种评价。只有意识到了外在的要求，学生才会努力把日记记得有趣，“记成一件作品”。

三、作文与作课的运思过程

《作文与运思》一文中，朱公谈到：对作文一直有两种提法，一种是写文，一种是作文。写并非作，因为作文不单纯是用手写的工作，而有个运思的过程，即打腹稿。理想的运思过程应采用全用腹稿和不用腹稿折中的做法。运思的过程非常艰辛，福楼拜有一封信札，写他著述的艰难时说：“我今天弄得头昏脑晕，灰心丧气。我做了四个钟头，没有做出一句来。今天整天没有写成一行，虽然涂去了一百行。这工作真难！艺术啊，你是什么恶魔？为什么要这样咀嚼我们的心血？”这段话道出了艺术创作的艰辛。作课也是如此，我想为什么我们现在习惯于把上课说成作课，因为在上课之前还有个艰苦的备课的过程，即运思的过程。绝妙的设计往往来源于艰苦思考后的灵感迸发，虽然最后呈现的作品——课，看似平易畅适，那是经过艰苦经营后达到的畅达境界。前几天跟一个朋友聊课，我们都在感慨：课创作好后，当一个成品呈现之后，我们会感叹，这么简单的东西，为什么开始我们就想不到呢？为什么要等到我们经历炼狱般的痛苦之后，才会豁然开朗？其实说的就是一个理。“入手即平易者难免肤浅，由困难中获得平易者大半深刻耐人寻味，这是铅锡与百炼精钢的分别。王介甫‘看似寻常最奇崛，成如容易却艰辛’”，是文章的胜境，也是课的胜境。

四、再悟课的“建筑美”

“有生命的东西都有一定完整的形式，首尾躯干不完全或是不匀称，那便成了一种怪物，而不是艺术。”“一个艺术品必须为完整的有机体，必须是一件有生命的东西。有生命的东西第一必须有头有尾有中段；第二是头尾和中段各在必然的地位；第三是有一股生气关注于全体，某一部分受影响，其余各部分不能麻木不仁。”

这两段文字，朱先生道出了艺术品必须追求结构美：完整的、统一的美。

“文章有生发才能成为完整的有机体。”所谓生发是上文意思生发下文意思，不能“上气不接下气”。这段文字，讲的是艺术品的过渡衔接问题。

“艺术的特征是完整，完与整是相因的，整一才能完美。在许多意思并存时，想产生整一的印象，他们必须轻重分明。”“譬如北辰居其所而众星拱之。”这段文字，写的是如何使文章主次分明的问题。

一篇文章，作为一个完整的艺术品存在，必须结构圆融、过渡自然、前后照应、重点突出。那么同样作为一个艺术品存在的一堂课何尝不应该如此？我在几年前就提出：课要追求“建筑美”，必须符合画圆的规律，即找到一个支点，拉出一条线，画成一个圆。这是符合艺术规律，符合人的审美习惯的。

另外，“文章有一定的理，没有一定的法。”“大匠能诲人以规矩，不能使人巧。”谈教学，谈课，重心也应落在“规矩、原理”上即可，“神而明之，存乎其人”。

五、为谁艺术

朱公在《作者与读者》一文中，探讨的是“作者心中应不应该有读者？他对于读者应该持怎样一种态度？”的问题。朱公谈到开始自己由于受克罗齐的影响，觉得真正的艺术家都是自言自语者，是“为我自己而艺术”。但随着认识的深入，又感觉“艺术和语言都是人类心灵交通的工具”，“人与人之间有交感共鸣的需要”。因为“艺术是‘一种人性活动’，是一个人有意地用具体的符号，把自己所曾经历的情感传给旁人，旁人受这些情感的传染，也起同感”。所以不管作者是否抱着“实用目的”写作，他心中应该始终是有读者的。作者对读者的态度，分为不视、仰视、俯视、平视。不视即作者向虚空说话，目中无读者。朱公提倡作者对读者可取后三种态度。仰视如上奏疏，俯视如颁诏谕，平视则如亲友通信叙家常，道衷曲。他们在文艺上各臻胜境．但作者最赞成平视。

我们的舞台上的观摩课，需要有观众意识吗？如果该有．也该以平视的态度对待观众，仰视未免有取悦观众之意，难免阿谀逢迎；俯视难免盛气凌人；平视才是平等的交流。我们必须接受观众，观众才能接受我们，但是我们也要稍高于观众，观众才能受到启迪。我们的课，如要开一代新风气，必须有观众意识，“只有领袖而无群众．决不能成功”。否则，太“阳春白雪”，就会成为“孤家寡人”。课者与观者携手，一种风气才能养成。在文艺创作中，“一种新风气成立．等到相当时期以后，这种固定的作风由僵化而腐朽，读者看腻了，作者也须“另辟途径”。课何尝不是如此呢。

公开教学如果算是艺术活动的话，那么为谁艺术？为学生，也为观课教师。当然，主要是为学生。

六、情与辞——教师导语艺术

文字有言情、说理、叙事、状物四大功用。“在文学的艺术中，情感须经过意象化和文辞化，才算得到表现。”“作者对于所要表现的情感，必须入乎其内，出乎其外。”“在沉静中经过回味，情感便受思想熔铸，由此附丽到具体的意象，也由此产生传达的语言（即所谓“辞”）。”

语言要很恰切地表现情感，必须由思想、具体的意象作支撑。熔铸了思想和具体意象的情感，才会生动、鲜活，有厚度、浓度，有感染力，能打动人。

朱公认为，情和辞的分量分配大致有以下三种：“情尽乎辞、情溢乎辞、辞溢乎情”。辞恰足表现情的是古典艺术；情溢于辞的如浪漫艺术；辞溢于情的如象征艺术。这三种情况当然是辞溢于情最不足取．

（但有时也有胜境）“情尽乎辞”最是佳境。但“情溢乎辞”也未尝没有他的好处。因为“艺术的作用不在陈述而在暗示”，“言有尽而意无穷”“以有限寓无限”“弦外之响”“不着一字，尽得风流”未尝不是艺术的至味。

由此想到我们教师的课堂导语，如何使导语妥帖、生动，富有感染力？也应把握好尺度与分寸，“情尽乎辞”最为佳境，即语言要充分、恰当地表现文本的内涵，不做过分的铺陈渲染，使语言像“纸折的花卉，金叶剪成的楼台，绚烂夺目，却不能真正产生一点春意或是富贵气象。”有时还应留有余地，让辞不要尽情，留一些回味和咀嚼的空间。时下的课堂，我们常看到一些“蛇足”，教师非把自己解读文本的感受说尽不可，也不忘时时处处让学生说“感受”，“读到这儿，你有什么话想说吗？”“看了这些资料你又有什么话想说呢？”其实，有些感受是无法用语言言说的；有些感动是需要时间在头脑中慢慢沉淀后才能表达的；有些感受干脆是说出来就弱化了、变味了或没有了的。

教师课堂语言是教师的第一张脸，是衡量教师素质的重要标准，锤炼自己的语言应是语文老师的“第一要务”。

七、想象与写实

前一阵子，儿子向我请教一个作文题，老师布置了一篇想象作文《两个苹果的故事》。他不知怎么入手，我告诉他，既然是想象作文，你就可以把苹果当成人来写，它们可以有思想、有语言、有活动。

儿子开始编故事，写了一段，拿来给我看：“树上有两只大苹果，一大一小。有一天，它们走下树来，在城里的马路上散步……”我说不好，他不解“为什么？我下面编得很精彩的。”我告诉他“苹果走下树来散步，你想得太离谱了”。虽然不服，他还是无奈地去修改了。

朱公在谈到文学创作想象与写实的关系时，认为应造成一种“基于现实又超于现实的意象世界”，“食物如要成为生命素，必经消化；人生经验如果要成为艺术品，必经心灵熔铸”。文艺要追求真实，但这真实分“现象的真实、逻辑的真实、艺术的真实（诗的真实）”，文艺要追求的是艺术的真实。王静安在《人间词话》里提出“造境和写境”的分别，以为“造境（即想象），写境（即写实）”“二者颇难分别，因大诗人所造之境必合乎自然，所写之境亦必邻于理想。”

儿子把修改稿拿来给我看，这次他把两只苹果的活动限定在树上了，只通过精彩的对话和叙述来描述故事的原委。最后他设计了一个情景：那只瘦苹果在经受狂风吹袭快掉下来时，大苹果不计前嫌恳求树妈妈救它，树妈妈让树枝借助风力摆起枝条托住了摇摇欲坠的瘦苹果。让它后来在树妈妈乳汁的滋润下重新愈合伤口，长成健壮的大苹果。我问他为什么要这样编？为什么不让大苹果自己出手相救？他说这样更真实些。看来儿子是悟到了想象要合理的真谛。想象与写实应相需为用，并行不悖。

朱公还指出：初学者须认清自己知解的限度，与其在浪漫派作家所谓“想象”上下工夫，不如在写实派作家所谓“证据”上下功夫，多增加生活经验，把那限度逐渐扩大。

八、课也要防止低级趣味——读朱光潜《谈文学》所想

放在舞台上来上的课，是一件艺术品。只要是艺术品，在艺术价值上就有高低之分。“趣味”是评判课的艺术价值高低的标准之一。古人有“嗜痂成癖”的故事，爱吃疮疤是一种低级趣味。课也要防止低级趣味。朱光潜先生在《谈文学》一书中谈到，文学创作中许多低级趣味的表现：无病呻吟，装腔作势；憨皮厚脸，油腔滑调；摇旗呐喊，党同伐异；道学冬烘，说教劝善；涂脂抹粉，卖弄风姿，等等。特别是涂脂抹粉，卖弄风姿一项，他还列举了许多作者“卖弄现象”，有卖弄学识的，有卖弄辞藻的，还有卖弄才气的。这让人联想起我们的课堂，时下的课堂，何尝不存在卖弄的现状，老师们在课堂上卖弄自己的语言，用大段大段优美的描述替代学生自己的读书感悟，课堂上虽然洋溢着情与美，但师生、生本情感脱节、认知游离，课堂缺少应师生、生本共振所形成的统整性。老师又何尝不像朱先生所说的“卖弄辞藻、卖弄学识、卖弄才气”的文学作家呢？这样的课，论艺术的价值，应该是不高的，因为真正的文艺，“是一种表现，而不是一种卖弄”。真正的课，更应是一种教师引导学生的表现而不是教师的卖弄。“一件完美的艺术品像一个大家闺秀，引人注目而不招惹人注目，举止大方之中仍有她的娴静，有她的高贵的身份。”这种“高贵的身份”取决于一种生成与创造，取决于师生间的融合，取决于教师对自己表现的适度把控，唯有如此，课才能防止流向低级趣味，成为真正的艺术品。

九、课境追求四层次

艺术的境界有几个层次：疵境（初学阶段）、稳境（经过模仿有看得过去的表现）、醇境（博采众长，自成一体，作品成为“能品、佳品”）、化境（胸襟学问和艺术修养融为一体，作品成为“神品、妙品”）。前三个层次都属于“匠”的范畴，后一层次不易达到。朱公指出：初学写作，必须讲究“规模法度”，只有在名家经典中领悟了一定的文法、逻辑、义法，才能为后面的创造打下基础。“练习写作，一要不怕模仿，二要不怕修改。”模仿可以掌握一定的“法度”，修改可以使思致愈深入。

做课亦如此，先从模仿名家经典课例入手，等掌握了一定的“法度”，进入“稳境”，再尝试创造，试图突破，进入“醇境”，与此同时，还要修炼心境，使人品和课品一起成长，追求“化境”。如此循序渐进，便可使自己少走歪路。

十、读懂语文中的声、色之美

“文章之精妙不出字句声色之间。”“声”指它的形式成分，如“音”的阴阳平仄和字句段落的节奏之美；“色”可以说就是具体意象或形象。

语文的“声”之美，如古诗词中的押韵、排比对仗所形成的节奏气势，可通过诵读感受，字的阴阳平仄，字句段落的节奏之美，均可通过声音传递。

我们接受事物的形象用感官，领会事物的关系条理用理智。但抽象概念须从具体意象得来，所以感官是到理智的必由之路。要人明了“理”最好的办法是让他先认识“象”（即“色”），古人所以有“象教”的主张。

读懂语文中的“色”，即要感受作品中的“象”，它可以是一个新鲜的境界，也可以是一个有特殊生命的性格。它是一种具体的描绘，其中的理蕴涵其中，犹如盐融于水。感受“象”之美，感悟理之趣，其过程也是相辅相成的。

一个人的教育信念

——《陶行知：捧着心来 不带草去》

喜欢有些书，是因为小，字少。书太厚，会给人一种压迫感。这本“大象人物聚焦”书系拿在手中，被吸引的还有封底的一连串美丽的书名《宋庆龄：永远的美丽》《老舍：消失了的太平湖》《巴金：云与火的景象》等，在品味这些题目所带给我们的遐想的同时，会令人感叹文字所产生的魔力。

陶行知这个人，是和他的名言“捧着一颗心来，不带半根草去”一起被我们认知的。读完袁晞写的这本小册子《陶行知：捧着心来 不带草去》，很容易就认识了这个有着朴素的崇高情怀的陶行知，理解了他的贫民化教育、难童教育的精髓便是“办人民的教育”，让教育服务于普通的人民大众，我们很容易理解他的“教学做统一”，理解他“行知”和“知行”间反复更名的目的和理由。“行是知之始，知是行之成。”陶先生强调知、行统一，并把“行”置于“知”前，反应了他的教育实践观。“人生两个宝，双手和大脑，用手不用脑，饭也吃不饱；用脑不用手，快要被打倒；手脑都会用，才算大好佬。”读着这些通俗浅显的诗，让我们对他的生活化教育理解得那么清晰透彻。可以告慰陶先生的是，这些理念，我们在新《课标》中也读到了，综合性学习，就是与陶先生的教育思想一脉相通的。

曾经有人把陶行知与孔子相提并论，甚至有人认为陶先生比孔子更伟大。

“孔夫子的教育，一切是向后看的，目的在于恢复周朝的天下；而陶先生的教育，一切是向前走的，讲求真理，完完全全是人民的教育，也可以说是做人的教育。”（罗隆基）

感受陶行知，至少有一点可以确定，真正的教育家，必定是直白的，我们从他们身上收获的，是朴素的真理。

中国建筑文化给语文教学的启示

——读汉宝德《中国建筑文化讲座》

“曲线加上翼角起翘，就是唐代以前中国人所追求却未曾达到的，使古典时代发展成熟的中国人的轻灵飘逸的美感具体化在屋顶出檐的曲线上，奠定了一千多年的特色。因此我常称六朝唐宋的建筑为凤的建筑。熊的感觉是负重的感觉，凤则是飞扬与失重的感觉……唐代的建筑风貌到北宋就开始收敛了，在建筑的规模与出挑上都减缩了，这是国力趋弱的象征，也是心灵趋向内省的结果。”

这里讲到的“凤的建筑”和“熊的建筑”，我觉得很有意思。我们的语文课，既要有飞扬轻灵之美，又要有朴实厚重之实；既要有凤的建筑风格，给人赏心悦目的美感，又要有熊的建筑风格，发人内省，给人启迪，讲究实效。

“中国的文化是‘棒棒文化’”，非常简单，远古时代人们用手指数数，手指不够用时就用棒棒代替，轴线也是一个棒棒，这个棒子的形象，成为空间观念的时候，出现一种特有的主轴观。世界上没有一种文化像中国文化一样，配置上强调主轴。中国人还特别强调对称，觉得人体是对称的，以人为本的建筑也应该是对称的。

中国人基本的空间观念，是在棒棒的支配下，如果以水平延展的时候，就是建筑平面的原则，这是中国文化的另一个向度。手指是线，手掌是面。接触手掌，面需要质感，需要细腻感、精致感，还需要温润感。

“中国的建筑文化，蕴涵着中国人怎样的审美追求？可以用这么几个词来归纳：简单、对称、主轴。中国建筑的结构是什么？两根柱子，中间当然要架个梁，然后为了撑屋顶，先在梁上立两根短柱子，再加个小梁；再于小梁上立两根柱子，再加个小梁。就这么简单，好像是就由几个棒棒横横竖竖地搭建而成。中国后期建筑的特点没有复杂的建筑。最了不起的建筑是太和殿，也是一个大棚子，一眼看到底。”这种简单的建筑思想是否可以给我们的语文教学以启示？现今的语文教学设计，因为追求艺术，追求美，所以人为地在设计上翻新，把课堂结构搞得曲径通幽，纷繁复杂，这种追求复杂的审美观，只能把我们的课堂搞成花架子，反而使课堂缺失了艺术的美感。追求简约大气的美，应是我们共同的课堂追求。

对称产生和谐，对称是与主轴相辅相成的，没有主轴就没有对称。作为一节课，如果把它看成是一个独立的、完整的艺术品的话，应确立主轴，即给课堂确定一条主线，然后在这条主线的牵引下，拉出面，没有主轴的课就像一间屋子缺少了一个大梁，是支撑不住下面的柱子和屋瓦的重量的，屋子也不会坚挺站立。当然，这个面的生成还要考虑它的和谐对称。如果把人文和工具看成是两个面的话，如何使两个面能对称和谐，不一端起翘，使课堂的两极巧妙融通，呈现和美状态，是理想的课堂要追求的境界。

课堂的面也要追求质感，需要细腻感、精致感，还需要温润感。即当我们拉出了一堂课的“主轴”后，如果不对“面”加以修饰润泽，使之具有质感、温润感、精致感，那么这课还是一根干巴巴的枯枝而已。我们应该尽力地在点上做细，着力敲打细节，使之具有精细感；还应着力挖掘人文、情感内涵，附之以教师的情感、感受，课的温润感就会生成。

“轮廓为主体”，即先有界限然后再做设计，由外向内。现代的建筑理论最讨厌这个原则：先有造型，然后有内部功能。可是中国人向来就是先有造型，然后才做内部，先有轮廓的形状，然后再做设计。

圆是从佛教文明来到中国后发展起来的。从六朝时期佛教进入中国以来，中国人的装饰性图案，或是中国人看东西的时候，开始有了圆的观念。唐朝文化是很充实圆满的，它每样东西都是圆的。圆形的花朵，变成了唐朝文化的象征，什么东西都用花来代表，这个情况一直延续到北宋中期。也就是说，大概7世纪到11世纪这段时间，中国文化成为花的鼎盛时期，而且都是喜欢圆满的花……宋元以后的中国人，非常喜欢圆形，很多图像和器物都采用圆形普及到日常生活中。因为方圆具有世俗化的人文价值，所以很多东西的造型都向它集中……方正圆满是共同的梦想，对中国人来说，是一种对人生幸福期待的象征。中国人对于圆这种几何图形的体认，一直到今世出现了圆桌，用餐时团圆而坐……中国传统建筑中最美丽的建筑就是天坛里的皇穹宇与祈年殿，它们是中国特有的圆形纪念性建筑，其重要性应超过古代的明堂……这是中国史上第一次出现纯粹的圆形建筑——这，可能是世俗文化终于落实在完美的空间与造型上了。

这是符合我的课堂设计习惯的，我是先架构课的框架，再做细致的内部设计与打磨。课堂设计中对圆形的追求也是和美语文的课堂设计理念。和美语文讲究画圆的艺术，“找到一个支点，拉出一条线，画成一个圆”。追求圆内有圆，画“同心圆”，而且还强调要画开放的圆，在课内师生一起画圆的基础上，引导学生到课外自己再寻找支点，拉线、画圆。中国传统的建筑文化思想与和美语文教学理念不谋而合，给我们很多启示。

沉浸在卢梭的世界

一、真诚的魅力——感受一个男人的爱情

读卢梭的《忏悔录》快一个月了，这近一个月的时间，我一直在读，在细细地读、耐心地读，在一页页翻动的纸页中，我叹息、我感慨，我越来越近地走向一个真实的卢梭，走向这个无比真诚的灵魂，倾听他真实的倾诉所传递的天籁，55万字的巨著，又不是专业书籍，能这样耐心阅读，在我的阅读史上可以说是第一次，这是一种真实的阅读需要，所以每次捧起它，有一种灵魂安宁、心灵踏实的痴迷感受。

我现在从事的是一项艰巨的工作，这工作既无先行者，以后也不会有模仿者的。我希望能在世人面前揭露一个人的真实面目。这个人就是我。

“这是一本因真实而伟大的精神自传”。没有谁能做到像他那样，如此赤裸裸地将自己的灵魂晾晒出来。不放过一个细节，不增加半毫修饰，唯有如此纯粹的真诚，才能彻底击垮读者虚伪的防范。于是，我们在读的过程，也成了洗刷自己虚伪的过程，真诚的力量、真诚的魅力都是无穷无尽的。

“不管末日审判的号角什么时候吹响，我都会拿着这本书，在至高无上的审判者面前，大胆地说：‘这就是我所做过的，这就是我所想过的，这就是我。不论善恶，我都同样坦诚以言。我既不隐瞒任何恶，也不夸饰任何善……’”

这就是卢梭的真诚和勇气，这种真诚，首先表现在他对感情的态度，在与他身边几个他爱的女性生活、接触的过程中，不论是华伦夫

人、戴莱丝，还是乌德托夫人，他都倾注自己的真情，而且体会到与这几个女性不同的情感。他毫不掩饰自己情感的转移和一生中常抑制不住对异性的向往和多次的恋情，一个真实的卢梭的情感言说，让我们感觉到人性的复杂丰富、情感的不可预测性。同时，这种真实，非但没有破坏卢梭在我们心中的形象，反而感觉到他的可爱与可敬。一个高贵的灵魂，是用心说话的。卢梭与华伦夫人的感情，是一个男人对母性的依恋，卢梭从小丧母，母爱的缺失让他在华伦夫人身上获得了补偿，所以尽管当他“占有”被他称之为“母亲”的华伦夫人后，他有种“乱伦”的犯罪感，但与“母亲”的情感让他一辈子牵怀。母性情感是男人的情感家园，这种情感所泛起的温润感受，是甜蜜而丰厚的，虽然可能少了很多激情。与戴莱丝长达几十年的相依让我们看到了卢梭身上作为一个成熟男性的责任感，虽然由于戴莱丝母亲的介入让他们的爱情生活掺杂了许多世俗、自私，甚至阴谋的成分，但卢梭的不离不弃最终与戴莱丝在生活了25年后的结合，让我们看到了卢梭真正的情感本质追求是与他的生活追求相一致的，他爱好自然，喜欢离群索居。“在巴黎，置身于上流社会的旋涡之中，享受着晚宴的口腹之乐，观赏着戏剧的浮华，沉浸于过眼云烟的虚荣之中——但是在这些时候，我仍会回忆起丛林、小溪和孤独的散步，它们勾起我的愁思，让我分心，引起我既憧憬又怀念的长叹。”在卢梭隐居“退隐庐”的几年，应该是他最平静最幸福的一段时光，因为这是真正契合他天性的生活，这样的生活理想，由戴莱丝这样忠诚、善良、宁静、安分的女人陪伴身边是最适合不过了。爱情，在某种意义上说，是一种平衡，平衡内外心志，爱情才会长久。对乌德托夫人的憧憬，是源于卢梭激情、不安分的因子，也足以令人思索人性和情感的复杂和不可琢磨与把控，如果一辈子安于和戴莱丝的生活，那么卢梭也就不是卢梭了，卢梭的敏感、激情、热情和对完美情感的憧憬与向往以及由道德、规范约束引起的矛盾痛苦和烦恼与克制，让卢梭成就了卢梭，一个伟大而又平凡，激进而又顾虑，多情而又自尊的鲜活丰富的男人，这个男人让我们读后会情不自禁地长叹一声：噢，卢梭也这样啊！其实，人性都是相通的。

因为有这样的感叹，于是，我们在读后会感觉，卢梭的真诚的确有了一种非凡的价值。

二、一个矛盾体的灵魂挣扎

很多人都在世俗世界和精神世界中穿行，很多人的灵魂常处于无处安顿的焦虑不安状态，根据各人的喜好，有人在世俗世界常驻，有人痴迷精神世界。如果各人在自己喜欢的世界活得心安理得也就罢了，更多的人，是在两个世界穿梭，因无法平衡而痛苦挣扎。

打开卢梭的精神世界，感觉他活得好累好苦，因为他总是痛苦矛盾：他性格热情奔放又极端敏感，蔑视一切同时又需要一切，他睿智但活得苟且，他骄傲但卑微，他坦诚但也有掩饰……这个穿梭在王公贵族中间，被他们尊为座上宾又被他们玩于股掌之间的高贵而又可怜的灵魂，每时每刻都在经受灵魂撕扯的煎熬，他有纯粹的热情，又有纯粹的卑微，他敏感多情而又行事任性；他遗世独立而又渴望友情。

他对自己尊敬的人，恨不得把心都掏出来，而对自己厌恶的人，则马上会毫不留情表示决裂，爱憎之情如此强烈又如此分明！他是多么迫切地想融入这个社会，融入人群，可他处处碰壁处处受阻时时失望。卢梭的悲剧是他对这个世界的妥协，他不应该对这个世俗的世界有所奢望，因为他与这个世界没有共同的话语系统，没人可以真正走进卢梭的精神世界，而他也不应对世俗世界有所期待与留恋。在世俗世界和精神世界之间，他必须做出选择。卢梭的矛盾和痛苦也就是试图对两个世界的共同占有。这个因矛盾而痛苦挣扎的灵魂，终于在经受了他始料未及的阴谋之后，怀着对人性的彻底失望，离开了。我想卢梭留给我们的应该是这么一句话：不喜欢这个世界！

三、一个孤独者的思考深度——《爱弥儿》读后

依稀记得卢梭写过一本《一个孤独的散步者的遐想》，我是没有看过。这两天看完《忏悔录》再来看《爱弥儿》，跟着卢梭边思边想，感受这个伟大灵魂的思想魅力，快乐震惊无比，并时不时地发短信把这种感受传递给友人，推荐他们也去阅读卢梭。

卢梭的《爱弥儿》对教育界的贡献是：“卢梭在教育史上发现了儿童，肯定了儿童的内在价值。这位深刻的思想家，他不是搞教育的，唯一的经历只是短时间地当过一段时间的家庭教师，却引发了这样深邃的思考，发出了如此无畏的呐喊：

“每一个年龄，人生的每一个阶段，都有其自身的完美，都有他特有的成熟状态。”“在万物秩序中，人类有它的地位；在人生秩序中，童年有它的地位；应当把成人看作成人，把孩子看作孩子”。“如果我们打乱了这个次序，我们就会造成一些早熟的果实，它们长得既不丰满也不甜美，而且很快就会腐烂：我们将造成一些年纪轻轻的博士和老态龙钟的儿童。”“对孩子讲体力，对成年人讲理性，这才是自然的次序。”

“谁告诉过你们，这一切可以由你们随心所欲地安排，谁告诉过你们，你们对孩子的稚弱的心灵所进行的美妙的驯化，将来不至于他害多益少？谁又向你们保证你们对孩子所施的痛苦就能减少他们将来的一些麻烦？既然是不能肯定目前的痛苦能够解除将来的痛苦，那么又为什么要使他遭受他现在仍承受不了的许多灾难呢？……”

卢梭的这些振聋发聩的言论，在今天看来，还足以引起我们深思。反思我们今天的教育体制，细观我们的学校教育和家庭教育，尽管新《课标》极力倡导发挥儿童在教育教学中的主体地位，但我们的现实教育，真正把儿童当主人了吗？我们的引导、要求，真正顺应儿童的天性了吗？我们给孩子布置没完没了的作业，使他们没有过多闲暇欣赏绚丽的朝霞与落日，我们的孩子过早戴上了眼镜，他们挺拔的脊背被沉重的书包压弯了，在最应该发展体能的年龄，他们的身体却被过重的课业负担囚禁了，我们还理直气壮美其名曰“为了他们的未来”。似乎一切的痛苦都应有个美好的未来预约而可以堂而皇之加在孩子们身上。这是明智的责任还是愚蠢的透支？在教育面前，我们都被潮流蒙蔽了双眼。我想，看到几百年后的今天的教育现状，卢梭地下有知，定会愤怒无比。

一切应顺应自然，我们所有的痛苦都是因为欲望和能力之间不相称。一个欲望和能力相称的人就是一个绝对幸福的人。我们要善于减少那些超过我们能力的欲望，使能力和欲望得到平衡。因为只有在一切力量和能力都得到运用的时候，心灵才能保持宁静，人的生活才能纳入秩序之中。这是智者卢梭对我们的谆谆教诲。

经典重读

——《夏丏尊教育名篇》摘要

最近读夏沔尊的《夏丏尊教育名篇》，谈到阅读的问题，很受启发，只觉得“经典毕竟是经典”，这些学术泰斗的思想是历百年而不衰的。

“阅读什么”一篇，主要谈了中学生阅读书籍的选择问题，先生主张把阅读的范围分成三个：一是关于自己的职务的；二是参考用的；三是关于趣味或修养的。读参考用的书籍，先生主张“链式阅读”。如学《桃花源记》，碰到不明白的词，就得查《辞源》，如果想了解晋朝人的文章和别的朝代有什么不同，还可链接着读《中国文学史》；如果还想了解文章所表现的乌托邦思想，就可去读一读英国的社会思想家马列斯写的《理想乡消息》一书；如果还想了解记叙文的格式，可以去看《记叙文作法》；如果还想了解作者陶潜，可以去看《晋书·陶潜传》。这样链接式阅读，可以扩大阅读的外延，使散乱的点状阅读上升到类阅读，提高阅读的实效。谈到第三类书的阅读，先生以为在同一时期内要选择精要的一二种，好好读。“把自己欢喜读的书永久地读，是有意义的。”这是我欠缺的。我很多时候，读这类书很“惜时”，不舍得多花时间，觉得这类书于本职工作关系不大，往往粗略阅读，更不舍得花时间重复阅读。其实，读这类书，怡心养性，是真正造福自己，多次阅读，才能培养性情，真正颐养自己的身心。

《怎样阅读》一篇，先生有一非常精辟的观点：“如果把阅读分开来说，一般科学的教科书应该偏重于阅，语言文字的教科书应该偏重于读。”“一般科学的教科书应懂它的内容，不必从文字上去瞎费力，只要好好阅就行；像国语、英文两门语言文字的功课，应在形式上多用力，只阅不够，该好好读。”在读参考书的时候，先生特别提醒“暂时认定参考的范围，不要把自己所要参考的项目或问题抛荒”，读趣味修养的书，要“把自己正在读着的书做中心，再用别的书来做帮助，这样，才能使你读着的书更明白，更切实有味，不至于犯浅陋的毛病。”

“任何书籍都可有两种说法，如果就内容说，只阅就可以了，如果当作语言文字来看，那么非读不可。”“把本来用语言文字写着的东西，当作语言文字来研究、来学习，就是国语科的任务。”“阅读可以分为两种，一是略读，一是精读。略读的目的在理解，在收得内容；精读的目的在揣摩，在鉴赏。”

我不知道这些话，特别是先生对于“精读”和“略读”的见解，对我们今天关于“精读课文”和“略读课文”的教学有多大帮助。如果照先生的说法，略读只是了解内容就可以了的话，那么也许我们今天对略读课文的教学思考得太复杂了，我们让它承载了太多的东西：方法的迁移、语言的仿用等，还要让学生的主体作用在阅读过程中充分体现。其实，我们今天所谈的略读，是跟精读课文的教学有着相同的任务和目标，而且这些目标的达成，比精读课文有着更高的要求，要靠学生自主、独立地去达成。我不知道是我们拔高了略读的要求还是先生降低了略读的要求。总之，先生对“略读”概念的界定跟我们现在对“略读”的理解不在一个纬度上。

《学习国文的着眼点》一文，先生明确提出：“学习国文应该着眼在文字形式方面。”因为“国文科是语言文字的学科，除了文法修辞等部分以外，并无固定的内容。”“国文科的学习工作，不在从内容上去深究探讨，倒在从文字的形式上去获得理解和发表的能力。凡是文字，都是作者的表现。不管所表现的是一桩事情、一种道理、一件东西或一片情感，总之逃不了的是表现。我们学习国文所当注重的，并不是事情、道理、东西或感情本身，应该是各种表现方式和法则。”“在国文科里，我们要学习的是文字语言上的种种格式和方法，至于文字语言所含的内容，倒并不是十分重要的。”“文字的内容是有吸引人的力量的东西，我们和文字相接触的时候，容易偏重内容忽略形式。”“对于一篇文字或是兴奋，或是流泪，或是厌倦，都不要紧，但是在兴奋、流泪或厌倦之后，用冷静的头脑去再读再看，从文字的种种方面去追求，去发掘。因为你在学习国文，你的目的不在兴奋，不在流泪，不在厌倦，在学习文字呀。”够了，总之一句话，在先生看来，语文学习，是绝对应该形式大于内容的。

那么如何着眼形式进行语文学习呢？分三层讲：一是关于词的；二是关于句子的；三是关于表现方法的。“对于词，不但要懂得它的解释，还要懂得它的情味。”“对于句子，第一所当着眼的是句子的样式。”“读句子不但要单独认识它，还要和上下文联结了认识它。”还要注意表现技巧。然掌握语言形式的重要方法便是读，因为关于词、句子、表现方法等类的事项，大半是可在读的时候发现领略的。

憧憬

——读商友敬《过去的教师》

过去的教学，单调、死板。学生学得很苦。且不说那无休无止的读、诵活动，单调又重复，而且还要遭受打的责罚。早晨到晚上，除了三餐饭，都得念书，连大小便出去都要领出恭签。读书就是"喊书"，从早喊到晚，嗓子喊哑。先生中途出去还要让人代为监督是否在起劲"喊"了。这种读书的辛苦可想而知，难怪学生要想出各种招调皮偷懒，像《红楼梦》中的贾宝玉，喊书有口无心，还要出去跟戏子鬼混，难怪他父亲要大发雷霆了。看来那时学生读书也苦，只不过苦得跟现在不 一样。

过去的语文教学，很简单。先读熟背出，再让学生自己讲解，不懂之处教师穿插讲解。培养学生自己读书的能力。这是否就是语文教学的要义？我在想，语文教学其实本来就该是这么简单的，我们现在把它搞得太复杂了。所谓的追求艺术，对学生何益？回归常态的简单教学，解放我们自己，真正服务学生。

过去的教师，很诗意很魅力。春晖中学任教期间这一大群全国名流齐聚一堂的情景让人向往。丰子恺、夏丏尊、朱自清、朱光潜，这些学术泰斗曾齐聚一所乡村中学任教。李叔同的晚清书房、何香凝的廖花居，经亨颐的长松山房，夏丏尊的"平屋"，丰子恺的小杨柳屋，这一间间别具风味的"雅居"，给象山下的白马湖畔增添了何等的风雅与情趣！这些志同道合的素心人，便在这里尽情享受"山中清净的热闹"了。这样的环境，这样的人，这样的心境，这样的学识，孕育出来的教育该是何等的精粹与纯正。

不管是丰子恺的"美的教育"，还是夏丏尊的"爱的教育"；不论是朱自清的有信仰的教育还是经亨颐的教育救国、教育塑人理想，在这里都得到了最好的碰撞、共鸣与实践。据说，当时有"北有南开南有春晖"一说。那么当时的南开与春晖时代，应该是中国教育史上的"开元盛世""贞观之治"。是这一大群有识、有志、有爱、有趣之士创造了中国教育的童话园。虽然这样的美好只是昙花一现，但还是留下了“人散后，一钩新月天如水”的美丽。我向往这样的教育的桃花源。

两本美学书籍的对比阅读

朱光潜的《谈美》和宗白华的《美学散步》，都是两位美学大师的美学经典之作，但写作的风格、视角全然不同。《谈美》是闲散的、形象的、生动的，家常絮语式的诉说中让我领悟到美学的真谛，如审美过程中的主观性、移情的作用、联想的作用、格律与模仿与创造的关系、美感与快感的关系，等等。这些美学常识是通过形象的描述和恰切的比喻让我悠然心会的。如在阐释我们审美过程中主观参与的重要性时，他举了个“木商、植物学家、画家三种人对于一棵古松的不同态度”这个例子，木商知觉到的只是一棵做某事用值几多钱的木料；植物学家知觉到的只是一棵叶为针状、果为球状、四季常青的显花植物；画家知觉到的只是一棵苍翠劲拔的古树。用实用的态度、科学的态度、审美的态度去观赏松树，得到的审美形象是不一样的。这就是主观态度的不同影响审美的结果。在论述美感与快感的区别时，举了个非常形象生动的例子：希腊女神的雕像和血色鲜丽的英国姑娘。英国姑娘的美和希腊女神的美是不一样的，一个只能引起快感，一个是只能引起美感的，所以，前者是享乐主义的美学。在阐释“审美中的联想作用”时，用牛希济的一句诗作比“记得绿罗裙，处处怜芳草”。词中主人何以“记得绿罗裙”呢？因为罗裙和他的欢爱者相接近，他何以“处处怜芳草”呢？因为芳草和罗裙的颜色相类似。

宗白华的《美学散步》虽题为“散步”，应很闲散自由．文章所论话题确实比较自由随意，如阐释了中国美学史中重要问题的初步探索（挖掘了先秦工艺美术和古代哲学文学中所表现的美学思想；中国古代的绘画美学思想；中国古代的音乐美学思想；中国园林建筑艺术的美学思想）；中国艺术意境的诞生；中国艺术表现里的虚与实；中国诗画中表现的空间意识；还有希腊哲学家的艺术理论；康德美学思想评述，等等，似乎把古今中外美学领域翻了个遍，拾取了很多宝贵的珍珠，涉及的领域很广，真有种“散步”之感，但相比《谈美》，文风却很严谨，学术味很浓，引经据典，说理透彻。

两本美学著作对比着阅读，不仅能感受到两位大师不同的文风，对美学中一些问题能引发一些共同的思考：如觉得美学问题与哲学的接近，美学家似乎都在解决哲学中两元融通的问题。如朱光潜书中提到的“入格”与“出格”，“模仿”与“创造”等矛盾的调和问题，宗白华书中提到的艺术中的虚与实、空灵与充实等问题。美学与哲学、文学、艺术紧密融合，不可分割，读美学，必须与哲学、文学、艺术的阅读同步才行。

宗白华《美学散步》拾贝

一、课的创作需有的艺术心境和储备

哲学求真，宗教求善，介于二者之间的艺术求美。艺术创作是一种技术，创作者必须有艺术人格、艺术胸襟、艺术心境。

所谓的艺术人格应是一种虚实结合的境界。虚乃空灵，淡泊的心境，艺术心灵的诞生，在人生忘我的一刹那，即美学上所谓的“静照”。“静照”的起点在于空诸一切，心无挂碍，和世物暂时绝缘，即达到一种“空”的境界。因为只有审美主体与“物象”保持一定的距离，使自己不沾不滞，物象得以孤立绝缘，才能自成境界，创造美。所以艺术创作首先要“隔”，即陶诗中所说“心远地自偏”的“自远”境界，心灵内部的距离化。“隔”既要依靠外界物质条件创造，更重要的还是心灵内部的空。司空图《诗品》中这样形容艺术人格：落花无言，人淡如菊。

回顾自己的课的创作过程，有好多次这样的体验：在一段时间里沉浸在课中，对生活中的一切很漠然、迟钝，心里特别单纯、混沌，悠悠忽忽的感觉，在这样的状态下，最能产生灵感。“静”至“空”，“空”至“隔”，“隔”生“境”。

然艺术创作应是“虚”“实”结合。“虚”的心境加上“实”的积淀。西洋艺术非常推崇悲剧，认为悲剧是生命充实的艺术。确实，很多艺术家不朽艺术作品的创造，都是源于丰富的人生经历，像杜甫、歌德等，丰富曲折的人生经历丰厚了情感，成了写作的养料。课的创作亦是如此，如果说“空灵”是课创作过程中需有的一种心境的话，那么“充

实”则是创作前期的准备，包括理念、方法、技巧、情感等诸多方面的有形与无形的积累。所以有一名师说自己用“一辈子的时间备了一节课”就是此理。

虚实结合，是艺术心灵所能达到的最高境界：由能空、能舍，而后能深、能实，只有把两元统一，方能诞生不朽的艺术作品。中国诗人喜欢把森然万象映射在太空的背景上，境界丰实空灵，像灿烂的星天。

二、美的境界追求

美的境界有两种：错彩镂金与芙蓉出水，这是美的两极，这两种美感或美的理想表现在诗歌、绘画、工艺美术等各个方面。楚国的图案、楚辞、汉赋、六朝骈文、颜延之诗、明清瓷器，一直存在到今天的刺绣和京剧的舞台服装，这是一种“错彩镂金、雕缋满眼”的美。汉代的铜器、陶器，王羲之的书法、顾恺之的画、陶潜的诗、宋代的白瓷，这又是一种“初发芙蓉，自然可爱”的美。

相比之下，芙蓉出水之美似乎境界更高，因为它是一个“绚烂之后归于平淡”的过程，是返璞归真，这是一种“清真”之美，一种“不隔”之美，一种“白贲”之美（易经中贲卦的美学思想就是昭示着一种自然、朴素的最高美学境界）。

两种美都有它的价值，但美的灵魂是充实，内在的充实，不管是错彩镂金还是芙蓉出水，美要有内容，有实质，有内涵，否则，一味追求形式之美，就成了“唯美”。

这就是古人追求“文质彬彬”之美，“文”指的是外在形式之美，“质”指的是内在之美，表现在文学作品中；“文”指的是文辞，它外表的形式，质则是它的本质和内容。只有文质兼美，才是真正的和美。芙蓉出水之美，应是“质胜于文”之美，而错彩镂金之美，则是“文胜于质”之美。“文质彬彬”的语文境界，应是最佳的和美之境。

和美语文追求和畅圆润的和润之美，主张教学中要画圆——内圆与外圆，要画同心圆与开放的圆。教学中所画“外圆”与“内圆”，既关照了“文”之美，更关照“质”之美。

砸碎了，美成一地……

前两天沈大安老师来湖，跟他聊起阅读的事。他主张集中读一下一个人的作品，如台湾的林清玄、张晓风、林海音的作品，都值得好好读。觉得沈老师说得颇为有理，于是这两天，就开始锁定几个人读。林清玄的文字真正能渗透、摇撼一个人的灵魂，文字的穿透力真是了得。他的文字大都朴实平白，是一种主观的言说心绪，很对我的胃口。几篇经典却充满了哲思，如《生命的化妆》一文，“三流的化妆是脸上的化妆，二流的化妆是精神的化妆，一流的化妆是生命的化妆。”“你们写文章的人不也是化妆师吗？三流的文章是文字的化妆，二流的文章是精神的化妆，一流的文章是生命的化妆。”。这样的比喻，可谓智慧无穷，令人深思回味。他的文字处处珠玑，现采撷部分留驻：

“面对人生难以管理的生老病死，我们能以起承转合去寻找心灵的故乡。人总是有限制的，但有梦总是最美的。”

“曾以寻死的心活着，被迫超越，也曾主动超越，不管梦是否实现，有梦总是最美的。”

“快乐活在当下，尽心就是完美。”

“今天扫完今天的落叶，明天的树叶不会在今天掉下来，不要为明天烦恼，要努力地活在今天这一刻。”

“这么多年来，我同情那些最顽劣、最可怜、最卑下、最被社会不容的人，我时常记得老师说的：在这个世界上，关怀是最有力量的。”

“每次转变，总会迎来很多不解的目光，有时甚至是横眉冷对千夫指。但对顺境逆境都心存感恩，使自已用一颗柔软的心包容世界。柔软的心最有力量。”

“那最美的花瓣是柔软的，那最绿的草原是柔软的，那最广大的海是柔软的，那无边的天空是柔软的，那在天空自在飞翔的云，最是柔软的！我们心的柔软，可以比花瓣更美，比草原更绿，比海洋更广，比天空更无边，比云还要自在。柔软是最有力量，也是最恒常的。”

“生命是那样美好，建议大家多做深呼吸，体会空气的清新，体味事物的美好。我喝水时总会想这也许是我喝过的最美味的水，时时要保持一种爱，学会欣赏美，唯有爱和美才是心灵的故乡。”

“关键是觉悟，人生的快乐痛苦都是觉悟。”

“人生大势成久必败，败久必成，是非成败转头空，几度夕阳红。”

“举世都在追求成功的时候，我们虽不必追求失败，对成功却要有最好的心理准备，就好像在为天的时节准备冬衣一样。”

张晓风的文字相对长些，文字雕琢的痕迹浓些，但几篇主打文章也是令人爱不释手，如“或者在眼中，或者在胸中，是中国人，就从心里想要一座山”。孔子需要一座泰山，让他发现天下之小；李白需要一座敬亭山，让他在云飞鸟尽之际有“相看两不厌”的对象；辛稼轩需要一座妩媚的青山，让他感到自己跟山相像的“情与貌”。“是中国人，就有权利向上帝要一座山。”这样的文字，很俊，又有男儿的气魄。

再如“树在、山在、大地在、岁月在、我在，你还要怎样更好的世界？”我真是爱死这样的文字了。这样的文字，没有传递明确的情绪，只是营造了一份情绪的意境，留给你去感悟与遐想，充满了张力。

又如“山从四面叠过来，一重一重地，简直是绿色的花瓣——不是单瓣的那一种，而是重瓣的那一种——人行水中，忽然就有了花蕊的感觉，那种柔和的，生长着的花蕊，你感到自己的尊严和芬芳，你竟觉得自己就是张横渠所说的可以‘为天地立心’的那个人。不是天地需要我们去为之立心，而是由于天地的仁慈，他俯身将我们抱起，而且刚刚好放在心坎的那个位置上。山水是花，天地是更大的花，我们遂挺然成花蕊。”如此奇崛的想象，作者的才情与笔力可见一斑。

这些文字，砸碎了，也会美成一地……

第四节　语文教师入世情

做个水一样的女人

“以柔弱胜刚强”，这是老子思想的精髓。世间万物，孰为最强者？“上善若水，水善利万物又不争”“天下柔弱莫过于水，而攻坚强者莫之能胜”。水滋润万物，性柔弱、在方为方，在圆为圆，去高就下，顺其自然，可谓柔之至、弱之极，然而水斩关夺道，决堤冲坝，穿石毁物，无坚不摧，无所不至。

想做个像水一样的女人，柔弱、柔情，极尽女性之态，但又个性坚韧。以柔和之心待人接物，以水滴石穿之力对待一切困难。

想做个像水一样的女人，找寻最低的地方，放松地好好做我自己，因为那样的地方没人要去，没人跟你竞争。总想让自己躲起来，藏起来，远离尘世的喧嚣与浮躁，不知这是不是孤僻与遁世？其实我知道，应“入世”修行。因为我知道，济世过大，愤世过激，避世过于消极，玩世短视，混世不足取，厌世、欺世更为人不齿，安世处顺便是明智的选择。

想做个像水一样柔弱的女人，不要处处显露自己，不要时时争强好胜。守柔、处弱是决胜之道。柔弱是一种内在的生命力，不是虚弱，不是脆弱，而是柔韧。

想做个像水一样的女人，美丽、纯净、沉静、柔韧，让生活像水一样自然地流啊流……

菊花又开了

——悼亡友新菊

听说你出生时，正是满村菊花开放时，幽幽的清香弥漫了全村，父母给你取名“新菊”，大家唤你“阿菊”。

今年的菊花又开了，你却走了，在受尽了医院各种治疗的痛苦后，你终于走了。知道你是累了，再也撑不住了，在辗转医院的这两个多月里，看着你像一盏油灯耗尽了最后一滴油，你是真的累了，知道为了你那幼小的女儿，你坚持得好辛苦，现在，你是再也支撑不下去了。

春节去你家看你，乍一看到病后的你，满脸都是化疗后的斑斑驳驳，我震惊无比，好好的一个人，怎么被折腾成这样？你哭了，你说你想不通，我又何尝想得通？真的感到了生命的可怕与脆弱，人力的微弱与无能。那天，你摸着我的脸：反复说：“真光滑呀！”那种羡慕的神情令我心碎。新菊，要知道几个月前，你的脸远比我的脸白净光滑，那样白净美丽的脸庞，那样娇生惯养的身躯，如今，在经过了这几个月的折磨后，早已面目全非，现在，成了一块靠冰冻维持形状的物体。怎么会这样？我也想不通啊！

在杭州，我来看你，你说真的要分别了，你见人就哭，知道你有多少恐惧与留恋啊，你的聪慧敏感与多情，更加重了你心灵的痛苦。你不肯回湖，你要在杭治疗，你是多么希望能出现奇迹，能挽住你，能有一股力量挽住你。我真的有点怪你的父母，他们把你弄回来，是心疼钱了，父母怎么忍心在女儿的生命面前，还那么理性地想到钱？也许，我是太苛责了，你的父母、哥哥都已尽了最大努力，因为知道已无治好的希望，长痛不如短痛。

前天我来看你，你还跟我说话，说我的包太多，横一个竖一个，家里怎么放得下？你那么清醒地关注着周围的事情，你还那么清晰地和小红一起回忆我们童年的往事，怎么今天就会不在了？我想不通，人到底是怎么回事？一个人，怎么可以就这样消失，从此上天入地都难寻见呢？

今天，你终于又回去了，回到你不富裕的婆家，真的是叶落归根了。你一步步挣扎出来，从盛介斗到含山到湖州，以自己初中毕业的学历，在陌生的城里打工到别人为你打工，从租住别人房子到买上自己的房子，全家成为地地道道的城里人。你争强好胜拼拼杀杀，最后还是回去了，回到了原地，而且是以这么一种惨不忍睹的状态。你就这样静静地躺在玻璃棺里，那么安详美丽，仿佛正在沉睡，小女儿一身缟素，跪在灵前，那种可怜与无助令人心碎。一茬又一茬的人哭过之后回归自己的状态，只有她，这个小可怜，没有你的生活会是她人生多大的惨痛。我真的不知道该去怎样安慰这个可怜柔弱的生命，我对她说：“妈妈现在不痛苦了，不要再哭了。”可她哭得更厉害了！我知道任何语言和安慰都无法抚平她失去母亲的恐惧。看到你在弥留的最后几天对母亲的依恋，更为你的女儿伤心，无助的时候，母亲是我们最踏实的依靠，你就像婴儿似的依赖着你的母亲，你不让她离你半步，你把腿架在她身上让她按摩，这样你才觉得踏实安全是吗？可你走了，以后让你的女儿去依赖谁？她才只有12岁呀！

听说你在弥留时，要你丈夫在你生日那天买了个钻戒。虽然你是那么在乎钱，可你终究是不甘心啊！你在试图抓住些什么？是爱的承诺吗？但你的钻戒终究没有戴走，什么都带不走啊，你那已病得不成样子的身躯，如今又将飘落何方？

你走了，活着的还必须活下去，就像你的女儿、丈夫、父母，他们的理性也许是件幸事。过去的，终究要过去，世界照样日出日落，生命就是这样一种轮回。也许，生死本身就只是一种自然现象而已。

今年的菊花开得特早，乡亲们都说。菊花依旧灿烂，清香依旧悠远，太阳依旧若无其事升起落下，世界依旧若无其事地运转，人们依旧若无其事地忙碌，而你——我儿时的伙伴，却已化为青烟随风飘去，就这样真真切切、彻彻底底地从这个地球上消失了，谁也不知道你去了哪里，而你就这样真的消失了，留给我那么多遗憾，那么多痛，那么多对生命的困惑与问号！

新菊，安息吧！在那一边，愿你好好地过舒心的日子！

含山情结

离开含山20多年了。这个生我养我10多年的地方，时时牵动我善感的心。在山脚下的中学里，我曾经生活了3年，可以说，这座山与我息息相通，是我生命中最熟悉的风景。只要有机会，总想回去看看。只可惜，现在这样的机会越来越少。

曾经夸下海口，要把含山搬上银幕，因为这个地方流传了太多不可思议的故事。但如今当不成作家，却阴差阳错走了教学研究之路，再也没有太多精力去亲近我的文学，看来这辈子，是没有圆梦的机会了。好在知道含山出了这么多优秀的文人，有的已在湖州乃至浙江小有名气，知道有那么多人在用文学的视角注目含山，知道他们会帮我圆梦，便也学会了把它放下。

含山的价值与魅力应全在清明。以前，每到清明这一天，含山周围的孩子便会拎一串母亲裹的粽子，约几个小伙伴，在拥挤的人流中走长长的路到山脚下，再慢慢登山，在人头攒动的山上与大人一起凑热闹，看拳船、买蚕花，这是含山人一年中最重要的节日，远胜于春节。清明的含山是独一无二的，含山人在清明游含山是最兴奋的事。每到这一天，不论男女老少，都要上山凑一回热闹，既是玩乐，又为了祭拜蚕花娘娘，以求来年的蚕业丰收，家乡人把这叫做“轧蚕花”，因为含山是著名的蚕花圣地。小时候只觉得作为含山人的骄傲，因为家乡方圆几百里都是广阔的平原，只有这一座孤峰拔地而起，上面还有一个七层高，形似毛笔的宝塔（又称“笔塔”）。清明节那一天，在老家的阁楼上就能远望到含山上如蚂蚁般堆积的人群。四面八方的人流汇聚而来，把这个小镇塞得满满的，那人头攒动，摩肩接踵的情景，很让幼时的我兴奋！那种美好的记忆一直在我的脑海中徘徊，也许距离更能产生美感，在忙碌的今天难以亲近她的时候，更觉着了她的魅力与可爱了。

今年的清明，难得不出门，便安排了一天时间，带着一家老小直奔含山。在镇上的叔叔家吃过饭，便带着儿子去爬山。进入风景区，一股喧闹、吵嚷声充斥耳鼓。山脚下汽车声、摩托车声、拖拉机声混成一片；尘土飞扬中，各式的电动玩具前挤满了人群，让人分不清这是城市还是乡村。小商小贩的吆喝叫嚷，卖花婆娘的叫卖招揽，五颜六色的廉价商品，让人感觉一股浓烈的俗艳之气。山上已是“重兵把守”，20元的门票让人感觉到一股浓浓的商业气息。山上曾经被我们踩踏出来的光溜的泥路早已被规整的石阶取代；山下我们生活了3年的中学已是人去楼空，破败不堪。这山，已是面目全非，她早已不是我心目中的那座山了。我心目中的含山应该是又雅又静，但她恰是又俗又闹，一片脏乱，好失望！

游完含山回家的路上，我慢慢走慢慢想。我想也许是我错了，含山的美本来就是这样的俗艳、原始。她是肤浅简单的，但这肤浅简单热闹艳丽的背后，却让我们感受到了含山人浓浓的生活热情。我那些可亲可爱的祖先们，就这样一代一代地在这俗艳中热热闹闹地生活着、满足着。我没有理由过高地要求。含山也许从来没变过，改变的只是我自己的审美。

于是，当我们的车子穿梭在一大片金黄色的油菜花和嫩黄色的桑芽汇成的无边乡野春色中时，我试着让自己满足、陶醉。因为一切还是那么熟悉！

我的越剧情结

生长在吴地的我从小受吴越文化影响颇深，小时候，我是在越剧文化中浸染成长的。没有足够的书本滋养，但却在家门口看到了一出又一出由越剧演绎的动人爱情故事，认识了一对又一对的才子佳人：林黛玉与贾宝玉、崔莺莺与张君瑞、李秀英与王玉林、鲤鱼精与张生……当然，对他们的扮演者——那些唱越剧的名角，我也是了如指掌。王文娟的唱腔起伏激越，清丽婉约；金彩凤嗓音圆润清脆，演唱时如珠玉落盘，是越剧中的花腔女高音；傅全香的唱腔迂回婉转，如泣如诉；戚雅仙嗓音嘶哑，唱腔情感真挚，充满沧桑。她们塑造的一个个经典的女性艺术形象，永远刻在我的心里，对我以后的人生观、世界观的形成，情感模式的建立，都产生了深远的影响。《红楼梦》中林黛玉的忧郁与小性子，《碧玉簪》中李秀英的委曲求全、逆来顺受，好像都能从我身上找到影子，我们不得不承认孩提时代接受的文化形态对人一辈子的影响多么深远。那时候，那些婉转悠扬、牵肺动肠的旋律，时时响在我的心里；这些美妙的旋律应和着我的情感起伏，滋养着我逐渐成长。相比之下，我不太喜欢现在年轻一代的越剧花旦演唱，声音太纤细，不大气，没有变化，咿咿哑哑，听了憋气得很，哪赶得上当年“越剧十姐妹”异彩纷呈，个性十足，各自成派的演唱。我想很多现代人不爱越剧，是因为他们大多接触到的是当代这种“憋着嗓子唱”的越剧，大家应该没有理由不爱王文娟她们那一辈人的演唱。如果真正用心倾听，这些旋律向我们传递的艺术妙感，定会令人柔肠百结，陶醉沉迷。

我是一直能陶醉在越剧中的，陶醉于越剧经典剧目的生动情节；陶醉于不同流派的演唱风格，更陶醉于那些耐人寻味的高雅唱辞：“花落花飞飞满天，红消香断有谁怜”，这是忧郁的黛玉在诗意地葬花；“难进难退我李秀英，今夜叫我如何好”，这是封建礼教下的大家闺秀李秀英在蒙受莫名委屈而无力自救时的无助哭诉；“人说道，雪里梅花早知春，他却像晚开的苜蓿不接讯”，这是为救夫君女扮男妆的孟丽君在心里对眼前时机未成熟但迫切要求相认的夫君的嗔怪。这些雅俗共赏的语言，是我在读小学时就听得烂熟于心而又能对其中传递的意味心领神会的。（在这方面，我觉得自己天资还是不错的）。有些唱辞，虽然对语音和大概意思很熟，但不知道具体的文字表述。直到读中学后，找了本厚厚的《戏考》来读，终于弄明白了它的真实唱辞，欣喜之情不言而喻。

我爱越剧主要停留在爱听的层面，虽对旋律烂熟于心，但终不敢在公开场合放声表演，只是一个人哼唱调剂心情，倒也常能唱得感动自己。搬到新居后，发现新村里有个业余越剧演唱小组，便兴冲冲跑去参加，但发现都是老太太们，终觉得有些不有趣而黯然退出。一直想拜个师傅正式演唱一些曲目，但对自己的嗓音信心不足。所以，对越剧的爱，从来没有得以酣畅淋漓地表白过。前年上李清照词《如梦令》，本想在课末把词谱成越剧曲子自己演唱，但没能找到最合适的越剧旋律为词谱曲，终没有机会。所以，越剧于我，永远只能是独自面对自己时的浅吟低唱，但绝对非常的颐养心情，因为越剧，是与我心里的旋律最合拍的。我的灵魂永远应和着越剧的旋律：婉约而深情。

在这样一个微风拂面的早上

今早送儿子，送完再回去不划算，就直接来单位了。想着在区政府上班两年，听说单位马上要搬回城里，就想好好地在里面呆一天。

开车到区政府，才七点十分，5号楼的大门还没开，虽然可以从主楼绕进去，但转了个念头，看看手里的点心，就径直往楼前的开放式公园走去。

踏着鹅卵石铺成的精致的小径，穿过搭着木架子的花圃架，满眼是绿绒绒的草坪，浓密的树丛。夏日的早晨，太阳还躲着没有露面，微风清爽拂面，池里的睡莲躺得那么舒展，绿叶上面躺着的或白或黄的小花那么娇羞可人；草坪上有小白蝶在翩翩地飞。穿过几条回廊，踏过几条小径，便到了河的尽头，芦苇丛散漫地簇拥着，一种天然的野趣。我深吸一口气，长长地呼出，这块绿地真是太好了！想着我们这群教研员，一直在外奔波，参加活动，组织活动，不是学校就是会场，人是动荡的，心也是动荡的。虽然好不容易在这里摆着一个办公桌，却从没把心落在这里。这么好的环境，这么多年，却从来没享受过，觉得我们活得真是不可思议。我回头望望身后高大的办公大楼，那规整雄伟的建筑给人一种压迫感。听人说政府部门是最复杂的地方，错综复杂的人际关系，让人每天如履薄冰，不知是真是假，我不得而知。我想象着，感叹着，觉得这块陆地是那么需要，它应该可以稀释很多的纠葛与矛盾吧?

远处一声汽车喇叭声，上班的人陆陆续续来了。门口一辆公交车停了下来，这是一群普通的工作人员，大抵年轻，脸上单纯而富有生气，他们急匆匆地下车，急匆匆地走向各自的楼层，各自的房间，开始一天的疲惫。接着，一辆辆小车接踵而至，有的自己开车，有的是司机送来。这么一群不同身份不同职务不同状态的人，就这样匆匆走进了各自的地盘。整幢楼热闹起来了，我也待不住了，匆匆离开，走进自己的楼层，但愿宁静的心今天不会被冲击。

这样一个微风拂面的早晨，我意外地发现了这块世外桃源，这块每天在我眼皮底下但又让我熟视无睹的世外桃源，在这块陆地里呼吸了这么多新鲜的空气，但愿能抵御我一天的劳累，为我洗涤一天的疲劳。今天早晨，是高兴的！

学驾记

这段时间颇为辛苦，因为学驾。我学驾，全家不支持，因为家人都觉得我开不好车，用家里人的话说就是：我开车，全家都不放心。可我执意要学，觉得如果实在学不出来，花点钱摸摸车子，体验一下，知道开车是怎么回事也就够了。抱着这样的“低标准”去学车，一开始未免有点心不在焉，觉得反正只是玩玩，于是，跟教练开玩笑，教练讲的要领也不认真去记，再加上总拿不出整段的时间去练，把战线拉得太长，直至半年过去，也倒不稳一个库。

当我看到一拨一拨的学伴都学成归去后，终于有了一定要考出来的决心。于是在暑假来临后，跟又一批新的学伴——一批大学生一起学，可是发现自己越来越开不好，总是掌握不好要领，教练也把我当作“留级生”对待，对我呼来喝去，又不肯重复提醒，觉得我是学过了的。于是，在一次又开错了之后，教练大发雷霆，让我下来，说人家要考试的，意思是：你是永远都没资格考试的。我被激怒了，不顾他的命令，自顾自赌气照开，我跟自己生气，也跟教练生气。我真是烦透了，学车，好像成了我绕不过去的一个坎。在这群学伴中，我开始自卑、小心，在烦闷的等驾过程中，我表情僵硬，心情沮丧恶劣到极点。教练的脸从此阴郁得怕人，看到他，我心里就堵得慌。更让我无法忍受的是，他对别人很好，对我的问话爱理不理，好像我成了令他嫌恶无比的破抹布。这种侮辱彻底打垮了我的自尊和自信，我愤怒无比。

一次偶然，我找到了一个熟人，重新换了一个教练（据说是个特级教练），也重拾了学驾的信心。到第二个教练处插班后，我开始端正态度，全身心投入，我发现自己很不错！移库的要领教练根本没有亲自教我，是我用心倾听他对旁人的讲述后马上记住了的。我开始对自己有信心，觉得自己并不笨。这个教练很善于跟学员拉近关系，平时我们练车时，他会经常“开溜”，或叫他的同伴“代班”，好像有点心不在焉。这样倒好，让我们有了许多可以喘息的机会，我马上发现，他不在时，我们全身放松，反而开得好，这是否可以看作“无为而治”，“有所为有所不为”？可在临考的前一天，在学校场地上练习时，他突然发现我第一个库倒好后开出去车子就歪了，也许凭他的经验我明天是过不了的，所以他态度马上变了，急躁、不耐烦、着急得很，开始大声训斥，那个感觉跟第一个教练相差无几。这一场火彻底击垮了我在他这里刚刚建立起来的自信，我沮丧极了，承认自己真的不行，但又不好发作。果然，第二天的考试，我没过。

后来，经过补考，我通过了考试，如今已有三年驾龄，但学驾的经历烙印深刻，因为自己是以一个学生身份充分深刻体验了，所以格外有感受。这也让我联想起很多教育问题，比如宽与严的尺度怎么把握；学生的学习心理怎么捕捉；考试时的心理状态怎么调节，等等。回顾第一个教练的所作所为，其实他也是怒其不争，迫切地要我们好。有时，太过要好，愿望太强烈，行为言行便会过激，教学效果适得其反。第二个教练如能在我临考前那天给我更多的鼓励而不是训斥，也许我也不用补考了。

诗意的劳作

傍晚，要洗家人的衣服，于是，我来到楼上的露天晒台，开始了愉快的劳作。

已是华灯初上，月上柳梢，阳台上母亲栽在盆里的辣椒秧在晚风中轻轻拂摆，丝瓜藤直垂到水池边的水泥台板上，一切都那么令我新奇。这是母亲的阳台，她每天天蒙蒙亮就在阳台上的水池里洗刷我们全家人的衣服，每天的家务劳作就是从搓板上搓衣开始。母亲按照她的审美理想装点着她的阳台，来寄托她的乡村情结。她把从路上拣来的花花草草的根须插在我们家废弃的旧花盆里。平时我们工作繁忙，家其实成了晚上回来吃个饭睡个觉的旅馆，很少上顶楼，不知从什么时候起，偶尔上楼，发现这些大大小小、形态各异的盆盆罐罐堆满了阳台的角角落落。其中最惹眼的便是那长得密密匝匝的小葱盆和辣椒盆，特别是那一盆盆的辣椒，沉甸甸的小红辣椒挂满了绿色的小枝杈，甭提多有味道了。我们家吃的葱、辣椒全都来自这些盆盆罐罐。

今天，我暂时栖身于母亲的阳台，带上耳机，听着迷人的小夜曲，洗着亲人的衣服，心是闲的，满的。夏夜的风是凉爽的，拂到脸上，一种青草味、辣椒味、葱味，犹如置身农家的小院。我享受着，冥想着母亲每天在此劳作时的感受，觉得母亲每天为我们家劳作并没有我想象的那么痛苦，于是，一直埋藏在心中的歉意便突减了几分。

每个人，只能感受到自己的感受。至于别人的感受，只有别人自己知道啊！

只在课堂浅吟低唱

我是怎样的人？我想不只是我一个人问过自己这样的问题。人一辈子，在走了越来越长的路，经了越来越多的事，见了越来越多的人后，不断地成长，但成长的过程也是个不断考量自己的过程。

在外人看来，我似乎是成功的，25岁评省新秀，29岁上中高，30岁上特级。但跟一些人接触后，会听到这样的评价：想不到你名气这么大，却是这么一个人，一点不强势，很多方面都有点弱。于是我也常审视自己，也许，在潜意识，自己是本能地在抗拒自己成为一个女强人。因为在我看来，社会上的女强人虽然思维敏捷、行事果断、呼风唤雨，但作为女人，太强势了会失去作为女性特有的柔美，所以我常提醒自己：在追求的同时学会放弃，在成就一方面的同时接受自己的弱势，所以，很多时候，我甘做一个弱女子，提醒自己：防止成为女强人！

也许，我只适宜在课堂上浅吟低唱，我真的只是个软弱的小女人，因为我常感无助，常要彷徨，常会做梦，我生活在感性的世界里，常对着自己吟唱咏叹调，这种“小资”的心态是不适合干大事业的。但我喜欢在课堂上的感觉，在课堂这个舞台上，我可以捕捉到自己生命的本真状态，我的精神、灵魂都可以通过课来表白。因为有表白的机会，所以我是快乐的、幸福的、充实的。

如果可以，我愿一辈子就这样，就这样在课堂上浅吟低唱，无限自恋，无限痴迷……

佛在我们心中

想起多年前的一件往事。

对北京雍和宫的向往，是因为好几次，在地图上，在车上，看到那皇家气派的屋宇楼台，充满了历史的厚重感。在北京学习3个月，在几乎玩遍了北京的角角落落后，就对这座错落宏大的殿宇和他的名字充满了无限的好奇和向往。于是便寻思：什么时候可以走进它。

过了几年，机会终于来了，在大兴开会，22号会议已结束，可主办方却帮我买了23号晚上的火车票，在把行李寄存到北京站后，便开始了百无聊赖的游荡：一整天的时间，该怎么消磨呢？北京该玩的地方似乎都玩过了，只有一些名人故居还没去过，于是便决定坐地铁前往，结果，在中途听报站时，听到了这个熟悉又陌生的名字“雍和宫站”。何不就近一游？于是，兴致勃勃地中途下了车，改道游玩雍和宫。

等到一走进，才发现雍和宫不是我想象的样子。我想它应该是古代亲王的宫殿，结果发现它虽然曾经是雍正皇帝的行宫，但现在已全然没有皇帝家的感觉，只是一座藏式佛教寺院。虽然我已经知道佛教的博大精深，有些观点很可以引进我们的小语教学，也试图走进它，可是走进去，感觉全无，那一座座森严的殿宇，一个个威严生动的菩萨，那代表着皇室高贵的黄色，在我看来是那样苍白和无趣，突然有一种受骗上当的感觉。心里涌动着无尽的烦躁与不安。我坐在殿外的椅子上，冷眼看着一群群虔诚的善男信女在菩萨跟前顶礼膜拜，想着自己的烦心事：晚回去一天，该不该再打电话向领导说明？是说好还是不说好？我想着说与不说可能造成的结果，权衡利弊，犹豫不决。

我一边犹豫，一边苦恼，一边往外走。一边走一边给领导发了个短信，我小心地措辞，告诉领导我会议已结束，买了几点的票，大概几点到湖。我小心地等待他的盘问：今天为什么不及时回来？心中忐忑。领导回信了：旅途劳累辛苦，注意休息。全然没有对晚回半天质疑的意思。霎时，云开雾散，我差点没感动得流泪！

一切忧虑都解决了，于是，剩下的半天时间便突然成了宝贵的机会，而不是难挨的负担。

我觉得就这样出去了未免太对不起这25元的门票，于是，毫不犹豫地重新折回。我一间间参观，感受这充满禅意的清净世界，此时，我眼中的神个个充满魅力与深意：绿度母的眼神是那样慈爱无边；白度母格外纯洁；金刚的怒目充满个性；释迦牟尼居高空灵地向我微笑。耳畔飘来梵音阵阵。啊，这是神的世界，这不是我梦寐以求的清净纯洁世界吗？相比北京站的喧嚣，我是在世外桃源、极乐世界呀！

在神灵世界，我心灵纯澈无比。我边走边乐，边走边品，边走边享受。享受着游人的虔诚，享受着神灵的庇护，享受着清净，脚步充满禅意。我没有向这些可爱的佛跪拜，因为我发现，佛，原来就在我们自己心中。

船的故事

我出生在古运河边，那里河道纵横，是典型的水乡，自古以来，主要的交通工具便是船。小时候，睡到半夜，便听到夜航班过含山下的山塘桥时鸣笛的声音，然后听到水警在高音喇叭里传出的含混不清的指挥声。因为不懂，总以为那是船上人在吵架或是教训孩子，于是便会对船上人的家庭生活遐想很久很久。

第一次坐上大轮船是1984年，15岁的我考上师范，成了镇上为数不多的几个中专生之一。从没出过远门的我在母亲的陪伴下第一次坐大轮船到遥远的城市——湖州求学。记得那次坐的是“含湖”班，早晨5点上船，在船上的硬条凳上整整坐五六个小时，才来到了我完全陌生的城市湖州，想不到在这个城市一呆就是25年。对城市生活的完全融入让我对航船生活渐渐陌生。在这25年间，只是寒暑假偶尔回去，开始几年是坐船，后来慢慢被汽车代替，以至现在有了自己的车子，一个小时就能赶回老家。

可幸的是张也陪我度过了较长一段坐航船的日子。刚认识他时，每次假期我都回老家，他也陪我一起回。第一次张来含山，是坐航船来的，那时我放假先他一步回了家，因他是第一次去含山，所以我去镇上的轮船码头接他。那天他穿着干净的白衬衫，刚下船，看到河对岸正从山塘桥上走下来的我，激动地朝我高喊。20多年过去了，他的神情、动作，那呼我时的模样，我都清清楚楚地记得，像放电影似的会在我脑海中不断回放，以至我把这个镜头描绘给儿子听时，小家伙笑得气都喘不过来，他无法把那个激情年少的小伙跟现在的老爸联系起来。沧海桑田，我们年轻不在，但这些温情的片断会时时温暖我们的人生，让人生旅途永不孤单。

儿子也爱船，我们新村前的小公园就是依河而建，在深沉浑厚的古运河里，一艘艘航船依旧来来往往，可都是货船了。夏天的傍晚，一家三口去公园散步时，便会去看船。三个人都会痴痴地看，儿子看着看着，会冒出些傻话来："妈妈，会有军舰开过来吗？"我们只是笑只是笑，笑归笑，还是痴痴地看。我和张都会若有所思，毕竟，这船，有我们太多的回忆……

我曾有过作家梦

我学诗的经历大概要追溯到读师范时，师范二年级，我有幸成了学校广播站的编辑和校文学社团的成员，于是，便对文学产生了浓厚的兴趣。一心想成为大作家，师范毕业分到湖州名校湖师附小，但自己并不满足，一心想当作家的我面对每天烦琐的班主任生活很泄气，找不到一丁点的职业幸福感，于是，便把满腔年轻人的热血都倾泻在业余的文学创作中。那个阶段，我们几个年轻人都住在附小单身宿舍里，那是一幢古老的四合院式木板楼，是陈家故居（陈果夫、陈立夫），我们几个年轻人每人拥有楼上一个单间，楼下的大厨房大家共用。因为地处市中心，所以，我这只有10平方左右的小木屋便成了大家聚会的场所。许多写诗、画画的朋友、同学常来我处聚会，我不太会做饭，每回只能煮最简单的东西给大家享用，烧得最多的便是稀饭，大家在一起，吃着简单的饭菜，谈诗论文，其乐无穷。我们一起写诗，一起参加诗赛，组织诗社。我们都有自己喜欢的笔名。夜幕降临，我们骑着自行车，在古老的湖城大街上溜达，坐在残破的潘公桥上听大地的呼吸，感慨水中鱼儿生活的自由，记得俞力佳经常爱说一句话"下辈子做条鱼"。那时候，我常跟在这帮"诗兄""诗姐"后面，到处玩，参加莫名其妙的陌生"派对"。那时的我，桀骜不驯、不务正业，一心文学，藐视俗世，那年我19岁。

我不知是何时开始"改邪归正"的。长大后的我一心从教，专注于学历进修和教学研究，目不旁视，不爱名利的我莫名其妙地被卷入其中，在名利场上驻留至今，写诗年代的飞扬心情和浪漫生活一去不复返了。可我总怀想总怀想，包括我的朋友们，也常怀念我的小阁楼。我总怀疑自己是否本应属于那样的生活，我的人生是否发生了错位？好在现在我主要的精力还是在教学，曾经有过的作家梦和为之付出过的努力都得到了很好的迁移和延续，我爱的和一辈子有机会爱的，都是文字。

我永远的小木屋

前几天，路过白地街，就想着进去看看正在维修中的“陈氏故居”，我一直以为这陈家是陈果夫陈立夫家，没想到门口写着“陈英士故居”，是革命人士，城南郊还有他的墓。（后来搞清楚了，他们是叔侄关系。）走进去，想找我住过的那个几平米的小木屋，但哪里还有它的踪迹，里面层层叠叠，回廊天井，雕窗漆柱，跟南浔的老宅没怎么两样，突然感觉有一种莫名的陌生感和沧桑感。

我的青春，我的家，就这样，被一个莫名其妙的英雄“霸占”了。曾几何时，在这个老宅里，我的青春，我的梦，我在附小的成长，都在这里留驻。曾经，我是那么讨厌它，因为在我们最需要秘密和私人空间的时候，老宅没有给我们留下。在这个两进四合院的老宅里，住着附小10多个老老少少的住户，厨房都在下面，进门是一条只容一人进出的窄道，道口还住着教体育的林老师一家，好像传达室。所以平时，谁带朋友进来，谁家做什么饭菜，都一目了然，谁都无法拥有秘密。我讨厌它，希望早日走出去，走出这里常住的几代退休老教师探询和好奇的目光。

可是，如今，我们一个个附小的“外来妹”都从这里嫁出去了。临嫁前，我们的房间会从小间搬到那间稍大些的朝南间住上一阵子，好像那间房成了我们的备嫁间。董、龚、周、我，都是从这间屋嫁出去的。后来几年，当最后一个附小“外来妹”——小郭也出嫁后，我们便不再光顾这间木结构的老宅了，听说后来几年曾租给几个民工居住。

可是，我们几个附小的“外来妹”，我想每一个都会对它留有深深的记忆：忘不了那年暑假，北京旅游归来，一定得在此待一晚再回老家，忍受着没有电扇的酷热，在那个小闷屋里煎熬了一晚。其实，父母已帮我买好电扇，但没人帮我装，那时的孤独和渴望多么深重。忘不了好多次，远方的好友来湖，我都会在小木屋里煮稀饭招待，乔、封，钱等，都是这里的常客。还有我的那些文友，留下过多少诗意：“我们吃下的瓜子壳是不能扫的，是种子哦，要让它发芽，下次还来吃噢！”呵呵，重庆“阿长”的俏皮话至今记忆犹新。

一直以为，这个小木屋会一直古朴地存在：一直以为，我们青春的印记永远不会消失。可是今天，当附小搬到遥远的市郊，我亲爱的母校——这个我成长的摇篮，我的精神家园已夷为平地，这幢古老的附小教师宿舍楼，也以另一种方式从我们的眼前消失。这个莫名其妙的“陈英士”进驻了我们的家，我们的家已是面目全非。那么古朴厚重，它的气派和繁华让我们如此陌生，于是，我们的家，也彻底地从我们的视野中消失了。

除了悲怆，除了感到莫名的滑稽，我不知道还有什么？生活，就这样，后面的侵蚀前面的，永远覆盖，永远覆盖，不给多情的人留一些纪念的元素。谁占了我们的家？我欲怅然向谁发问？

又闻桂花香

又到中秋，又是一年一度的教师节。

晚饭过后，习惯地在小区散步，淡淡的桂花香裹挟着微风阵阵飘来，让人忆起中秋也不远了。

想一个人走，心情有点重，无来由的。

沿着小区的外围慢慢行走，有阵阵桂香迎面扑来，感觉这桂树不是一株两株。手机铃响，有短消息来：“祝我们这些表面风光，内心彷徨；容颜未老，心已沧桑；似乎有才，实为江郎；成就难有，郁闷经常；比骡子累比蚂蚁忙，比岳飞更忠良的教师节日快乐”！看后一阵唏嘘，觉得是道出了我们这个特殊群体（名师们）的真实心声。赶紧把它转发给我们一条道上的兄弟姐妹们，结果短信回复，大家一致感受：道出了我们的酸甜苦辣，共鸣啊！

一边走，一边想，一边忍不住要笑出声来，唉，同是天涯苦命人啊！

来到小区后边新建的竹园里，这里可以看到运河的支流苕溪了，河水很浑浊，几个老人靠在河边的栏杆上，很闲雅的姿势。几对中年夫妻从我眼前急匆匆走过，在进行晚饭过后惯常的快步行走锻炼。

铃声又响，又有短信进来，是外地的朋友发来的，告知我评特落选了，因为跟一个领导没有搞好关系。唉，一阵长长的叹息！在我们这个群体中，有多少学问做得很出色但不懂人情世故的人，在事业的路上遭受一次次打击，没有人关注，没有人同情，只让他在对世事的茫然和对事业的执著中苦苦煎熬。我庆幸自己出道早，运气好，否则，依我现在的心性和做派，不知会是怎样的结果？于是，我又在为我现在正培养的一批小老师担忧：他们一个个对教学满腔热情，但对人情世故一窍不通，只顾低头赶路，不会抬头望路。这种状态，我虽然欣赏，但他们面对这样的社会，以后能走多远？我是否该提醒他们？否则他们将永远游离在世俗社会之外，成为只会钻研业务而毫无社会适应能力的一群人，现实的一个小小的浪头就会把他们的理想全部打翻！但为师之人却要教他们这些东西，又会是何等的难受与尴尬！

一边走一边叹息，为很多人，也为很多事。桂花的香味一直萦绕着我，挥之不去，所以，尽管有些重，但让人感觉活着还是很有味道。

他们毕业了

今天，在湖东小学新大楼多媒体教室，我当教研员后接手的第一届学生——首届小学语文青改小组成员结业了。今天的结业典礼非常独特：人人上台进行观点报告。16名学员一一上台，以专家的姿态进行观点报告。从上午8:30一直到中午12:30，没有中场休息，没有喧嚣嘈杂，大家一直在认真地说，认真地听。虽然观众只是他们自己。我说，这是我们一贯的青改组活动宗旨：务实、认真，有时甚至废寝忘食。这种精神4年来我们始终贯穿，坚持到最后。我一直默默地坐在台下，倾听、思索，并为他们每人拍一张照留念。

看着他们的胸有成竹，看着他们的滔滔不绝，看着他们的认真执著，我由衷地欣慰，如同在欣赏教育园地里一道纯净的风景。这10多个20多岁的年轻的心里，装着教育的热情，装着探索的好奇，充满了挑战的勇气。他们没有被世俗熏染，只是沉潜在自己研究的领域乐此不疲。我知道他们在各自的学校都不一定是最受人欢迎的，因为他们都不会八面玲珑、甜言蜜语，但他们肯定是最有潜力的，因为搞学术的人，心越纯净越好。

等到16个人全部讲完，我上台说了一些心里话，送给他们临别赠言：

“前面的路似乎很长，其实很短；每个人的路似乎很清晰，其实都模糊。勇敢地用自己的脚去丈量脚下的路。一切都只是个未知数。”

“看小自己，做大自己。”

“世上没有救世主，能超度你的只有自己。”

真诚地祝福他们！希望他们每个人都走得好。我会永远记住他们，就像记住我的第一届教了6年的学生一样。也许他们不是最出色的一届，但一定是我倾注了最大热情的一届，因为他们是我的第一届老师学生。

临别时候，他们居然像变戏法一样掏出一块围巾、一双精美的手套上台敬献给我。吴新颜代表大家发表感言。她用诗一样的语言向我表达了大家对我的感激之情，最后，大家还全体起立，齐声说：“盛老师：谢谢您！”拿着他们匆匆赶出去用本来是今天午饭的经费为我买的礼物，我忍不住眼眶湿润：这几年，一直在为离开一线，离开学生而遗憾，可今天，我却收获了当教研员后的幸福。为师之道，为师之乐，就在于幸福的付出。虽然离开了“小孩子”学生，但成为这些“大孩子”的老师，通过他们去传递我的教育热情，不是同样有价值、有意义吗?写完这些文字，忽然觉得自己有些矫情。其实，真情永远只需要意会，说出来就变味了。

孩子，对不起

“妈妈，我们聊聊天吧。”儿子看我今天提早回家，很兴奋，忙不迭地凑过来要与我说话。

“聊什么呢？”难得儿子这样拉开架势要聊天，还真的不知道该聊些什么?

“随便吧”。儿子好像很随意，只要有天聊就行。

……

“妈妈，我问你一个问题？”

“什么？”

“一天有多少个小时？”

“二十四啊。”

“儿子，对不起”

“不睡觉时有多少小时？”

“大概十五个吧。”

“那你每天给我的时间是多少？十五分钟都不到吧？”

我被噎住了，一种内疚和心痛的情感交织在一起向我袭来。

“主要是现在的教育制度造成的，妈妈空着时你要没完没了做作业。”我还想给自己找借口。

“可我有空时，你总在书房里备课，看书，写文章啊！”我彻底无语了。

亲爱的孩子，妈妈没有想到，在你乐呵呵似乎一无所知的外表里，隐藏了一颗这么善感、会思的心。你的若无其事的谴责带给妈妈多少震惊！我自认是个合格的妈妈，从小到大，从身体到学习，也算是操碎了心，可还是留下了那么多的遗憾。这几年，妈妈确实把精力都用在了自己的事业上，我想用自己的成功给你做最好的榜样，我想把自己的勤奋和执著的精神潜移默化地传递给你，可至少到目前为止，你似乎对这一切还没领会，也许以后你会懂得，至少现在，妈妈只能如此。如果是因为妈妈没有像别的母亲那样日夜陪伴你身边，而使你没有踏进优秀的行列，那么，亲爱的儿子，我一辈子都会在心底向你忏悔：孩子，对不起！

相逢何必曾相识

（一）

从北京转济南，难得多出半天的空闲，赶紧让接机的小徐把我的行李先拉回去，自己独自去见早已向往的趵突泉了。

整个趵突泉公园幽静、典雅，园中随处可见一眼眼清冽的泉水，那份清澈与透明，简直无与伦比。李清照纪念馆就深藏在这样的幽雅绝胜处，难得他们这样理解李清照，知道她喜欢这样的地方。

看到趵突泉了！就是在各处的照片上看到的那三个熟悉的泉眼，喷出三个好看的莲花状，那真是一种神奇的美丽。在明艳的夕阳下，三个水柱金光闪闪，格外耀眼。在对岸亭台的怀抱下，这份神奇的自然之美与人工雕琢之美相互映衬，使趵突泉的美有了一种别样的神韵。

在公园的曲径通幽处，碰到一位多年不见的熟人，我欣喜异常，情不自禁要拉她合影，但她只是礼貌地告别，匆匆去追赶她的队伍了，我有点尴尬。有时，自己的多情与感性常会让自己尴尬许久，毕竟别人心不似我心啊。

在泉边照相时，碰到来自开封的“独行客”小范，跟我一样也是出差到此，于是两人便合作相互拍照同行，交谈甚欢。最后，在“友谊树”下合影留念。很是感慨：相逢何必曾相识啊！

（二）

从济南到银川，因买不到直达的机票，主办方让我坐动车到北京转机，由他在北京的朋友接我到机场。快到北京站时，他在北京的朋友打来电话，因路上堵车，不能按时赶到机场，而我满打满算，离航班起飞只有3个小时，心里焦急万分，这时车上几个旅客一致建议我坐地铁再换机场快轨到机场，否则，等车和打的都很险了。

坐在我前排的一位男士主动提出，让我跟他走，他正好也坐地铁回，只不过比我早两站下。在北京坐地铁，我不熟悉，又赶得这么急，还真有点后怕，于是，万般无奈之下，怀着忐忑不安之心，我跟着这个似乎热情得有点过分的陌生男子走了。

在地铁口，他一个劲催促我快买票，说不能再耽搁了。而远在济南的主办方怕我出事，极力要我等他的朋友，但他的朋友又迟迟不到，眼看时间一分一秒过去，我最后咬咬牙，跟着那名男子进了地铁站。一路上，他帮我提着箱子，七弯八拐在前面狂奔，我在后面跌跌撞撞追赶，先坐直线，再坐环线。在到了他快下车时，他看我糊里糊涂的紧张模样，当即决定再坐两站直到把我送上快轨。对他一路上的帮助，我忐忑不安，脑子里飞快转着骗子行骗的可怕念头，一直不肯向他透露任何有关自己的信息。在最后一刻，他帮我买好快轨票把我送到门口后，我才真正放松了对他的戒备。我真诚地表示互相留个电话，以后如果有机会来江浙一带，让我有机会报答他的无私帮助，没想到他摇摇手说：不必了，你赶快上车吧！

带着些许尴尬、内疚与感慨，以及满心的感动，我第一次坐上了北京的快轨，在最后的时间里赶上了航班。相逢何必曾相识，这个世界，还是好人多啊！我在心里感慨。

只为了那些感动

这次千课万人的课，本来是排在第三天，但因为局里临时有事，课调到了最后半天。昨天一早，就收到了外地一女孩的短信："尊敬的盛老师，今天早上就能见到您，昨晚很兴奋，今天早上五点就在检票口等，目的就是想占到前排能近距离看到您，终于占到了，盛老师，我想您，我也爱您……不知怎的，鼻子酸酸的，也许是想得太久了！我就想早点看到您！"

短信看得我鼻子酸酸的！这个女孩，其实，我跟她只是一面之缘，应是七八年前了吧，我到她们学校上课，她被指派来接我、送我。记得临走，她气喘吁吁地搬了一箱橘子送我，那是她自己花钱买的。以后有过几次短信和邮件来往，记忆中，是个特别率真、充满激情的女孩，当时给我的感觉是：对工作特别投入，言谈举止率真单纯，犹如一个中学生。

今天在场上似乎没见到她，也许是等不及先回去了。但已表白的那份真情，却足以让我感动。我是个闲适之人，很多次想过不上公开课了，彻底地退出前台，尽情地享受生活，但为了这样可爱的朋友，我觉得自己不能离开这个舞台，我要努力舞下去，不辜负她们的期待。

下午的课，因为是最后半天，5000多人的会场已走得差不多只剩下不到一半了，繁华已过，辛苦了4天的老师们大概都已归心似箭了，但我还是认真演绎，竭尽全力，哪怕会场只剩下最后一个老师，我也要面对可爱的孩子认真上完40分钟。上下来，感觉因为学生的配合，课走得很顺，我要的东西似乎学生都给我了，场也控得较稳，上得很轻松。回来读着老师们一条条鼓励的短信，我很是感动。

这次上绘本课，收获了多少感动啊！因为课件做得太复杂，从制作到使用，有很多人帮忙。课件改了好多遍，始终放不出来，借了两台电脑，请电脑公司的人两次调试……看着别人为自己付出忙碌，心里除了不安就是感动！

为别人感动，也为自己感动，活在感动里，真好！享受身边人的善意，再把善意传递给身边的人。人生，我永远不要干戈，只要玉帛。但愿未来，就这样辛苦平静地忙碌，辛苦平静地欢乐，辛苦平静地享受平凡的生活！感谢我的朋友们，有你们真好！

脚比路长

（后 记）

在2013新年的曙光刚刚照射下来之际，我决定要出这本书。书的构思与体例，几经更改与调整，从一开始准备出一本纯粹的随笔集《品品咂咂》，到后来想把“和美语文的新思绪”拉出来，出一本纯粹的“和美语文”教学专著《盛新凤和美语文八讲》，直到调整成今天这样的体例。

“和美语文”的研究历时10多年，到2010年《语文课堂：教学走向和美》专著的出版，2012年研究成果获浙江省人民政府基础教育成果奖，似乎可以画上一个圆满的句号了。但我知道，所有的研究，它的价值都来源于在路上，在过程中。所以，我的思考和研究一直不敢停步。如果说前期的研究，理论支撑是“和美语文的哲学观”的话，那么，在倡导建设“生态文明”的今天，从“生态观”的视点看，“和美语文”又该追求怎样的课堂教学新境界呢？于是，我又思考，又实践，终于，在2012年那个炎热的夏天，诞生了“和美语文八讲”。当我把这些“和美语文的新思绪”用直白口述的方式第一次对山东烟台芝罘区的老师徐徐道出后，得到了热烈的回应，于是便增强了我把它整理成文的信心。在整理这些讲座实录的过程中，觉得“和美语文”，真的已融化在我的血液里，成了我生命的一部分。于是，我开始反思，我的研究和的我生活的联系，我的研究和我的阅读思考、人生经历、生命体验的关系。突然间，我发现，其实所有的研究都是研究人生命意识的反应。对“和美”教学境界的追求，一直是和我对“和美健全人格”“和美生活状态”的追求融为一体，不可分割的，于是，新书的体例也诞生了。在第三部分，我要把自己的生活体验写下来，作为对“和美语文”论述的补充。于是，我从这几年陆陆续续写成的近40多万字的随笔文字中，精选了一部分收录此书，这就是本书的第三部分“还原和美教师的生态角色”。

"还原和美教师的生态角色"这部分的写作，是以日记体的方式，真实地记录了我这么多年来对教学、人生的思考和感悟。一直以来，总觉得这些文字没有太高的学术价值，文笔又过于直白（我一直喜欢用一种记日记般的坦率心情写作），所以羞于拿出手。当看完卢梭的《忏悔录》后，才感觉，直白和真实是一种可贵的勇气，因为真实，所以有它独特的价值。87年踏上工作岗位，在湖师附小工作17年，又在教研室历练多年，这20多年的黄金时光，我把生活与教学紧紧融在了一起。对生活的"爱"激发了我的教学灵感，对教学的"痴"充实了我的生活内涵。在20多年的语文人生中，我为语文泣，为语文呼，为语文笑。我生活在语文中，生活在事业的梦想中。不断的思考与憧憬，丰满了我的生活，又给我带来了许多新的缺憾，同时又引发了我新的思考。我思考，我幸福；我生活，我满足。卢梭说过：世界上最幸福的人，不是活得最长久的人，而是对生活最有感受的人。我努力地打开身体的每一个器官，每一个毛孔，去感受教学的每一个细节，去感受生活的每一个瞬间。我要努力做个对生活有感受的幸福的人，把这种对生活的感受零零碎碎记录下来，对得起读者朋友的，唯有我的真诚。

曾经读到过这么一个故事：古老的阿拉比国坐落在大漠深处，多年的风沙肆虐，使城堡变得满目创痍，国王对四个王子说："我们要把国度迁往据说美丽而富饶的卡伦，你们4个先分头去探探路。"卡伦距这里很远很远，要翻过很多崇山峻岭，穿过许多草地沼泽，涉过无数江河湖海，但究竟有多远，没有人知道。4个儿子分头出发了。大王子乘车走了7天，翻过3座大山，来到一望无际的草地边。一问当地人，得知过了草地，还要过沼泽，还要过大河、雪山……便掉转马头往回走。二王子策马穿过一片沼泽后，被那条宽阔的大河挡了回来。三王子漂过了两条大河，却被又一片辽远的大漠吓退返回。一个月后，三个王子陆陆续续回到了国王那里，将各自沿途所见报告给国王，并都再三特别强调，他们在路上问过许多人，都告诉他们去卡伦的路很远很远。又过了5天，小王子风尘仆仆地回来了，兴奋地报告父亲——到卡伦只需18天路程。国王满意地笑了："孩子，你说得很对，其实我早就去过卡伦。"几个王子不解地望着国王——"那为什么还要派我们去探路？"国王一脸郑重道："那是因为我只想告诉你们四个字——脚比路长。"真得感谢这位国王，给我们留下了意味深长的哲思。是的，脚比路长，无论远方有多远，只怕没有追寻的双足抵达。

感谢“和美道路上的引路人”——我的可亲可敬的师长们，有了你们的鼓励、引领与关爱，“和美语文”会一直走在路上。我相信：只要拥有追寻的勇气、热情与执著，像小王子那样，勇往直前地走下去，到时一定会惊喜地发现，所谓的远方，其实并不遥远！因为美丽的“卡伦”在远方向我招手！“慢慢走，总会到的，脚比路长”。我这样对自己说。

2013. 1. 3于怡宁斋